LE GRAND LIVRE POUR ATTIRER LES OISEAUX CHEZ SOI

Suzanne Brûlotte
Gilles Lacroix

LE GRAND LIVRE POUR ATTIRER LES OISEAUX CHEZ SOI

Broquet

97-B, Montée des Bouleaux, Saint-Constant, Qc, Canada, J5A 1A9
Internet : www.broquet.qc.ca Courriel : info@broquet.qc.ca
Tél. : 450 638-3338 Téléc. : 450 638-4338

Catalogage avant publication de Bibliothèque et Archives nationales du Québec et Bibliothèque et Archives Canada

Brûlotte, Suzanne

Le grand livre pour attirer les oiseaux chez soi

Comprend un index.

ISBN 978-2-89654-157-7

1. Oiseaux, Attraction des. 2. Nichoirs d'oiseaux. 3. Mangeoires d'oiseaux. 4. Jardinage pour attirer les oiseaux. 5. Bains d'oiseaux. I. Lacroix, Gilles, 1942- . II. Titre.

QL676.5.B782 2010 639.9'78 C2009-942146-1

Nous reconnaissons l'aide financière du gouvernement du Canada.
We acknowledge the financial support of the Government of Canada.
Nous remercions également livres Canada books™, ainsi que le gouvernement du Québec : Programme de crédit d'impôt pour l'édition de livres – la Société de développement des entreprises culturelles (SODEC).

Canada Québec

Crédits photographiques :
© Suzanne Brûlotte
© Gilles Lacroix

Révision : Céline Bouchard
Diane Martin
Lise Lortie

Infographie : Annabelle Gauthier
Nancy Lépine

Traitement d'images : Annabelle Gauthier
Nancy Lépine
Sandra Martel

Dépôt légal – Bibliothèque et archives nationales du Québec
2e trimestre 2010

Imprimé en Malaisie

ISBN : 978-2-89654-157-7

Pic mineur ♂ ➧

À notre ami André Boulianne

avec qui, depuis plusieurs années, nous partageons une passion commune pour les oiseaux et qui nous a toujours accompagnés dans nos projets.

REMERCIEMENTS

Gilles remercie :

En tout premier lieu, je voudrais remercier mon épouse pour l'aide précieuse qu'elle m'a apportée tout au long de la réalisation de ce livre. Elle a été ma photographe officielle et la correctrice de tous mes textes, tant du point de vue littéraire que du point de vue orthographique. Sans son soutien et ses encouragements, je n'aurais probablement jamais entrepris de coucher sur papier le fruit de mes expériences et de mes observations. Cette œuvre lui revient donc en partie. *Merci Noëlla*

Je voudrais également remercier ma coauteure de m'avoir invité à partager nos connaissances pour pouvoir les regrouper et vous les transmettre dans ce volume. Même si elle possédait une renommée incontestable, un savoir reconnu et une longue expérience en ornithologie, elle m'a toujours traité comme son égal. Je ne pouvais espérer mieux comme coéquipière. Sans cette invitation, mes études sur le comportement des oiseaux se résumeraient encore à des pages de notes dans un cartable. *Merci Suzanne*

Je me dois maintenant de remercier le réalisateur de la série 1 888 oiseaux. Il a incontestablement orienté ma retraite et je lui en suis très reconnaissant. Grâce à la participation qu'il a bien voulu m'accorder pendant plusieurs années et l'attribution du rôle de chroniqueur dans la dernière série, j'ai eu le privilège de partager, par l'intermédiaire de la télévision, ma façon de faire avec les oiseaux. Aujourd'hui j'ai le plaisir de communiquer le fruit de mes observations et la chance de côtoyer de nombreuses personnes toutes aussi passionnées des oiseaux que moi. *Merci André*

Suzanne remercie :

Je tiens à remercier mon conjoint Jean-Yves qui me conseille et m'encourage depuis toujours.

Mon fils Sylvain et sa conjointe Johanne qui ne se font jamais prier pour participer à mes projets.

François et Julie et leurs deux magnifiques petites filles Marie-Soleil et Corinne.

Mes voisins toujours dévoués, Gérard et Marcelle, leur petit-fils Félix et leur petite-fille Orane.

Merci à Diane ma grande amie qui aime les oiseaux.

Je remercie également Gilles mon coauteur qui a accepté de participer à la réalisation de ce livre et avec qui j'ai mené à terme cet ambitieux projet. Nous avons formé une belle équipe !

Les auteurs remercient :

Nous tenons à remercier tous ceux qui de près ou de loin ont participé à ce livre et tout particulièrement Renelle Anctil, directrice de la quincaillerie Rona l'Entrepôt de Sherbrooke.

Un merci particulier à Annabelle Gauthier, infographiste, pour la qualité de son travail et son professionnalisme.

Nous remercions aussi notre éditeur Antoine Broquet qui nous a fait entièrement confiance.

Table des matières

Introduction

À nos débuts en ornithologie, les lieux aménagés spécialement pour les oiseaux étaient plutôt rares. Pour les observer, nous devions nous déplacer vers leur habitat naturel : forêts, marais ou prairies. Depuis, les choses ont bien changé.

Aujourd'hui, que nous soyons débutants ou mordus d'ornithologie, en plus des sites aménagés spécialement pour l'observation des oiseaux, on nous offre un vaste choix de mangeoires, de nichoirs, d'abreuvoirs et de bains d'oiseaux. L'aménagement de nos cours se complète souvent par la plantation d'arbustes, d'arbres fruitiers et de fleurs pouvant attirer ces charmants visiteurs, qui sont par ailleurs de grands consommateurs d'insectes.

Il est donc intéressant de penser à eux lorsqu'on planifie notre aménagement paysager. Si vous vous intéressez déjà aux oiseaux, vous avez probablement apporté des modifications à votre cour et, tout comme nous, vous regrettez de ne pas les avoir prévues à l'origine, la croissance des arbres et arbustes s'effectuant lentement. On trouve sur le marché de nombreux végétaux qui attirent la gent ailée, tout en créant un jardin des plus enviables.

Au Québec, les amateurs d'oiseaux dépensent annuellement des sommes considérables pour attirer les oiseaux dans leur cour. Les ventes de mangeoires spécialisées, de nichoirs, de graines variées, d'abreuvoirs, de plantes diverses et de bains d'oiseaux sont en progression constante. On n'hésite pas à s'acheter des jumelles plus ou moins coûteuses. Des revues et de nombreux livres traitant du sujet sont maintenant offerts au consommateur.

◆ Jaseur boréal dans un sorbier des oiseaux.

Cardinal rouge donnant la becquée à un juvénile.

De plus en plus, des voyages s'organisent en fonction de l'observation des oiseaux, mais il n'en demeure pas moins que les premières connaissances s'acquièrent grâce à l'installation de mangeoires dans sa cour. Plus de gens profitent ainsi de la présence des oiseaux chez eux, et cela, en toutes saisons.

Que vous soyez locataire ou propriétaire, que vous habitiez la ville ou la campagne, que votre lopin soit petit ou grand, il est possible d'attirer plusieurs espèces chez vous. Ce livre s'adresse donc à monsieur et madame Tout-le-monde et vise un double but. En premier lieu, susciter un engouement pour ces petits êtres aux couleurs très variées et par la suite apporter une nouvelle vision d'un jardin d'oiseau.

C'est en pensant aux besoins de ceux et celles qui découvrent l'univers fabuleux des oiseaux que nous avons voulu condenser dans un livre nos connaissances et nos expériences en ce domaine. Nous espérons pouvoir répondre à leurs nombreuses questions sur :

- **les différents types de mangeoires** et de nourritures à offrir ;
- **l'installation de nichoirs** qui favorisent la nidification ;
- **les bains d'oiseaux** et leur importance ;
- **les variétés d'arbres et arbustes fruitiers** pouvant alimenter les oiseaux tout au long de l'année ;
- la façon **d'attirer le plus grand nombre d'espèces** ;
- **les invités non conviés** et les moyens à prendre pour les éloigner ;
- **les maladies et accidents** qui peuvent toucher nos oiseaux.

Le grand livre pour attirer les oiseaux chez soi est un ouvrage de référence facile à utiliser grâce à ses pictogrammes. Sa classification simple, ses informations claires, ses photos et ses nombreuses illustrations détaillées en font un outil idéal pour commencer ou compléter votre aménagement paysager. Vous agrémenterez vos journées par la découverte de plusieurs espèces d'oiseaux qui, à la longue, vous deviendront plus familières. Vous découvrirez aussi les comportements inusités de vos amis ailés. Vous verrez leurs petits aux mangeoires, réclamant la becquée ou encore s'ébattant dans le bain d'oiseaux.

Nous espérons que ce guide devienne pour vous un outil indispensable et que vous prendrez plaisir à le consulter tous les jours.

Bonne lecture!

Suzanne Brulôtte

Gilles Lacroix

Geai bleu prenant son bain.

Roselin pourpré.

L'ABC de l'ornithologie chez soi

L'ornithologie demeure un loisir accessible et peu onéreux. Une paire de jumelles et un bon guide suffisent pour débuter, puis on installe quelques mangeoires dans sa cour et le tour est joué.

Peu à peu, d'autres éléments se greffent au poste d'alimentation. On complète ensuite nos connaissances par la lecture de livres et de revues traitant du sujet. Par la suite vient le désir de partager son plaisir et son expérience avec d'autres passionnés d'oiseaux en devenant membre d'un club d'ornithologie *(voir la liste des clubs d'ornithologie, p. 466)*.

Le débutant hésite parfois à investir des sommes importantes dans l'installation de mangeoires, ne sachant pas si l'expérience le captivera. Il suffit alors de suspendre une petite mangeoire de tournesol noir bien garnie pour que débute une belle aventure !

Vous serez ravi par la petite Mésange à tête noire saisissant dans son bec une graine pour s'envoler dans un arbre à proximité. Vous la verrez alors casser habilement l'écale pour en extraire l'amande.

Bientôt, vous verrez se succéder tour à tour sittelles, roselins, chardonnerets et plusieurs autres espèces. Des graines tombées par terre seront récupérées par les tourterelles, les bruants et les juncos. Vous serez émerveillé et voudrez en connaître plus sur le sujet.

◆ Mésange à tête noire avec une amande dans le bec.

Johanne se sert d'un guide pour identifier les oiseaux.

Corinne et Sylvain observent un oiseau à l'aide de jumelles.

Mangeoire fabriquée à la main.

Nourrir les oiseaux demande de considérer en tout premier lieu certains facteurs importants. Il faut d'abord tenir compte :

- Du temps qu'on peut accorder à cette activité.
- De la somme qu'on est prêt à y investir.
- Des espèces qu'on veut attirer.

On trouvera une corrélation directe entre ces trois énoncés. Il est facile d'installer une mangeoire, de la remplir et de l'oublier pendant un certain temps. Si telle est votre vision de la responsabilité que représente entretenir une mangeoire, il serait peut-être préférable d'écarter ce loisir. Il vaut mieux s'abstenir plutôt que de mal nourrir les oiseaux.

Junco ardoisé se nourrissant de graines tombées au sol.

Nous vous suggérons fortement de consacrer du temps pour l'entretien de vos mangeoires.

- Alimenter ou vidanger les mangeoires.
- Vérifier chaque jour la quantité de graines dans chacune de vos mangeoires.
- Nettoyer régulièrement chaque mangeoire installée dans votre jardin.
- Récupérer les graines tombées des mangeoires au sol ou de votre ramasse-graines.

Vous devez donc estimer le nombre de mangeoires que vous voulez entretenir en fonction du temps dont vous disposez. Il vaut mieux être réaliste, car une passion peut vite devenir un fardeau. C'est à ce moment que l'intérêt se perd et que les mangeoires mal entretenues restent vides.

Petit à petit, votre passion grandit, les oiseaux se font plus nombreux et vous voulez ajouter plus de mangeoires. **Il n'est pas nécessaire de se procurer des mangeoires très dispendieuses et qui s'avèrent la plupart du temps inadéquates.** Nous vous suggérons plusieurs modèles faciles à réaliser ou à modifier et qui ont l'avantage de contrôler les espèces que vous désirez écarter de vos mangeoires. Il n'est pas nécessaire de se ruiner pour nourrir les oiseaux. Il faut simplement être imaginatif dans votre façon d'alimenter vos petits protégés.

Gilles vide les graines accumulées dans le ramasse-graines.

Cardinal rouge ♂ dans la mangeoire à cardinal.

Le choix des aliments peut s'avérer un moyen de contrôle efficace car souvent une espèce a ses graines préférées. Les oiseaux ont aussi leurs milieux favoris pour se nourrir. **Il faut plutôt penser à diversifier nos types de mangeoires si on veut augmenter nos chances d'attirer plusieurs espèces.** Certaines mangeoires sont destinées à un certain type de graines. Nous vous proposons un ensemble varié de mangeoires qui vous permettront de recevoir dans votre cour le maximum d'oiseaux.

Aménagement dans un grand espace.

Aménagement dans un espace restreint.

On nourrit les oiseaux pour soi, pour les observer et créer un milieu vivant autour de soi. On en tire beaucoup de satisfaction mais souvent on oublie qu'ils n'ont pas besoin de nous car la nature se charge de leur fournir tout ce dont ils ont besoin. Si nous intervenons dans le processus de leur alimentation, nous nous devons de penser à leur bien-être. **Il est essentiel de leur offrir une alimentation de qualité.** Nous vous donnons plusieurs conseils sur la façon de leur offrir une saine alimentation qui permettra de maintenir vos visiteurs en bonne santé.

En dernier lieu, il est important de tenir compte de votre voisinage. Vous désirez attirer les oiseaux chez vous mais votre voisin ne partage peut-être pas votre passion. L'arrivée massive de certaines espèces peut lui causer préjudice, il sera alors moins tolérant envers vos petits amis ailés. La grogne pourrait se retourner contre vous et il pourrait même aller jusqu'à porter plainte à votre municipalité. Si certaines d'entre elles interdisent de nourrir les oiseaux, c'est à la suite de pressions de citoyens mécontents. Il faut donc être attentif à ce problème et prévenir l'irréparable. Nous vous présentons donc une façon différente de nourrir les oiseaux en toute quiétude. Cela vous permettra de vivre en harmonie avec vos voisins.

QUAND FAUT-IL INSTALLER LES MANGEOIRES ?

Quel est votre choix ? Nourrir les oiseaux à longueur d'année ou uniquement durant l'hiver ? Si vous décidez de les nourrir seulement à la saison froide, installez vos mangeoires dès la mi-septembre afin de profiter pleinement de la migration des oiseaux. Vous attirerez également les résidants qui commencent la période de délimitation de leur territoire hivernal. Nourrir les oiseaux durant l'hiver s'avère une tâche exigeante. Ne laissez jamais vos mangeoires vides, surtout lorsqu'il y a des bordées de neige ou du verglas.

Durbec des sapins.

Cardinal rouge et son jeune.

Choisir de nourrir les oiseaux en été facilite leur vie car ils doivent couver de longues heures ou nourrir leurs petits sans arrêt. Bien souvent ils vont favoriser un site de nidification situé tout près d'un endroit offrant nourriture, eau et matériaux. Vous aurez alors la chance d'observer la nouvelle couvée au nid et d'assister à leur premier envol. Être aux premières loges pour surveiller la becquée de roselins, de mésanges, de Geais bleus, de Gros-becs errants, de Bruants chanteurs ou familiers, de Chardonnerets jaunes, de Cardinals rouges ou à poitrine rose, de Pics mineurs ou chevelus, de Sittelles à poitrine rousse ou blanche s'avère un moment privilégié.

À QUEL ENDROIT PLACER LES MANGEOIRES?

L'endroit par excellence pour installer vos mangeoires dépend de votre aménagement. Il est important d'avoir des arbres et arbustes pouvant servir de perchoir ou de refuge en cas de danger ou alors une grosse branche fixée en terre pourra faire office d'arbuste et de perchoir.

Il faut faire de nombreux essais et s'adapter selon les événements qui surviennent. Chaque année, des modifications sont nécessaires car la croissance des arbres et arbustes favorisent la venue de prédateurs comme l'écureuil.

Il est préférable d'installer vos mangeoires à deux endroits différents. Un premier qui regroupera les mangeoires à débit contrôlé servant aux petits oiseaux. Un second, éloigné du premier, rassemblera les plateaux

◂ Troglodyte de Caroline bien caché dans les thuyas.

Écureuil gris tentant de se nourrir à une mangeoire qui se ferme sous le poids de l'animal.

Le Geai bleu a un cri retentissant.

d'alimentation accueillant les oiseaux grégaires ou plus gros et plus envahissants tels les Geais bleus qui font fuir les petits.

Nous vous recommandons de placer vos postes d'alimentation à l'ombre. Selon notre expérience, nous avons constaté que les oiseaux s'y sentent davantage en sécurité.

EN HIVER

Vous installerez vos mangeoires à débit contrôlé, votre grillage à suif, votre mangeoire à arachides et votre silo à chardon sur un support multiple pouvant accueillir de quatre à six mangeoires sélectives ou encore sur une corde solide.

Aménagement d'une petite cour.

Aménagement d'une grande cour.

Ceux-ci seront placés devant votre maison ou derrière, mais à un endroit assez éloigné de votre plateau réservé plus particulièrement aux Geais bleus, aux Gros-becs errants, etc. N'oubliez pas de bien nettoyer vos mangeoires et d'en enlever la neige.

Ajoutez un abreuvoir empli d'eau qui facilitera la vie de vos oiseaux, cela leur évitera une dépense d'énergie. Vous remarquerez que les oiseaux sont plus nombreux au début et à la fin du jour ainsi que lors des journées de grand froid ou après une tempête de neige.

Mangeoires suspendues sous la corniche du toit de la maison.

Nettoyage des mangeoires après une bordée de neige.

Orane verse de l'eau dans l'abreuvoir d'hiver.

EN ÉTÉ

Le retour du beau temps et l'arrivée du premier oiseau noir vous rappellent qu'il est temps de modifier l'aménagement de vos mangeoires. Si vous ne voulez pas être envahis par ces oiseaux grégaires, videz les plateaux d'alimentation et enlevez le maïs qu'ils aiment tant.

Ne gardez que le tournesol dans vos petites mangeoires sélectives et le chardon dans le silo à chardon. Équipez vos mangeoires de tournesol d'un ramasse-graines et installez-les sous des grillages à carreaux de 5 cm x 5 cm (2 po x 2 po). Par expérience, cela suffit à tenir les indésirables à distance *(voir les mangeoires à grillage anti-oiseaux noirs, p. 51)*.

Deux Étourneaux sansonnets au silo à arachides.

Mangeoire contre les indésirables.

Installation de mangeoires pour l'été.

Les mangeoires

Notre passion pour les oiseaux remonte à de nombreuses années et n'a jamais cessé de croître. Toute l'expérience accumulée au cours des années nous permet de vous offrir ces conseils concernant l'installation d'un poste d'alimentation adéquat. Il existe une grande variété de mangeoires pouvant convenir à différentes espèces d'oiseaux. Vous pouvez les fabriquer vous-mêmes à peu de frais. Et comme nous vivons à l'ère de la récupération, pourquoi ne pas vous servir de matériaux déjà utilisés ou de contenants en plastique que vous adapterez ?

Vous pouvez aussi vous les procurer dans les magasins à grandes surfaces, les centres de jardinage, les coopératives agricoles et dans les boutiques spécialisées. Il n'est pas nécessaire de dépenser de grosses sommes pour vous procurer des mangeoires efficaces. Nous vous présentons plusieurs suggestions, vous avez l'embarras du choix.

Mésange bicolore à une mangeoire hexagonale.

◆ Cardinal rouge ♀ à une mangeoire à débit contrôlé.

Dôme protégeant les graines.

Ramasse-graines.

CRITÈRES POUR CHOISIR UNE BONNE MANGEOIRE

- **Elle doit être en matériau non absorbant** *(plastique ou métal)* résistant aux conditions climatiques. Évitez les mangeoires de bois qui se gorgent d'humidité et qui la transmettent aux graines très rapidement. Une mangeoire de bois pourrait être acceptable en hiver, puisque le froid empêche le développement de moisissures, ce qui n'est pas le cas pendant les autres saisons.

- **Une mangeoire doit avoir un toit** ou un dôme protégeant les graines contre les intempéries.
- **Elle doit être construite de façon à pouvoir y installer un ramasse-graines.** Les récupérateurs de graines sur le marché ne semblent pas appropriés, car ils servent plutôt à attirer les oiseaux noirs ou les tourterelles qui s'y s'installent *(voir le ramasse-graines et ses avantages, p. 444)*. Il doit y avoir des trous d'égouttement pour faciliter l'écoulement de l'eau de pluie.
- **Elle doit être facilement lavable** dans les moindres recoins.
- **Elle doit donc être facilement démontable.**
- **Elle ne doit pas être dispendieuse.**

LES TYPES DE MANGEOIRES SUR LE MARCHÉ

Habituellement, la plupart des oiseaux se nourrissent au sol. C'est pour le plaisir de les regarder que nous installons des mangeoires. Voici les différents types de mangeoires que vous pouvez installer dans votre cour. Elles peuvent être suspendues à un support, à une corde ou être sur pied.

1 **Le plateau d'alimentation.** Il offre une grande surface où les oiseaux peuvent se poser et manger à leur guise. Il peut être placé à différentes hauteurs. Il faut un toit pour protéger les graines de la pluie ou de la neige. Le plateau doit permettre l'écoulement de l'eau par de petits trous.

2 **La mangeoire à débit contrôlé.** C'est une mangeoire avec perchoirs et ouvertures individuelles donnant accès aux graines. Il peut compter de quatre à six perchoirs, parfois plus, mais il peut aussi n'en avoir aucun. C'est la mangeoire idéale en été car les oiseaux noirs et les moineaux y ont difficilement accès.

3 Le silo à chardon. Il s'agit d'une mangeoire spécialisée contenant uniquement des graines de chardon. Elle est munie de petits perchoirs et de très petites ouvertures donnant accès aux minuscules graines de chardon. Seuls les petits oiseaux peuvent y accéder, et plus particulièrement le Chardonneret jaune, le Tarin des pins et le Sizerin flammé.

4 Les mangeoires à suif ou à pain d'oiseaux. Il s'agit d'un grillage métallique recouvert de plastique pouvant contenir du suif.

5 La mangeoire à arachides écalées. Des arachides sans écale peuvent être ajoutées à votre aménagement. De petites mangeoires grillagées ou perforées permettent aux oiseaux de glisser le bec pour se procurer l'arachide désirée.

6 La mangeoire sélective à cardinal. Cette mangeoire a été créée spécialement pour favoriser la venue du cardinal. Elle est munie d'un balancier calibré pour accueillir uniquement le cardinal ou les oiseaux ayant un poids similaire, les oiseaux plus légers ou plus lourds ne réussissant pas à activer le mécanisme d'ouverture. Par contre, si vous désirez accueillir également les petits oiseaux tel le Chardonneret jaune ou le Roselin pourpré, vous pouvez bloquer la mangeoire à l'aide d'un clou ou d'un cure-dent. Ainsi, seuls les oiseaux plus lourds que le cardinal n'auront pas accès à la mangeoire.

7 La mangeoire à dôme réglable. Le dôme peut se monter ou se descendre selon que l'on désire uniquement des petits oiseaux durant l'été. En élevant le dôme à l'automne, le Geai bleu y cherchera des arachides et durant l'hiver, la mangeoire accueillera petits et grands oiseaux.

1

2

3

4

3

3

5

LES MANGEOIRES SOPHISTIQUÉES

Voici un bref échantillonnage d'autres mangeoires et accessoires offerts sur le marché.

1 **Les mangeoires sélectives anti-écureuils.** Le poids de l'animal ferme automatiquement l'accès à la nourriture.

2 **La mangeoire fixée à la fenêtre.** Fixée à l'aide de ventouses, elle permet de voir les oiseaux de près sans les déranger. Idéale pour offrir des pignons *(noix de pin)*.

3 **Les mangeoires ou plateaux anti-oiseaux noirs.** Il s'agit de coupoles réglables, de grillages carrelés ou de barreaux pour plateaux.

4 **Les silos renversés.** Ce sont des mangeoires pour les chardonnerets et les tarins. Si vos oiseaux sont habitués à se nourrir au silo ordinaire, les oiseaux vont négliger cet aménagement.

5 **La mangeoire anti-écureuils.** Efficace, elle a fait son apparition il y a quelques années. Le poids de l'écureuil bloque l'accès aux ouvertures. En plus, vous pouvez ajuster la longueur des perchoirs afin d'empêcher les oiseaux de grande taille d'y accéder. Cette mangeoire est protégée contre la rouille et les rayons ultraviolets, et elle peut être nettoyée au lave-vaisselle. Elle constitue un moyen efficace de protéger les oiseaux contre les maladies infectieuses causées par un mauvais entretien.

LES AUTRES AMÉNAGEMENTS SUR LE MARCHÉ

1 **Le pare-écureuil.** Il est conçu en entonnoir ou en forme de tuyau.

2 **Le dôme transparent.** Il protège les mangeoires contre la pluie et les écureuils.

3 **L'abreuvoir chauffant.** Il permet aux oiseaux de s'abreuver en économisant leur énergie durant l'hiver. Assurez-vous que l'abreuvoir choisi peut supporter nos hivers froids. Souvent, les abreuvoirs chauffants sont conçus pour les hivers américains plus doux que les nôtres. Ces abreuvoirs ne résistent pas aux froids allant jusqu'à -30 °C.

Lisez bien les informations avant d'acheter un produit ou informez-vous auprès de gens qui le connaissent.

NOS COUPS DE CŒUR

LE SILO CARRÉ

On peut, si on le désire, remplir seulement l'étage du milieu en inclinant la mangeoire lorsqu'on verse les graines. Cela peut être de mise lorsque l'achalandage est restreint. Pour un bon nettoyage de ce type de mangeoire, il faut la démonter. Voici comment démonter le silo carré pour le nettoyer facilement.

Chardonnerets jaunes et Tarin des pins.

Enlevez les embouts de caoutchouc.

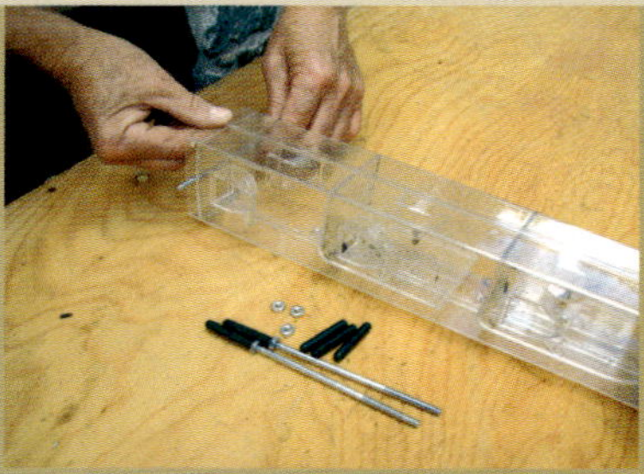

Retirez les perchoirs.

La mangeoire se sépare alors en deux et il devient facile par la suite de la nettoyer.

Mésange bicolore.

LA MANGEOIRE HEXAGONALE

Pour être facile à nettoyer, elle doit aussi être démontée. Il suffit de décrocher le fond du corps de la mangeoire avec un tournevis à tête plate. Comme cette mangeoire a un toit trop petit, comme la majorité des mangeoires sur le marché, nous vous suggérons de la suspendre sous un dôme.

LE SILO À CHARDON TRANSPARENT

Pour le nettoyer, il suffit de :

Retirer les perchoirs.

Faire basculer le fond pour l'enlever.

LES PLATEAUX À FOND GRILLAGÉ

Ils sont faciles à construire soi-même *(voir p. 36 et 69)*. **Photo 1.**

LES MANGEOIRES DE SOL

Elles sont aussi faciles à réaliser *(voir p. 78)*. **Photos 2.**

LA BÛCHE POUR PAIN D'OISEAUX

Nous vous en proposerons plusieurs modèles *(voir p. 104)*. **Photo 3.**

Une Sittelle à poitrine blanche se nourrissant de pain d'oiseaux dans une anfractuosité d'un arbre.

Une Mésange à tête noire sur la bûche à beurre d'arachide.

LES SUGGESTIONS DE SUZANNE

Pour offrir des arachides, du pain d'oiseaux ou du gras.

L'ARBRE MORT

1. Utilisez la base d'un arbre dont la tête est asséchée ou un arbre mort.
2. Coupez la tête et ne gardez que la base d'environ 2 m (6 pi).
3. Percez des trous de 2 à 3 cm (1 po) à l'aide d'une perceuse électrique.
4. Remplissez de gras et (ou) de beurre d'arachide. En été, fixez un clou sans tête et accrochez-y des oranges qui pourront attirer les orioles.

Pour éviter que les gourmands écureuils ne s'accaparent toute la nourriture, ajoutez un tuyau de poêle à la base. Comme il se pourrait que le petit tamia futé se glisse entre le tuyau et l'arbre, compactez la base avec des poches de tournesol vides. C'est efficace!

LA BÛCHE À SUIF OU À PAIN D'OISEAUX

Utilisez une bûche percée de trous remplis de suif et (ou) de beurre d'arachide.

MATÉRIAUX

- 1 bûche de 30 cm (12 po) de long x 10 cm (4 po) de diamètre.
- 1 crochet

À l'aide d'une perceuse électrique, perforez des trous d'un diamètre de 4 cm x par 3 cm (1½ po x 1¼ po) de profondeur des deux côtés de la bûche.

LA PLANCHE

Un simple bout de planche perforée peut aussi être satisfaisant. Vous pouvez aussi déposer tout simplement sur une branche ou sur l'écorce d'un arbre un peu de suif ou de beurre d'arachide. Mais si vous avez des écureuils, ce dernier truc n'est pas recommandé.

MATÉRIAUX

- 1 planche de 20 cm (8 po) de long x 15 cm (6 po) de large x 3 cm (1 po) d'épaisseur.
- 1 crochet

1 Perforez la planche de trous d'un diamètre de 3 cm x 2 cm de profondeur.

2 Fixez un crochet, ajoutez du beurre d'arachide ou du pain d'oiseaux et suspendez-la.

Un Troglodyte de Caroline dans le beurre d'arachide.

LE PLATEAU SUSPENDU

Si vous désirez réserver une mangeoire destinée plus particulièrement aux gros oiseaux, utilisez un petit plateau que vous suspendrez à un support muni d'un anti-écureuils.

Geai bleu sur un plateau suspendu.

LE FILET À OIGNONS

Les filets à oignons sont résistants. Récupérez-les et emplissez-les de suif ou d'un carré de gras acheté ou encore de votre recette de pain d'oiseaux *(voir p. 144 et 145)*. L'utilisation d'un tel filet requiert cependant une surveillance et une vigilance toutes particulières car les oiseaux peuvent demeurer accrochés accidentellement aux mailles du filet.

Mésange à tête noire et Pic chevelu ♀ sur un filet de suif.

VOTRE MAIN

Ce jeu fascinant requiert beaucoup de patience. Si vous fréquentez des parcs urbains *(voir le tableau en bas de page)*, il vous sera possible de réussir l'exploit d'attirer des oiseaux pour qu'ils mangent dans votre main. Il suffit d'apporter des arachides ou des graines de tournesol et de tendre la main.

Chez vous, il faudra vous armer de plus de patience parce que les oiseaux ne sont pas habitués à cet échange. Le moment idéal est celui où vos mangeoires sont vides. Placez-vous près de votre poste d'alimentation et présentez votre main avec leur mets préféré. Les mésanges sont les moins timides. Pour les autres espèces, il vous faudra plus de chance. Les Sittelles à poitrine rousse ou blanche, les Pics mineurs, les Mésanges bicolores et les Geais bleus peuvent également se poser sur votre main, mais il faudra vous armer d'une patience infinie. Des observateurs d'oiseaux ont déjà réussi l'exploit.

Suzanne a réussi à attirer un Geai bleu.

Marionnette munie d'un gant accueillant une Mésange à tête noire.

Un truc pour y parvenir plus facilement est de mettre près d'une fenêtre un morceau de bois recouvert d'un gant dans lequel vous aurez ajouté des arachides ou des pignons. Lorsque les oiseaux se seront habitués à aller se nourrir dans le gant, il vous suffira d'enfiler le gant, de présenter leur nourriture préférée et d'attendre que votre première mésange se pose dans votre main.

Marie-Soleil admire une Mésange à tête noire posée dans sa main.

Les principaux parcs urbains où vous pourriez vivre l'expérience d'un oiseau posé dans votre main

Montréal et les environs :
- Le Jardin botanique
- Le parc de l'Île-des-Sœurs
- Le parc nature de la Pointe-aux-Prairies

Ailleurs au Québec :
- Le Centre d'interprétation de la nature du Lac-Boivin, à Granby
- Le parc de la Rivière du Moulin, à Saguenay
- Le parc régional de Longueuil
- Le parc de la Poudrière, à Windsor en Estrie
- Le parc de l'île Saint-Quentin, à Trois-Rivières

LES MANGEOIRES, PLATEAUX ET OBJETS FACILES À FABRIQUER

LA MANGEOIRE À DÉBIT CONTRÔLÉ

Il existe sur le marché plusieurs modèles de mangeoires à débit contrôlé, mais pour ceux et celles qui ont une âme de bricoleur, il est facile d'en fabriquer une soi-même. Cette mangeoire a comme avantage :

- de protéger les graines des intempéries ;
- d'en contrôler l'accès ;
- de permettre d'emmagasiner une grande quantité de graines qui s'écoulent au gré des besoins.

Mésange à tête noire.

Généralement, une vitre en plexiglas retient les graines et a l'avantage de vous laisser voir la quantité de graines restant dans votre mangeoire. La fréquence des remplissages est en fonction de la grandeur du contenant. Pour l'hiver, choisissez ou construisez une mangeoire de format pouvant assurer un approvisionnement suffisant à vos petits protégés. Il est préférable, si vous êtes à la maison, d'ajouter quotidiennement les graines selon l'achalandage. S'il vous est impossible de le faire, assurez-vous de vidanger votre mangeoire au moins une fois par semaine.

Nous vous conseillons fortement de remiser vos mangeoires de bois dès le printemps venu. Ces mangeoires s'avèrent un choix plus écologique, mais elles ont l'inconvénient d'être sensibles à l'humidité et de se dégrader rapidement, après quelques hivers seulement. Les mangeoires à débit contrôlé en plastique offertes dans les magasins sont généralement plus durables, mais les rayons du soleil (UV) finissent aussi par les altérer. Tout est une question de choix mais les oiseaux plus craintifs peuvent profiter pleinement de ces mangeoires.

LE PLATEAU

Un plateau se révèle de première importance pour attirer les oiseaux grégaires ainsi que ceux qui préfèrent s'alimenter au sol.

MATÉRIAUX :

- 1 pièce de contreplaqué, de pin ou encore de cèdre de 50 cm x 70 cm x 1 cm (20 po x 28 po x ¼ po) d'épaisseur
- Baguettes de bois pour les rebords du plateau : 2 de 48 cm x 8 cm de large x 1 cm d'épaisseur (20 po x 3 po x ¼ po) et 2 de 70 cm x 8 cm de large x 1 cm d'épaisseur (28 po x 3 po ¼ po).

1 Coupez votre pièce de bois pour en faire une base de 50 cm x 70 cm (20 po x 28 po).

2 Ajoutez-y des rebords que vous fixerez à la base.

3 Perforez le fond du plateau le long de la bordure pour favoriser l'écoulement de l'eau.

4 Vous pouvez le recouvrir d'une teinture non toxique afin de mieux protéger votre plateau contre les rigueurs du climat.

Vous pouvez aussi fabriquer de plus petits plateaux dont le fond sera fait de moustiquaire et que vous pourrez également suspendre.

Il est important que vous enleviez la neige accumulée après chaque chute de neige. Si vous trouvez ce travail fastidieux, il suffit d'ajouter un toit incliné à votre plateau. Mais lors de grosses tempêtes, vous n'aurez pas le choix de dégager vos mangeoires de l'amoncellement de neige. Ce plateau peut être posé sur un piquet à la hauteur désirée en prévoyant l'ajout d'un pare-écureuil. Vous pouvez également le fixer sur le rebord d'une fenêtre à l'aide d'équerres en métal ou en bois. Les corniches de la maison peuvent parfois préserver votre mangeoire de la pluie ou la neige.

Ce type de mangeoire permet d'observer les oiseaux de près tout en restant bien au chaud. Réservez ce plateau aux Geais bleus. Offrez-leur des arachides en écale à des moments déterminés de la journée tels tôt le matin ou en fin de journée.

Dès le début de septembre, organisez le spectacle. Déposez une dizaine d'arachides et attendez. Une fois que les Geais bleus auront découvert ce plateau, ils y reviendront sans cesse et si vous oubliez d'alimenter votre plateau, ils s'empresseront de vous rappeler à votre devoir par des cris perçants. Ne mettez que peu d'arachides à la fois pour éviter la visite des écureuils. Vous prendrez plaisir à observer leurs comportements variés. Voyez-les cacher une arachide sous une des feuilles jonchant le sol, dans une anfractuosité d'un arbre pas très loin ou encore dans une boîte à fleurs. Le Geai bleu agit alors de façon instinctive. Il fait ses provisions en vue de la saison froide.

Une fois qu'ils auront pris l'habitude de venir chez vous, chaque année, c'est par leurs cris retentissants qu'ils vous avertiront de leur arrivée. Vous saurez alors qu'il est temps de leur offrir leur nourriture préférée.

Geai bleu cachant une arachide avec les feuilles qu'il tient dans son bec.

Ce Geai bleu emmagasine une arachide dans sa poche gulaire. Il s'approvisionne sur un plateau fixé sur le bord d'une fenêtre.

LA MANGEOIRE EN PLASTIQUE

Il suffit de perforer quelques trous dans le contenant à l'aide d'un objet pointu et d'y introduire des goujons. Perforez ensuite des trous à environ 5 cm (2 po) au-dessus des goujons pour que les plus petits oiseaux puissent se saisir des graines. N'oubliez pas d'introduire un goujon à la base du récipient et de perforer un trou à 2,5 cm (1 po) de chaque côté de ce dernier. Les oiseaux pourront ainsi accéder aux graines du fond. *(Voir photo du bas à droite)*.

MATÉRIAUX :

- 1 contenant de jus de fruits de 1 litre
- 2 goujons

Tarins des pins.

Roselin pourpré et Chardonnerets jaunes.

Tarins des pins se nourrissant à une mangeoire en plastique.

MANGEOIRE EN PLASTIQUE AMÉLIORÉE, UNE IDÉE DE GILLES

MATÉRIAUX :

- 1 pot de plastique (de beurre d'arachide ou de noix mélangées)
- 1 couvercle de dimension plus grande que celui du pot choisi (pot de beurre d'arachide de 2 kg)
- 1 crochet avec tige filetée de 0,7 cm (¼ po)
- 2 rondelles de 0,7 cm (¼ po)
- 5 écrous de 0,7 cm (¼ po)
- 1 vis de 2 cm (¾ po) n° 8
- 1 goujon de 2,5 cm x 5 cm (1 po x 2 po) de long : un bout de manche à balai ou une pièce de bois de 2,5 x 2,5 x 5 cm (1 po x 1 po x 2 po) fait l'affaire
- 1 goujon de 1,1 cm (7⁄16 po) de diamètre, de 25,3 cm (10 po) de long
- 1 goujon 0,8 cm (5⁄16 po) de diamètre, 25,3 cm (10 po) de long

Note : On utilise deux goujons de diamètres différents. Le goujon de 0,8 cm (5⁄16 po) traverse celui de 1,1 cm (7⁄16 po) de façon à l'empêcher de sortir et que le tout soit suffisamment fort pour supporter un ramasse-graines.

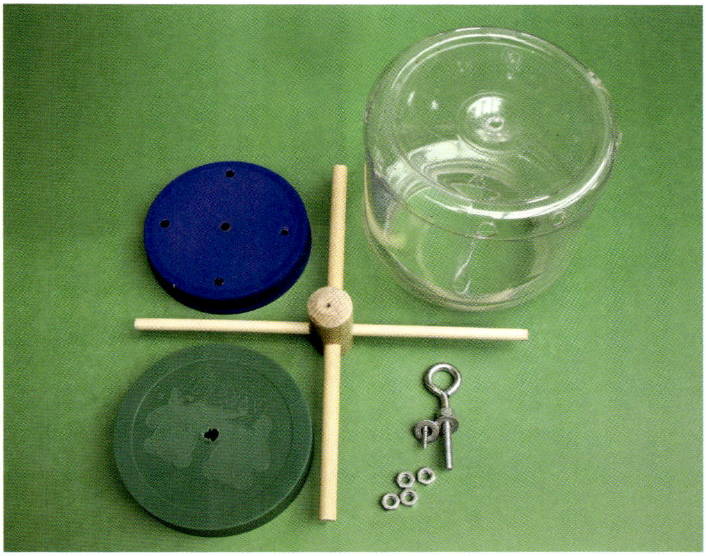

Figure A

1 Percez un trou de 1,1 cm (7⁄16 po) à 1,2 cm (½ po) d'un bout du goujon de 2,5 cm (1 po).

2 Insérez le goujon de 1,1 cm (7⁄16 po) jusqu'à obtenir deux parties égales de chaque côté du goujon de 2,5 cm (1 po.)

3 À 90 degrés, percez au même niveau un trou de 0,8 cm (5⁄16 po) et insérez le goujon de 0,8 cm (5⁄16 po) réparti également de chaque côté du goujon de 1 po.

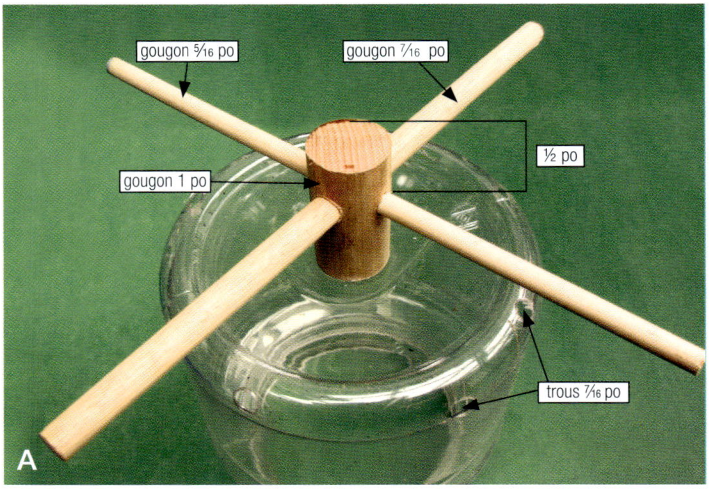

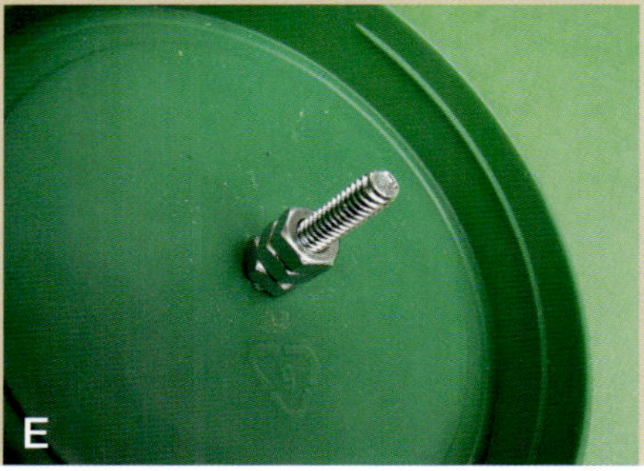

Figure B

1. Percez un trou de 0,3 cm (1/8 po) d'environ 2,5 cm (1 po) de profond sur le bout du goujon de 2,5 cm (1 po), le bout le plus éloigné des perchoirs.
2. Percez un trou de 0,5 cm (3/16 po) au centre du fond du pot de plastique.
3. Insérez une rondelle dans la vis nº 8.
4. Par l'intérieur du pot, vissez les perchoirs au pot.
5. De chaque côté des perchoirs, dans le fond du pot, percez un trou de 1,1 cm (7/16 po).

Assemblage des couvercles

1. Dans les deux couvercles, percez au centre un trou de 0,7 cm (1/4 po).
2. Dans le couvercle le plus petit, percez quatre trous de 0,7 cm (1/4 po) pour laisser échapper l'humidité **(figure C)**.
3. Vissez à fond un écrou sur le crochet, ajoutez-y une rondelle et, par l'extérieur du couvercle le plus grand, insérez l'œillet fileté **(figure D)**.
4. Ajoutez des écrous à l'intérieur de façon à espacer les deux couvercles l'un de l'autre (3 ont été utilisés, car il faut être capable de prendre le couvercle du pot pour pouvoir le visser **(figure E)**.
5. Insérez le couvercle du pot et avec un écrou, fixez fermement les deux couvercles l'un dans l'autre **(figure F)**.

On aura alors une mangeoire très généreusement visitée. Vous pouvez aussi ajouter un ramasse-graines et le tour est joué **(figure G)**.

LES MANGEOIRES EN CARTON CIRÉ OU EN PLASTIQUE

Pour les jeunes ou ceux qui aiment faire de la récupération, vous pouvez utiliser les contenants de 2 litres de lait en plastique ou en carton ciré, ou tout autre contenant semblable.

1. Découpez une ou plusieurs ouvertures sur les côtés en y laissant un rebord en bas pour pouvoir y emmagasiner des graines.
2. Perforez quelques trous au fond pour l'écoulement de l'eau.

Mésange à tête noire à la mangeoire en carton ciré.

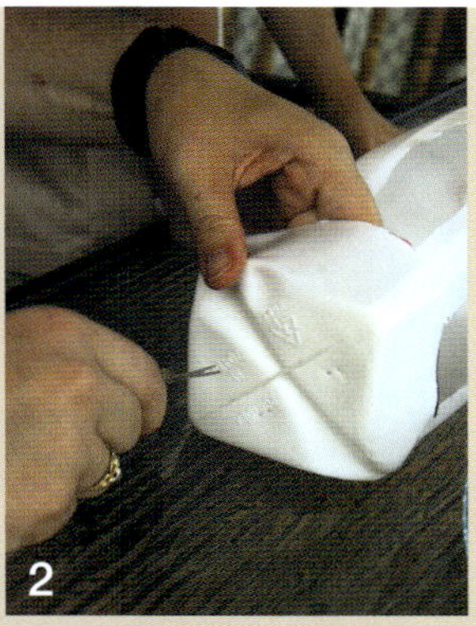

3. Vissez un œillet dans le bouchon.
4. Remplissez de graines de tournesol, puis suspendez à l'endroit choisi.

Corinne et Marie-Soleil fabriquent une mangeoire à l'aide d'un contenant de plastique.

LES CÔNES DE PIN

Cette idée de garnir de beurre d'arachide et d'arachides des cônes de pins est originale et simple. Vous verrez les sittelles et les mésanges s'y agripper avec agilité. Pour Noël, ajoutez-les à une couronne ou à votre arbre de Noël aux oiseaux *(voir p. 280 et 281)*. Choisissez un cône de pin gros ou petit. Les petits ne seront accessibles qu'aux petits oiseaux : mésanges, sittelles, juncos… Les plus gros cônes attireront les plus gros oiseaux : pics, geais, étourneaux… Si vous ne désirez pas la venue d'étourneaux gourmands, il serait préférable de s'en tenir à de petits cônes.

1. Entourez un cône de pin d'un fil résistant et attachez-le solidement.
2. Tartinez de beurre d'arachide.
3. Suspendez à un support muni d'un anti-écureuils.

LE SUPPORT À ÉPIS DE MAÏS

Peu populaire auprès des petits oiseaux, il fera pourtant le bonheur des Geais bleus et des Gros-becs errants. À installer après le départ des quiscales, en automne, et à retirer à leur retour au printemps.

MATÉRIAUX

- 1 pièce de bois, peu importe l'essence, d'une longueur de 2 m x 4 cm x 4 cm (5 à 6 pi x 1½ po x 1½ po)
- Clous de 7,7 cm (3 po) sans tête

Voici quelques suggestions pour fixer le support à épis de maïs dans le sol.

1 Une pièce de bois de 1 m x 6,4 cm x 2 cm (3 pi de long x 2½ po x ¾ po) taillée en pointe à un bout et qu'on plante dans le sol. On visse le support sur cette pièce.

2 Un tube métallique de 1,2 cm (½ po) de diamètre et de 1,3 m (4 pi) de long sur lequel on perce deux trous de 0,5 cm (3⁄16 po) à 30 cm (1 pi) de distance à un bout, et on visse ce tuyau sur le support. On plante alors le tuyau dans le sol.

3 Une tige d'armature de 2 cm x 1,3 m (¾ po x 4 pi) de long qu'on plante dans le sol. Assemblez la tige métallique et le support à l'aide de deux brides (collets).

4 Déposez sur le sol ou le patio un bloc de ciment de 20,3 cm x 20,3 cm x 40 cm (8 po x 8 po x 16 po). On entre le support dans un des trous et on le coince avec quelques pièces de bois.

1 Fixez les clous de façon oblique sur la pièce de bois.

2 Empalez les épis de maïs, et le tour est joué.

On peut se procurer des épis chez un producteur de maïs (à l'automne, avant la récolte) ou encore dans les coopératives agricoles et les magasins à grande surface.

LE DÔME

L'achat de dômes dans les boutiques spécialisées est assez onéreux, surtout si vous avez plusieurs mangeoires à protéger car il vous faudra un dôme pour chacune d'elles. Il est cependant facile de s'en fabriquer à peu de frais. Voici plusieurs suggestions qui faciliteront votre choix et cela à un prix modique :

- bouteille de jus en plastique ;
- grosse cruche d'eau de distributeur d'eau ;
- ancien abat-jour ;
- wok ;
- anti-écureuils en propylène.

Procédure pour la bouteille de distributeur d'eau

1. À l'aide d'un marqueur, tracez l'endroit où vous devez couper.
2. Coupez le haut de la bouteille.
3. Passez le crochet ou la corde tenant votre mangeoire au travers du goulot et suspendez votre mangeoire.

Notez que le corps et la base de la bouteille pourront vous servir d'anti-écureuils. Vous n'aurez qu'à percer le centre pour insérer votre support.

LE CROCHET

Vous pouvez aussi fabriquer vos crochets de suspension à l'aide d'un cintre.

1 Coupez la tige de métal à la longueur désirée à l'aide d'une paire de pinces coupantes.

2 Pliez les deux extrémités selon vos besoins.

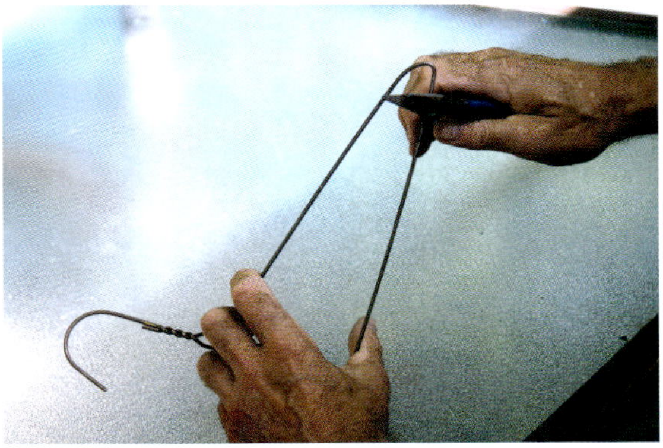

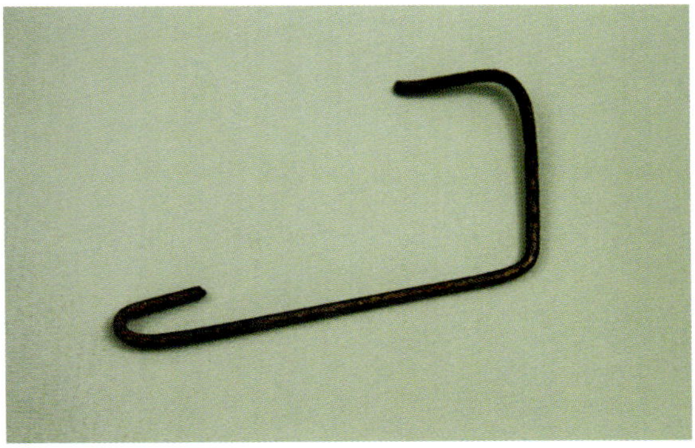

Les mangeoires modifiées ou les trucs de Gilles

Nous vous proposons ici plusieurs modifications et adaptations pour ces mangeoires. Cinq catégories de mangeoires sélectives vous sont présentées. Vous pourrez facilement réaliser ces projets à faible coût.

Chacune de ces mangeoires a la particularité d'attirer des espèces bien spécifiques. Certains oiseaux préfèrent en effet s'alimenter en hauteur, alors que d'autres se nourrissent presque exclusivement au sol. Pour maximiser le nombre d'espèces dans votre jardin, il faut donc diversifier les types de mangeoires et offrir une alimentation variée. Pour vous faciliter le travail en hiver, nous vous proposons également des mangeoires d'hiver et une façon de faire un peu différente de l'alimentation estivale. Ce volet sera développé dans une section ultérieure *(voir p. 83)*.

Les catégories de mangeoires

- Les mangeoires suspendues
- Les plateaux
- Les mangeoires de sol
- Les mangeoires d'hiver
- Les bûches

Roselins pourprés ♂ et ♀ à une mangeoire grillagées.

LES MANGEOIRES SUSPENDUES

Diverses mangeoires sont conçues spécialement pour offrir des graines spécifiques dont les plus prisées par les oiseaux sont le chardon et le tournesol noir.

LE SILO À CHARDON

Les mangeoires à chardon qu'on rencontre sur le marché sont habituellement de type silo. Nous conseillons davantage un silo sans plateau à la base et cela pour deux raisons :

- ce silo est beaucoup plus facile à nettoyer ;
- les tourterelles, qui raffolent du chardon, ne pourront l'occuper régulièrement.

Mésange à tête noire au silo à chardon.

Le problème rencontré avec ces silos est que chaque fois qu'un oiseau prend une graine, il en tombe souvent une ou deux par terre. Comme ces graines sont dispendieuses et qu'on ne doit jamais laisser de graines au sol car elles attireraient des espèces non désirées, il faut donc modifier ce type de silo. Voici deux transformations que nous vous suggérons. Vous trouverez facilement les matériaux dans les magasins à grande surface.

Tourterelle triste bien installée sur un plateau du silo à chardon.

Gilles s'informe sur divers matériaux auprès de Renelle Anctil, la directrice générale de Rona l'Entrepôt de Sherbrooke.

LE SILO À PLATEAU BASCULANT

MATÉRIAUX

- 1 couvercle de chaudière d'environ 21 cm (8¾ po) de diamètre
- 1 ressort d'un diamètre de 0,8 cm (5/16 po) et de 2,2 cm (7/8 po) de long
- 2 petits tubes d'un diamètre de 0,7 cm (¼ po) et de 2,9 cm (1 1/8 po) de long
- 1 passe-fils de caoutchouc de 1 cm (3/8 po) de diamètre intérieur
- 1 fil métallique de 9 cm (3½ po) de long
- 1 petit tuyau CPVC d'environ 1,2 cm (½ po) de diamètre et 5 cm (2 po) de long

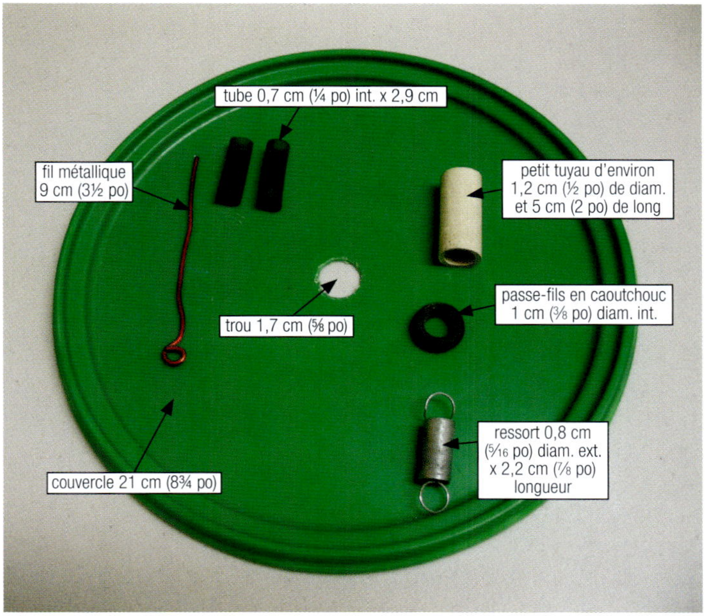

Note:

- Le ressort doit glisser librement dans le passe-fils et le tuyau CPVC.
- Sa tension doit être faible.
- Les deux tubes de plastique de 0,7 cm (¼ po) doivent pouvoir être enfilés facilement sur le perchoir.
- Les mesures affichées peuvent varier légèrement.

Réalisez le montage suivant

Si le couvercle n'est pas appuyé fermement sur le fond du silo, votre bout de tuyau CPCV est trop court. Si le plateau est difficile à basculer, c'est que votre tuyau est trop long. Vous devez évaluer la tension nécessaire sur votre plateau de façon à permettre aux petits oiseaux de se poser sans qu'il bascule. Par contre, le poids d'une tourterelle doit le faire basculer. Ces dernières apprennent vite que ce plateau n'est pas pour elles et laissent la place aux petits oiseaux qui récupèrent les graines tombées du silo.

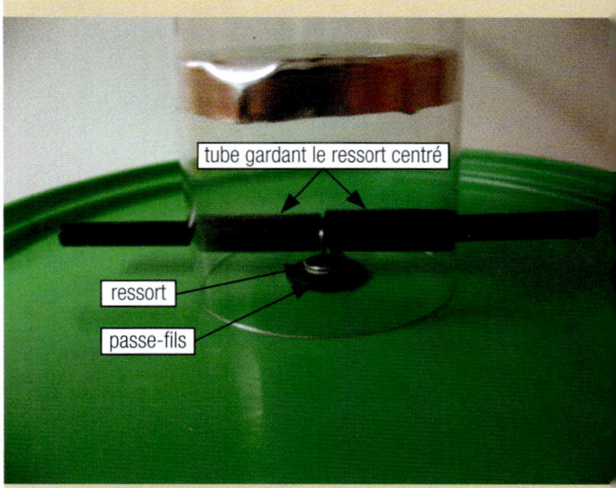

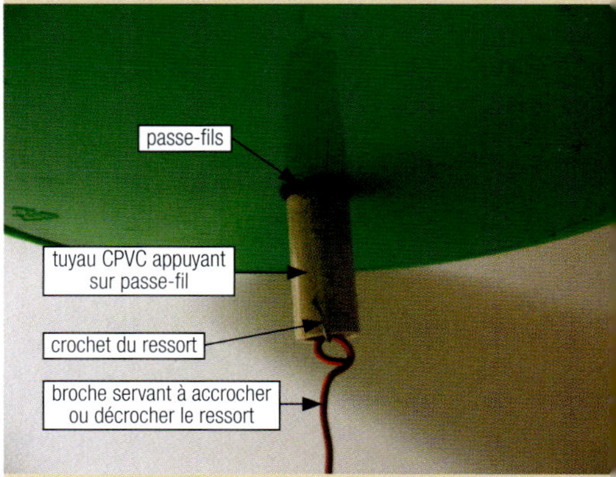

Sizerins flammés se nourrissant sur le plateau.

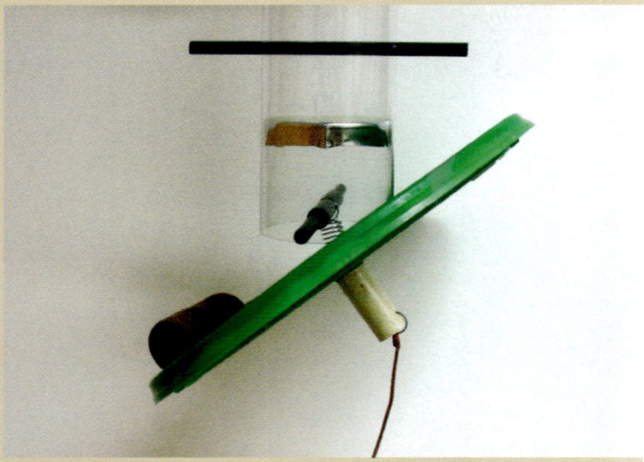

Basculement du plateau causé par un poids trop lourd.

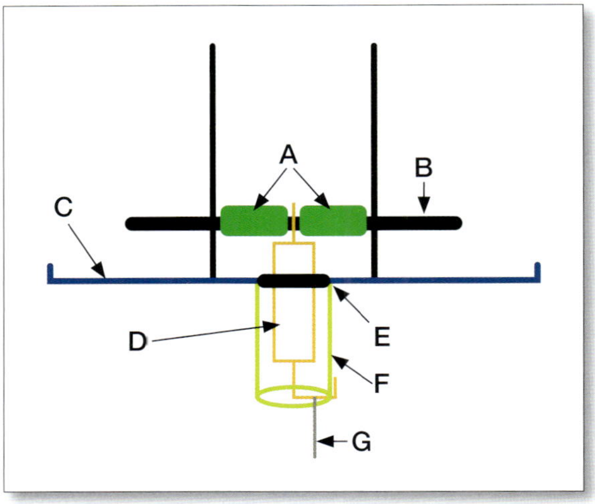

1. Prenez un silo avec perchoirs amovibles. Glissez le perchoir du bas (B) pour le faire sortir d'un côté du cylindre.
2. Insérez un petit bout de tuyau (A) par-dessus le perchoir d'une longueur égale à la moitié du diamètre du cylindre.
3. Entrez un bout du ressort (D) sur le perchoir.
4. Glissez un deuxième bout de tuyau (A) d'égale longueur au précédent sur le perchoir.

Le ressort est donc pris entre deux bouts de tuyaux qui ont pour fonction de maintenir le ressort au centre du silo.

5. Replacez ensuite le perchoir dans sa position normale.

Procurez-vous, chez un marchand de pièces automobiles, une rondelle de caoutchouc (E) qui enrobe le contour d'un trou d'une paroi métallique pour protéger les fils électriques qui y passent. Prenez une rondelle où vous pourrez facilement passer le ressort.

6 Percez un trou au centre du couvercle d'une chaudière (C) de diamètre adéquat pour assujettir votre rondelle de caoutchouc. Mettez-la en place.

Cette rondelle a pour fonction d'empêcher les spires du ressort de coincer dans la paroi du couvercle.

7 Fixez un bout de broche (G) d'environ 7,7 cm (3 po) de long à l'autre bout du ressort. Il servira à vous faciliter la tâche pour poser ou enlever le plateau.

8 Passez le ressort dans la rondelle. Maintenez le couvercle sous le silo.

9 Étirez le ressort légèrement et mesurez la longueur du ressort dépassant le couvercle. Vous aurez besoin de cette mesure pour couper un bout de tuyau (F) *(en CPVC, par exemple)* de 1,3 cm (½ po) de diamètre.

10 Insérez la partie du ressort sous le couvercle dans le tuyau en CPVC. Tendez-le et accrochez-le à la paroi du tuyau.

LE SILO GRILLAGÉ

MATÉRIAUX

- 1 couvercle de chaudière de 20 litres (5 gallons) ou un abat-jour, un couvercle de poubelle, un sous-plat de pot à fleurs, etc., d'environ 30,5 cm (12 po) de diamètre
- 2 œillets à écrou ¼ po
- 1 écrou raccord ¼ po
- 2 écrous ¼ po
- 2 rondelles ¼ po
- 2 rondelles ressort ¼ po
- 4 vis de 2 cm (¾ po)
- 4 petites chaînes de 7,6 cm (3 po) de long
- 1 assiette à pizza de 33 cm (13 po)
- 1 broche carrelée avec carreaux 5 cm x 5 cm (2 po x 2 po) *(qu'on trouve facilement dans les coopératives agricoles)*

Sizerins flammés bien installés à la mangeoire grillagée.

Certains matériaux suggérés ici peuvent facilement être remplacés par d'autres articles que l'on peut retrouver dans les marchés aux puces, ventes de garage, magasins à grande surface et autres endroits.

La Sittelle à poitrine rousse est très agile pour passer au travers du grillage.

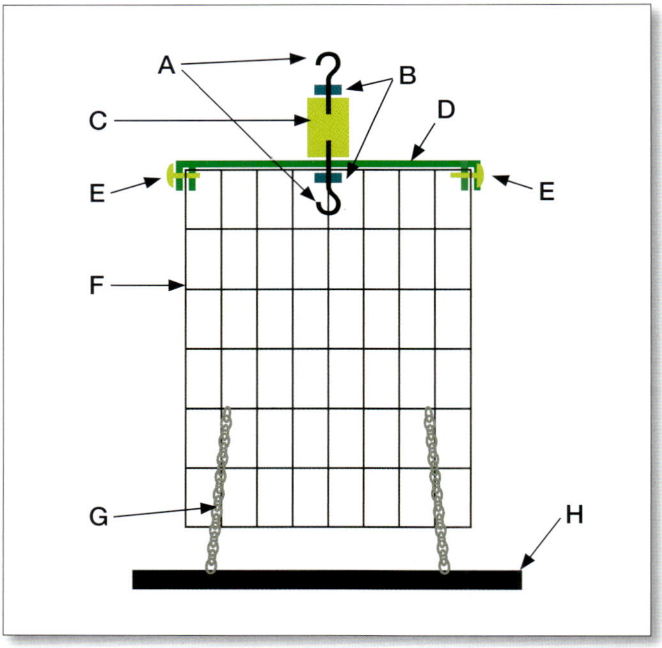

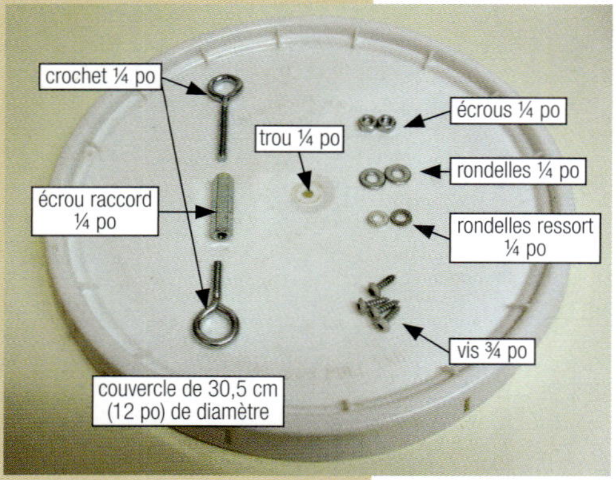

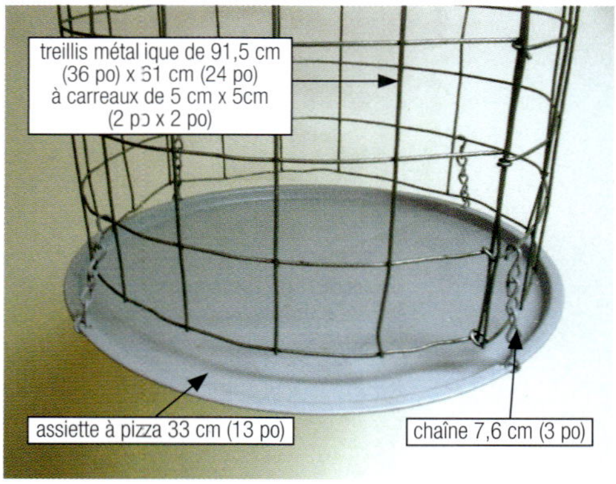

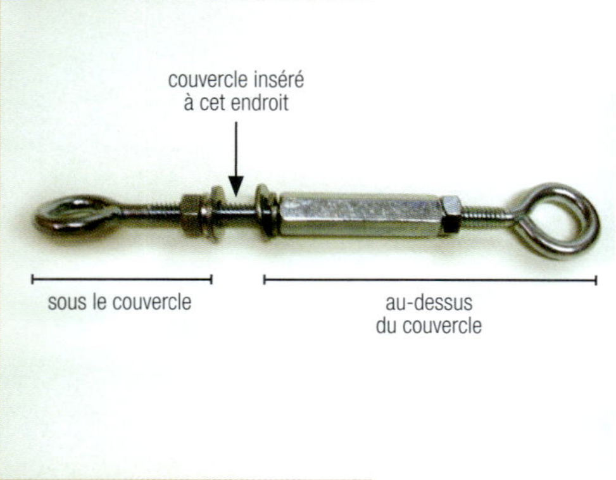

Matériaux uti isés.

Utilisez une mèche du même diamètre que la tige de vos crochets.

Percez un trou au centre du couvercle. (D)

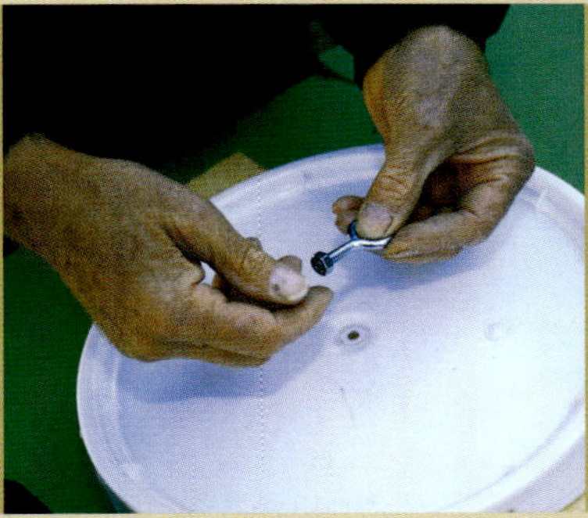

Vissez un écrou (B) au crochet inférieur. (A)

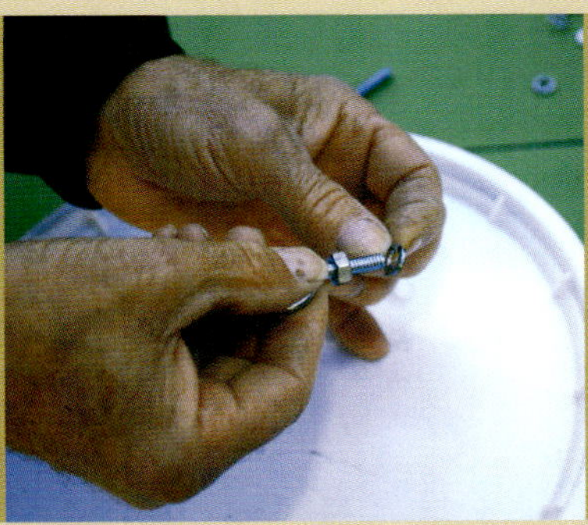

Insérez une rondelle ressort.

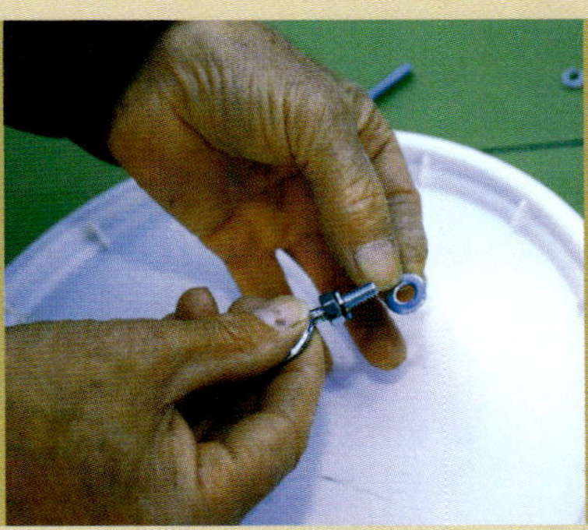

Ajoutez une rondelle.

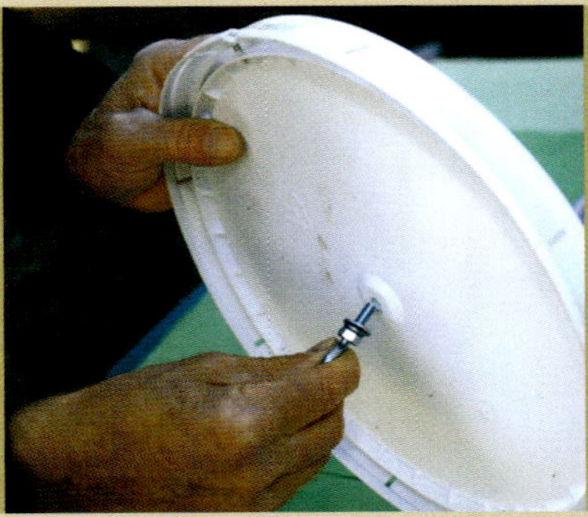

Passez la tige filetée dans le trou du couvercle.

Insérez une rondelle.

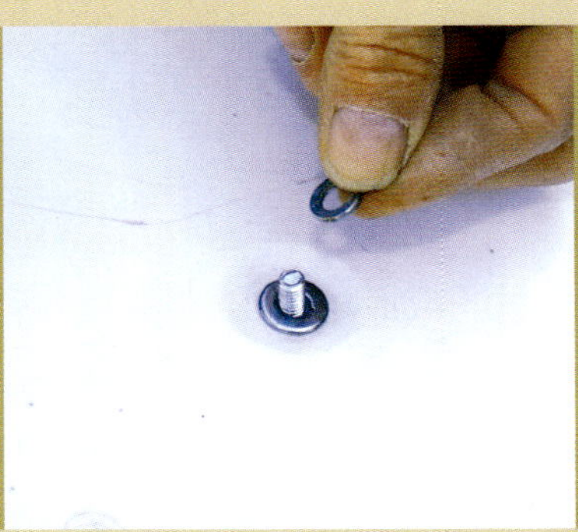

Ajoutez une rondelle ressort.

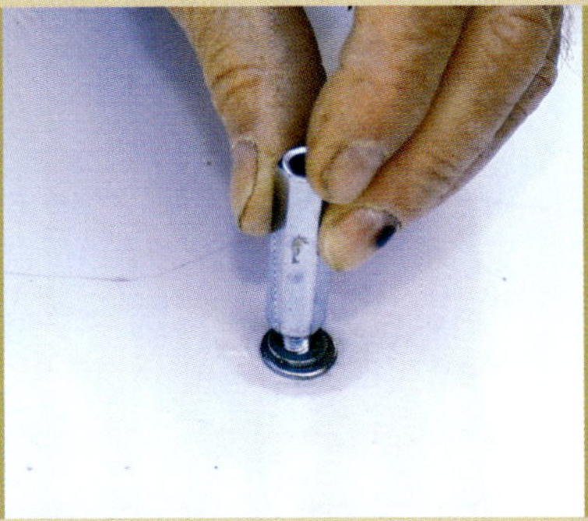

Vissez l'écrou raccord (C).

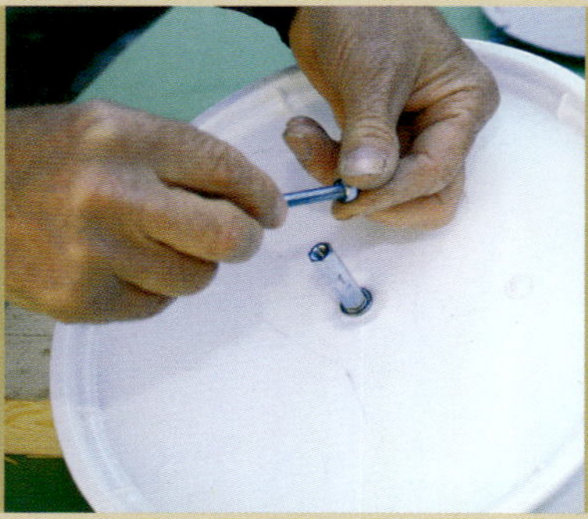

Vissez un écrou au crochet supérieur.

Vissez sur ce crochet l'écrou raccord.

Serrez les deux écrous fermement, l'un sur l'écrou raccord, l'autre sur le couvercle, pour empêcher les crochets de se dévisser.

Rouleau de broche carrelée à carreaux de 5 cm x 5 cm (2 po x 2 po).

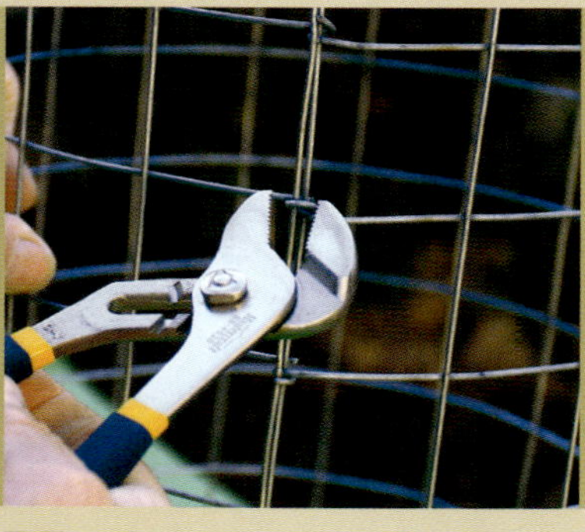

Taillez dans la broche carrelée une surface suffisamment grande pour faire un cylindre (F) pouvant s'insérer dans la rainure du couvercle.

Placez le cylindre dans la rainure et fixez-le à l'aide de la vis de 2 cm (¾ de po) (E).

Les vis doivent passer de chaque côté de la rainure et sous la broche du cylindre.

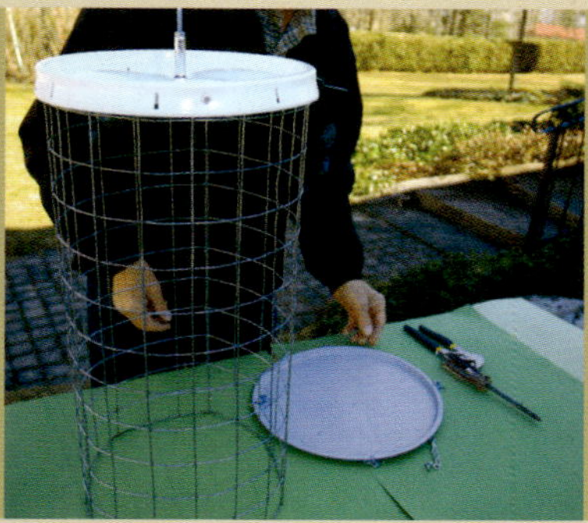

Pour le plateau (H), vous pouvez utiliser une assiette à pizza ou tout autre plateau.

Posez quatre petits bouts de chaîne (G) sur le pourtour du plateau.

Ouvrez un maillon de la chaîne.

Fixez le maillon ouvert à l'assiette à pizza.

Mettez un crochet en S sur le crochet intérieur et accrochez la mangeoire de votre choix.

On peut y suspendre une mangeoire hexagonale…

… ou un silo carré.

Mangeoire à silo rond pour chardon.

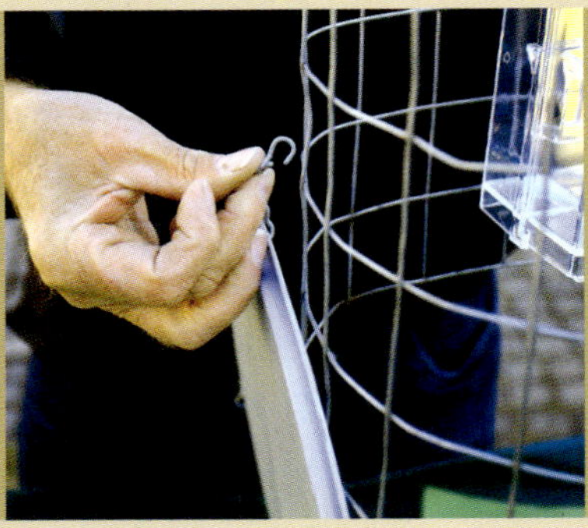

Fixez le crochet ouvert au cylindre.

Fixez les quatre bouts de chaîne au grillage.

Suspendez à votre fil ou à votre support à mangeoire.

On vous a proposé une réalisation avec un couvercle de chaudière. Voici des photos du même projet avec d'autres objets de récupération.

Les oiseaux préfèrent les plateaux à bordure peu élevée. Ils vont rarement dans des plateaux profonds qui obstruent leur vision. Il suffira de décrocher deux chaînes adjacentes pour accrocher le silo. Cette mangeoire sélective est très efficace, elle requiert peu d'entretien et devient vite achalandée. Elle ne peut cependant contrer les écureuils.

Quelques conseils

Voici une façon simple de maintenir la qualité des graines dans un silo à chardon. Utilisez trois silos à chardon nommés A, B et C.

1 **La première journée,** remplissez à demi les trois silos.

2 **Le deuxième jour,** versez le A dans le B et le C et remplissez le A de chardon frais.

3 **La troisième journée,** versez le B dans le C et le A et remplissez le B.

4 **La quatrième,** versez le C dans le A et le B et remplissez le C. Puis, recommencez la rotation.

Vous aurez ainsi tous les jours un silo de chardon frais et éviterez que les graines s'agglomèrent, puisque les graines du silo que l'on vide se retrouvent sur le dessus de celles des deux autres silos. Bien entendu, il faut doser la quantité de graines offertes avec l'achalandage. Il vous faudra peut-être en mettre peu dans chaque silo.

Dôme fabriqué à l'aide d'un abat-jour.

Moqueur roux sur la grille d'aération utilisée comme plateau.

Aux deux semaines, lavez à fond vos mangeoires avec de l'eau chaude.

- Il est préférable de démonter complètement le silo.
- Si vous l'avez muni d'un plateau basculant, enlevez-le.
- Retirez les perchoirs et enlevez le fond.
- Pour le silo à chardon, *(voir la procédure de démontage, à la page 31)*.

Recueillez les résidus de chardon régulièrement et nettoyez vos plateaux. Comme il est probable de retrouver dans ces rejets des graines non décortiquées, vous pouvez les étendre sur une plaque ou un petit plateau moustiquaire que vous placez au pied d'un bosquet ou d'un conifère. Les oiseaux aiment aller gratter dans ces résidus.

LA MANGEOIRE À TOURNESOL

Il existe toute une panoplie de mangeoires à tournesol. Les moins dispendieuses et les plus simples sont souvent celles qui sont les plus faciles à transformer en mangeoires sélectives et auxquelles il est le plus aisé d'accrocher un ramasse-graines. Comme nos préférences vont au silo carré à trois étages et à la mangeoire hexagonale, on peut en posséder plusieurs pour peu de frais, nous permettant ainsi une rotation, si le temps nous manque pour le nettoyage. Voici quelques modifications que vous pouvez apporter à ces mangeoires pour les rendre sélectives.

LA MANGEOIRE À PERCHOIRS RESTREINTS

Comme les gros oiseaux ne peuvent s'installer sur les perchoirs pour s'alimenter, ils laissent donc la place aux petits. Il arrive à l'occasion de voir un quiscale ou un étourneau s'accrocher à la broche mais comme l'oiseau est en position très inconfortable, il abandonne rapidement.

MATÉRIAUX

- 1 cintre métallique ou autre broche rigide
- 1 silo carré

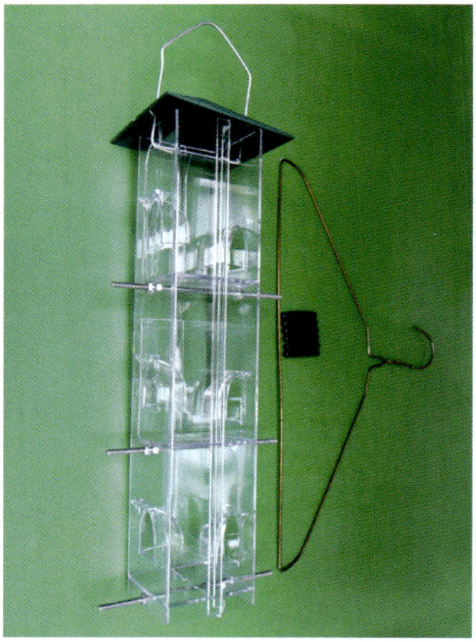

Enlevez les caoutchoucs recouvrant les perchoirs. Percez un trou avec un poinçon à l'extrémité fermée de chaque caoutchouc. Replacez-les sans les entrer à fond.

Prenez un cintre et coupez-le sous le crochet.

Redressez-le pour obtenir une tige métallique droite.

Coupez-en un bout égal à la longueur du silo.

Faites une petite boucle à l'une des extrémités en ayant soin de laisser un petit bout d'environ 1,3 cm (½ po) de tige droite sur un côté de la boucle.

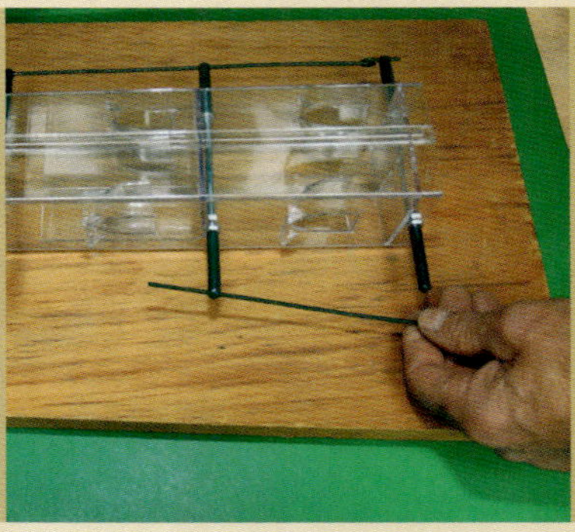

Faites glisser la tige métallique vers le haut dans le trou des caoutchoucs en commençant par le perchoir du milieu et ensuite celui du haut.

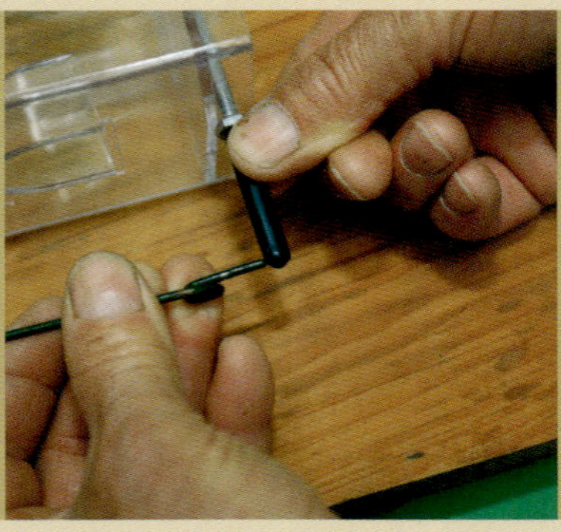

Glissez la tige pour pouvoir insérer le petit bout de 1,3 cm (½ po) dans le caoutchouc du bas *(la petite boucle sert d'arrêt pour éviter que la tige glisse vers le bas).*

Faites de même pour l'autre côté.

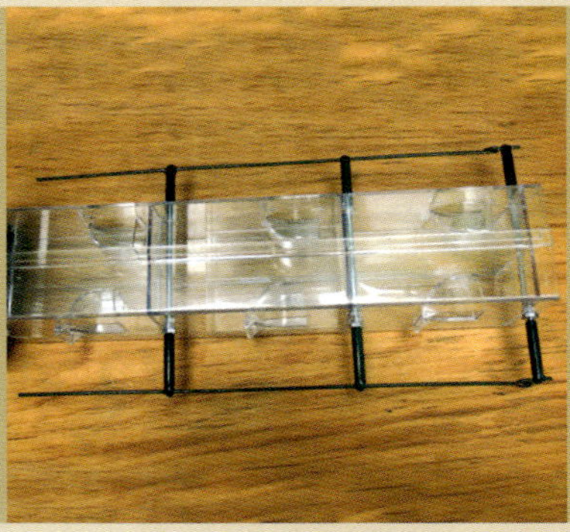

On peut alors placer cette broche à la distance voulue des trous d'alimentation de la mangeoire en entrant ou en retirant plus ou moins les caoutchoucs.

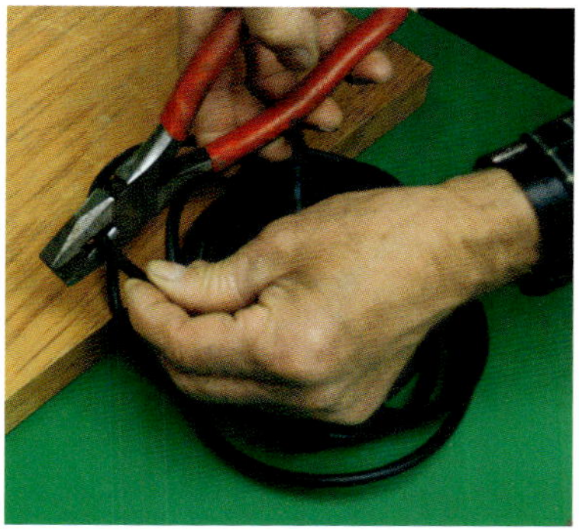

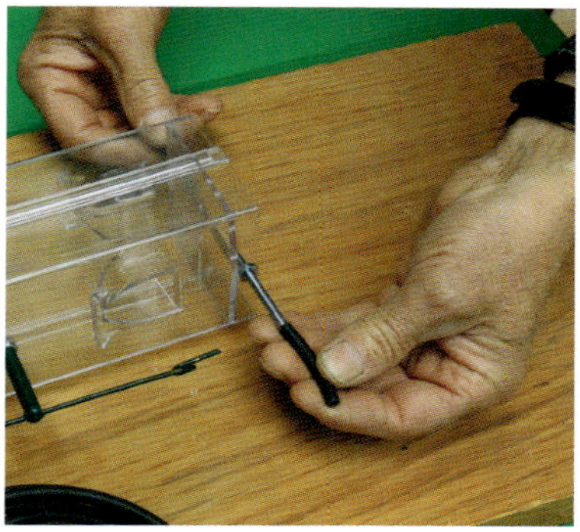

Comme vous aurez à retirer fréquemment les caoutchoucs pour démonter la mangeoire lors du nettoyage, il est possible qu'ils se déchirent au niveau du trou. Vous pouvez facilement les remplacer par du petit tuyau d'irrigation que l'on trouve dans les magasins à grandes surfaces.

1 Coupez de la même longueur que les caoutchoucs.

2 Placez sur les perchoirs.

Il est inutile de retirer la broche pour le lavage. Il suffit de tirer alternativement sur les caoutchoucs pour les enlever des perchoirs et dévisser les trois écrous du même côté. La mangeoire se sépare alors en deux *(voir p. 30)*.

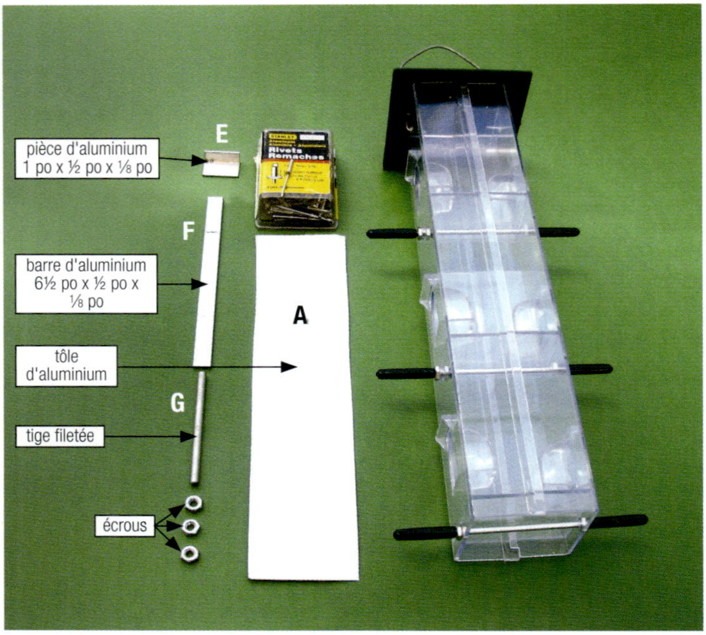

LA MANGEOIRE À FERMOIRS

Si vous êtes un bricoleur dans l'âme, vous pouvez réaliser cette mangeoire sans trop de difficultés. Elle a comme avantage d'accepter les oiseaux selon leur poids.

MATÉRIAUX

- De la tôle d'aluminium (A)
- 1 barre de 1,3 cm (½ po) de large et 0,3 cm (⅛ po) d'épaisseur en aluminium (F)
- De l'aluminium angle de 2,5 cm x 1,3 cm x 0,3 cm (1 po x ½ po x ⅛ po) d'épaisseur (E)
- 1 petit tuyau d'irrigation de 0,7 cm (¼ po) de long
- 1 tige filetée de 0,7 cm (¼ po) x 9 cm (3½ po) (G)
- Écrous de 0,7 cm (¼ po) (C)
- Écrous 10-24
- 1 silo carré

Fermoir activé par le Pic à ventre roux trop lourd.

Vous devez construire six perchoirs basculants comme celui ci-contre.

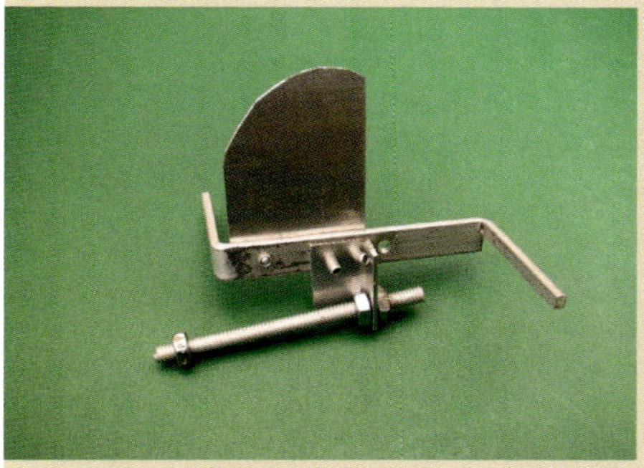

1 Prenez une barre plate en aluminium (F) de 16,5 cm (6½ po) de long x 1,3 cm (½ po) de large x 0,3 cm (⅛ po) d'épaisseur, et enlevez à un bout deux tiers de sa largeur sur une longueur de 3,8 cm (1½ po) **(figure A)**.

2 Percez un trou (D) de 0,5 cm (3/16 po) à 3,5 cm (1⅜ po) de la section enlevée comme montré sur la photo **(figure A)**.

3 Prenez un aluminium angle (E) de 1,3 cm (½ po) x 2,5 cm (1 po) d'une longueur de 2,5 cm (1 po) et percez un trou de 0,7 cm (¼ po) au bout sur le côté 1,3 cm (½ po) comme montré sur la photo. Il faut percer le bout gauche si on regarde l'intérieur de l'aluminium angle **(figure A)**.

4 Pliez la barre (F) à angle droit et en sens opposé à 3,8 cm (1½ po) de chaque bout comme le montre le schéma **(figure B)**.

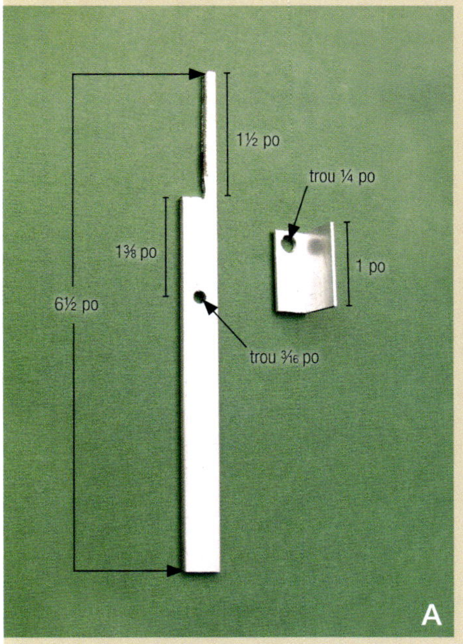

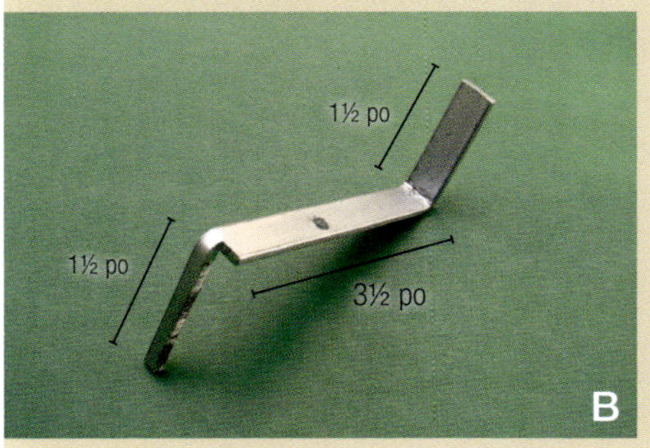

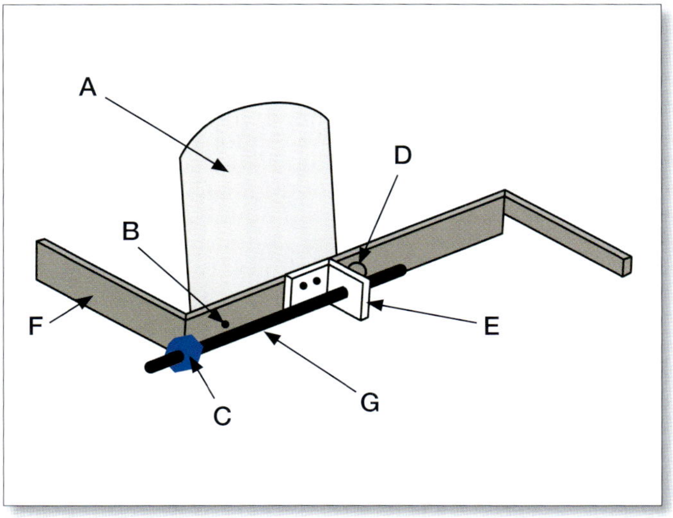

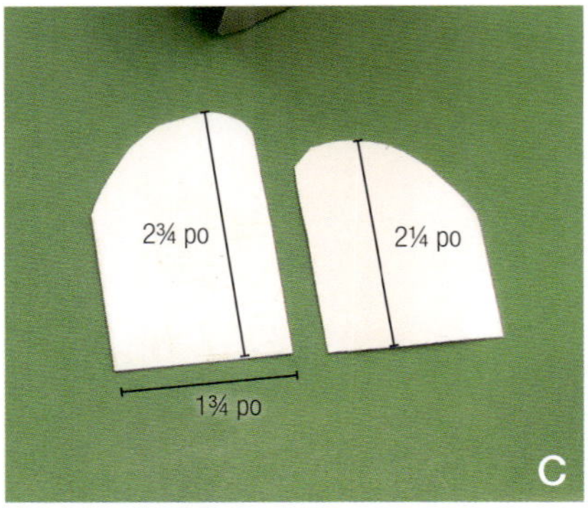

C

D

E

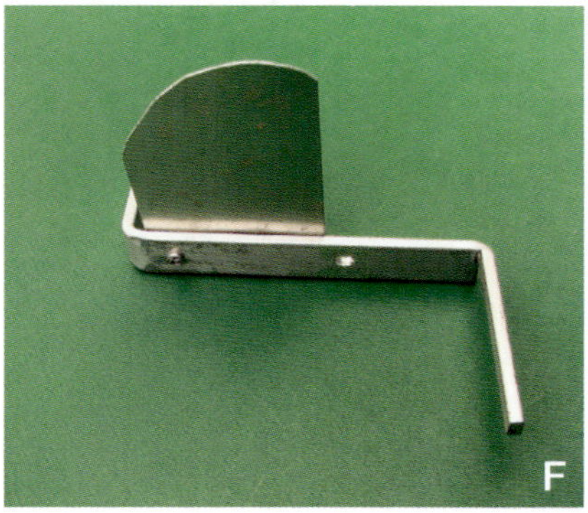
F

5 Découpez un petit morceau de tôle (A) qui permettra de bloquer le trou d'alimentation du silo. Les plaquettes de tôle sont d'une largeur de 4,4 cm (1¾ po). D'un côté du silo, il faut des tôles de 7 cm (2¾ po) de haut et de l'autre côté, de 5,7 cm (2¼ po). Il faut également découper le sommet en demi-lune, comme sur la photo **(figure C)**.

6 Découpez un morceau de tôle de 6,8 cm ($2\tfrac{11}{16}$ po) x 17 cm ($6\tfrac{11}{16}$ po) et faites un U de façon à obtenir des côtés de 5 cm (2 po) **(figure D)**. Cette pièce sera mise sur le fond extérieur du silo pour retenir les deux fermoirs du bas. Il suffit d'enlever la tige métallique du bas, d'insérer le U et de remettre en place la tige métallique **(figure E)** (voir le **dessin 2**, page opposée).

7 Installez un premier rivet (B) à gauche de la plaquette (A) pour la fixer à la barre (F) et la tête du rivet appuyée sur la pièce (A) **(figure F)**.

8 À l'aide de deux rivets, installez la pièce (E). Les rivets traversent les pièces A, E et F et la tête du rivet doit être appuyée sur la pièce (A) **(figure G)**.

9 Insérez la tige filetée (G) dans le trou de 0,7 cm (¼ po) de la pièce (E), et à l'aide d'un écrou de chaque côté, serrez fermement à l'endroit désiré pour obtenir le poids voulu afin que le fermoir bloque l'ouverture de la mangeoire. Vous pouvez également déplacer des écrous (C) sur la tige filetée **(figure H)**.

10 Enlevez les embouts de caoutchouc sur le silo original, insérez le fermoir, ajoutez un écrou 10-24 sans l'appuyer sur la barre (F). Insérez un petit tube d'un diamètre intérieur de 0,3 cm (⅛ po). Il doit être suffisamment serré pour empêcher l'écrou de se dévisser. Coupez l'excédent du perchoir original **(figure I)** (voir le **dessin 1**, page opposée).

11 Posez l'embout sur le nouveau perchoir **(figure J)**.

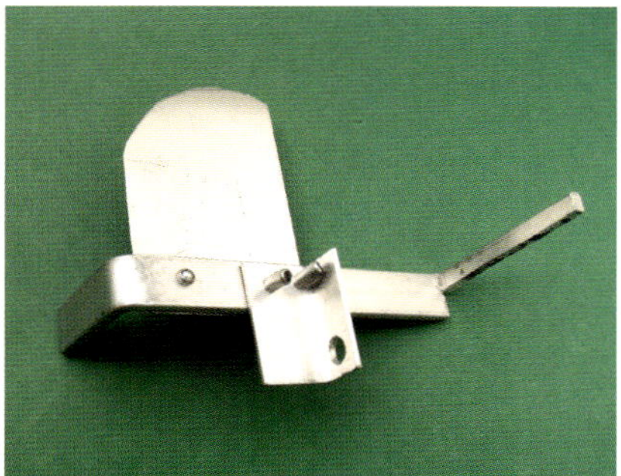
G

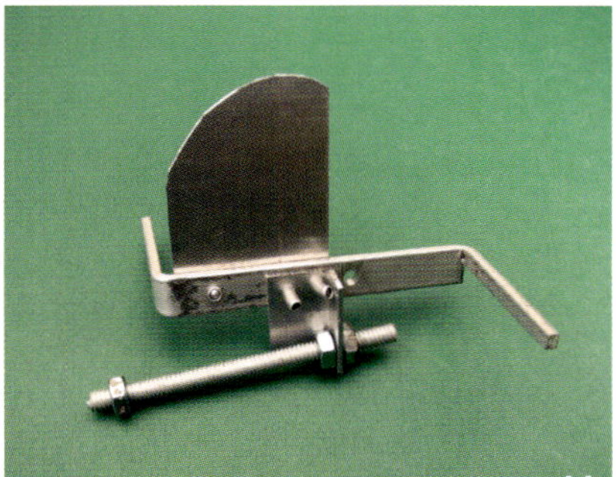
H

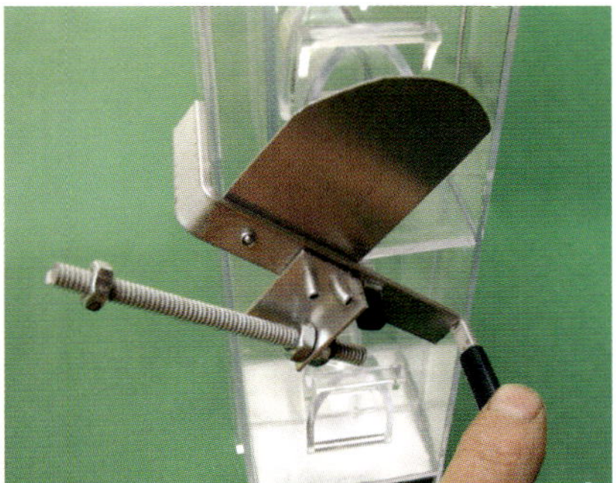
I

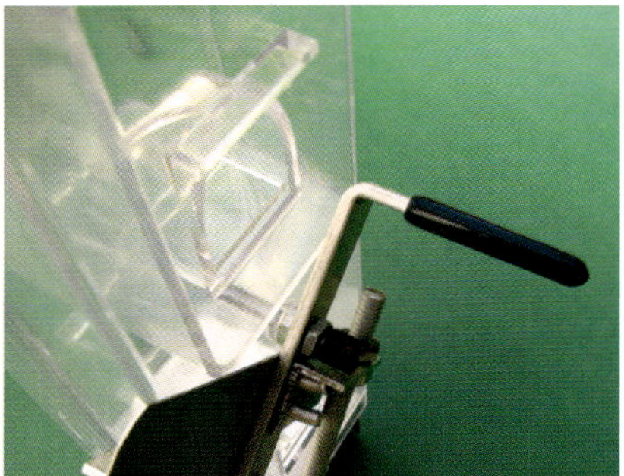
J

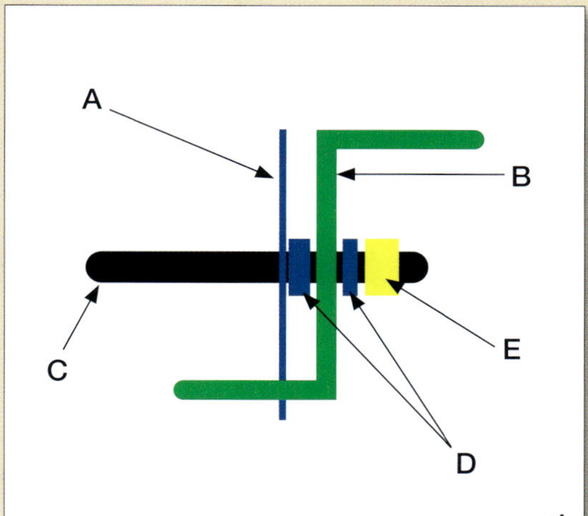

1

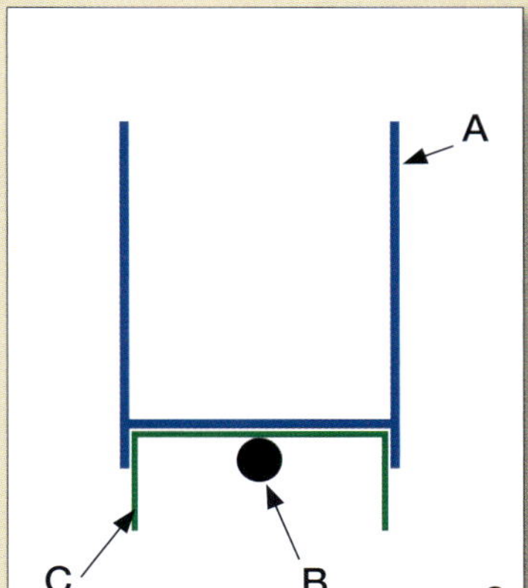

2

Dessin 1
A) Mangeoire
B) Perchoir basculant
C) Perchoir original
D) Écrous
E) Petit tube d'irrigation

Dessin 2
A) Mangeoire
B) Perchoir original
C) Tôle en U

LE SILO À PERCHOIRS DÉCENTRÉS

Les oiseaux ont l'habitude de s'alimenter en premier lieu dans les trous du haut d'un silo. Il en résulte que l'étage supérieur se vide très rapidement et on se retrouve avec une mangeoire désertée par les oiseaux même si l'étage intermédiaire et celui du bas sont encore remplis. Je vous suggère de tenter une expérience fort intéressante. Décentrez vos perchoirs du milieu et du haut. Il est certain que vous ne pourrez éliminer l'effet de dominance mais vous serez surpris de la présence accrue à l'étage intermédiaire.

MATÉRIAUX

- 1 petite barre d'aluminium de 1,3 cm (½ po) de large par 0,3 cm (⅛ po) d'épaisseur
- 1 silo carré

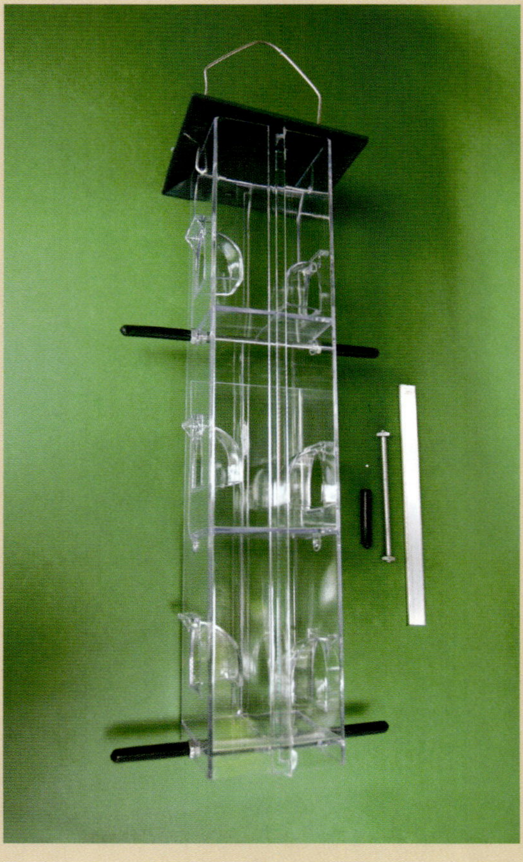

Prenez une barre d'aluminium d'environ 13 cm (5 po) de long et faites une marque à 4 cm (1½ po) d'un bout et une autre à 2 cm (¾ po) de l'autre bout.

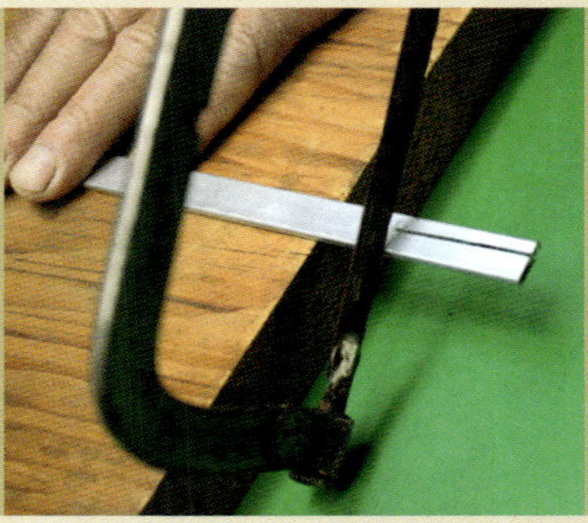

Enlevez environ le ⅔ de la largeur de la barre sur une longueur de 4 cm (1½ po), soit jusqu'à votre marque.

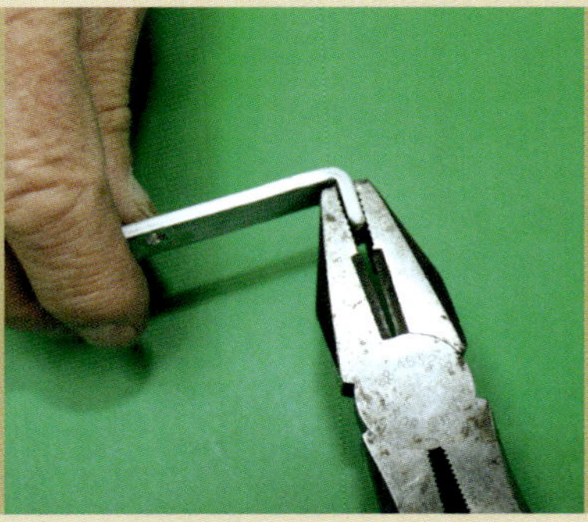

Pliez à 90 degrés, à vos marques, les 2 bouts de la barre mais en sens opposé.

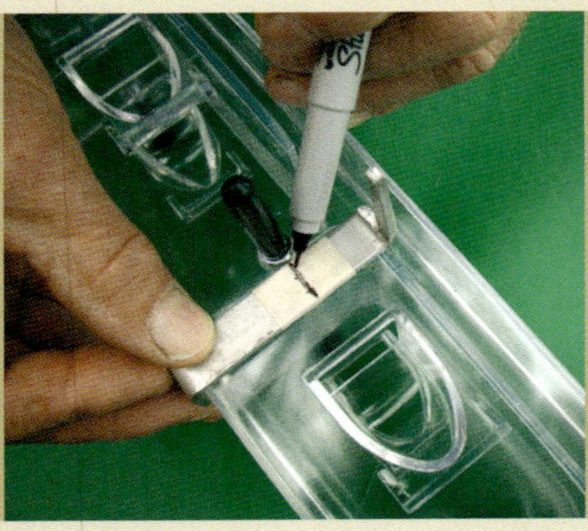

Appuyez la partie de 2 cm (¾ po) sur le côté du silo, exactement sous un perchoir, et faites un trait sur le perchoir décentré en ligne avec celui du silo.

Percez un trou pour insérer ce nouveau perchoir dans la tige du perchoir original.

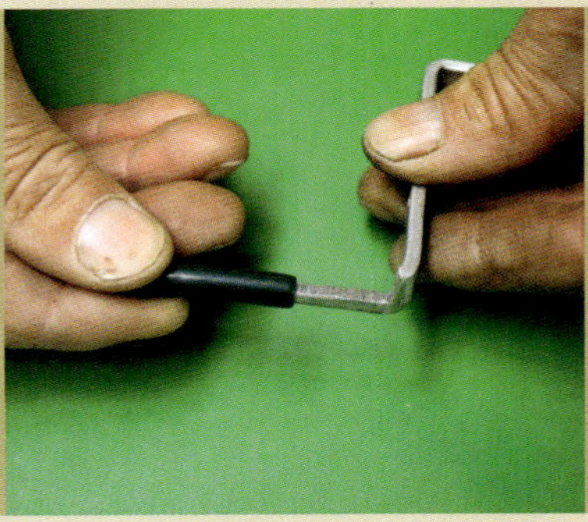

Enlevez la gaine de caoutchouc sur le perchoir original et replacez-le sur le nouveau.

Enlevez l'écrou, insérez le perchoir décentré et replacez l'écrou.

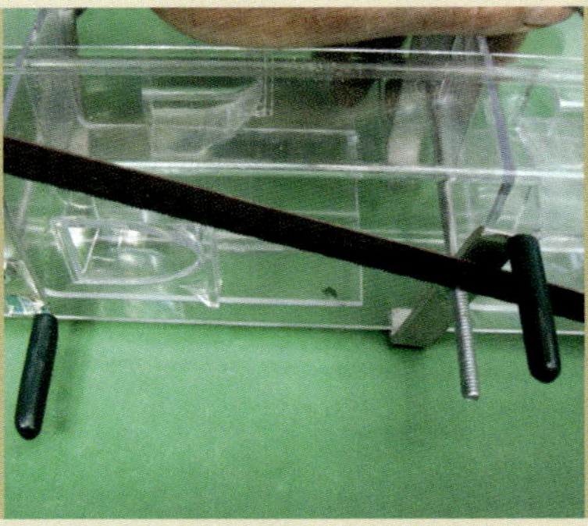

Coupez l'excédent de l'ancien perchoir.

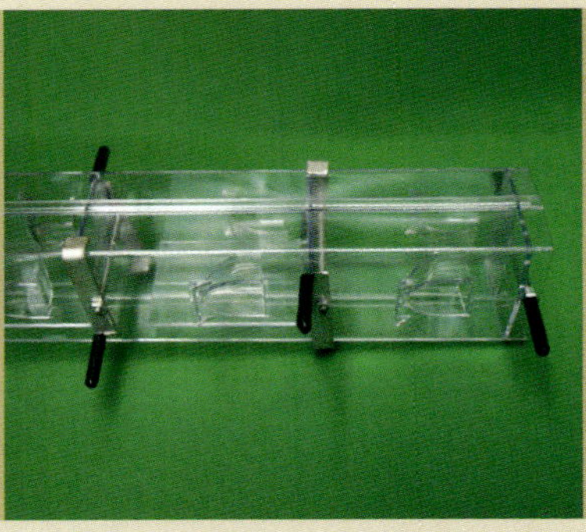

Placez vos perchoirs à l'opposé sur le même côté.

LA MANGEOIRE HEXAGONALE GRILLAGÉE

La petite mangeoire hexagonale est toujours très fréquentée par les oiseaux. Plusieurs espèces la préfèrent à d'autres types de mangeoires. Son seul défaut étant la dimension trop petite de son toit, qui protège mal les graines de la pluie, placez-la sous un dôme pour solutionner le problème. Plusieurs objets peuvent servir à cela. Le dôme a un second avantage, il sert d'appui au grillage qu'on doit ajouter lorsque les intrus arrivent.

MATÉRIAUX

- 1 dôme *(bouteille de jus en plastique, grosse cruche d'eau de distributeur d'eau, ancien abat-jour, wok, anti-écureuils en propylène)*
- De la broche carrelée de 5 cm x 5 cm (2 po x 2 po)

Voilà une protection amovible que l'on place à volonté selon la présence ou non d'intrus. Malheureusement, ce grillage n'est pas suffisant pour contrer les écureuils *(voir p. 436)*. Si vous utilisez un dôme anti-écureuils, comme le montre la photo, pour protéger les graines de la pluie, vous devrez agrandir le trou dans la partie métallique à 1 cm (3/8 po) pour pouvoir insérer aisément le fil métallique de la mangeoire.

Cardinal rouge ♂ à la mangeoire hexagonale.

Faites un cylindre de broche du même diamètre que le dôme utilisé.

Pliez les broches du haut de façon à l'adapter à la pente du dôme.

Insérez le fil d'acier de la mangeoire au travers du dôme.

Déposez le treillis sur le dôme.

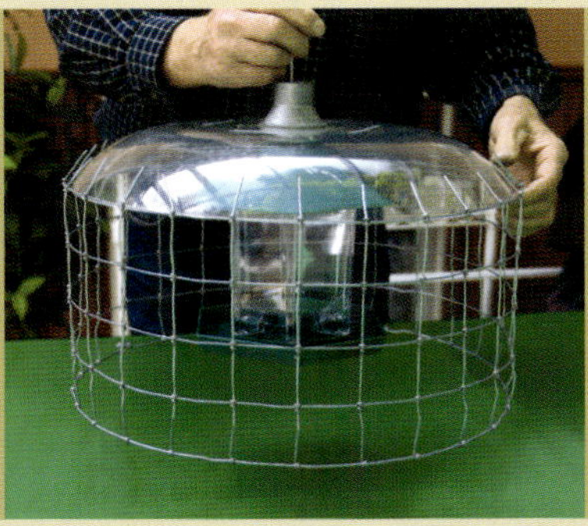

Refermez les broches sur le dôme.

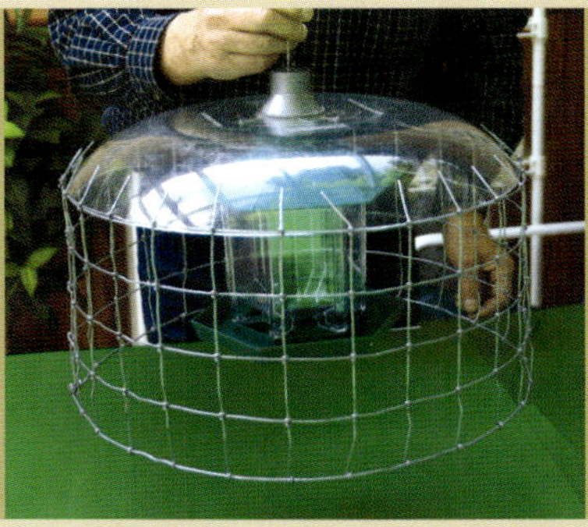

Assurez-vous que le carrelage se rende au ramasse-graines.

Suspendez le ramasse-graines.

Les plateaux

Plusieurs espèces d'oiseaux préfèrent le plateau à la mangeoire suspendue. Comme on en trouve peu sur le marché, il faut le construire soi-même. Bien construit, il a de nombreux avantages. Il est facile à nettoyer, c'est la mangeoire idéale pour offrir le maïs et les mélanges, il peut accepter tous les oiseaux *(c'est un des modèles non sélectifs)* et il facilite la rotation des graines. Il en existe deux types : le plateau ouvert et le plateau sélectif.

LE PLATEAU OUVERT

Cette mangeoire est en fait un bar ouvert à tous. Il faut la placer un peu en retrait des autres, car elle attire souvent les intrus. C'est d'ailleurs la première à remiser en cas d'invasion importante. À l'automne, dès le départ des indésirables, il est bon de la remettre en service. En hiver, elle alimentera bon nombre d'oiseaux qui resteraient autrement loin de votre jardin.

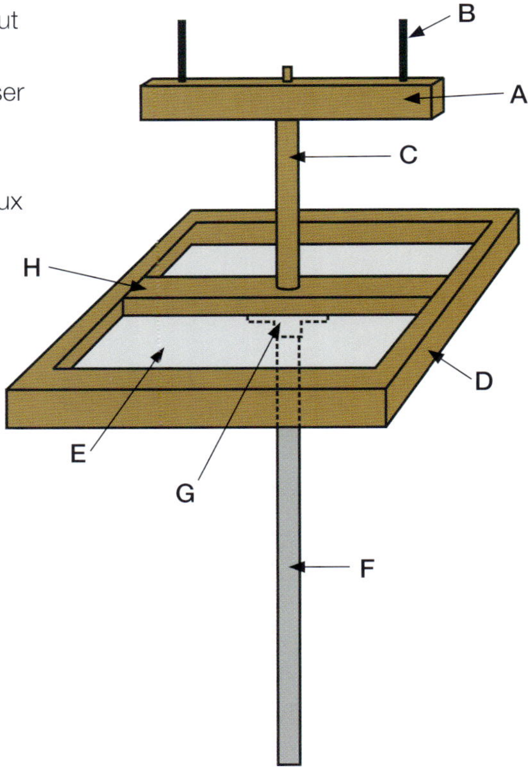

MATÉRIAUX

- 1 baguette de bois de 4 cm x 2,5 cm (1½ po x 1 po)
- 1 baguette de bois de 2,5 cm x 2 cm (1 po x ¾ po)
- 1 baguette de bois de 0,7 cm x 2 cm (¼ po x ¾ po)
- 1 moustiquaire
- Des agrafes 1 cm (⅜ po)
- 1 tuyau métallique de 1,3 cm (½ po)
- 1 tige filetée de 0,7 cm (¼ po)
- Écrous et petits clous de 2,5 cm (1 po) de long
- 2 vis de 10 cm (4 po)
- 1 tuyau de plastique de 2,5 cm (1 po) (facultatif)

◀ Geai bleu sur un plateau suspendu à fond de moustiquaire.

Le plateau peut avoir les dimensions que vous désirez. Il offre l'avantage de pouvoir être placé un peu partout dans le jardin, à l'abri des écureuils.

1 Construisez un cadre (D) de 2,5 cm (1 po) de haut avec une baguette de 2,5 cm x 2 cm (1 po x ¾ po).

2 En son milieu, fixez une traverse (H) de 2,5 cm (1 po) de haut par 4 cm (1½ po) de large reliant les deux côtés opposés.

3 Percez un trou au centre de cette traverse pour pouvoir insérer un tuyau métallique (F) de 1,3 cm (½ po) de diamètre.

4 Fixez de la moustiquaire (E) à l'aide d'une agrafeuse. Elle servira de fond à votre plateau.

5 Clouez une baguette de 0,7 cm x 2 cm (¼ po x ¾ po) par-dessus la moustiquaire pour la solidifier.

6 Utilisez un tuyau métallique (F) de 1,3 cm (½ po) de diamètre et d'environ 2,5 m (8 pi) de long comme support.

7 Percez dans le tuyau (F) à 46 cm (18 po) d'un des bouts, un trou de 0,7 cm (¼ po).

8 Insérez dans ce trou une tige filetée (G) de 0,7 cm x 10 cm (¼ po x 4 po) de façon à avoir une partie égale de chaque côté du tuyau.

9 Maintenez la tige en place (G) par un écrou de chaque côté du tuyau.

10 Enfoncez le tuyau (F) dans le sol et enfilez votre plateau. Il s'arrêtera sur la tige filetée (G).

LE SUPPORT À ÉPIS DE MAÏS

Facultatif. Les Geais bleus en raffolent *(voir le dessin du plateau ouvert, à la page précédente)*.

Enfilez un tuyau (C) de 2,5 cm x 30 cm (1 po x 1 pi) de long au-dessus du plateau sur celui de 1,3 cm (½ po). Installez une seconde pièce de bois (A) identique à la traverse (H). À chaque extrémité, installez une vis (B) de 10 cm (4 po). Il vous suffit d'enfoncer les épis de maïs dans les vis.

N'oubliez pas d'installer un pare-écureuil sous le plateau *(voir p. 436, pour les suggestions de pare-écureuils)*. Un conseil : nettoyez régulièrement le plateau. Il est facile de retirer les pièces (A) et (C) pour ensuite sortir le cadre du tuyau. On utilise ce type de plateau en toutes saisons pour attirer les oiseaux dans sa cour.

LE PLATEAU SÉLECTIF SUR PIED

Ce plateau a l'avantage d'offrir aux oiseaux de petite taille une bordure où se poser pour faciliter l'accès aux graines.

MATÉRIAUX

- 1 morceau de contreplaqué de 46 cm x 46 cm x 2 cm (18 po x 18 po x ¾ po)
- 1 bride de plancher pour tuyau de 1 cm (⅜ po)
- 1 tuyau de plomberie de 1 cm x 15 cm (⅜ po x 6 po)
- 1 tuyau métallique de 2 cm x 1,8 m (¾ po x 6 pi)
- Vis
- Ensemble de cadres carrelés
- 1 carreau de plexiglas 46 cm x 46 cm (18 po x 18 po)
- 1 moustiquaire avec cadre de 30,5 cm x 30,5 cm (12 po x 12 po)
- Élastiques
- Œillets
- Du grillage à carreaux de 5 cm x 5 cm (2 po x 2 po) (facultatif)

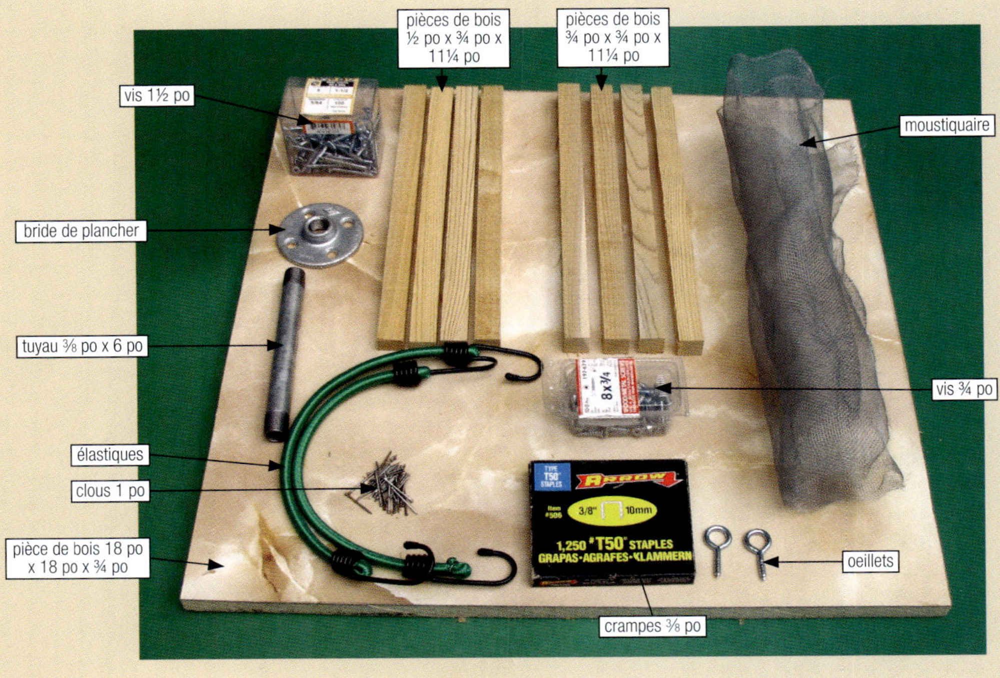

Prenez une pièce de bois de 46 cm x 46 cm x 2 cm (18 po x 18 po x ¾ po) et tracez deux diagonales pour trouver le centre de la pièce.

Prenez une bride de plancher pour tuyau 1 cm (⅜ po) et placez-la au centre de la pièce.

Vissez la bride de plancher à la pièce de bois à l'aide de quatre vis de 2 cm (¾ po).

Vissez le tuyau métallique 1 cm x 15 cm (⅜ po x 6 po) à la bride de plancher.

Percez un trou de plus petit diamètre que votre œillet à environ 10 cm (4 po) du bord.

Vissez un œillet dans ce trou. Il servira à accrocher l'élastique.

Faites de même pour le côté opposé.

Pour la moustiquaire, assemblez des pièces de bois de 2 cm x 2 cm x 28,5 cm (¾ po x ¾ po x 11¼ po).

Faites un cadre de bois de 30 cm x 30 cm (12 po x 12 po).

Fixez de la moustiquaire à l'aide d'agrafes.

Coupez l'excédent.

Clouez par-dessus la moustiquaire des pièces de bois de 1,3 cm x 2 cm x 28,5 cm (½ po x ¾ po x 11¼ po).

Plantez dans le sol un tuyau de 2 cm (¾ po) d'environ 2 m (6 pi) de long et insérez le tuyau de 1 cm (⅜ po) de votre plateau dans celui-ci.

Faites un cube avec des grilles et un plexiglas comme décrit pour la mangeoire de sol *(voir p. 78)*.

Installez le cadre moustiquaire et le cube sur votre plateau et retenez ce dernier à l'aide de deux élastiques.

Cardinal rouge ♂ utilisant le plateau sélectif.

Chardonnerets sur un plateau grillagé.

Quelques conseils

- **Recouvrez votre plateau de formica** ou de stratifié pour faciliter le nettoyage.
- **Installez un pare-écureuil** sur votre tuyau de 2 cm (¾ po).
- **Les carreaux de ce grillage mesurent 4 cm x 4 cm** (1½ po x 1½ po). Ils peuvent donc permettre le passage des oiseaux pouvant atteindre la taille du Moqueur chat. Pour permettre l'accès à des oiseaux de la taille d'un Cardinal rouge, remplacez deux côtés opposés du cube avec des grillages à carreaux de 5 cm x 5 cm (2 po x 2 po).
- **Si vous construisez votre cube avec des grilles à carreaux de différentes grandeurs,** assurez-vous de le replacer toujours de la même façon pour ne pas désorienter certains oiseaux qui ont l'habitude de toujours entrer par le même côté.

LE PLATEAU SÉLECTIF SUSPENDU

Il est normal de vouloir réserver nos plateaux à certaines espèces, surtout au moment où les oiseaux noirs deviennent très abondants, lors des migrations printanières et automnales.

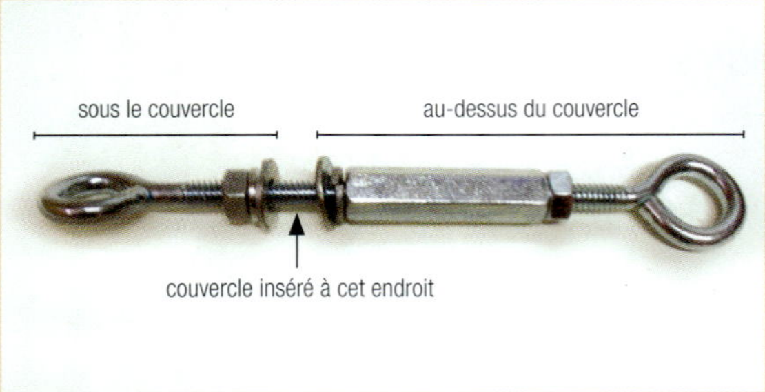

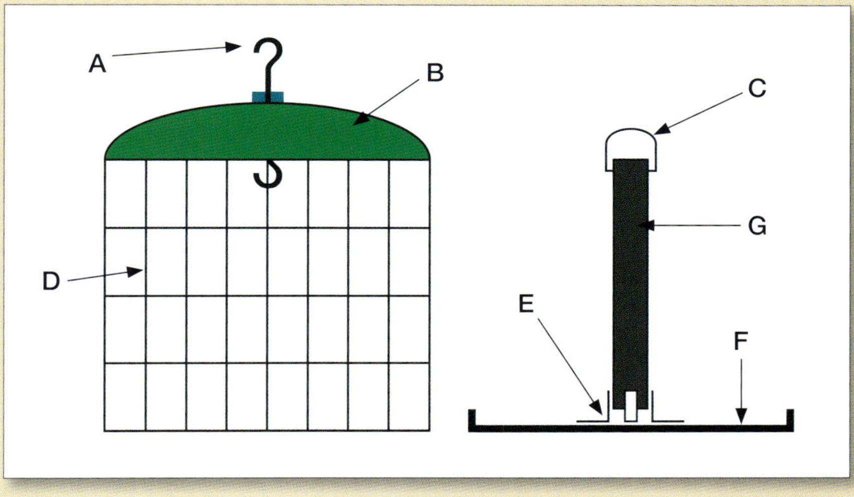

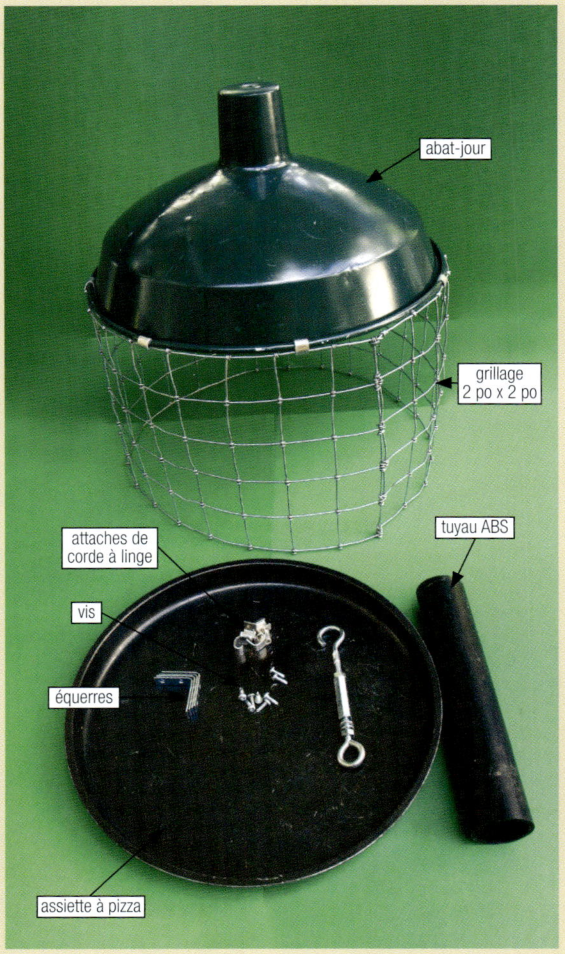

MATÉRIAUX

- 1 abat-jour ou sous-plat de pot à fleurs (au choix) (B)
- Du grillage à carreaux de 5 cm x 5 cm (2 po x 2 po) (D)
- 1 tuyau ABS de 4 cm (1½ po) (G)
- 4 petites équerres de 5 cm x 5 cm (2 po x 2 po) (E)
- Vis autoperçantes ou rivets
- 1 assiette à pizza, couvercle de chaudière ou sous-plat de pot à fleurs (F)
- 2 œillets à écrou 0,7 cm (¼ po) (A)
- 2 rondelles à ressort 0,7 cm (¼ po)
- 2 rondelles 0,7 cm (¼ po)
- 1 écrou raccord 0,7 cm (¼ po) *(faire le montage de la photo, pour plus d'explications, voir page opposée)*
- De la broche (C)

Prenez un abat-jour (B) et percez un trou au centre. Insérez dans le trou un œillet 0,7 cm (¼ po) (A) muni d'un écrou, d'une rondelle à ressort et d'une rondelle.

Insérez par l'intérieur une rondelle et une rondelle à ressort sur l'œillet et vissez fermement un écrou raccord pour qu'elle demeure en place. Vissez un second œillet muni d'un écrou à l'écrou raccord.

Encerclez l'abat-jour avec un grillage (D) à carreaux 5 cm x 5 cm (2 po x 2 po). Fixez-le en place avec des attaches de corde à linge ou avec du fil de laiton.

Prenez un tube ABS (G) de 4 cm (1½ po) de diamètre et 20 cm (8 po) de long. Percez quatre trous pour y visser les équerres (E).

Fixez la première équerre.

Vissez les trois autres équerres de 5 cm x 5 cm (2 po x 2 po) à un bout de ce tuyau de façon à les laisser dépasser d'environ 2,5 cm (1 po) du tube et toutes à 90 degrés l'une de l'autre.

Les quatre équerres étant fixées, percez deux trous opposés *(à l'autre bout)* pour installer votre crochet.

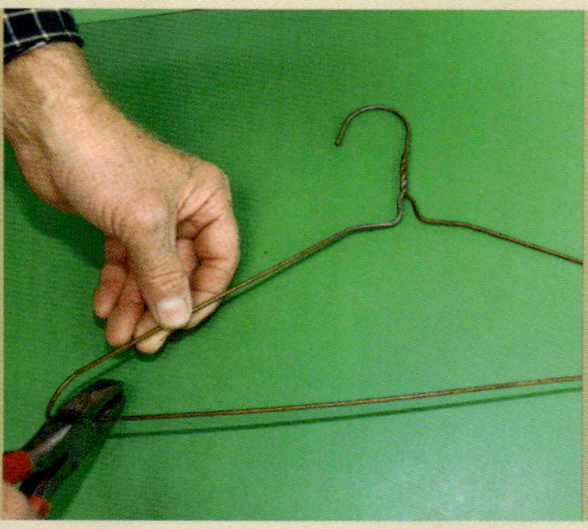

Coupez dans un cintre la longueur nécessaire pour faire une petite anse semblable à celle que l'on retrouve dans les silos à chardon.

Installez l'anse (C) au bout du tube pour pouvoir l'accrocher sous l'abat-jour.

Fixez ensuite l'autre partie des équerres à l'aide de rivets ou de vis à un sous-plat de pot de jardin (F). Le centre du tube doit se retrouver au centre de l'assiette, et la grandeur de celle-ci ne doit pas dépasser votre broche carrelée.

N'oubliez pas de percer quelques trous près de la bordure de l'assiette pour l'écoulement de l'eau.

On peut installer des perchoirs pour faciliter l'accès à certains oiseaux.

Note : Une autre façon d'assembler le grillage à l'abat-jour est de percer quelques trous sur le bord de l'abat-jour.

1 Coupez le carrelage dans le milieu des carreaux.

2 Insérez les bouts de broche dans les trous de l'abat-jour et repliez-les.

Normalement, un cylindre de broche de 20 cm (8 po) de haut fait très bien l'affaire.

Remplissez le tube de tournesol et suspendez cette mangeoire à l'abri des écureuils. Vous serez ravi de son achalandage, et si le Cardinal rouge vit dans votre habitat, il risque de la fréquenter assidûment.

LA MANGEOIRE DE SOL

Certaines espèces d'oiseaux se nourrissent presque exclusivement au sol. C'est le cas de la majorité des bruants et des juncos. On néglige souvent d'offrir à ces petits passereaux leurs graines préférées : l'alpiste et le millet. On se contente de les regarder picorer dans les amas de graines tombées des mangeoires, en oubliant que la qualité de ces dernières se détériore rapidement.

Offrez-leur une alimentation de qualité dans une mangeoire appropriée et vous serez assurés de leur présence durant les quatre saisons. Vous n'empêcherez pas les migrateurs de partir, heureusement, mais ils seront vite remplacés par de nouveaux arrivants hivernant chez vous. Pour plusieurs d'entre vous, la présence d'une si grande diversité d'espèces s'avérera une belle découverte. Voici une mangeoire facile à réaliser en un rien de temps.

Vous pouvez en construire une simple, une double ou une triple. Il s'agit de juxtaposer le nombre de cubes désirés. On peut offrir les graines sur un cadre moustiquaire *(voir sa construction à la section sur le plateau grillagé sur pied)* ou sur une plaque. On peut même nourrir sur deux étages.

Bruants familiers dans la mangeoire de sol.

Bruant familier.

MATÉRIAUX

- 1 ensemble de cubes de rangement
- 2 pièces de bois de 2 cm x 2 cm x 51 cm (¾ po x ¾ po x 20 po)
- 1 morceau de contreplaqué de ciment 51 cm x 51 cm x 1,3 cm (20 po x 20 po x ½ po) ou tout autre matériel de préférence imputrescible
- 1 morceau de plexiglas de 51 cm x 51 cm (20 po x 20 po)
- 2 pièces de bois de 2 cm x 2 cm x 40,6 cm (¾ po x ¾ po x 16 po)
- 1 gros couvercle *(j'utilise le couvercle d'un pot de beurre d'arachide)*
- Vis

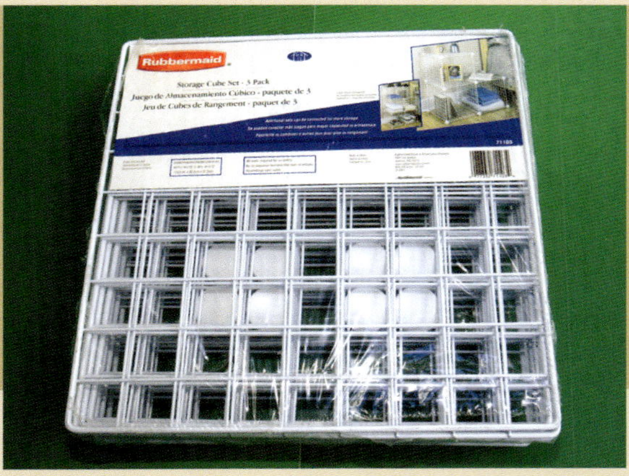

Procurez-vous un ensemble de grilles et de raccords vendu pour faire des cubes de rangement. On les trouve sous différents emballages, mais les carreaux et les grilles ont des dimensions semblables.

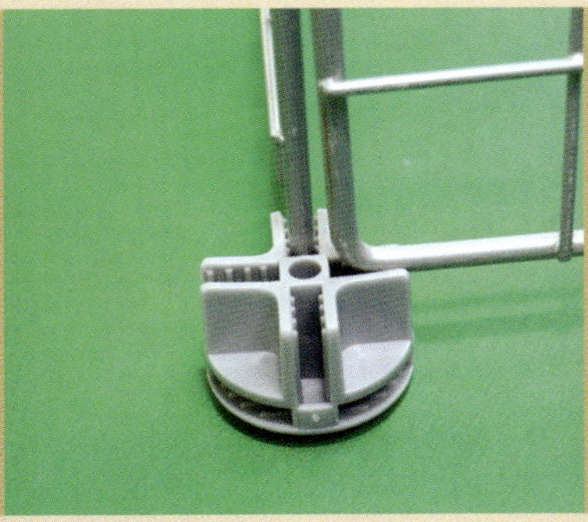

Assemblez cinq grilles à l'aide des raccords fournis.

Faites un cube avec un côté (le fond) ouvert. Les raccords doivent être placés comme le montre la photo.

Percez au centre des quatre raccords du haut un trou de 0,3 cm (1⁄8 po).

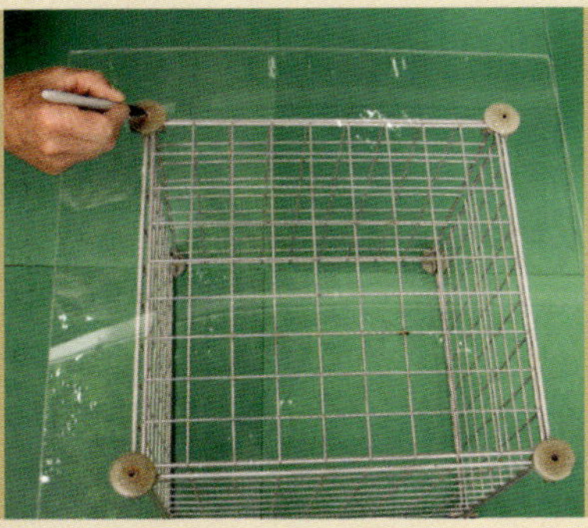

Centrez votre morceau de plexiglas sur le sommet du cube et marquez l'emplacement des trous dans les raccords.

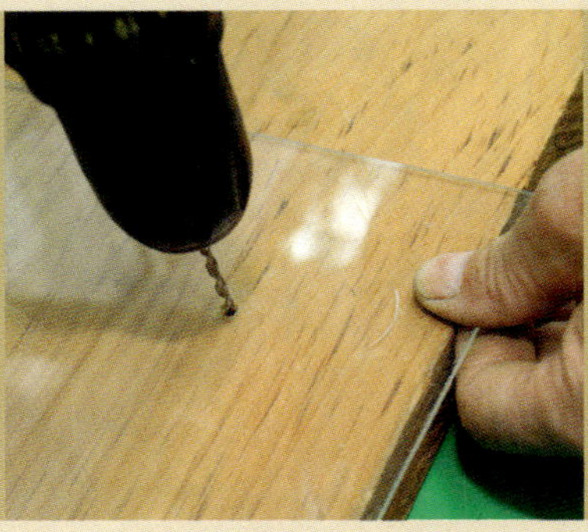

Percez dans le plexiglas aux endroits marqués un trou de 0,5 cm (3⁄16 po).

Vissez le plexiglas aux raccords avec des vis nº 8 de 2 cm (¾ po) de long.

Installez votre cube par-dessus un cadre moustiquaire de 30 cm x 30 cm (12 po x 12 po) sur lequel vous déposerez les graines. Vous pouvez aussi utiliser une plaque de contreplaqué de ciment.

Vissez sous la plaque deux pièces de bois. Elle sera plus facile à saisir pour le nettoyage et elle ne sera pas submergée lors de fortes pluies.

Mangeoire triple cubes où on a déposé simplement un plexiglas sans le visser au cadre. La manutention est plus facile ainsi, pour des cubes multiples.

Pour les mangeoires à cubes multiples les séparations intérieures sont nécessaires pour sa solidité et comme barrière psychologique. Les bruants acceptent difficilement les membres d'une autre famille dans leur espace. Ces mangeoires à plusieurs compartiments favorisent la présence de plusieurs bruants sur le plateau.

Pour augmenter le nombre d'individus à la mangeoire, on peut offrir des graines sur de petits plateaux que vous insérez au milieu des grilles. Utilisez des couvercles de pots de beurre d'arachide vissés à deux petites baguettes. Vous aurez alors une alimentation à deux étages.

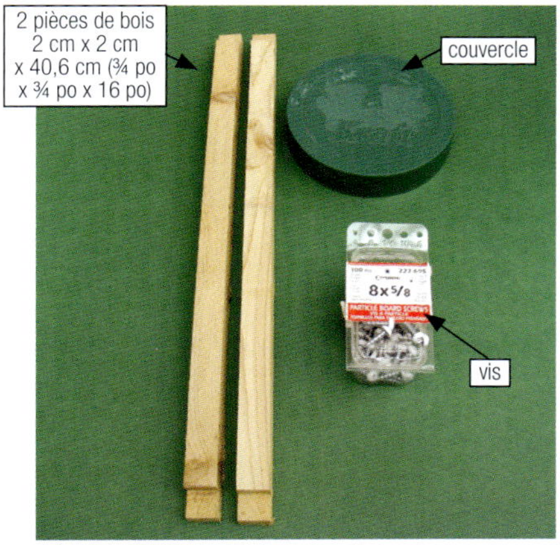

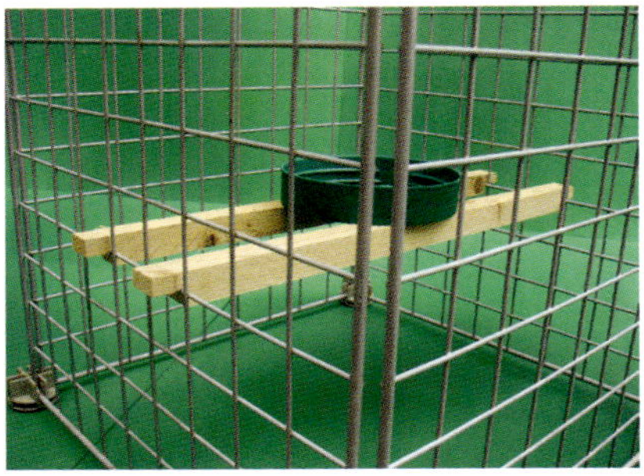

1 Vissez le couvercle sur les baguettes de bois.

2 Remarquez que les pièces de bois sont encochées pour éviter leur déplacement.

Junco ardoisé se nourrissant au sol près d'une haie de thuyas.

Quelques conseils

- **Placez cette mangeoire près d'un bosquet,** d'une haie ou de plantes qui pourront servir de refuge. Ces oiseaux font régulièrement la navette entre la mangeoire et les endroits où ils vont se réfugier.
- **Ne placez que de l'alpiste et du millet blanc sur la plaque.** Les autres graines seraient un gaspillage inutile et attireraient les intrus : écureuils, tamias, étourneaux, quiscales, etc.
- **Nettoyez le plateau régulièrement** et jetez les résidus dans une haie de thuyas ou un bosquet. Comme ces endroits sont fréquemment visités par les bruants et les juncos, ils iront gratter dans ceux-ci à l'abri des prédateurs.

Occasionnellement, il se peut que la présence des tamias cause un problème durant l'été, mais dès l'automne ils entrent en hibernation.

L'alimentation des oiseaux en hiver

Plusieurs personnes ne nourrissent les oiseaux qu'en saison hivernale, alors que d'autres le font toute l'année. Comme les problèmes éprouvés pour ces deux périodes diffèrent sur plusieurs points, il devient intéressant de modifier notre façon d'alimenter les oiseaux pour minimiser le travail et permettre une alimentation régulière.

La neige, le verglas et la pluie posent régulièrement des problèmes majeurs à nos mangeoires. Fréquemment, les graines se retrouvent sous une couche importante de neige ou encore prises dans la glace. Il n'est pas facile de placer les mangeoires conventionnelles à l'abri des intempéries.

Voici quelques propositions de plateaux pouvant limiter ces désagréments. En suivant les quelques conseils suggérés, il vous sera possible de faire face à la saison froide sans trop de désagréments.

QUELQUES CONSEILS

- **Il est préférable d'augmenter le nombre de plateaux protégés d'un toit et de diminuer les mangeoires à tournesol suspendues.** Vous pouvez utiliser des mangeoires à débit contrôlé en bois avec un bon avant-toit, et les remiser au tout début du printemps. Le froid empêche le développement des moisissures. Si vous réalisez ce type de mangeoire, construisez-la de façon à n'offrir les graines que d'un seul côté. Le dos de celle-ci face aux vents dominants protégera en bonne partie la nourriture des chutes de neige.

◀ Durbec des sapins ♂ immature.

- **Les mangeoires à chardon, très achalandées en hiver, sont les moins affectées par les intempéries.** Il est donc inutile d'en réduire le nombre. Comme les feuillus sont dénudés, les rapaces les utilisent très souvent pour observer les postes d'alimentation. Il est préférable de placer les mangeoires près de conifères, du côté opposé au vent dominant pour celles qui sont accessibles de tous les côtés, et inversement pour les mangeoires fermées à l'arrière. L'ouverture d'une mangeoire à demie fermée doit toujours faire face à un arbre refuge. Les oiseaux s'y sentent plus en sécurité et peuvent s'y mettre à l'abri plus rapidement. Si vous faites l'inverse, il est fort probable qu'elle sera peu fréquentée.

- **Pour recueillir les graines du ramasse-graines, remplacez-le par un autre et entrez-le au sous-sol.** Déposez-le dans une chaudière, et une fois la neige fondue, faites-les sécher. Vous pourrez les offrir à nouveau sur vos plateaux.

- **Tous les plateaux devraient être amovibles.** Lorsqu'ils sont enneigés, il suffit de les retourner pour que les graines se retrouvent sur la surface de la neige et à nouveau accessibles aux oiseaux. Lorsque vous faites cette opération, faites-le sur un contreplaqué muni d'un petit rebord, une moustiquaire ou une grande boîte de carton à côtés peu élevés, puis déposez-le sur le sol près de plantes refuge.

- **Évitez que les graines se retrouvent sur le sol même.** Elles attireraient les indésirables, et le printemps venu, la majorité de celles-ci seraient d'ailleurs non comestibles. Il vaut mieux s'en départir lorsque vous nettoyez votre plateau de sol.

- **Les grillages ne sont normalement pas nécessaires en hiver** puisque la majorité des oiseaux indésirables sont absents. Les plateaux de sol peuvent à l'occasion exiger cette protection si des pigeons font leur apparition.

Plateau couvert et fermé de trois côtés.

Tourterelles sur un plateau d'hiver.

Sizerin flammé à la mangeoire d'hiver.

Sizerins picorant des résidus sur un contreplaqué.

Mangeoire faisant face à une haie refuge.

Amas de graines au sol qui attirent les indésirables.

Pic à ventre roux dans le suif.

Suif dans un filet suspendu en hauteur.

Sittelle à poitrine blanche avec un ver de farine au bec.

- **Vous pouvez offrir du gras animal (le suif) du début de novembre à la fin de mars.** Certaines espèces en raffolent et c'est une des meilleures sources d'énergie pour eux. On le trouve facilement chez un boucher ou dans les petits abattoirs. Vous n'avez pas à le transformer. Présentez-le de préférence dans des paniers de broche à carreaux de 1,25 cm x 2,5 cm (½ po x 1 po) que vous pouvez construire vous-même ou dans des filets, et accrochez-les le plus haut possible sur le tronc d'un arbre.

- **Les insectes sont également très prisés par les oiseaux.** C'est une petite gâterie qui n'est pas à négliger. Présentez-les dans une bûche à insectes, sur vos plateaux, ou encore dans de petits contenants vissés sur le tronc d'un arbre. Comme ce ne sera probablement pas votre loisir préféré de partir à la chasse aux insectes l'été, je vous suggère de vous les procurer dans les animaleries, ou mieux encore de faire l'élevage de vers de farine et de Superworms. Vous trouverez plus loin dans cet ouvrage la façon de procéder *(voir p. 147)*.

- **Faites régulièrement une rotation de vos graines,** des mangeoires suspendues vers les plateaux et de ces derniers vers le plateau de sol. Même si le nettoyage peut être moins fréquent, il ne faut pas le négliger.

- **Il y a peut-être lieu de modifier un peu l'alimentation.** Placez sur les plateaux le mélange suivant : tournesol, maïs concassé, maïs rond, millet blanc, alpiste et arachides. Offrez des arachides et des noix dans les tubes métalliques vendus à cet effet *(ne pas utiliser ces cylindres en été, car les aliments s'y contaminent rapidement)*. Pour compléter le tout, vous pouvez utiliser quelques mangeoires suspendues pour le tournesol, quelques silos à chardon et des bûches pour le pain d'oiseaux.

◀ Pic chevelu à la bûche à insectes.

LES PLATEAUX D'HIVER

L'utilisation des modèles présentés permettra à tous les oiseaux de pouvoir se nourrir sans qu'une espèce en particulier prenne le contrôle du poste d'alimentation et occupe toutes les mangeoires.

LE PLATEAU DE SOL

MATÉRIAUX

- 1 pièce de bois de 4 cm x 4 cm (1½ po x 1½ po)
- 1 pièce de bois de 1,3 cm x 2 cm (½ po x ¾ po)
- Clous de 4 cm (1½ po)
- De la moustiquaire
- tuyaux métalliques de plomberie (4) de 1 cm (⅜ po) de diamètre
- 4 brides de plancher
- Vis

1. Faites un cadre de bois aux dimensions intérieures de 40 cm x 40 cm (16 po x 16 po) avec des pièces de bois de 4 cm x 4 cm (1½ po x 1½ po).
2. Posez de la moustiquaire sur une des faces.
3. À l'aide de vis de 2,5 cm (1 po), vissez vos brides de plancher dans chacun des coins par-dessus la moustiquaire.
4. Vissez dans chacun d'eux un tuyau métallique de 1 cm x 10 cm (⅜ po x 4 po). Vous obtenez alors un cadre sur pattes.
5. Clouez sur chacune des pièces du cadre, une baguette de bois de 1,3 cm x 2 cm (½ po x ¾ po) par-dessus la moustiquaire pour la renforcer.

Quelques conseils

- Avec le vent, la neige recouvre rapidement les plateaux, c'est pourquoi il est conseillé de les placer sur une plaque posée sur le sol. Il sera ainsi toujours à 10 cm (4 po) du sol, si on prend soin de changer la plaque de place après chaque chute de neige.
- Vous pouvez utiliser la mangeoire de sol d'été pour l'installer sur ce plateau si des oiseaux indésirables vous causent des ennuis.

Plateau de sol sur un contreplaqué.

Plateau de sol grillagé sur pied.

LE PLATEAU COUVERT ET FERMÉ DE TROIS CÔTÉS (ORIENTABLE PAR LE VENT)

MATÉRIAUX

- 4 pièces de bois de 3,8 cm x 3,8 cm x 39,4 cm (1½ po x 1½ po x 15½ po) **(A)**
- 4 pièces de bois de 3,2 cm x 3,2 cm x 33 cm (1¼ po x 1¼ po x 13 po) **(B)**
- 2 pièces de bois de 3,8 cm x 3,8 cm x 62,2 cm (1½ po x 1½ po x 24½ po) **(C)**
- 2 pièces de bois de 3,8 cm x 3,8 cm x 47 cm (1½ po x 1½ po x 18½ po) **(D)**
- 2 goujons de 1,1 cm x 43,2 cm (7⁄16 po x 17 po) **(E)**
- 1 pièce de bois de 3,2 cm x 10,2 cm x 47 cm (1¼ po x 4 po x 18½ po) **(F)**
- 1 morceau de tôle d'aluminium de 61 cm x 61 cm (24 po x 24 po) **(G)**
- 3 morceaux de plexiglas de 37 cm x 47 cm (14½ po x 18½ po) **(H)**
- 4 cadres de rangement **(J)**
- 1 moustiquaire de 40,5 cm x 47 cm (16 po x 18½ po) **(K)**
- 1 bride de plancher de 1 cm (⅜ po) **(L)**
- 1 tuyau métallique de 1 cm x 15 cm (⅜ po x 6 po) **(M)**
- 4 boulons de 5 cm x 0,7 cm (2 po x ¼ po) avec leur rondelle et écrou **(N)**
- Attaches **(O)** construites à partir d'une languette de tôle **(P)**
- 2 pièces de bois de 1,9 cm x 10,2 cm x 58,4 cm (¾ po x 4 po x 23 po) **(Q)**
- Vis

Sur les deux pièces de bois (C), percez à chaque bout sur la même face un trou de 1,1 cm (7/16 po) de diamètre et d'une profondeur de 2,2 cm (7/8 po), et cela à 2 cm (7/8 po) des bouts.

Insérez les goujons (E) de façon à obtenir le cadre inférieur.

Insérez deux pièces de bois (A) dans le cadre et fixez-les à 7,7 cm (3 po) des bouts des pièces de bois (C) avec deux vis n° 8 de 9 cm (3½ po) à chaque bout.

Assemblez deux pièces de bois (A) avec les deux pièces de bois (D) de façon à obtenir le cadre supérieur de 47 cm x 47 cm (18½ po x 18½).

Vissez les quatre montants (B) à la base. Les faces externes doivent être en ligne avec l'extérieur du cadre.

Vissez le cadre supérieur aux montants. On utilise toujours deux vis à chaque bout pour empêcher les pièces de pivoter.

Assemblez à l'aide de vis de 6,4 cm (2½ po) la pièce (F) aux pièces (A) de la base.

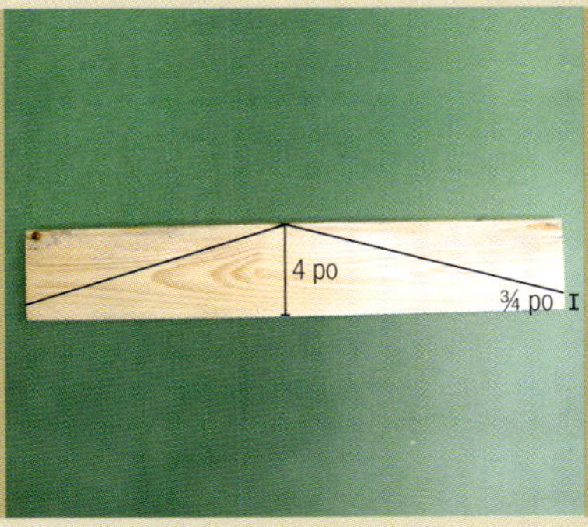

Prenez deux pièces (Q) et découpez-les pour obtenir la forme du toit. La hauteur est de 10,2 cm (4 po) au centre et de 2 cm (¾ po) aux extrémités.

Vissez à l'aide de vis de 4 cm (1½ po) les pièces de toit (Q) sur les pièces (A). Notez qu'on superpose les pièces (Q) et (A) sur 2 cm (¾ po) seulement.

Ajoutez sur les pièces (D) une pièce de bois suffisamment épaisse pour obtenir les côtés égaux au toit.

Pour plier la tôle, faites un trait au centre et maintenez solidement deux pièces de bois le long du trait, une en dessus et l'autre en dessous.

Prenez une troisième pièce de bois et maintenez-la solidement près de la pièce du dessus. Exercez une pression vers le bas comme s'il s'agissait d'une charnière.

Vissez la tôle sur les pièces de toit (Q) et sur les côtés à l'aide de vis de 2 cm (¾ po) no 8.

Installez au centre de la pièce (F) une bride de plancher pour tuyau 1 cm (⅜ po) et percez quatre trous de 0,7 cm (¼ po).

Fixez la bride de plancher avec des boulons de 0,7 cm x 5 cm (¼ po x 2 po), des rondelles et des écrous. Vissez le tuyau métallique qui servira de pivot.

Les écrous et rondelles sont vers l'intérieur de la mangeoire.

En hiver, installez des plexiglas (H). Il faut préalablement percer des trous de 0,5 cm (3⁄16 po) avant d'installer les vis.

Vissez des plexiglas sur trois côtés à l'aide de vis de 2 cm (¾ po) nº 8. Laissez ouvert un des côtés munis d'un goujon. Ce dernier sert de perchoir.

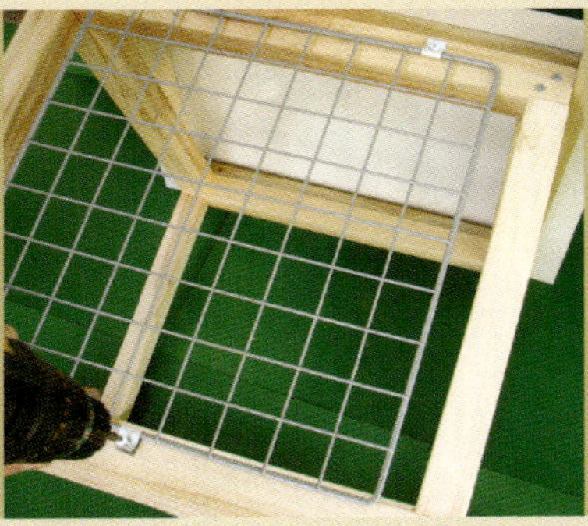

En été, installez des grilles, une de chaque côté, en les fixant avec des attaches en haut et en bas.

Laissez une grille sans attache au bas. Elle servira d'accès pour l'intérieur de la mangeoire.

Vous pouvez faire vos propres attaches en vous servant d'une languette de tôle.

Installez une moustiquaire sur laquelle vous étendrez les graines.

Utilisez un tuyau de plomberie de 2 cm (¾ po) comme support. Il suffit d'insérer le tuyau de 1 cm (⅜ po) à l'intérieur.

En hiver, avec les plexiglas, ajoutez un aileron en le vissant à la base, pour augmenter la sensibilité à l'orientation.

En été.

En hiver.

Quelques conseils

- À l'assemblage, chaque fois que vous utilisez des vis, **percez préalablement un trou de diamètre inférieur à la vis.** Cette opération évite de faire éclater le bois. Utilisez un foret de 0,3 cm (⅛ po) si vous utilisez de la vis nº 8.

- **Placez ce plateau près d'un arbuste, l'ouverture face à celui-ci.** Les oiseaux en repèrent plus facilement l'entrée. Vous pouvez placer un carton sur le plexiglas arrière si les oiseaux tentent trop souvent de sortir par l'arrière. Normalement, il leur faut quelques semaines pour s'habituer à entrer et sortir du même côté.

- **En été, utilisez cette mangeoire avec quatre grilles** comme celles qui sont proposées dans la section sur les mangeoires de sol. Sur la moustiquaire, placez du millet, de l'alpiste et du tournesol noir. Vous serez surpris du nombre d'oiseaux qui la visiteront.

- **En hiver, enlevez les grilles et fermez-en trois côtés avec des carreaux de plexiglas.** Ajoutez un polystyrène sous la moustiquaire. Vous apprécierez ce plateau, car les graines seront bien protégées de la neige.

LE PLATEAU OUVERT

On utilise ce type de plateau en toutes saisons pour attirer les oiseaux dans sa cour et aux autres mangeoires. Si la venue d'espèces non désirées cause des problèmes, on cesse pendant un certain temps de l'approvisionner. Vous trouverez sa description dans la section sur les plateaux en été *(voir p. 36)*.

A

B

C

DEUX PLATEAUX PARTICULIERS

Voici maintenant deux plateaux qui vont peut-être vous sembler farfelus, mais qui s'avèrent très pratiques en hiver. Ce sont vraiment nos préférés. Ils assurent une alimentation continue même durant les intempéries, et les oiseaux les fréquentent assidûment. Ce sont deux projets que vous pouvez réaliser en leur donnant les dimensions qui vous conviennent. Je vous en explique donc le fonctionnement sans vous donner de mesures précises.

LE PLATEAU À PLANCHER CHAUFFANT

1 Vous faites un cadre avec des pièces de bois d'au moins 14 cm (5½ po) de large. Les dimensions minimales devraient être de 60 cm x 40 cm (24 po x 16 po) **(figure A)**.

2 Vissez à ce cadre un morceau de contreplaqué 1,3 cm (½ po) de façon à obtenir une boîte **(figure A)**.

3 Sur les côtés les plus courts de la boîte, à chaque coin *(sur les coins avant, les pièces peuvent être un peu en retrait)*, vissez à l'extérieur, à la verticale, des pièces de bois de 6 cm x 2 cm (2¼ po x ¾ po) qui serviront à fixer le dos, les côtés et le toit de la mangeoire. La hauteur de ceux-ci dépend de la forme que vous voulez donner au toit. À leur sommet, ils devront être coupés à angle pour pouvoir assujettir parfaitement les contreplaqués servant de toit **(figure B)**.

4 Vissez le contreplaqué de toit 0,7 cm (¼ po) sur les extrémités de ces pièces verticales **(figure C)**.

MATÉRIAUX

- Pièce de bois de 2 cm x 14 cm (¾ po x 5½ po)
- Contreplaqué de 1,3 cm (½ po)
- Contreplaqué de 0,7 cm (¼ po)
- Pièce de bois de 2 cm x 6 cm (¾ po x 2¼ po)
- Plexiglas
- 1 pièce de bois de 4 cm x 14 cm (1½ po x 5½ po)
- 1 adapteur de tuyau métallique
- Boulons et écrous
- Vis
- 1 morceau de préfini ou de matériau peu conducteur
- 1 porcelaine électrique et 1 ampoule 40 watts
- Fil électrique
- 1 thermostat
- 1 tuyau métallique 2,5 cm (1 po)
- Broche à carreaux 5 cm x 5 cm (2 po x 2 po) *(facultatif)*

5 Il est préférable d'avoir un toit à double pente, puisque c'est la partie avant, si elle est suffisamment avancée, qui protège les graines de la neige. Fermez ensuite l'arrière avec un contreplaqué et les côtés avec des carreaux de plexiglas. La hauteur arrière intérieure de la mangeoire devrait avoir un minimum de 20 cm (8 po), et celle de l'ouverture avant, de 30 cm (12 po) **(figure D)**.

6 Pour installer ce plateau sur un tuyau, à l'aide de boulons et d'écrous, fixez un adaptateur pour tuyau métallique *(de 2,5 cm [1 po] au moins)* de plomberie au centre du contreplaqué de 1,3 cm (½ po). Vous pouvez augmenter la solidité du fond en vissant sur le contreplaqué une pièce de bois de 4 cm x 14 cm (1½ po x 5½ po) **(figures D et E).**

7 Comme plancher, servez-vous d'un morceau de préfini ou de tout matériel peu conducteur que vous déposez simplement sur le cadre. Faites-le dépasser du cadre à l'avant d'environ 5 cm (2 po). Il sera plus facile à retirer pour le nettoyage, et cette section servira d'appui aux oiseaux. Le métal est à déconseiller car le plancher pourrait devenir trop chaud pour les pattes des oiseaux. Le but est d'obtenir sur la plaque une température voisine du point de congélation et non d'y faire du maïs soufflé **(figure F).**

D

E

F

8 Installez maintenant le système de chauffage. Retirez le plancher et installez sur un des côtés intérieurs de la mangeoire une porcelaine munie d'un globe de 40 watts **(figure G).**

9 Sur le côté opposé, placez un thermostat que vous réglez à 5 °C. **(figure H).**

10 Replacez le plancher. Il vous faudra probablement doter la mangeoire d'un grillage à l'avant, puisque les tourterelles risquent de l'occuper en permanence. Si vous espérez attirer le Cardinal rouge, utilisez un grillage à carreaux de 5 cm x 5 cm (2 po x 2 po) **(figure I).**

Quelques conseils

- **Placez ce plateau couvert à contrevent** et l'ouverture face à un arbuste. Si vous ne disposez pas d'un tel environnement, plantez un support en T à environ 1 m (3 pi) devant. Les oiseaux se familiarisent avec l'environnement avant d'adopter une mangeoire.
- **Par beau temps, il n'est pas nécessaire de maintenir le chauffage du plancher.**
- **Installez votre grillage sur charnières.** Une petite tôle en U que vous passerez dans un brin de broche et fixerez sous l'avant-toit fera très bien l'affaire.
- **Placez sur le plancher un mélange** de tournesol, de maïs concassé, de millet et d'alpiste. Du pain d'oiseaux et des vers de farine offerts dans un petit récipient sont également très populaires.

LE PLATEAU À DISTRIBUTION AUTOMATIQUE

Je vous soumets un projet d'envergure. Il peut intéresser un certain nombre de bricoleurs. En plus de garder les graines à l'abri de la neige, ce plateau permet la distribution automatique des graines même en votre absence. Sans la décrire en détail, je vous donne quelques informations pour vous guider dans votre réalisation. Les photos vous en diront davantage.

- Le plateau du bas est réversible. Il suffit de lui faire faire un demi-tour pour le nettoyer **(figure A)**.
- Le plateau du haut est grillagé. Il limite l'accès aux petits oiseaux seulement **(figure B)**.
- Une bouteille de jus suspendue au plafond du deuxième étage par une petite chaîne sert de réservoir à graines. On déplace le crochet et on ajuste la hauteur de la bouteille pour obtenir le nombre de graines désiré sur le plateau **(figure C)**.

D

E

F

- J'ai utilisé un moteur de barbecue et le tournebroche pour fabriquer le distributeur automatique. Alors que le moteur est placé dans l'entretoit **(figure D)**, le tournebroche passe à travers le plafond et actionne une cuillère *(une petite barre d'aluminium)* qui prend une partie des graines sous le goulot de la bouteille pour les envoyer par une fente sur le plateau du bas **(figure E)**.
- La cuillère tourne sur une plaque d'aluminium pour éviter d'user le plancher de bois **(figure E)**.
- La cuillère est retenue sur le tournebroche par deux barres métalliques placées de chaque coté, et deux ressorts maintiennent la tension. Si la cuillère vient à être prise dans de la glace, le moteur peut continuer à tourner sans être endommagé **(figure E)**.
- Un morceau de plexiglas est également placé devant elle pour la protéger des intempéries **(figure C)**.
- Dans l'entretoit isolé, une ampoule de 40 watts et un thermostat permettent de maintenir une température adéquate pour protéger le moteur **(figure D)**.
- Une minuterie assure la distribution deux fois par jour et le nombre de tours détermine la quantité de graines offertes **(figure D)**.
- Une petite glissière est installée au plafond du premier étage pour diriger les graines au centre du plateau inférieur **(figure F)**.

Les abreuvoirs d'hiver

Les oiseaux dépensent beaucoup d'énergie à consommer de la neige pour combler leur besoin en eau. Ils augmentent donc sensiblement leur dépense d'énergie alors qu'ils en ont grand besoin pour conserver leur chaleur. L'abreuvoir chauffant leur permet d'économiser cette précieuse énergie tout au long de l'hiver.

Certaines personnes craignent de les voir se geler les pattes lorsqu'ils se baignent en hiver et s'interrogent sur la pertinence de leur offrir de l'eau. Les oiseaux se baignent à l'occasion par temps froid. Généralement, ils viennent s'abreuver. Les abreuvoirs ne sont pas les seuls points d'eau accessibles en hiver ; les rivières le sont aussi. Vous pouvez vous permettre d'ajouter cette source d'approvisionnement sans crainte dans votre cour. Rien de plus ravissant que de voir ces petits volatiles faire la navette entre la mangeoire et l'abreuvoir.

Il existe plusieurs façons d'offrir de l'eau en hiver. On trouve sur le marché des plateaux munis d'éléments chauffants ou d'un chauffe-eau d'aquarium de 75 watts. Leurs coûts sont relativement élevés et les éléments chauffants résistent plus ou moins à nos grands froids. À part quelques exceptions, il est préférable de vous en fabriquer un à moindre coût. Voici nos suggestions.

Abreuvoir supportant bien nos hivers québécois.

◀ Chardonneret jaune qui s'abreuve en compagnie de Tarins des pins.

UN ABREUVOIR CHAUFFANT POUR L'HIVER

Vous pouvez vous fabriquer facilement, à peu de frais, un abreuvoir chauffant à partir d'un pot à fleurs.

MATÉRIAUX

- Un pot à fleurs en terre cuite d'un grand diamètre (25 à 30 cm ou 10 à 12 po)
- Un sous-plat du même matériau
- Un fil électrique
- Une douille
- Une ampoule électrique de 60 watts de longue durée

1 Introduisez, par le trou du pot, le fil électrique fixé à une douille.

2 Vissez une ampoule et ajoutez le sous-plat sur le pot.

3 Déposez le nouvel abreuvoir sur un plateau extérieur ou dans un support à tomates et le remplir d'eau.

Tourterelle triste qui se réchauffe les pattes dans l'eau tiède.

En avril, un Chardonneret jaune en mue s'abreuve en compagnie d'un Sizerin flammé.

L'évaporation due à la source de chaleur étant assez importante, il faut ajouter de l'eau régulièrement. Si des tourterelles trouvent ce petit coin de chaleur, elles s'y installeront pour se réchauffer les pattes. Malheureusement, elles y laissent immanquablement leurs fientes, ce qui vous oblige à nettoyer votre plateau tous les jours, en plus d'en changer l'eau.

Vous aurez le plaisir de voir le Geai bleu, le Gros-bec errant, le Sizerin flammé, le Bruant hudsonien, la Tourterelle triste, le Junco ardoisé, le Chardonneret jaune et enfin le Cardinal rouge venir s'y abreuver.

UN ABREUVOIR CHAUFFANT FABRIQUÉ À L'AIDE D'UN CHAUFFE-EAU POUR BÉTAIL

MATÉRIAUX

- Contreplaqué
- 1 pièce de bois de 2 cm (¾ po) – la largeur dépend de l'épaisseur de votre isolant et de la hauteur de votre récipient
- De l'isolant
- 1 rôtissoire ou récipient comparable
- Vis
- Pentures
- 1 petite pompe
- 1 tube de plastique
- 1 tuyau et 1 bouchon CPVC de 2 cm (¾ po) de diamètre
- 1 anneau de caoutchouc
- 1 brique
- 1 minuterie (facultatif)

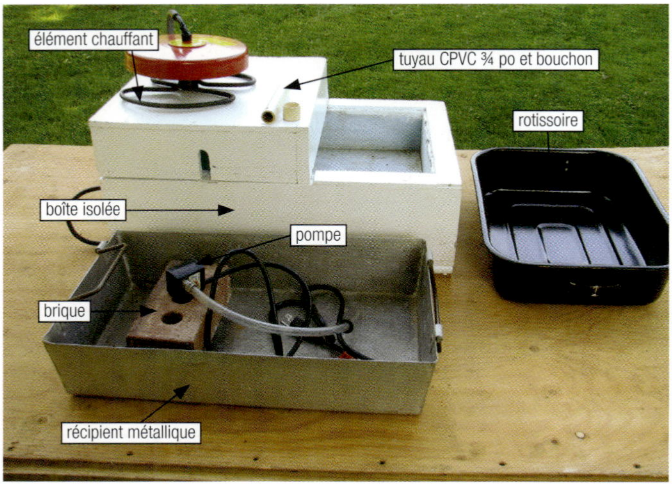

1 Prenez un récipient métallique d'environ 10 cm (4 po) de haut – une rôtissoire de grande dimension, par exemple **(figure B)** – et construisez une boîte isolée suffisamment grande pour pouvoir le déposer à l'intérieur **(figure A)**. Vous pourriez également utiliser une boîte de plastique mais il faudra alors vous assurer que l'élément chauffant ne touche pas aux parois en ajoutant une protection en broche autour du chauffe-eau.

2 Faites un couvercle surélevé au-dessus du chauffe-eau **(figure C)**.

3 Procurez-vous un chauffe-eau flottant pour abreuvoir à bétail que certains fermiers utilisent en hiver. Vous en trouverez facilement dans les coopératives agricoles ou les meuneries. Il est beaucoup moins onéreux que ceux qui sont offerts spécifiquement pour les oiseaux et il s'avère beaucoup plus sécuritaire et efficace. Grâce à un thermostat, son élément de 1500 watts maintient l'eau à environ 5 °C et il est muni d'un coupe-circuit, s'il vient à manquer d'eau **(figure D)**.

4 Achetez une petite pompe de fontaine ou d'aquarium *(la plus petite que vous pouvez trouver)*. Vous en trouverez dans les magasins à grande surface ou les animaleries.

5 Une fois votre récipient dans la boîte et le chauffe-eau dans celle-ci, installez le couvercle. Je vous conseille de l'installer sur pentures car vous aurez à changer l'eau fréquemment.

6 Prenez un tuyau CPVC de 2 cm (¾ po) d'environ 15 cm (6 po) de long, et insérez un bouchon à un bout.

D

E

F

7 Poussez-le fermement et gravez ou dessinez un trait sur le tuyau à la limite du bouchon.

8 Retirez le bouchon et percez un trou de 0,7 cm (¼ po) sous la marque *(du petit bout de tuyau)* de bord en bord du tuyau.

9 Replacez le bouchon. Il devrait normalement couvrir les deux trous s'il est enfoncé jusqu'au fond. En enfonçant plus ou moins le bouchon, les trous se découvriront et ils permettront de calibrer le volume d'eau que vous voulez voir sortir à l'autre bout du tuyau. Plus le bouchon couvre les trous, plus l'eau sort vers le haut du tuyau ; moins il les couvre, plus l'eau sort vers le bas **(figure E)**.

10 Placez votre pompe et faites déverser l'eau dans le tuyau CPVC à l'aide d'un petit tuyau flexible. On peut maintenir le tuyau CPVC à la verticale en l'insérant dans un des trous d'une brique qu'on dépose dans le récipient **(figure F)**.

11 Placez des cales sous la brique de façon à l'immerger d'environ 0,7 cm (¼ po) de la surface.

Quelques conseils

- **Changez l'eau au moins une fois semaine.**
- **Le chauffe-eau doit demeurer branché en permanence.** Il fonctionne par intermittence, à intervalles très courts.
- **La circulation de l'eau est facultative,** mais les oiseaux sont davantage attirés par les mouvements de l'eau. Si vous utilisez une pompe, vous pouvez la placer sur une minuterie. Il faudra alors vous assurer de ne pas trop entrer le tuyau flexible dans le tuyau en CPVC. Il doit se vider lorsque la pompe s'arrête, le soir.
- **Placez un petit anneau (O-Ring) sur le tube flexible.** Les oiseaux vont se percher fréquemment dessus pour s'abreuver au bout du tuyau de 2 cm (¾ po). Ils auront ainsi un arrêt les empêchant de glisser.
- **Le volume d'eau sortant vers le haut ne doit pas être très abondant.** Évitez les éclaboussures qui projettent l'eau hors du récipient, car elles chasseraient les oiseaux et videraient l'abreuvoir.

Les bûches

Les bûches sont les présentoirs par excellence pour offrir le pain d'oiseaux. Bon nombre de pics, sittelles et mésanges les fréquentent quotidiennement et en font leurs mangeoires de prédilection, mais ils ne sont pas les seuls à convoiter cette nourriture riche en énergie. Les étourneaux et les geais seront fort probablement les premiers à visiter vos bûches. Comme ils sont des oiseaux grégaires, ils viendront nombreux pour dévorer gloutonnement leur ration journalière, ne laissant plus que des trous vides aux espèces que vous vouliez nourrir. Il faut alors songer à installer des barrières leur limitant l'accès à la bûche.

Pic mineur ♂ sur une bûche à l'horizontale.

Voici quelques modèles dont l'efficacité varie suivant les espèces.

LA BÛCHE À L'HORIZONTALE

Ce présentoir à pain d'oiseaux, le plus facile à réaliser, sera le truc le plus rapidement déjoué par les Étourneaux sansonnets. Par contre, il a sa place dans un poste d'alimentation, surtout en saison estivale, lorsque les étourneaux ont fini d'élever leurs petits et qu'ils ont migré dans les champs. Un conseil : ne multipliez pas les entraves lorsque ce n'est pas nécessaire.

MATÉRIAUX

- 1 rondin en bois franc à surface lisse (érable, hêtre, chêne) de 8 à 10 cm de diamètre par 60 cm de long (3 ou 4 po par 24 po)
- 2 crochets à bout ouvert
- Du fil à pêche (facultatif)
- Des pesées (facultatif)
- Des agrafes (facultatif)

1. Percez quatre ou cinq trous de 2,5 cm (1 po) de diamètre bien alignés sur le rondin et distants l'un de l'autre de 7,6 cm (3 po).
2. Du côté opposé aux trous, vissez un crochet à chacun des bouts de la bûche, à 5 cm (2 po) de l'extrémité.
3. Remplissez les trous de pain d'oiseaux et suspendez votre bûche.

Pic mineur ♂ assez futé et agile pour se nourrir du pain d'oiseaux placé sous la bûche à l'horizontale.

A

B

C

D

La bûche peut être accrochée à un support ou à une branche d'arbre, mais mettez-la toujours hors de portée des écureuils. Une branche à 3 m (10 pi) de hauteur fait un excellent support. Il s'agit d'y attacher deux fils à pêche de bonne tension au bout desquels vous aurez fixé un anneau destiné à recevoir les crochets **(figure A)**. Comme vous placerez votre bûche à environ 1,80 m (6 pi) de terre, les écureuils auraient à descendre au moins 1,2 m (4 pi) en s'accrochant à un fil très fin et très glissant. Normalement, ils n'osent pas le faire. Une autre façon simple d'installer une bûche est de percer un trou supplémentaire à chaque bout de la bûche, de planter deux tuyaux **(figure C)** ou tiges métalliques **(figure B)** dans le sol et de les insérer dans les trous de la bûche.

Un moyen assez efficace d'empêcher les étourneaux de s'accaparer le pain d'oiseaux en volant sur place est d'installer des obstacles autour. Prenez du fil à pêche **(figure D)** et laissez pendre une longueur d'environ 60 cm (24 po) de chaque côté du rondin. À chaque bout du fil, suspendez une pesée pour maintenir une tension. Agrafez ce fil au sommet de la bûche pour éviter qu'il glisse d'un côté ou de l'autre. Installez un fil à tous les 7,5 cm (3 po) vis-à-vis chaque trou.

LA BÛCHE « LA SŒUR VOLANTE »

Voici un présentoir offrant une certaine protection contre les étourneaux.

Pic mineur ♀ sur une bûche « la sœur volante ».

MATÉRIAUX	
• 1 bûche de bois franc lisse d'environ 7,5 cm (3 po) de diamètre par 45 cm (18 po) de long	• 1 tôle de 15 cm x 45 cm (6 po x 18 po) • Vis • Crochet

1 Percez dans la bûche, à 5 cm (2 po) d'un bout, un trou de 2,5 cm (1 po), et un autre trou à l'opposé, à 7,5 cm (3 po) du bout. Ils seront ainsi décentrés de 2,5 cm (1 po).

2 Prenez la tôle et pliez-la en forme de U un peu évasé, de façon à obtenir un côté de 10 cm (4 po) et un autre de 12,5 cm (5 po).

3 Fixez le centre de ce U au sommet de la bûche de manière à cacher le trou le plus haut par le côté de 10 cm (4 po) et le plus bas par le côté de 12,5 cm (5 po).

4 Vissez un crochet (E) dans le bout de la bûche, à travers la tôle, et suspendez-la.

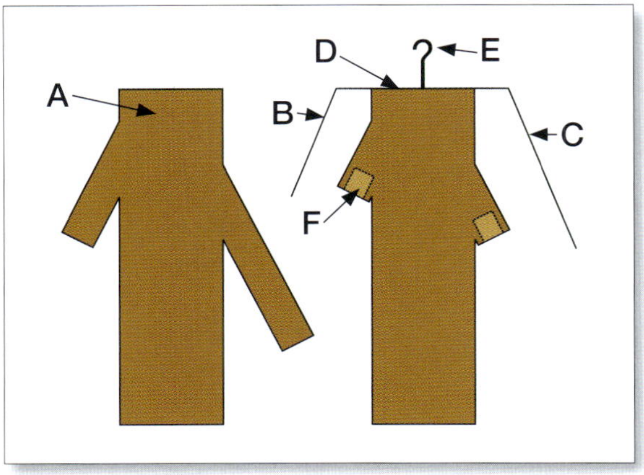

Le but de ce présentoir est de cacher le pain d'oiseaux aux étourneaux et de ne pas leur permettre de s'accrocher en bas des trous. Vous augmenterez vos chances si les trous sont obliques, ou encore en utilisant en guise de rondin une branche maîtresse (A) ayant deux branches secondaires préalablement sectionnées *(voir le schéma)*.

En perçant les trous comme en F, il est possible que vous deviez ajuster la longueur des côtés de la tôle B et C, de façon à ce qu'ils dépassent les trous d'au moins 2,5 cm (1 po). Le côté D devrait avoir une longueur d'environ 23 cm (9 po).

Si les étourneaux sont absents de votre cour, il n'est pas nécessaire d'ajouter la tôle à votre bûche. Les oiseaux grimpeurs découvriront alors le pain d'oiseaux plus rapidement.

Pic chevelu ♀ aggripée à une bûche. ➧

Pic chevelu ♂ à la bûche encerclée.

LA BÛCHE ENCERCLÉE

Cette bûche est celle qui offre une des meilleures protections contre les oiseaux qui ne sont pas des grimpeurs. Voici deux modèles dont le principe de base est le même.

MATÉRIAUX

- 1 bûche de bois franc à écorce lisse d'environ 7,5 cm (3 po) de diamètre par 50 cm (20 po) de long
- De la broche à carreaux de 2,5 cm x 2,5 cm (1 po x 1 po)
- Vis
- Rondelles
- 1 crochet
- 1 bouteille d'eau de 20 litres

1 Sur la bûche, percez quelques trous de 2,5 cm (1 po) bien alignés et situés entre 7,5 cm (3 po) et 25 cm (10 po) d'une extrémité.

2 Faites un cylindre de broche de 30 cm (12 po) de long ayant un diamètre légèrement supérieur au corps d'une bouteille d'eau de 20 litres.

3 Fermez un bout du cylindre avec de la broche à carreaux de 2,5 cm x 2,5 cm (1 po x 1 po) **(figure B)**.

4 Placez votre bûche à l'intérieur du cylindre, accolé à la paroi et les trous vers le centre du cylindre **(figure A)**.

5 À l'aide de vis et de rondelles, fixez la bûche au cylindre **(figure C)**.

6 Vissez un crochet au sommet de la bûche.

7 Percez un trou supplémentaire à 15 cm (6 po) du bas pour habituer les oiseaux à venir s'y alimenter de pain d'oiseaux.

Lorsqu'ils auront pris l'habitude de visiter votre bûche, vous pourrez cesser de remplir ce trou et n'utiliser que les trous situés sous le grillage. Il arrive que les étourneaux apprennent à s'agripper en bas de la bûche, à l'intérieur du grillage, pour ensuite monter et atteindre le pain d'oiseaux. Dans ce cas, vous pouvez entrer dans le cylindre de broche, le corps d'une bouteille d'eau de 20 litres ou fixer un plastique de façon à ce qu'ils glissent au lieu de s'accrocher. Ce moyen est efficace à presque 100 %, mais il rend les autres oiseaux un peu plus craintifs, puisqu'il leur obstrue en partie la vue. Ils ne restent donc pas très longtemps sous le corps de la bouteille.

Vous pouvez également prendre un rondin constitué d'une branche maîtresse et d'une seule branche secondaire, comme nous le montre la **figure D** à la page opposée, et le visser sur le côté intérieur du corps d'une bouteille, un trou vers le centre et un autre à environ 5 cm (2 po) du bas de la bouteille. Ce modèle est aussi efficace que le précédent, mais vous n'aurez pas le loisir de retirer le corps de la bouteille à volonté.

LA BÛCHE À FERMOIR

Ce présentoir exige un peu plus de dextérité pour sa réalisation, mais il permet à plusieurs petits oiseaux, sans éliminer les pics et les sittelles, de se nourrir de pain d'oiseaux grâce à son perchoir. Le fermoir a l'avantage de pouvoir être calibré pour accepter les oiseaux plus ou moins pesants. Les étourneaux, par exemple, tenteront de se percher et fermeront automatiquement les ouvertures, ce qui ne sera pas le cas pour les mésanges, les sittelles et les bruants. L'expérience nous prouve que les étourneaux ont rarement réussi à déjouer ce système.

MATÉRIAUX

- 1 bûche de 7,5 cm (3 po) de diamètre x 30 cm (12 po) de long
- 1 barre d'aluminium de 0,4 cm x 1,3 cm x 60 cm (⅛ po x ½ po x 24 po)
- Vis
- Rivets
- Rondelles à rivet
- 1 morceau de tôle de 25 cm x 12,5 cm (10 po x 5 po)
- 1 tige filetée
- Écrous
- Fil métallique
- 1 goujon
- Rondelles
- 1 petit tuyau de cuivre

Pic chevelu ♂ et Sittelle à poitrine blanche à la bûche à fermoir.

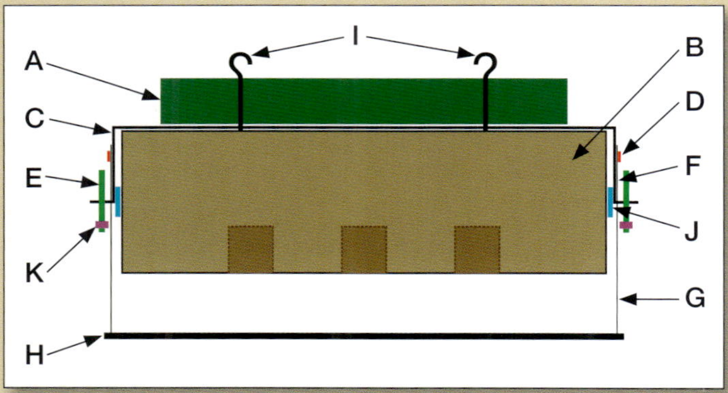

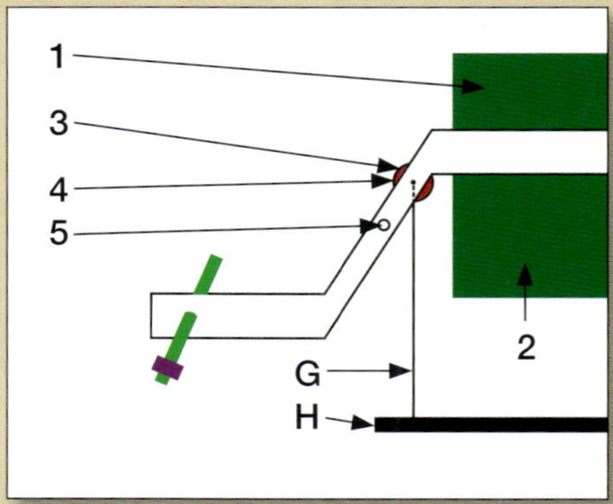

1 Prenez le rondin (B) de 7,5 cm (3 po) de diamètre par 30,5 cm (12 po) de longueur, et percez trois trous de 2,5 cm (1 po) alignés comme l'illustre le schéma.

2 Procurez-vous une barre d'aluminium (C) de 0,3 cm x 1,3 cm x 60 cm (⅛ po x ½ po x 24 po), et pliez les deux bouts à 90 degrés de façon à obtenir une section centrale de 31,7 cm (12½ po).

3 Repliez de nouveau à 90 degrés vers l'extérieur et à 7 cm (2¾ po) du bout. Vous obtenez alors une section centrale de 31 cm (12½ po), deux sections intermédiaires de 7,5 cm (3 po) et, à chaque bout, deux sections de 7 cm (2¾ po).

4 Fixez une tôle (A) de 25,5 cm par 12,7 cm (10 po x 5 po) à la section centrale de la barre d'aluminium avec des rivets *(la tête de ceux-ci vers l'intérieur)* de manière à avoir 5 cm (2 po) d'un côté (1) et 7,5 cm (3 po) de l'autre (2) *(voir le dessin ci-haut)*.

5 Percez dans chacune des sections de 7,5 cm (3 po) de la barre d'aluminium, un trou de 0,3 cm (⅛ po) à 2 cm (¾ po) de la section de 31,7 cm (12½ po), et un autre de 0,4 cm (3⁄16 po) (5) à 4,5 cm (1¾ po).

6 Dans chacune des sections du bout, percez un trou de 0,7 cm à 2 cm (¼ po à ¾ po) du bout *(si vous avez une filière, vous pouvez percer un trou plus petit et faire des filets pour visser une tige filetée de 0,7 cm [¼ po])*.

7 Dans le trou de 0,3 cm (⅛ po) de la section intermédiaire, passez un rivet (D) d'environ 1,5 cm (⅝ po) de long par l'intérieur, ajoutez un petit tube de cuivre (4) de 0,4 cm (3⁄16 po) ou 0,7 cm (¼ po) de diamètre et d'une longueur de 0,7 cm (¼ po).

8 Ajoutez une petite rondelle à rivet (3) et rivetez.

9 Prenez deux vis (F), passez-les dans les trous de 0,4 cm (3⁄16 po) et insérez deux rondelles (J) de chaque côté.

10 Vissez à chacun des bouts de la bûche, au centre *(le fermoir doit balancer librement)*.

11 Attachez une broche rigide (G) *(comme un cintre)* autour de votre petit tuyau de cuivre.

12 Insérez-la dans le trou d'un goujon (H) de 1,3 cm x 35 cm (½ po x 14 po) que vous aurez préalablement percé à 1,3 cm (½ po) du bout.

13 Ajustez le perchoir à 5 cm (2 po) des trous d'alimentation en pliant votre broche à 90 degrés sous le goujon et coupez l'excédent de broche.

14 Prenez 10 cm (4 po) de tige filetée (E) de 0,7 cm (¼ po) et passez-la dans le trou de la section du bout.

Un écrou placé de chaque côté la tiendra au bon endroit tout en permettant d'ajuster le poids désiré sur le perchoir. Si vous avez fileté la barre, ces boulons ne sont pas nécessaires.

15 Ajoutez maintenant les écrous requis (K) pour équilibrer votre fermoir à la tension désirée.

Vous pouvez également tordre un peu la section du bout si vous voulez ajouter un peu plus de poids de ce côté lorsque le fermoir est en bas.

16 Installez vos deux crochets (I) sur la bûche, du côté opposé aux trous.

17 Pliez votre tôle pour lui faire épouser la forme de la bûche.

Pic maculé ♂ se nourrissant de pain d'oiseau et de gelée de pomme.

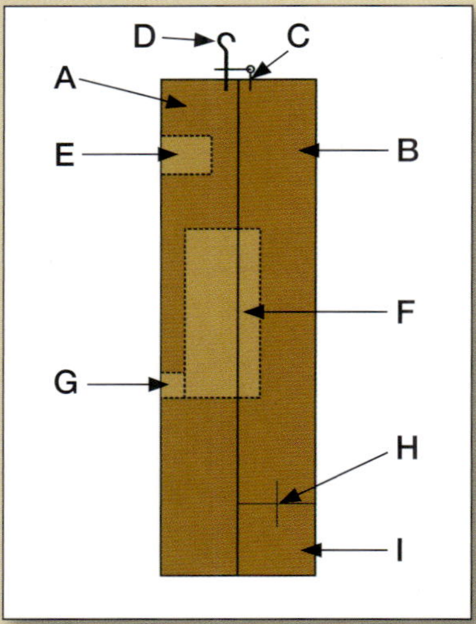

LA BÛCHE À PIC MACULÉ

Bien des gens sont réticents à attirer les pics dans leur cour. Ils craignent de les voir s'attaquer à leurs arbres et de les faire mourir. Cette crainte est rarement justifiée. Lorsqu'ils frappent à répétition sur un arbre, ils sont la plupart du temps à la recherche d'un insecte sous l'écorce ou dans une branche malade. Il n'y a donc pas de raison de se priver de leur présence dans notre cour.

Au printemps, le Pic maculé est également friand d'eau sucrée. C'est pourquoi vous le verrez faire une rangée de trous dans les érables et bouleaux où il viendra s'abreuver régulièrement. Vous pouvez détourner son attention en l'attirant à une bûche où vous aurez imité son travail. Une fois découverte, il y reviendra régulièrement et vous pourrez l'observer tout l'été. Comme il raffole également du pain d'oiseaux, il faudra lui en offrir, ce qui lui donnera une seconde raison de venir à la bûche.

MATÉRIAUX

- 1 bûche d'érable ou de bouleau d'environ 10 cm (4 po) de diamètre x 50 cm (20 po) de long
- 1 petit abreuvoir à colibri *(ou bouteille à hamster)*
- Clous de finition
- Crochets

A

B

C

D

1 Fendez une bûche en deux parties (A et B) **(figure A)**.

2 Évidez la bûche en son centre pour pouvoir incorporer la petite bouteille (F) à l'intérieur **(figure B)**.

3 Percez un trou (G) dans la bûche pour pouvoir faire sortir le tuyau d'alimentation de l'abreuvoir.

Normalement, le tube de cet abreuvoir à colibri est muni d'une fleur qu'il faut enlever. Vous pouvez ajouter un petit tube de caoutchouc à celui de l'abreuvoir, s'il est trop court, car sa sortie doit être à égalité avec l'extérieur de la bûche.

4 Percez horizontalement quelques trous à intervalles de 0,6 cm (¼ po) de chaque côté du tube à peine assez profonds pour marquer l'écorce **(figure C)**. Vous imiterez ainsi la façon de faire de ce pic.

5 Percez un trou (E) de 2,5 à 20 cm (1 à 8 po) au-dessus de la sortie du tube, pour recevoir le pain d'oiseaux **(figure D)**.

Procédure pour assembler vos demi-bûches

1 Prenez la partie arrière (B) et enlevez-lui 7,5 cm (3 po) dans la partie du bas **(figure E)**.

2 Fixez ce morceau (I) de 7,5 cm (3 po) de façon permanente à la partie avant (A) et à sa position d'origine avec des vis ou des clous **(figure F)**.

3 Vous obtiendrez ainsi une demi-bûche avec une tablette où vous déposerez la seconde partie (B).

E

F

G

H

I

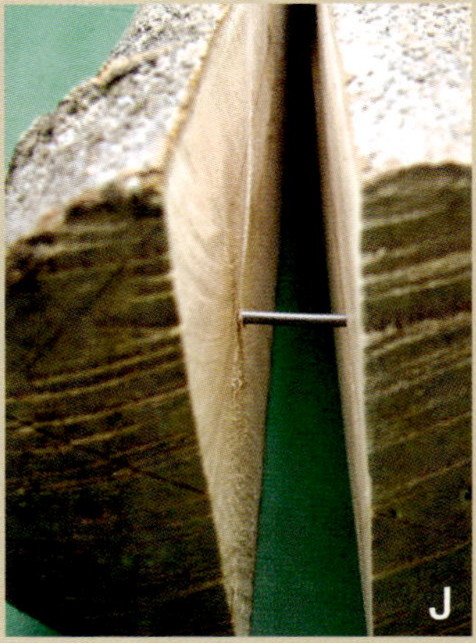
J

4 Pour la maintenir en place, plantez à demi un clou de finition (H) de 4 cm (1½ po) dans le morceau de 7,5 cm (3 po) en son centre et coupez-en la tête **(figure G)**.

5 Déposez sur le clou la deuxième partie de la section arrière et appuyez fermement. Vous aurez ainsi la marque de l'emplacement où percer un trou de diamètre légèrement supérieur à celui du clou.

6 Une fois le trou percé, déposez cette section sur le morceau de 7,5 cm (3 po), et vous obtiendrez votre bûche assemblée et retenue par le bas grâce au clou **(figure H)**.

7 Pour maintenir le haut, plantez un clou à 5 cm (2 po) dans la partie intérieure (A) et procédez de la même manière que pour le bas pour assembler la partie (B) **(figures I et J)**.

8 Placez ensuite votre crochet (D) qui servira à suspendre votre bûche au bout de la partie avant.

9 Vissez au bout, dans la partie arrière, un petit crochet de porte (C) de façon à l'accrocher au crochet de la partie avant **(figure K)**.

K

Quelques conseils

- Comme le Pic maculé recherche de la sève, **placez votre bûche très tôt au printemps,** dès le début d'avril.
- **Placez la bûche près d'un érable ou d'un bouleau,** ou accrochez-la au tronc, si cela vous est possible.
- Vous pouvez également **badigeonner les faux trous de gelée de pomme**.

LA BÛCHE POUR LE GRIMPEREAU BRUN

Le grimpereau est doté d'un bec très fin. Cette caractéristique est utilisée dans la confection de la bûche destinée à lui offrir du pain d'oiseaux et qui sera à l'abri de la plupart des autres espèces. Comme c'est un insectivore qui s'attarde à visiter les troncs d'arbres à la recherche d'insectes, il sera rapidement attiré par le pain d'oiseaux, la gelée de pomme et le gras animal.

1 Fendez la bûche en deux parties (A et B).

2 À 2,5 cm (1 po) de chaque bout, évidez l'intérieur (C) de chacune des sections sur une longueur d'environ 10 cm (4 po), ne laissant qu'environ 0,7 cm (¼ po) d'aubier dans le centre de cette cavité **(figure A)**.

3 Au milieu de cette dernière, dans le sens de la longueur de la bûche, avec une lame de scie très mince, faites quelques ouvertures (D) donnant sur l'extérieur de la bûche **(figure B)**.

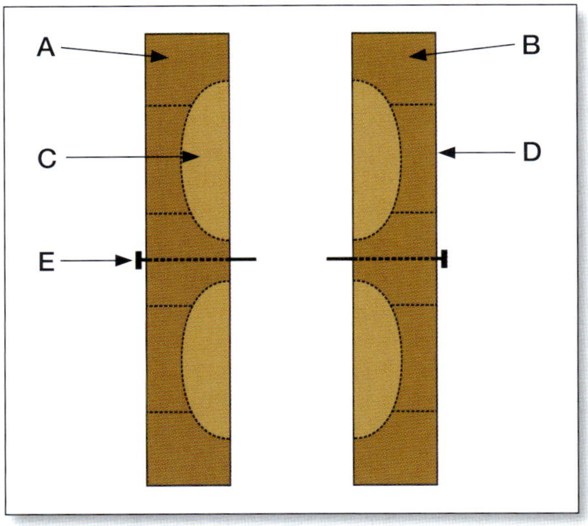

MATÉRIAUX

- 1 bûche de 6 à 7,5 cm (2¼ à 3 po) de diamètre x 50 cm (20 po) de long
- 1 crochet (facultatif)
- Vis

C

4 Il ne vous reste qu'à fixer ces deux demi-bûches sur un arbre à l'aide d'une vis (E) située au centre de chaque section et à remplir les cavités (C) de pain d'oiseaux **(figure C)**.

Vous pourriez également réunir les deux sections par une vis au centre et installer un crochet à un bout pour l'accrocher à un support, mais vous diminueriez ainsi les chances de voir le grimpereau découvrir cet aliment de premier choix. Si vous optez pour cette façon de faire, il vous suffit de faire pivoter une section de 90 degrés pour pouvoir la remplir et ramener les deux sections l'une sur l'autre par la suite.

Quelques conseils

- **Choisissez un arbre ayant une écorce assez rugueuse,** si possible, car le grimpereau visite davantage ceux-ci.
- **Placez vos demi-bûches sur des arbres différents,** ou à l'opposé sur un même tronc, la partie évidée appuyée sur celui-ci.
- **Pour remplir les cavités, faites pivoter à 90 degrés** et assurez-vous de remplir la fente en pressant le pain d'oiseaux **(figures D et E)**.
- **En hiver, vous pouvez ajouter quelques vers de farine** dans les fentes par l'extérieur. Le grimpereau appréciera ces petites friandises, de même que la sittelle.

D

E

Pic chevelu ♂ se nourrissant de pain d'oiseaux dans la bûche à grimpereau.

LA BÛCHE À INSECTES

Bon nombre d'espèces d'oiseaux sont friandes d'insectes. Leur offrir cette denrée en toutes saisons leur assure une alimentation riche en protéines. Il y a diverses façons de leur en présenter. Parmi elles, la bûche à insectes pour les oiseaux grimpeurs comme le Grimpereau brun, les pics, les sittelles et les mésanges est tout particulièrement fréquentée en hiver.

MATÉRIAUX
• 1 bûche de 10 cm de diamètre x 50 cm de long (4 po x 20 po)
• 1 crochet
• Vis

1 Fendez la bûche en deux parties (B et F) **(figure A)**.

2 Évidez une des deux parties en laissant environ 1,3 cm (½ po) d'aubier **(figure A)**.

3 Le trou intérieur (A) de la bûche se fait sur une longueur d'environ 35 cm (14 po) s'ouvrant à une extrémité **(figure A)**.

A

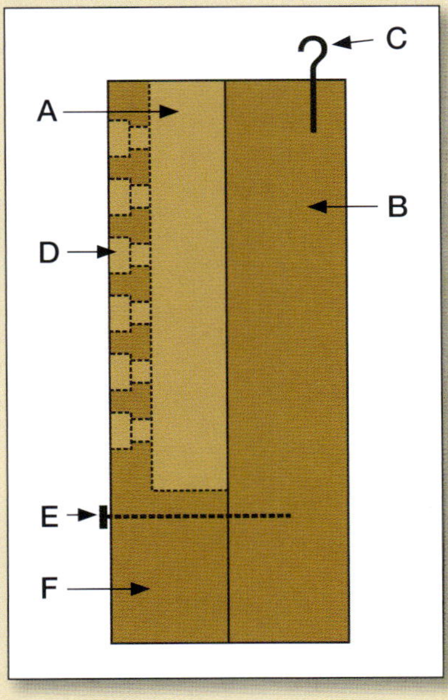

B

C

D

E

F

4 Avec une mèche de 0,3 cm (⅛ po), percez par l'intérieur dans la partie évidée, à tous les 5 cm (2 po), l'emplacement des trous d'alimentation **(figure B)**. Ces trous apparaissant de l'extérieur vous serviront de guide **(figure C)**.

5 Par l'extérieur, agrandissez les trous (D) à 2 cm (¾ po) à une profondeur équivalant à la moitié de l'aubier* restant **(figure D)**.

6 Repercez ces mêmes trous avec une mèche de 1 cm (⅜ po) pour le reste de l'aubier **(figure E)**. Vous obtiendrez ainsi des trous évasés vers l'extérieur, ce qui facilite l'accès des insectes aux oiseaux.

7 Rassemblez les deux parties à l'aide d'une vis (E) fixée à 10 cm (4 po) du bas **(figure F)**.

* Aubier : partie tendre et blanchâtre qui se forme chaque année entre le bois dur et l'écorce.

Il est préférable de percer un trou de diamètre légèrement supérieur à celui de la vis, dans la section évidée, pour permettre de faire pivoter la pièce lorsqu'on veut nettoyer l'intérieur de la bûche **(figure G)**.

8 Installez un crochet (C) sur le bout de la bûche (partie ouverte) et remplissez-la d'insectes **(figure H)**.

9 Accrochez-la à un tronc d'arbre **(figure I)**.

Sittelle à poitrine blanche avec un ver dans le bec.

Quelques conseils

- **Utilisez cette bûche en saison hivernale** car les insectes offerts doivent demeurer congelés pour garder leur fraîcheur.
- **Nettoyez la bûche après un temps doux** de quelques jours et replacez-y de nouveaux insectes.
- **Assurez-vous d'un nettoyage en profondeur pour le remisage estival.**
- **Vous pouvez utiliser des vers de farine comme insectes.**

Les abreuvoirs

L'ABREUVOIR DESTINÉ AU COLIBRI À GORGE RUBIS

Le Colibri à gorge rubis est un oiseau qui défend son territoire avec ardeur. Une fois rendu dans son milieu de nidification, s'il trouve un abreuvoir, il se l'accapare et s'attaque à tout autre colibri qui tente de se nourrir à la même table que lui. Au printemps, il faut agir rapidement si on veut qu'il demeure dans notre jardin, en lui offrant le sirop recherché, les fleurs se faisant plutôt rares à cette époque de l'année.

Les abreuvoirs sont un excellent moyen de retenir le colibri chez vous. Vous observerez normalement le mâle contrôler l'abreuvoir pendant une bonne semaine avant l'arrivée de la femelle. C'est d'ailleurs une excellente période pour étudier son comportement. Il vient se nourrir à répétition. Surveillez ses allées et venues. Vous verrez qu'il ne s'éloigne jamais très loin, de façon à ne jamais perdre de vue son petit resto.

Même si le mâle ne s'occupe pas de sa famille, vous le verrez régulièrement à l'abreuvoir et vous pourrez peut-être dénicher l'endroit où il se pose *(il le fait assez régulièrement au même endroit)*, soit sur un perchoir, souvent sur une branche morte, soit sur une des branches les plus élevées d'un arbre pour contrôler son territoire.

La femelle se fait pour sa part plus discrète, et durant un certain temps, on l'aperçoit plus rarement à l'abreuvoir. Il ne faut pas s'en inquiéter. C'est normal puisqu'elle couve. Les moments les plus propices pour voir les colibris à nos abreuvoirs, en période estivale, sont tôt le matin et en fin de journée. Comme tous les oiseaux, sous le coup de midi, ils sont beaucoup moins actifs.

Colibri à gorge rubis ♂ butinant dans la lobélie cardinale.

◀ Colibri à gorge rubis ♂ à l'abreuvoir.

Abreuvoir à l'ombre d'un gros érable.

Abreuvoir dans la monarde.

Quelques conseils

- **Au printemps, placez vos abreuvoirs une semaine avant l'arrivée des colibris.** D'année en année, à quelques jours près, ils arrivent vers la même date. Si vous ignorez la date de leur arrivée pour votre région, placez vos abreuvoirs vers le 25 avril et notez le moment où vous apercevrez le premier colibri. Vous aurez alors une bonne indication pour les années futures. Il vaut mieux placer ces abreuvoirs trop tôt que trop tard.
- **Placez un deuxième abreuvoir de sorte qu'il ne soit pas visible depuis le premier.** Par exemple, l'un à l'avant de la maison et l'autre à l'arrière. La compétition sera moins grande et vous aurez la chance, peut-être, d'héberger deux couples. Il est fréquent de voir le mâle à un poste et la femelle à l'autre.
- **Vérifiez régulièrement vos abreuvoirs.** Ils ne doivent jamais être vides. Les colibris délaissent les postes vides ou mal entretenus.
- **Placez vos abreuvoirs en milieu ombragé si possible.** Le sirop se conserve mieux et il y aura une moins grande expansion de l'air à l'intérieur de la réserve. Par le fait même, moins de liquide sera éjecté à l'extérieur et les guêpes se feront plus rares. Placez les abreuvoirs près d'une plate-bande garnie de fleurs que les colibris apprécient. Ils viendront butiner et y feront un petit arrêt, une façon de leur rappeler qu'il y a toujours du sirop frais qui les attend. *(Voir la liste des fleurs pouvant attirer le colibri p. 475)*
- **Changez régulièrement le sirop.** Par temps chaud, le sirop ne doit pas séjourner plus de trois jours si l'abreuvoir est à l'ombre, et pas plus de deux jours s'il est au soleil. Si vous constatez que les colibris abandonnent vos abreuvoirs, vérifiez la qualité de ce que vous leur offrez.

- **La recette du sirop peut varier de trois à quatre parties d'eau pour une partie de sucre.** Je favorise davantage le trois pour un, et spécialement en fin de saison. Le colibri accumule ainsi plus d'énergie pour sa migration.
- **On peut conserver le sirop environ deux semaines.** Ne préparez donc pas de trop grandes quantités à la fois. **Évitez tout colorant,** il est inutile et peut s'avérer dommageable pour le colibri. Les préparations vendues sont d'ailleurs à déconseiller si elles contiennent du colorant.
- **Ne remplissez pas vos abreuvoirs.** Normalement, le quart de la capacité suffit. Comme vous devez changer le sirop fréquemment, il est rare qu'il soit vide après deux ou trois jours. Vous pourrez vous ajuster selon l'achalandage et le nombre de colibris.
- **À chaque nettoyage, lavez toutes les composantes de l'abreuvoir à l'eau chaude seulement,** puis rincez-les à l'eau froide, car il n'est pas recommandé de verser le sirop dans un abreuvoir chaud.
- **Attendez deux semaines après avoir vu le dernier colibri pour remiser vos abreuvoirs,** car on peut à l'occasion voir un retardataire venir s'abreuver à la fin de septembre.
- **Installez des perchoirs si de bons postes d'observation sont absents de votre cour.** Un perchoir de 3 à 4 m de hauteur sera vite occupé par le colibri pour surveiller son territoire. Un tuyau métallique utilisé en électricité fait un excellent perchoir s'il est muni d'un goujon horizontal à son sommet.

RECETTE DE SIROP À COLIBRI

1 tasse d'eau

⅓ tasse de sucre

Portez l'eau à ébullition, retirez du feu, ajoutez le sucre et remuez jusqu'à ce qu'il soit dissous. Laissez refroidir et placez le sirop au réfrigérateur.

Note : Ne remplacez jamais le sucre par du miel ou du sirop d'érable. Ces ingrédients ont tendance à se dégrader rapidement.

Un colibri ♀ immature la langue sortie.

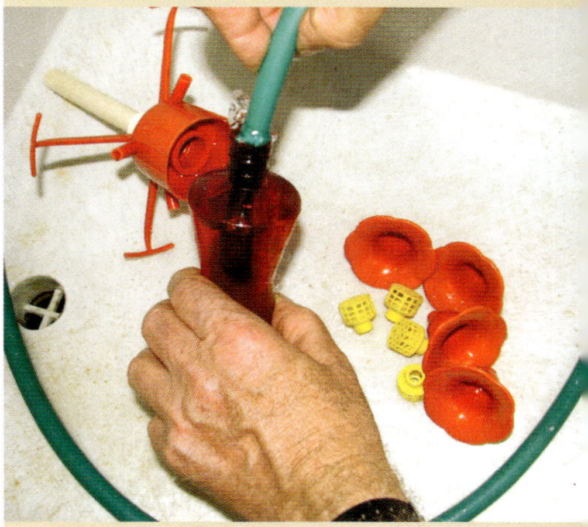

Nettoyage des composantes de l'abreuvoir.

Un colibri ♂ surveillant son abreuvoir de son perchoir.

Oriole ♂ à l'abreuvoir à colibris.

Colibri ♀.

DES PROBLÈMES DE FOURMIS ET DE GUÊPES ?

Vous pouvez vous procurer, dans les boutiques spécialisées ou les magasins à grande surface, un abreuvoir fabriqué expressément pour attirer le colibri. Il est important de choisir un abreuvoir comportant du rouge, car cette couleur attire le colibri. L'abreuvoir peut tout aussi bien servir à l'Oriole de Baltimore qu'à d'autres espèces comme le Roselin pourpré, la Mésange à tête noire, le Chardonneret jaune et même le Pic mineur. Voici quelques trucs simples mais très efficaces.

- **Lors du choix d'un abreuvoir, la priorité qui devrait vous guider est la possibilité de le nettoyer facilement.** Vous devez être capable de laver toutes les composantes aisément. Inutile d'opter pour un grand réservoir puisqu'il faut changer le sirop régulièrement.
- **Les colibris affectionnent particulièrement les abreuvoirs dont les fleurs sont sur les côtés.** Ils utilisent régulièrement les perchoirs, ce qui nous permet de les observer plus longuement. Malheureusement, ces abreuvoirs se balancent au vent et finissent par laisser le liquide s'écouler, ce qui attire les guêpes. Placez donc ces abreuvoirs sur pied au lieu de les suspendre.
- **Vous n'aurez probablement pas le choix d'avoir un second abreuvoir** avec les fleurs au-dessus cette fois.

Abreuvoir suspendu.

Abreuvoir sur pied avec fleurs sur les côtés.

Abreuvoir aux fleurs posées sur le dessus.

Deux abreuvoirs en tandem.

Abreuvoirs anti-guêpes facilement démontables.

- **Les guêpes n'ont pas la trompe assez longue pour aller chercher le sirop au fond de la soucoupe,** ce qui n'empêche pas le colibri de l'atteindre. Procurez-vous autant que possible celle qui se sépare en deux. Le nettoyage se fait beaucoup plus facilement.
- **On peut utiliser ces deux types d'abreuvoirs en tandem tout près l'un de l'autre.** Le colibri s'habitue à aller dans l'un et l'autre, et lorsque la période des guêpes arrive, on peut retirer celui dont les fleurs sont sur les côtés si les guêpes deviennent trop envahissantes, car les colibris abandonnent les abreuvoirs occupés par les guêpes. Il se vend également de très petits abreuvoirs pourvus d'un grillage qui protège l'entrée contre les guêpes et les abeilles.
- **L'huile d'olive semble être un répulsif contre les insectes.** On peut donc en badigeonner autour de la fleur, mais il faut répéter l'opération régulièrement, et le succès n'est pas toujours assuré.

Grillage anti-guêpes.

Abreuvoir sur pied.

Abreuvoir suspendu.

- **Utilisez un anti-fourmis.** Sa conception est simple et à la portée de tous. Nous illustrons sa construction à la page 131 et 133. Contre les fourmis, c'est un succès assuré à 100 %. On peut le placer au-dessus ou en dessous, selon qu'on suspend l'abreuvoir ou qu'on le place sur pied.
- **Il faut changer l'eau de l'anti-fourmis régulièrement,** car il arrive que les oiseaux s'en servent comme abreuvoir.

Enfin, voici une suggestion pour gâter vos colibris. Par temps très chaud, ils aiment se rafraîchir en passant dans une bruine légère. Il est possible de se procurer des atomiseurs que l'on raccorde à un tuyau d'arrosage et que l'on peut accrocher à un poteau. Comme le jet est très fin, la consommation d'eau est plus que minime.

Vous serez surpris de la popularité de votre abreuvoir auprès d'autres oiseaux, dont le pic, la mésange, le roselin et peut-être d'autres espèces qui vous en feront la surprise.

Atomiseur posé près de l'abreuvoir.

L'ABREUVOIR DESTINÉ À L'ORIOLE DE BALTIMORE

Pour attirer l'Oriole de Baltimore et s'assurer qu'il demeure dans votre jardin, il faut un milieu forestier tout à fait particulier. Au même titre qu'on ne peut voir un canard sans eau, vous ne pouvez retenir l'oriole si votre jardin ou l'environnement avoisinant est dépourvu de grands arbres. Cet oiseau a une préférence particulière pour les peupliers faux-tremble. Les érables matures et les ormes sont aussi privilégiés pour y faire son nid.

Nid d'oriole.

Au printemps, on le repère presque toujours au sommet de ces grands arbres grâce à son chant. Il reste rarement longtemps en place et c'est presque toujours le mâle qu'on aperçoit en premier. Il se déplace d'un arbre à l'autre en émettant sa mélodie à intervalle assez régulier. Nous l'entendons fréquemment lorsqu'il s'approche de son lieu d'alimentation. Il visite également les fleurs de pommier, de pommetier et parfois d'autres arbres fruitiers.

Oriole de Baltimore ♂ dans son nid.

Jeune oriole recevant la becquée de la ♀.

C'est dès son arrivée qu'il faut tenter de le séduire, avant même que la femelle se présente et avant la construction de leur nid, sinon vous les perdrez probablement pour le reste de la saison. Ce sont des oiseaux qui aiment bien le nectar et les oranges. Ils sont particulièrement attirés par tout ce qui est de couleur orange. Il faut donc viser à combler leurs goûts. Si le mâle et tout particulièrement la femelle adoptent votre poste d'alimentation, vous les verrez régulièrement et à plusieurs reprises dans une journée. Avec un peu de chance, vous pourrez peut-être découvrir leur nid et assister au départ de la couvée.

Normalement, les petits profiteront de votre garde-manger en juin. Vers la fin de juillet, tout ce beau petit monde abandonnera votre jardin. Il ne vous restera qu'à souhaiter qu'ils se souviennent de votre assiduité à bien les nourrir. Ils vous réserveront peut-être de belles surprises, comme celle de revenir chaque printemps pour y élever leur marmaille. Les jeunes de la lignée reviendront possiblement dès le printemps suivant. Il nous est déjà arrivé d'assister à la venue de six orioles *(quatre mâles et deux femelles)* qui se gavaient à deux postes d'alimentation bien fournis en oranges coupées en quartiers.

Jeune oriole se préparant à quitter le nid.

Quelques conseils

Pour maximiser les chances d'attirer l'Oriole de Baltimore, les éléments qu'on devrait retrouver dans un poste d'alimentation sont les suivants :

- **un abreuvoir ;**
- **un présentoir à matériaux et des matériaux de nidification ;**
- **un plateau à fruits et un petit contenant pour de la gelée.**

Oriole ♀ se gavant de gelée.

Abreuvoir à oriole suspendu à un anti-fourmis.

Poste pour oriole.

Oriole ♀ sur un présentoir à matériaux.

L'abreuvoir à privilégier est l'abreuvoir à oriole avec fermoir. Il a l'avantage d'empêcher les guêpes d'avoir accès au sirop. Le poids de l'oriole sur le perchoir permet de dégager l'orifice de l'abreuvoir et dès son départ le fermoir reprend sa position de fermeture. Il est muni d'un petit orifice en son centre, ce qui permet au colibri d'avoir accès au sirop sans pour autant laisser les guêpes s'y abreuver. Ajoutez un anti-fourmis à votre abreuvoir pour éviter que ces insectes envahissent le sirop *(voir p. 131)*.

- Comme pour le colibri, faites votre propre sirop à orioles à raison de trois ou quatre parties d'eau pour une partie de sucre et sans colorant. **Ne jamais remplacer le sucre par du miel ou du sirop d'érable.** Vous pouvez garder le sirop au réfrigérateur environ deux semaines.
- **Changez le sirop tous les deux ou trois jours,** selon la température qu'il fait, et ne remplissez pas l'abreuvoir, car vous devrez en jeter une bonne partie.
- **À chaque changement de liquide, lavez minutieusement l'abreuvoir à l'eau chaude seulement, sans savon,** puis rincez à l'eau froide.
- **Installez votre abreuvoir au tout début de mai et si possible près de quelques morceaux d'orange.**
- **Installez un plateau à fruits équipé d'un anti-fourmis** et pouvant recevoir un support à oranges ainsi qu'un petit contenant de gelée de pomme.

Abreuvoir fermé.

Abreuvoir ouvert.

Colibri ♀ dans un abreuvoir à oriole.

Poste d'alimentation pour orioles et frugivores.

Présentoir à gelée de pommes et orange.

L'oriole raffole de la gelée de pomme et il délaissera probablement le sirop dès qu'il aura goûté à la gelée. Évitez de changer de marque en cours de saison, car l'expérience nous a enseigné qu'il s'habitue à la première et qu'il refuse d'en manger une autre.

- **Installez des moitiés d'orange sur son support et changez-les régulièrement.** On peut les rafraîchir tous les jours en enlevant une légère tranche sur la partie coupée.
- **Changez la gelée de pomme aux trois jours et déposez sur le plateau des raisins ainsi que des morceaux de pomme et d'autres fruits.** Plusieurs oiseaux viendront visiter votre plateau. Vous pouvez également y mettre un petit contenant de pain d'oiseaux. Si un Moqueur chat vient à passer, il deviendra un adepte de votre plateau. On peut aussi leur présenter des matériaux pour la construction de leur nid *(voir p. 254)*.

◀ Oriole de Baltimore ♂ se nourrissant d'une orange offerte sur un piquet.

LE SUPPORT À FRUITS

Il est facile à fabriquer car il suffit d'une planche munie d'un clou au centre pour y fixer le fruit désiré. Laissez aller votre imagination et réalisez un support de votre création en vous inspirant de cette photo. Ce support a été fait spécialement pour attirer les orioles.

Un Oriole de Baltimore ♂ se délecte d'une orange.

Vous pouvez aussi simplement fixer une moitié d'orange à un piquet à l'aide d'un clou sans tête. Quand l'oriole aura découvert l'orange, il sera sûrement tenté d'installer sa nichée près de ce lieu d'approvisionnement.

♂ au support à fruits.

L'ANTI-FOURMIS POUR ABREUVOIR SUSPENDU

MATÉRIAUX

- 1 bouchon en PVC de 7,5 cm (3 po)
- 1 bout de tuyau en CPVC de 1,3 cm (½ po) de diamètre par environ 10 cm (4 po) de longueur
- 2 bouchons en CPVC de 1,3 cm (½ po)
- 2 petits crochets
- Colle pour CPVC

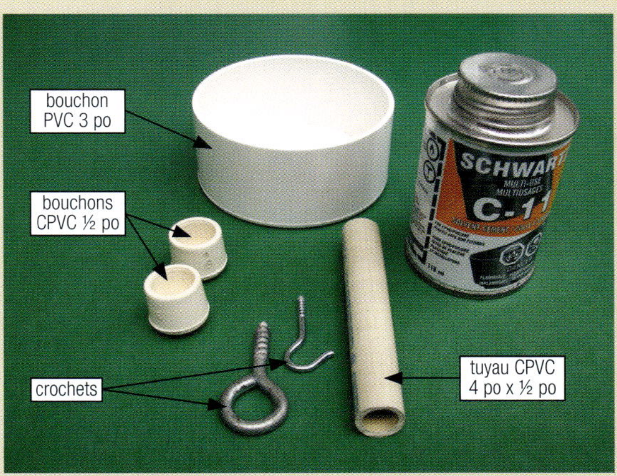

Percez un trou dans chacun des bouchons. Il doit être inférieur au diamètre du crochet.

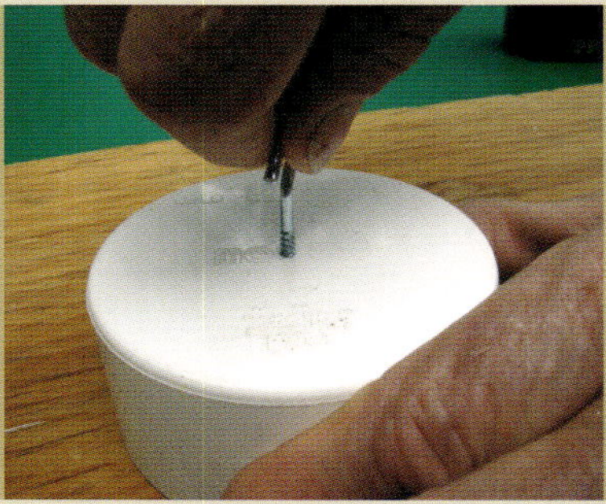

Vissez un crochet dans le bouchon de 7,7 cm (3 po) par l'extérieur.

Faites dépasser les filets du crochet à l'intérieur du bouchon de 7,7 cm (3 po) d'environ 1,3 cm (½ po).

Enduisez de colle un des bouts du tuyau CPVC de 1,3 cm (½ po).

Collez un des bouchons CPVC de 1,3 cm (½ po) au bout du tuyau enduit de colle.

Enduisez de colle l'autre bout du tuyau CPVC de 1,3 cm (½ po).

Collez l'autre bouchon CPVC à l'autre bout du tuyau CPVC de 1,3 cm (½ po).

Mettez de la colle autour des filets du crochet à l'intérieur du bouchon de 7,7 cm (3 po).

Vissez à fond un des bouchons de 1,3 cm (½ po) sur les filets du crochet.

Vissez l'autre crochet sur le deuxième bouchon de 1,3 cm (½ po).

Si vous désirez peinturer l'anti-fourmis, utilisez de la peinture pour plastique.

Remplissez d'eau l'anti-fourmis et suspendez l'abreuvoir à colibri.

L'ANTI-FOURMIS POUR ABREUVOIR SUR PIED

Plusieurs abreuvoirs à colibri ont le défaut de se vider lorsque le vent les fait osciller. Ce phénomène cause un deuxième désagrément. Les guêpes, attirées par l'eau sucrée qui s'écoule de ces abreuvoirs, deviennent une menace pour le colibri. Une façon simple de régler le problème consiste à modifier l'abreuvoir pour le mettre sur pied. L'anti-fourmis devra alors être placé sous l'abreuvoir. Voici comment réaliser le tout.

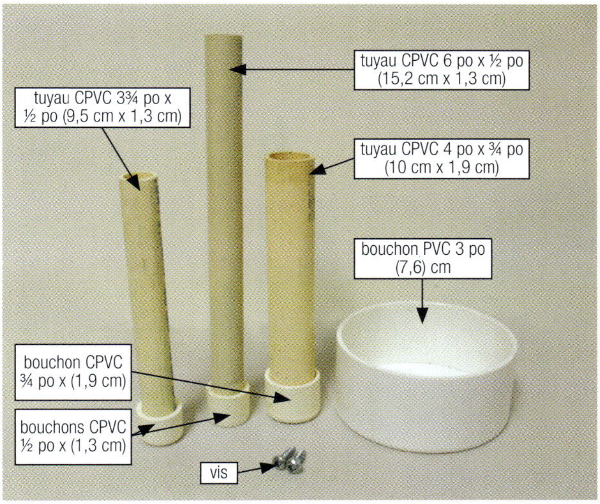

MATÉRIAUX

- 1 tuyau CPVC de 1,9 cm (¾ po) d'une longueur de 10 cm (4 po)
- 1 tuyau CPVC 1,3 cm (½ po) d'une longueur de 9,5 cm (3¾ po)
- 1 tuyau CPVC de 1,3 cm (½ po) d'une longueur de 15,2 cm (6 po)
- 1 bouchon CPVC de 1,9 cm (¾ po)
- 2 bouchons CPVC de 1,3 cm (½ po)
- 1 bouchon PVC de 7,6 cm (3 po)
- 1 vis nº 8 de 2,5 cm (1 po)
- 1 vis nº 8 de 1,7 cm (⅝ po)

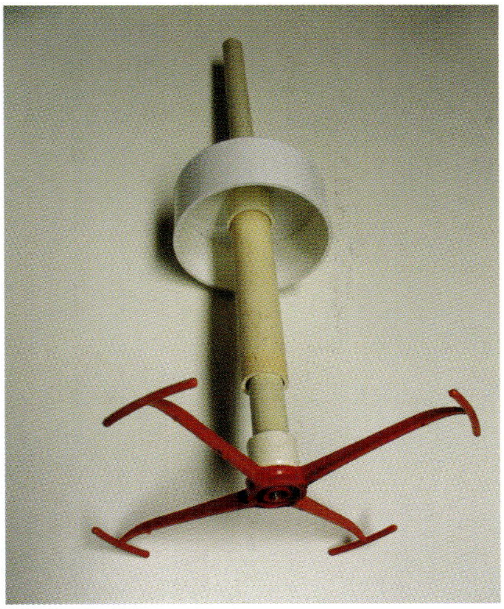

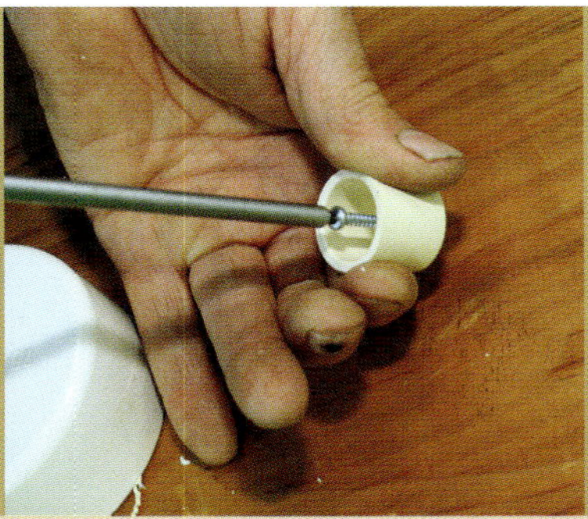

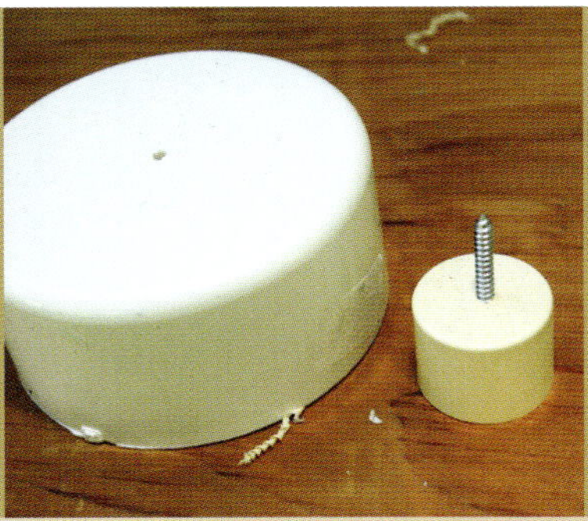

- Percez un trou d'un diamètre inférieur à celui des vis au centre de chacun des quatre bouchons. Si vous utilisez de la vis nº 8, une mèche de 0,3 cm (⅛ po) devrait être de bon diamètre pour permettre une bonne étanchéité.
- Vissez à fond la vis de 2,5 cm (1 po) par l'intérieur dans le trou du bouchon de 1,9 cm (¾ po).

Mettez de la colle à l'intérieur du bouchon de 7,6 cm (3 po).

Vissez le bouchon de ¾ po muni de la vis à l'intérieur du bouchon de 7,6 cm (3 po).

Enduisez de colle le fond extérieur d'un bouchon de 1,3 cm (½ po).

Vissez à fond le bouchon de 1,3 cm (½ po) dos au bouchon de 7,6 cm (3 po).

Le bouchon de ½ po doit être bien assujetti au bouchon de 7,6 cm (3 po).

Collez le tuyau de CPVC d'une longueur de 15 cm (6 po) dans le bouchon de 1,3 cm (½ po).

Enduisez de colle un des bouts du tuyau CPVC de 1,9 cm (¾ po).

Collez le tuyau de 1,9 cm (¾ po) à l'intérieur du bouchon de 1,9 cm (¾ po).

Vous obtenez cet anti-fourmis.

Vous pouvez installer l'anti-fourmis sur un tuyau électrique de 1,9 cm (¾ po).

Voici comment installer l'abreuvoir sur pied au-dessus de l'anti-fourmis.

Enduisez de colle un bout du tuyau CPVC de ½ po d'une longueur de 9,5 cm (3¾ po).

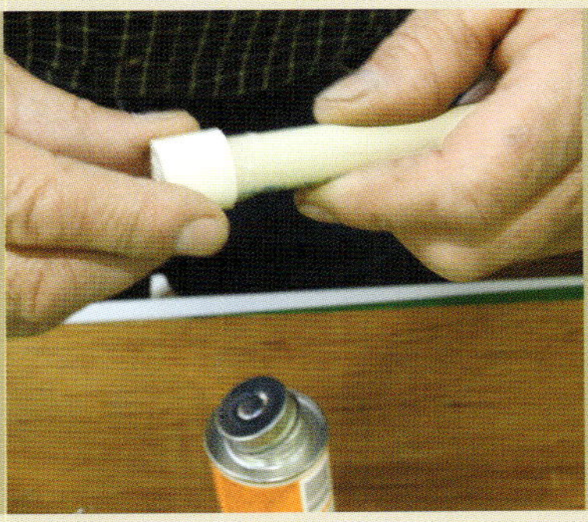

Collez un bouchon de 1,3 cm (½ po) au bout du tuyau CPVC de 9,5 cm (3¾ po).

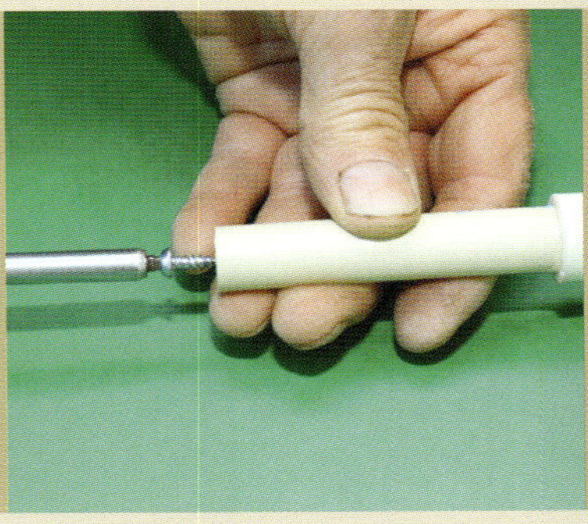

Insérez la vis de 1,6 cm (⅝ po) dans le tuyau.

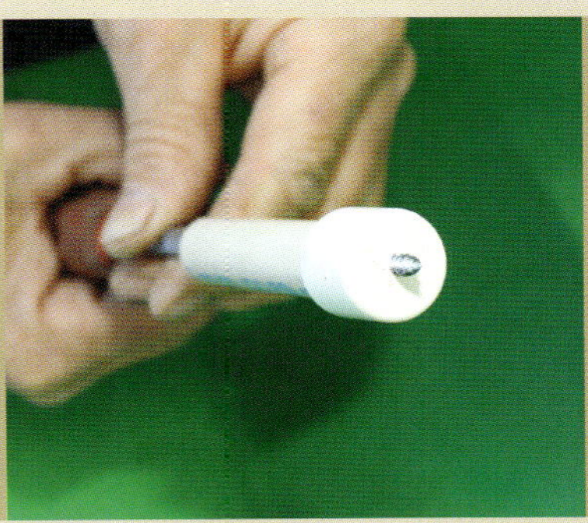

Vissez-la à travers le bouchon de 1,3 cm (½ po).

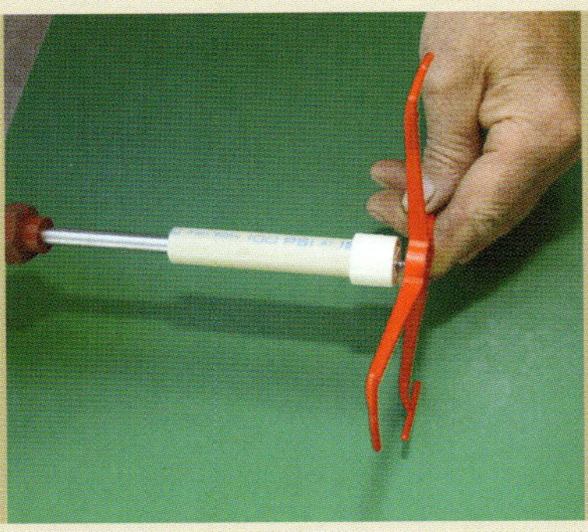

Vissez le perchoir de l'abreuvoir sur l'excédent de la vis.

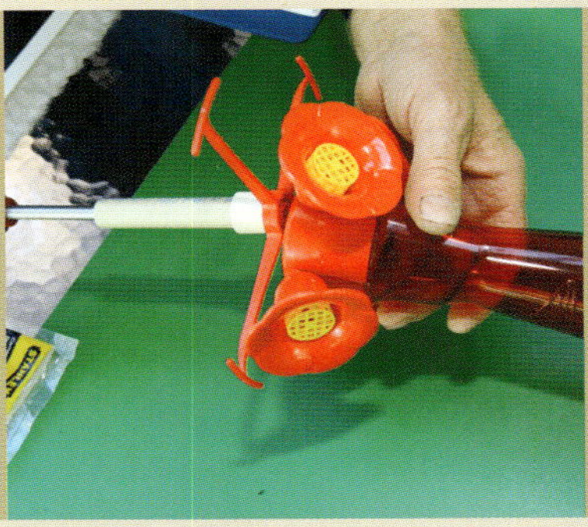

Vissez l'abreuvoir à la vis traversant le perchoir.

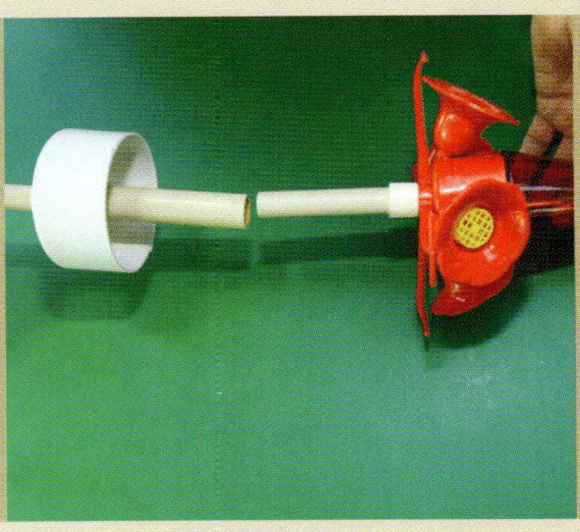

Le tuyau 1,3 cm (½ po) fixé à l'abreuvoir peut entrer dans le tuyau de 1,9 cm (¾ po) de l'anti-fourmis.

L'ANTI-FOURMIS SOUS UN PLATEAU À FRUITS

MATÉRIAUX

- 1 adaptateur ABS de 10 cm x 3,8 cm (4 po x 1½ po)
- 1 adaptateur ABS de 3,8 cm x 1,9 cm (1½ po x ¾ po) fileté
- 1 tuyau de plastique de 1,9 cm (¾ po) de diamètre et fileté x 15,2 cm (6 po) de long
- Colle ABS

1 Vissez le tuyau de plastique de 1,9 cm (¾ po) par l'intérieur de l'adaptateur de 3,8 cm (1½ po).

2 Insérez et collez l'adaptateur de 3,8 cm (1½ po) à l'adaptateur de 10 cm (4 po).

3 Enfilez l'anti-fourmis sur un tuyau métallique électrique, remplissez-le d'eau et installez votre plateau à fruits au-dessus.

Il est possible que vous ayez de la difficulté à visser le tuyau de plastique par l'intérieur de l'adaptateur. Démarrez l'opération avec un tuyau métallique. Ses filets sont plus affûtés et il agrandira légèrement ceux de l'adaptateur. Assurez-vous de bien sceller entre le tuyau métallique et le tuyau de plastique, pour éviter que les fourmis passent entre les deux. Une gomme à mâcher peut à la rigueur servir de scellant.

Quelques conseils

- **Utilisez de la colle tout usage (pour PVC et CPVC)** entre chaque surface des bouchons lors de votre assemblage. L'étanchéité sera garantie à tout jamais. Cette colle peut également servir pour coller les tuyaux aux bouchons.
- **Plantez dans le sol un tuyau métallique** de 1,9 cm (¾ po) utilisé en électricité pour recevoir l'ensemble anti-fourmis et abreuvoir. Le tuyau CPVC de 1,3 cm (½ po) par 15,2 cm (6 po) y entre facilement et permet de retirer l'anti-fourmis aisément.
- **Les oiseaux vont souvent s'abreuver dans l'anti-fourmis.** Il faut donc changer l'eau régulièrement.

Oriole de Baltimore ♂ picorant dans une pomme.

Les graines

Nourrir les oiseaux est certainement le premier moyen à utiliser pour les attirer dans sa cour. Il faut alors adopter de bonnes habitudes de salubrité et de prévention. Nous vous soumettons quelques conseils qui découlent de nos expériences et de nos observations. Ils visent deux buts bien précis : nourrir les oiseaux à moindre coût et leur offrir la meilleure qualité de nourriture.

Vous trouverez sur le marché une grande diversité de graines. Un certain nombre d'entre elles ne valent pas l'investissement demandé. Les oiseaux les choisissent en dernier recours et, la plupart du temps, ils les rejettent hors des mangeoires. De plus, quelques-unes n'attirent que des espèces d'oiseaux non désirées. Il vaut mieux se limiter aux graines les plus appréciées de nos invités.

QUE FAUT-IL OFFRIR AUX OISEAUX ?

Il est important de présenter un menu varié pouvant combler les besoins en énergie et en vitamines des oiseaux. À titre d'exemples, mentionnons :

- **Le tournesol,** dont sont friandes de nombreuses espèces, qui est riche en huile et excellent pour la santé.
- **Le maïs,** riche en vitamine A et en hydrate de carbone, répond aux besoins énergétiques.
- **Le suif** fournit les calories nécessaires aux oiseaux dans les périodes de grands froids.
- **Les arachides et noix** sont riches en protéines et en minéraux.
- **Les pignons** sont riches en vitamine B1 et en fer.

Nous vous proposons, aux pages suivantes, une variété de graines pouvant satisfaire tous vos oiseaux.

◀ Sittelle à poitrine rousse à un plateau ouvert.

Sizerins flammés au silo à chardon.

L'alpiste. Petites graines pouvant être servies dans une mangeoire à débit contrôlé ou sur un plateau, mêlées à d'autres graines comme le millet blanc. Elles sont très populaires auprès des bruants et des juncos.

Le carthame. Graines dont le Cardinal rouge raffole mais qui sont également appréciées des roselins et des mésanges. On peut les mêler au tournesol noir.

Le chardon. Graines très fines et assez dispendieuses. On a intérêt à les mettre dans un silo à chardon pour éviter le gaspillage. Les chardonnerets, les roselins, les sizerins, les tarins, les mésanges et le Bruant familier s'en nourrissent. La Tourterelle triste, les juncos et les bruants se nourriront des graines tombées par terre. Un rappel: évitez de mettre un récupérateur de graines, car les tourterelles s'y installent et prennent la place des petits oiseaux, à moins que vous n'utilisiez le silo à plateau basculant *(voir p. 49)*.

Le colza. Ce sont de petites graines rondes qu'il faut utiliser en petite quantité, car les graines tombées au sol poussent rapidement à travers le gazon. La Tourterelle triste et le Pigeon biset seront ses principaux adeptes. À l'occasion, l'Alouette hausse-col, les bruants et le Junco ardoisé, le Chardonneret jaune, les roselins, les sizerins, le Tarin des pins et la Mésange à tête noire s'en alimenteront. Ces graines sont généralement peu appréciées. Il faut les mettre dans une mangeoire à débit contrôlé.

Le maïs concassé. Un très grand nombre d'espèces raffolent du maïs concassé. On le sert sur les plateaux. La mangeoire à débit contrôlé n'est pas recommandée, car l'humidité compacte les graines qui obstruent alors l'orifice de la mangeoire. Les graines mêlées à l'eau ou à la neige se détériorent rapidement. Dès les premières journées de dégel, au début du printemps, retirez le maïs et nettoyez les mangeoires et les plateaux. Ces précautions visent à protéger la santé des oiseaux. Notez qu'on peut aussi offrir le maïs en graines complètes ou en épis. Le Cardinal rouge, le Gros-bec errant et le Geai bleu s'en régalent grâce à leur bec puissant.

Le millet blanc. Plusieurs espèces apprécient cette graine. Vous pouvez la présenter dans une mangeoire sélective ou sur un plateau, seule ou mélangée à d'autres graines comme le maïs, le tournesol et l'alpiste. Déposez les graines sur le sol au printemps et à l'automne, lors de la migration des juncos et des bruants. Vous aurez alors le plaisir de voir ces derniers picorer en grand nombre. On trouve trois variétés de millet : le rouge, le jaune et le blanc. Les oiseaux préfèrent nettement le millet blanc. Par contre, il est préférable d'utiliser la mangeoire au sol pour éviter le gaspillage des graines et la venue d'oiseaux indésirables *(voir p. 427)*.

Le tournesol. C'est vraiment la graine passe-partout. Vous pouvez présenter le tournesol dans une mangeoire à débit contrôlé, sur un plateau ou encore mêlé à d'autres graines. Pratiquement toutes les espèces s'en nourriront à un moment ou à un autre. Nous recommandons le **tournesol noir** de préférence au tournesol rayé pour plusieurs raisons. Le tournesol noir est plus riche en huile, les oiseaux le préfèrent, les graines sont plus petites et elles s'écoulent mieux dans les mangeoires. L'expérience a été faite en comparant les amandes d'une poche de tournesol rayé à une poche de tournesol noir. Une fois écalées, les amandes du tournesol noir avaient le poids le plus élevé. Les petits oiseaux apprécient la petitesse du tournesol noir. De plus, l'écale de la graine de tournesol noir est plus facile à casser pour les petits becs. Après avoir fait l'expérience, force est de constater que les oiseaux boudent le tournesol rayé qu'on a tenté de leur offrir à nouveau.

Les pignons. Ces graines sont dispendieuses, mais vous verrez que les oiseaux en raffolent. C'est le caviar des oiseaux ! Distribuez-en parcimonieusement à l'abri des intempéries, car elles se gaspillent rapidement, surtout en été. Vous verrez sittelles, mésanges, pics et Geais bleus venir à tour de rôle y chercher une graine.

D'AUTRES SUGGESTIONS :

Avoine

L'avoine, le blé et l'orge. Le blé, l'avoine et l'orge décortiqués peuvent être servis sur un plateau. Ils ont l'avantage d'être peu coûteux. Par contre, ils risquent d'attirer des espèces que vous ne désirez peut-être pas inviter à vos mangeoires, comme les étourneaux, les carouges, les corneilles, les quiscales et les moineaux. En hiver, le blé décortiqué attirera les Bruants des neiges, l'Alouette hausse-col ou la Perdrix grise si vous demeurez à la campagne et près d'une prairie. Dès les premiers jours doux du printemps, il faut cesser de mettre ces grains et enlever les surplus tombés au sol.

Mélange commercial.

Mélange de Suzanne.

Les mélanges préparés. Ils contiennent beaucoup de grains qui sont moins appréciés des oiseaux, comme le blé, l'avoine, le millet rouge, une grande quantité de maïs concassé. Ils renferment peu de tournesol, de millet blanc, et l'alpiste en est presque toujours absent. Ils attirent donc davantage les pigeons et les moineaux. Souvent, ces grains demeurent au fond du plateau et il y a beaucoup de gaspillage. Je vous conseille donc de faire votre propre mélange à partir de tournesol noir, de millet et de maïs. Pour 1 kg de tournesol, ajoutez 0,5 kg de maïs et 0,25 kg de millet. Selon les besoins et la saison, vous pouvez ajouter d'autres sortes de graines ou grossir les portions. À l'automne, par exemple, augmentez la quantité de millet blanc à 0,5 kg parce que les bruants et les juncos qui arrivent en très grand nombre en sont friands. Si vous avez plusieurs Geais bleus, augmentez la portion de maïs. Vous éviterez ainsi le gaspillage de graines qui se gâtent avec le temps.

Le sarrasin et le sorgho. Ce sont des grains peu utilisés aux mangeoires. Peu populaires, ils attirent surtout les tourterelles, les pigeons et les corneilles. À servir sur un plateau ou au sol, sur une roche plate et à l'écart des autres mangeoires.

La graine de lin. Peu populaire aussi. Il s'agit de petites graines qui ne seront consommées que par quelques espèces, dont les tourterelles, les roselins, les sizerins et le Durbec des sapins. À servir dans une mangeoire à débit contrôlé ou sur un plateau.

D'autres attraits

LES ARACHIDES ET LE BEURRE D'ARACHIDE

Très populaires, les arachides feront le festin des petits et des gros oiseaux. Elles sont une excellente source de protéines. On recommande les **arachides non salées** qui sont vendues dans les boutiques spécialisées et les coopératives agricoles, car les arachides salées peuvent causer des problèmes d'intoxication au sel (NaCl). C'est une question de quantité, étant donné la taille d'un oiseau comparativement à la nôtre.

- **Utilisez une mangeoire sélective.**
- **N'ajoutez dans votre mangeoire qu'une petite quantité d'arachides.** Mettez-les à l'abri de la pluie ou de la neige, sous un dôme.
- **Tout comme les pignons, les arachides sont enduites d'huile et peuvent rancir rapidement.** Vous verrez les Geais bleus s'agripper sans arrêt à la mangeoire. Quand elle sera presque vide, les mésanges et les sittelles les remplaceront pour votre plus grand plaisir. Quant aux arachides en écale, il est préférable de n'en mettre que de petites quantités car le Geai bleu s'empressera de vider votre mangeoire ou votre plateau.

Mésange à tête noire au silo à arachides.

Beurre d'arachide présenté sur des cônes de pins qui font les délices des petits oiseaux tels les sittelles et les mésanges. Ici, le Junco ardoisé le saisit au vol.

LE SUIF ET LE PAIN D'OISEAUX

Nourriture importante durant la saison hivernale, le suif et le pain d'oiseaux apportent une grande valeur nutritive aux oiseaux. Vous pouvez vous procurer du suif *(ou gras animal)* chez votre boucher. Il vous en fournira en grande quantité à peu de frais. Il suffit de tailler le gras selon la forme désirée et de le congeler. Il existe aussi des recettes simples de pain d'oiseaux que vous pouvez exécuter vous-même.

RECETTE DE PAIN D'OISEAUX DE SUZANNE

1 tasse de graisse végétale

1 tasse de beurre d'arachide

1 tasse de farine de maïs

5 tasses de gruau

Faites fondre la graisse végétale et ajoutez-y tous les autres ingrédients. Déposez le mélange dans un moule, puis placez-le au réfrigérateur. Coupez le pain en morceaux de la grandeur désirée et conservez-les au congélateur.

Grand-maman et ses petits-enfants préparent ensemble la recette de pain d'oiseaux.

Pic mineur ♀ et Mésange à tête noire au filet à suif.

Vous pouvez personnaliser votre recette en y ajoutant des ingrédients de votre choix comme du maïs concassé, du millet, des amandes de tournesol, des raisins secs, des fruits sauvages congelés ou séchés, des noix ou des arachides, et même de la coquille d'œuf broyée. Si vous ajoutez plusieurs de ces éléments, il vous faudra ajouter de la graisse végétale, sinon le pain aura tendance à casser.

Vous pouvez aussi acheter des carrés de gras déjà préparés dans les marchés d'alimentation, les magasins spécialisés ou encore les coopératives agricoles. Ils se présentent en différentes saveurs, sont peu coûteux et sont très appréciés des oiseaux. Ils sont conçus pour entrer aisément dans le grillage à suif. Les pics, les étourneaux, les sittelles, les mésanges et les Geais bleus s'en délecteront. À offrir dans un grillage de métal ou dans un filet à oignons. Attention à ce que les oiseaux ne se prennent pas les pattes dans ces filets. Dès que le printemps arrive, cessez de mettre le suif, qui a tendance à rancir par temps doux et qui pourrait alors menacer la santé des oiseaux.

En revanche, si vous le désirez, il se vend dans le commerce un suif que l'on peut offrir à l'année. Vous pourriez avoir des surprises : des espèces migratrices peuvent profiter de cette offre particulière !

Voici une autre recette que vous pouvez concocter vous-même et qu'on peut utiliser été comme hiver. À la suite de nombreux essais pour tester les proportions et les aliments à inclure dans le pain d'oiseaux, ce mélange est maintenant utilisé depuis plusieurs années. Il est très apprécié de tous les oiseaux, facile à présenter **en toute saison,** ne coule pas par temps chaud et se garde pendant plusieurs semaines au réfrigérateur. Évitez d'utiliser de la graisse animale, car en été elle devient rance et le pain d'oiseaux perd rapidement de sa qualité.

Pic chevelu ♂ au grillage à suif.

Lorsque les ingrédients sont refroidis, vous pouvez en disposer dans vos bûches ou dans de petits bouchons de contenants de 2 litres de lait vides que vous déposerez au sol, dans votre mangeoire de sol ou encore à l'intérieur de vos plateaux.

RECETTE DE PAIN D'OISEAUX DE GILLES

- **1 tasse de semoule de maïs (maïs granulé)**
- **¼ tasse de gruau (la sorte n'a aucune importance)**
- **¼ tasse de farine (blanche ou brune)**
- **½ tasse de graisse végétale (margarine)**
- **½ tasse de beurre d'arachide**

Mélangez en premier la graisse végétale et le beurre d'arachide à la température de la pièce, sans faire fondre les ingrédients. Incorporez progressivement le mélange des produits secs. Mettez le tout dans un contenant et réfrigérez.

Mettre le pain d'oiseaux dans de petits contenants que vous pouvez remplir régulièrement.

Moqueur chat se gavant du pain d'oiseaux si populaire en tout temps.

LES NOIX ET LES GRAINES DE CITROUILLE

À offrir sur un plateau placé à l'abri des intempéries. Elles sont appréciées par le Cardinal rouge, les sittelles, le Geai bleu, le Junco ardoisé, la Mésange à tête noire et bien d'autres espèces.

LE SABLE ET LE GRAVIER

Ajoutez du sable ou du gravier fin dans vos plateaux car ils facilitent la digestion des oiseaux. Lorsque ces ingrédients pénètrent dans le tube digestif de l'oiseau, le sable ou le gravier fin agissent comme un broyeur d'aliments et facilitent le travail du gésier. On peut comparer leur action à la mastication chez les humains. Avez-vous déjà observé une mésange, un chardonneret ou un sizerin agrippé aux murs de brique des maisons. Ils y picorent de fines particules de brique qu'ils avalent pour les raisons que nous venons d'énoncer.

Chardonneret jaune et Sizerin flammé picorant sur la brique d'une maison.

Grappe de sureau rouge.

LES COQUILLES D'ŒUF

Ne jetez pas vos coquilles d'œuf. Une fois qu'elles sont séchées, broyez-les et déposez-les dans un plateau avec le sable et le gravier fin. Elles fournissent aux oiseaux un supplément de calcium. Il est important d'en garnir vos plateaux en hiver et particulièrement au printemps lorsque les oiseaux commencent la période de nidification.

LES FRUITS

Offrez de préférence des baies que vous aurez cueillies en été ou à l'automne et que vous aurez conservées au congélateur : sureau rouge, sureau doré ou blanc, pimbina *(viorne trilobée)*, sorbier aux oiseaux, cerises à grappes… Choisissez de préférence de petits fruits, qui sont mieux adaptés aux becs des petits oiseaux.

Pendant la saison froide, déposez-les sur un plateau ou fixez-les à un clou enfoncé sur une planche que vous suspendrez, ou utilisez l'arbre perchoir *(voir p. 275)*. Des quartiers de pommes ou des raisins secs attireront surtout les oiseaux frugivores comme les merles et les jaseurs. Cependant, des habitués des mangeoires comme les gros-becs, les roselins, les geais, les cardinaux et les pics sauront les apprécier à l'occasion.

Note : Toute la nourriture énumérée ici doit être déposée en petites quantités et ajustée aux besoins. Si vous remarquez que la nourriture n'est pas utilisée, retirez-la et n'en mettez plus. Il faut s'adapter à son aménagement, car les besoins des uns ne sont pas nécessairement les mêmes chez d'autres qui vivent dans un environnement différent.

LES VERS DE FARINE

Les oiseaux consomment beaucoup d'insectes, tout particulièrement lorsqu'ils nourrissent leurs petits. Leur en offrir est souvent un moyen de les fidéliser à notre cour. Habituellement, ils se souviennent de leur source d'approvisionnement et nous reviennent chaque année. Mais attention : il ne faut pas les rendre dépendants de cet apport en insectes. Il faut donc se limiter à leur en présenter un certain nombre à un moment précis de la journée et les laisser chasser par la suite.

On peut se procurer plusieurs types d'insectes dans les animaleries mais il devient onéreux de s'approvisionner uniquement dans ces boutiques. Les grillons et les vers sont les plus couramment vendus, mais il faut oublier les insectes sauteurs comme le grillon ; il ne reste pas dans les plats. On optera donc pour deux types de vers : le ver de farine et le ver appelé « Superworms ».

Vers de farine faisant le régal des oiseaux.

Merlebleu ♀ donnant des vers de farine à un de ses rejetons.

Matériaux pour l'élevage des vers de farine.

L'ÉLEVAGE DE VERS DE FARINE

Si on veut en offrir quotidiennement sans se ruiner, on doit en faire l'élevage. Les vers de farine sont très prolifiques et se reproduisent très facilement. Le cycle complet d'un élevage est d'environ trois mois si on maintient une température moyenne de 25 °C. Il sera plus rapide à 30 °C, et moins à 20 °C. Ce sont des insectes qui ne volent pas et qui ne grimpent pas aux parois lisses.

MATÉRIAUX

- Vers de farine
- 1 chaudière de 20 litres avec couvercle
- Son
- Pomme de terre
- 1 boîte d'œufs en carton
- 1 tamis à salade

Note : Pour les « Superworms », on ajoute au son, du gruau et de la moulée de porc ou de poulet. En plus des pommes de terre, on peut offrir des carottes, de la laitue, des raisins et des pommes.

1. Prenez une chaudière de 20 litres avec couvercle *(on utilise un couvercle uniquement par précaution)*. Percez un trou d'environ 10 cm (4 po) de diamètre dans le couvercle et remplacez cette partie avec de la moustiquaire que vous pouvez fixer à l'aide d'un pistolet à colle chaude. Vous pouvez également prendre tout autre récipient et percer de multiples petits trous dans le couvercle.

2. Remplissez la chaudière à demi de son de blé. Procurez-vous-le dans une coopérative agricole ou une meunerie *(un sac de 20 kg nourrira jusqu'à 100 000 vers)*, car il est beaucoup trop onéreux dans les magasins d'alimentation.

3. Achetez dans une animalerie une boîte de 100 vers de farine et placez-les sur le son. Déposez-y aussi la moitié d'une pomme de terre crue de la grosseur d'une clémentine. Elle servira à fournir l'humidité nécessaire.

4. Remettez le couvercle et placez votre chaudière dans un endroit sec et chaud *(je la place sur le réservoir à eau chaude)*.

5. Une fois par semaine, vérifiez l'état de la pomme de terre. Lorsqu'il ne reste que la pelure, il faut en mettre une nouvelle. Les vers se transformeront en nymphes, puis en coléoptères. Ce sont ces derniers qui pondront et donneront les futurs vers.

6. Dès que vous apercevrez les premiers coléoptères, notez la date et placez la moitié d'une boîte d'œufs sans le couvercle sur le son et la moitié d'une pomme de terre dans une des alvéoles. La boîte d'œufs doit être en carton ; elle sert de cache aux coléoptères.

Scie circulaire perçant un trou.

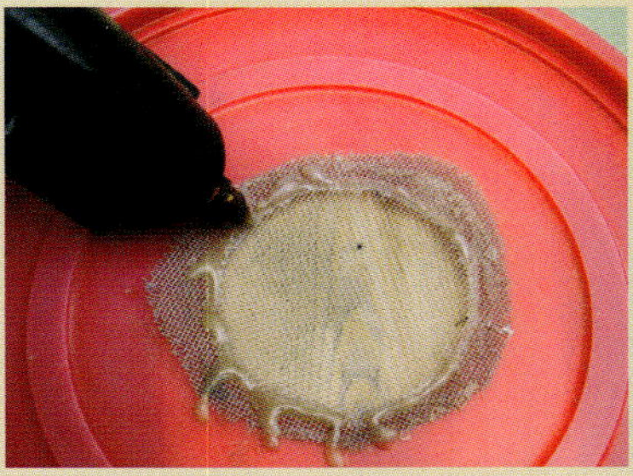

Pistolet colleur collant la moustiquaire.

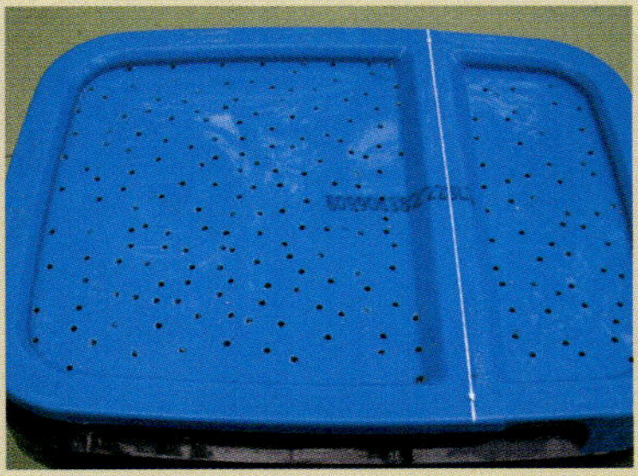

Couvercle perforé.

Vers de farine.

Coléoptères et vers de farine cachés dans la boîte d'œufs.

Coléoptères de vers de farine.

7 Environ 30 jours après l'apparition des coléoptères, vous pouvez, si vous le désirez, partir un nouvel élevage en les retirant avec les vers adultes pour les placer dans du nouveau son.

8 Pour faire le retrait, utilisez un tamis en plastique, car les trous sont plus gros que ceux d'un tamis en métal. Le son, les œufs *(impossible de les voir car ils sont trop petits)* et les minuscules vers pourront passer à travers. Ils seront la récolte du mois suivant pour nourrir vos oiseaux.

Quelques conseils

- **Il est préférable de faire l'élevage à la noirceur,** car ces insectes fuient la lumière.
- **Vous pouvez facilement vous absenter pendant un mois** sans aucune surveillance. Il suffit de placer quelques morceaux de pomme de terre avant de partir en vacances.
- **Lorsque le son devient moulu très fin,** il est temps de le remplacer. Tamisez-le et placez-le dans une chaudière. Comme il renfermera probablement des œufs et des vers minuscules, je vous suggère de le garder environ deux mois avant de le jeter. Vous pourrez le tamiser à nouveau et le jeter par la suite.
- **Il est bon de remuer le son** à l'occasion pour éviter sa compaction.
- **Si vous avez un surplus de vers,** vous pouvez les congeler et les offrir en hiver ou l'été suivant.

Ce que vous obtiendrez en élevant vos vers de farine.

« Superworms » dans le son.

L'ÉLEVAGE DES « SUPERWORMS »

Faire l'élevage des vers « Superworms » est relativement facile. Il diffère légèrement de celui des vers de farine, mais la grosseur des vers n'est en rien comparable. On retrouve peu d'informations sur cette culture que j'ai dû apprendre par essais et erreurs. Je vous livre tous les secrets, qui semblent être bien gardés dans les animaleries. Le cycle complet est d'environ six mois. Vous procédez de la même façon que pour les vers de farine, sauf pour ce qui suit.

1 Procurez-vous des vers « Superworms » dans une animalerie *(de 25 à 50 font un bon départ)*. Ajoutez à une demi-chaudière de son, une tasse de gruau et une tasse de moulée à poulet ou à porc pour un apport plus grand en énergie. Mélangez bien le tout.

2 Prenez des petits contenants *(j'utilise des petits pots de yogourt individuels)* et mettez dans le fond environ 1 cm (3⁄8 po) d'épaisseur du mélange de votre chaudière. Et maintenant, le secret : déposez un seul ver dans chaque pot. Ils ne se transforment jamais en nymphes s'ils sont en groupe. Ils finissent par mourir après un certain temps.

3 Déposez sur le mélange un morceau de carotte de la grosseur d'un dé à coudre que vous changerez aux deux semaines. Lorsque vous verrez le ver placé en demi-lune sur la surface du mélange, il sera en train d'amorcer sa transformation en nymphe et le morceau de carotte ne sera plus nécessaire. Soyez patient, toutes les étapes de mutation sont relativement longues.

Matériaux pour l'élevage des « Superworms ».

« Superworms » isolés.

4 Lorsque les nymphes apparaissent, transférez-les dans un récipient muni d'un couvercle dans lequel vous aurez percé des trous d'aération.

5 Dès que les nymphes se transforment en coléoptères, il faut les retirer pour les mettre dans votre chaudière. Ils se réfugieront sous la boîte d'œufs.

6 Les coléoptères des « Superworms » deviennent carnivores s'ils manquent trop longtemps d'humidité. Lorsqu'on a plusieurs coléoptères dans la chaudière, on peut déposer à l'occasion un petit morceau de laitue, un demi-raisin et un petit morceau de carotte sur la boîte d'œufs, en plus de la demi-pomme de terre. La chose la plus importante est de ne pas créer de surplus d'humidité dans le mélange en donnant trop de produits humides.

7 Vous pouvez tamiser après deux mois, puis recommencer comme avec les vers de farine.

Nymphe de « Superworms ».

Coléoptères de « Superworms ».

Merlebleu de l'Est ♂ se nourrissant de vers de farine.

MENUS POUR LES OISEAUX SELON LES SAISONS

MENU DE BASE

En hiver, tournesol, millet, alpiste, chardon, maïs, suif, beurre d'arachide ou arachides en écale, pain d'oiseaux.

En été, tournesol, chardon, vers de farine, millet et alpiste *(pour les oiseaux de sol)*, pain d'oiseaux *(la recette de Gilles, p. 145, qui se conserve même à la chaleur)* ou suif du commerce que l'on peut offrir à l'année.

Un aménagement en été.

Poste d'alimentation en hiver.

MENU PLUS ÉLABORÉ

En été, offrez tournesol, chardon, millet, alpiste, pignons, vers de farine, abreuvoir d'oiseaux, bain d'oiseaux, fruits, fleurs et carré de sable. N'oubliez pas de proposer des matériaux de construction pour les nids : brindilles, bouts de laine et de ficelles.

En hiver, servez aux oiseaux tournesol, millet, alpiste, chardon, maïs, abreuvoir d'eau, arachides en écale, suif, pain d'oiseaux *(voir les recettes, p. 144 et 145)*, fruits sauvages congelés, noix et graines de citrouille, coquille d'œufs, vers de farine.

Conseils de Gilles

- **Optez pour les emballages de grand format** lorsque vous achetez vos graines et entreposez-les dans des boîtes de rangement ou des récipients métalliques. Elles se conserveront pendant plusieurs mois si vous placez ces contenants sur une étagère à l'abri de l'humidité. Vous ferez ainsi des économies majeures. La plupart des meuneries et coopératives agricoles vendent les grains en sac d'environ 20 kg à très bon prix.

- **Faites votre propre mélange. Voici une recette efficace :**

  5 tasses de tournesol noir
  1 tasse de maïs concassé
  1 tasse d'alpiste
  1 tasse de millet blanc
  un peu d'arachides écalées

Le but d'un mélange est d'attirer plusieurs espèces. Il est alors préférable de l'offrir sur des plateaux sur pied, suspendus ou de sol. Si les intrus vous causent des problèmes, utilisez des plateaux munis d'un grillage à carreaux de 5 cm x 5 cm (2 po x 2 po).

- **Offrez le tournesol noir et le chardon dans des mangeoires distinctes.**
- **Alimentez seulement selon la demande.**
- **Réduisez la quantité de graines dans les mangeoires lorsque l'achalandage est faible.** Il est important de remplacer régulièrement le contenu de toute mangeoire et de minimiser les pertes.
- **Il est utile de faire une rotation des graines au moins une fois la semaine.** Par mauvais temps, il se peut que vous deviez la faire aux trois ou quatre jours.
- **Transférez les graines des mangeoires suspendues dans les plateaux et les graines des plateaux vers un plateau de sol sans protection.** Plusieurs oiseaux iront picorer parmi ces restes de graines. Si ce dernier plateau attire trop d'intrus, retirez-le et essayez de placer les résidus dans une haie de thuyas ou un bosquet. Sinon, jetez-les.
- **Placez un mélange moitié-moitié** d'alpiste et de millet blanc sur vos plateaux de sol grillagés.
- **Si vous tenez à la présence des Geais bleus, donnez-leur du maïs rond et des arachides en écale** sur un plateau couvert et fermé sur trois côtés. Ils s'habituent rapidement à aller s'alimenter dans une telle mangeoire et les pigeons sont plus réticents à y entrer. Comme les geais pillent souvent les nids, cessez de les attirer de mai à août.

Bruant chanteur se nourrissant de millet et d'alpiste dans la mangeoire de sol.

Mélange de millet et d'alpiste garni d'un petit couvercle rempli de pain d'oiseaux.

Geai bleu agrippant une arachide en écale retenue par une moulure en U.

Geai bleu au maïs.

Poste d'alimentation muni de ramasse-graines.

- **Offrez du maïs en épis aux Geais bleus dès septembre.** Comme ils font alors leur réserve pour l'hiver, ils en consomment beaucoup. Vous pouvez vous le procurer chez un producteur de maïs ou encore dans les coopératives agricoles, et cela à prix ridiculement bas, en septembre, un peu avant la récolte.
- **Entreposez le maïs, la pelure enlevée, dans des chaudières sans couvercle ou des sacs d'oignons qu'il faut suspendre au plafond.** Si vous craignez la venue de rongeurs, placez une moustiquaire sur vos chaudières. Une bonne aération est nécessaire pour que le reste de l'humidité des épis s'évapore.
- **Équipez toutes vos mangeoires de ramasse-graines et de pare-écureuil.** Les oiseaux consomment en premier lieu les graines les plus rentables pour eux et laissent tomber les autres hors de la mangeoire, même si elles sont excellentes à consommer. Vous subissez alors une perte de plus de 50 % si elles se retrouvent au sol et vous attirez les intrus : oiseaux noirs, écureuils, ratons laveurs, mouffettes et petits rongeurs.
- **Récupérez quotidiennement les graines de vos ramasse-graines,** faites-les sécher au besoin et présentez-les à nouveau sur des plateaux grillagés avec fond de moustiquaire. Vous pouvez également en ensacher une partie pour les offrir à l'automne sur les plateaux de sol, lorsque la migration sera amorcée.
- **Si vous avez suffisamment d'espace, semez du tournesol noir.** En plus d'embellir votre aménagement, en août, les chardonnerets, roselins, mésanges et autres

Chardonneret jaune mangeant des graines de tournesol fraîches.

Bruant familier donnant du pain d'oiseau à son petit.

oiseaux retireront gloutonnement à même les fleurs ces graines encore un peu pâteuses.

- **Offrez du pain d'oiseaux sur vos plateaux grillagés.** Tous les oiseaux en mangent *(même le Merlebleu de l'Est)*, plus particulièrement durant les nichées. Il s'agit de le présenter dans de petits contenants comme des bouchons de bouteilles de jus.
- **Gâtez vos oiseaux en leur présentant des vers de farine.** Faites-le toujours au même moment de la journée tout en sifflant. Ils associeront le sifflement aux vers et vous aurez le plaisir de les voir venir se régaler. Déposez les vers dans un plat peu profond à paroi lisse comme une assiette à soupe et placez-le près de vos mangeoires de sol ou du nichoir pour merlebleu. Vous pouvez fabriquer un plateau à peu de frais avec un fond de bouteille de jus. Le corps de la bouteille peut servir d'anti-écureuils, tandis que le fond sert de plat à vers. Ce fond de bouteille peut être vissé sur un morceau de bois de 5 cm x 15 cm (2 po x 6 po). Enfilez-le sur une tige d'armature de 1,3 cm (½ po), car il doit être amovible sur la tige métallique. Il faut être capable de vider le plateau, lorsqu'il pleut, pour le nettoyer.
- **Tout matériel servant à offrir de la nourriture aux oiseaux devrait être lavé aux deux semaines** à l'eau chaude seulement, sans savon, et les ramasse-graines, chaque semaine. Une laveuse à pression fait également du bon travail.

Merlebleu ♂ saisissant un ver de farine dans un plat fabriqué avec le fond d'une bouteille de jus.

Fond de bouteille fixé sur un morceau de bois.

LES CHOSES IMPORTANTES À FAIRE SELON LES SAISONS

AU PRINTEMPS

Fin de mars et début d'avril

- Installer les nouveaux nichoirs ainsi que ceux qui avaient été remisés à l'automne.
- Nettoyer ceux qui étaient restés en place et réparer ceux qui sont endommagés.
- Enlever les protections d'arbustes *(si vous aviez protégé vos arbustes contre la neige)*.
- Nettoyer le bain d'oiseaux.
- Remiser les mangeoires d'hiver *(mangeoires en bois, abreuvoir chauffant…)*.
- Installer les mangeoires grillagées *(si vous voulez éviter l'affluence des oiseaux noirs)*.

Lorsque la neige est complètement fondue

- Nettoyer et repartir le système de circulation d'eau *(si vous avez un bassin ou un ruisseau)*.
- Cesser de donner du maïs.
- Enlever toutes les graines au sol et jetez-les aux poubelles *(si vous n'avez pas de ramasse-graines)*.
- Enlever le suif, s'il n'est pas adapté pour la saison chaude.

Quand le printemps est arrivé

- Planter de nouveaux arbres fruitiers pour les quatre saisons.
- Planter des fleurs attirant les oiseaux.

À la fin d'avril

- Installer un abreuvoir à colibris *(le colibri arrive à la fin d'avril certaines années)*.

Au tout début de mai

- Installer l'abreuvoir à orioles.
- Installer le filet destiné à éviter que les oiseaux se frappent dans les fenêtres ou voient leur reflet dans les vitres *(à moins que vous laissiez votre filet installé à l'année)*.
- Installer de petits abreuvoirs.
- Nettoyer toutes les mangeoires.
- Installer les fruits sur le support et la gelée pour l'oriole.
- Installer le présentoir à matériaux rempli de brindilles, de plumes, de cordes…

Corinne et Johanne plantent de la monarde.

Gilles utilise une laveuse à pression pour le nettoyage.

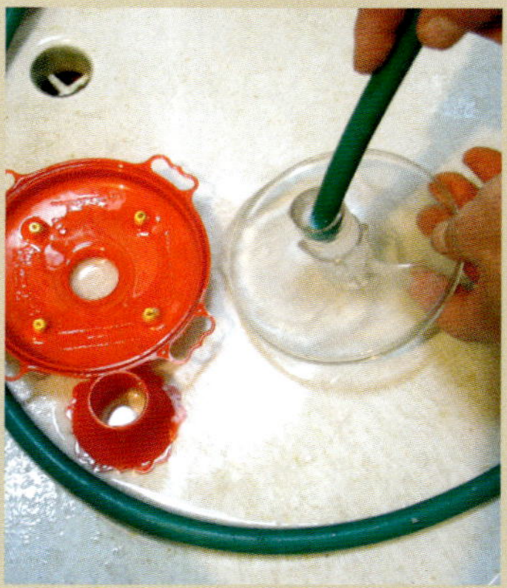
Pour faciliter le nettoyage, utiliser un boyau fixé à un robinet.

EN ÉTÉ

- Entretenir les mangeoires de tournesol et de chardon.
- Changer fréquemment le sirop des abreuvoirs à colibris et orioles.
- Nettoyer les petits abreuvoirs régulièrement et y ajouter de l'eau fraîche.
- Nettoyer le nichoir du Merlebleu de l'Est dès le départ des petits. Il prend souvent le même nichoir pour une seconde couvée.

À la fin de juillet

- Nettoyer et remiser les nichoirs.

À L'AUTOMNE

- Ramasser des petits fruits en grappes et les congeler.
- Nettoyer toutes les mangeoires.
- Installer le plateau à arachides pour le Geai bleu.
- Installer le support à épis de maïs.
- Installer un refuge pour oiseaux.
- Enlever les petits abreuvoirs.
- Hiverniser le plan d'eau ou le petit ruisseau.
- Installer l'abreuvoir d'hiver.
- Laisser les fleurs qui ont terminé leur floraison dans les plates-bandes *(les oiseaux iront chercher les graines durant l'automne et l'hiver)*.
- Installer les mangeoires d'hiver.

Chardonneret jaune ♀ se nourrissant de graines d'échinacées pourpres à l'automne.

Pic chevelu ♂ au carré de suif.

EN HIVER

- Offrir du gras animal (suif) et du pain d'oiseaux.
- Offrir du beurre d'arachide et des arachides non salées.
- Assurer un entretien quotidien des mangeoires pour une alimentation régulière.

LE PROJET ÉTUDES D'OISEAUX CANADA

Il s'agit d'un projet scientifique intéressant qui vise à recueillir des données sur les espèces qui fréquentent les mangeoires en hiver. Il s'étend à tout le continent nord-américain. Chaque participant doit noter ses observations : le nombre d'espèces et les quantités d'oiseaux qui fréquentent son poste d'alimentation durant deux journées consécutives au cours d'une période de deux semaines. Le tout est à répéter dix fois durant la saison froide, entre les mois de novembre et mars.

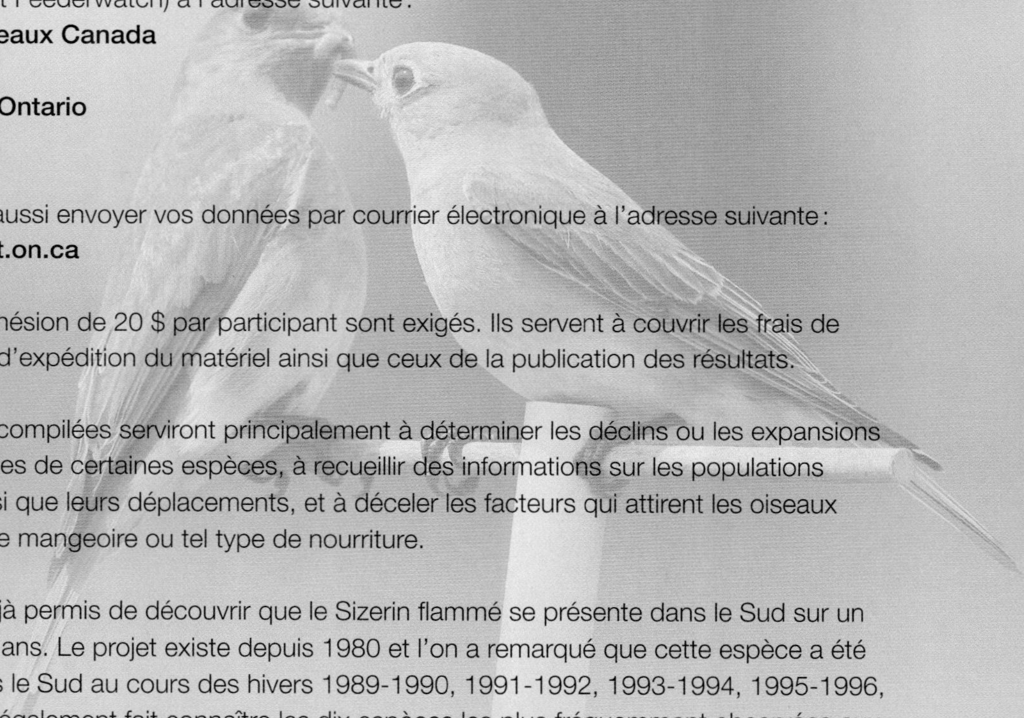

Le décompte terminé, vous retournez les formulaires de vos observations à Étude d'oiseaux Canada (Projet Feederwatch) à l'adresse suivante :

Études d'Oiseaux Canada
P.O. Box 160
Port Rowan, Ontario
N0E 1M0

Vous pouvez aussi envoyer vos données par courrier électronique à l'adresse suivante :
pfw@wnornet.on.ca

Des frais d'adhésion de 20 $ par participant sont exigés. Ils servent à couvrir les frais de production et d'expédition du matériel ainsi que ceux de la publication des résultats.

Ces données compilées serviront principalement à déterminer les déclins ou les expansions d'aires possibles de certaines espèces, à recueillir des informations sur les populations hivernales ainsi que leurs déplacements, et à déceler les facteurs qui attirent les oiseaux vers tel type de mangeoire ou tel type de nourriture.

Ce projet a déjà permis de découvrir que le Sizerin flammé se présente dans le Sud sur un cycle de deux ans. Le projet existe depuis 1980 et l'on a remarqué que cette espèce a été observée dans le Sud au cours des hivers 1989-1990, 1991-1992, 1993-1994, 1995-1996, etc. L'étude a également fait connaître les dix espèces les plus fréquemment observées aux mangeoires au Québec. Vient en tête la Mésange à tête noire, suivie par le Geai bleu, le Sizerin flammé, la Tourterelle triste, le Pic mineur, le Pic chevelu, l'Étourneau sansonnet, la Sittelle à poitrine blanche, le Chardonneret jaune et enfin le Moineau domestique. Il est donc important de participer à de tels projets pour l'avancement des connaissances sur les espèces d'oiseaux que nous chérissons tant.

Pour en savoir plus : utilisez votre moteur de recherche préféré et demandez « Études d'Oiseaux Canada », puis cliquez ensuite sur le lien Projet Feederwatch, en haut à droite. Ou encore allez directement au : **http://www.bsc-eoc.org/volunteer/pfw/index.jsp?targetpg=index&lang=FR**

Aménagement fruitier et floral

Nous pensons rarement que les oiseaux qui nous visitent le font d'abord pour la végétation qui nous entoure. Les mangeoires et les nichoirs ne sont que des éléments complémentaires qui leur facilitent la vie.

Dans la nature, on trouve une grande variété de milieux qui répondent aux besoins spécifiques des oiseaux. Diversifiez vos habitats pour avoir la chance de voir s'installer des espèces différentes. Par exemple, il vous faut un plan d'eau près de chez vous si vous voulez attirer des canards. Les oiseaux n'ayant pas de frontières, regardez ce qu'ils trouveront chez vos voisins avant d'aménager votre cour, et pensez à un habitat différent ou complémentaire. Par exemple, s'il y a de grands arbres à proximité, réservez plutôt votre espace pour des buissons et des arbustes.

Bruant chanteur dans un amélanchier.

LA VÉGÉTATION À ÉTAGES

Pour une grande diversité d'oiseaux, on devrait favoriser la végétation à étages, et on devrait idéalement y trouver les éléments suivants : de grands arbres *(feuillus et conifères)*, des arbres de taille moyenne, des arbustes, des buissons, des fleurs, des espaces gazonnés, des espaces en friche et une source d'eau.

Coin nature.

UN COIN NATURE

Pour ceux qui possèdent suffisamment d'espace et qui sont entourés d'une végétation diversifiée, il est possible de réunir la majorité de ces éléments. Pour les autres, un choix s'imposera et il faudra déterminer le type d'aménagement à privilégier. Les espaces en friche sont très appréciés des oiseaux, mais difficilement réalisables en milieu urbain sur un petit terrain. En revanche, il n'est pas nécessaire de réserver de grandes surfaces pour chacun des éléments.

Îlot de thuyas *(cèdres)*.

Paillis de feuilles mortes.

Voici quelques conseils qui, à la suite de nos expériences, nous ont permis de constater l'importance d'un milieu varié.

- **Aménagez des îlots de conifères,** plus particulièrement de thuyas *(ou cèdres)*. Plantez-les assez près l'un de l'autre et laissez-les monter en hauteur. Taillez l'extérieur pour rendre le feuillage plus dense. Il se créera à l'intérieur un vide où les oiseaux aimeront circuler, se réfugier et nicher.
- **Laissez un petit coin nature en bordure de votre terrain.** C'est un excellent endroit pour étendre les résidus de vos mangeoires.
- **Utilisez des feuilles mortes déchiquetées comme paillis.** Plusieurs espèces d'oiseaux aiment les retourner pour y trouver des insectes.
- **Regroupez plusieurs arbustes** de façon à former un bosquet dense. Un conifère que vous taillez et quelques arbres et arbustes fruitiers font une association attirante. Si vous devez choisir entre divers arbustes, optez pour une espèce qui produit des fruits.

Association de conifères et d'arbustes fruitiers.

Mangeoire près de plantes refuge.

Mangeoire près du petit ruisseau.

Moqueur chat posé sur un mélèze s'apprêtant à aller se baigner.

- **Installez vos mangeoires près de plantes-refuge.** Les oiseaux se nourrissant au sol ont aussi besoin d'une protection à ce niveau et à proximité de leur lieu d'alimentation. Ils utilisent davantage leurs pattes que leurs ailes pour aller se cacher.
- **Installez un point d'eau** *(un petit ruisseau ou un petit bassin, par exemple)* près de vos mangeoires. Les oiseaux préfèrent une eau en mouvement et peu profonde pour se baigner. Des fosses de 2 ou 3 cm suffisent.
- **Plantez un arbrisseau ou installez un arbre-perchoir** près de votre plan d'eau *(voir p. 275)*. Les oiseaux s'y poseront pour observer les alentours avant la baignade.
- **Aménagez un espace ouvert et gazonné.** Il attirera davantage l'Hirondelle bicolore et le Merlebleu de l'Est au nichoir.

Mélèze près du plan d'eau.

Si vous avez à faire une sélection parmi les végétaux appréciés des oiseaux que nous vous présentons, voici nos coups de cœur.

LE PRINTEMPS

Le vinaigrier pour ses fruits en mars et avril

Le pommetier pour ses fleurs en mai

L'amélanchier pour ses fruits en juin

L'ÉTÉ

Le sureau rouge pour ses fruits en juin

Le chèvrefeuille arbustif pour ses fruits en juillet

Le chèvrefeuille grimpant pour ses fleurs en juillet

Le gadellier alpin pour ses fruits en juillet

Le cerisier de Virginie ou cerisier à grappes pour ses fruits en août

Le tournesol noir pour ses graines en août

Le sureau doré ou sureau du Canada (sureau blanc) pour ses fruits en septembre

Le sorbier des oiseaux pour ses fruits en septembre

L'AUTOMNE

L'échinacée pour ses graines en octobre

L'aronie noire pour ses fruits en octobre

Le chardon vulgaire pour ses graines en septembre et octobre

L'HIVER

Le pommetier décoratif à fruits persistant tout l'hiver

Le houx verticillé pour ses fruits tout l'hiver

La viorne trilobée pour ses fruits en hiver et au début du printemps

TOUTES SAISONS : **Le thuya occidental** ou cèdre blanc

Feuille de la Viorne trilobée mangée par les vers.

Célastre grimpant.

Argousier et ses fruits sous la neige.

MISE EN GARDE

Si vous ne pouvez supporter de voir vos arbustes se défolier, sachez que la plupart des **viornes** sont sujettes aux attaques des vers.

Le célastre grimpant est très envahissant et dangereux pour les arbres. On le place à un endroit où on ne sera pas incommodé par ses drageons (mur de bâtiment, pergola…).

L'argousier faux-nerprun produit de beaux fruits jaunes qui demeurent sur l'arbuste sans être convoités par les oiseaux. Il servira plutôt de refuge ou de lieu de nidification.

L'AMÉNAGEMENT PAYSAGER

Dans un aménagement paysager, il est important d'offrir une grande variété d'espèces d'arbres et d'arbustes. Les arbres imposants doivent être situés dans un endroit dégagé au centre ou autour de votre cour ; ils offrent ainsi un abri contre le vent et protègent les plants de moindre importance. Par la suite, vous pouvez planter des arbres feuillus de grandeur intermédiaire, puis des conifères. Les arbustes et arbustes rampants complètent l'aménagement. Ajoutez ensuite des fleurs de différentes tailles en commençant par celles qui sont les plus hautes, pour terminer par celles qui restent près du sol ainsi que le couvre-sol. Assurez-vous d'avoir des fleurs pendant toutes les périodes de la saison chaude.

LES ARBRES, LES ARBUSTES, ET LES FLEURS GRIMPANTES

1 Clôture de perches (côté droit)
2 Muret de roches (face à la rue)
3 Haie de thuyas (côté gauche)
4 Résidence
5 Patio
6 Pergola
7 Gloire du matin sur treillis
8 Clématite sauvage sur treillis
9 Morelle douce-amère fixée sur treillis
10 Épine-vinette
11 Cotoneaster rampant
12 Haie de viorne trilobée (pimbina)
13 Argousier
14 Érable à sucre centenaire - monarde rouge
15 Pommetier décoratif
16 Sorbier aux oiseaux
17 Amélanchier
18 Pruche
19 Bouleau à papier
20 Olivier de Bohême
21 Aubépine
22 Sumac vinaigrier
23 Fusain d'Europe
24 Viorne dentée
25 Viorne cassinoïde
26 Cornouiller stolonifère
27 Cornouiller à feuilles alternes
28 Symphorine blanche
29 Chèvrefeuille
30 Cotoneaster (arbuste)
31 Fusain ailé
32 Aronia noir
33 Érable de l'Amour
34 Sureau rouge
35 Sureau doré, sureau blanc
36 If du Canada
37 Nerprun
38 Houx verticillé
39 Vigne vierge
40 Gadelier

FLEURS ET GRAMINÉES

A Aster
B Rudbeckie jaune et pourpre
C Mauve
D Ancolie
E Monarde
F Digitale et rose trémière
G Graminées
H Tournesol
I Centaurée
J Verge d'or
K Ancolie
L Cardinale
M Cosmos
N Impatiente royale
O Clématite rose sur tonnelle
P Fushia pleureur (Pot à fleurs suspendu)
Q Pot à fleurs de pétunias
R Pot à fleurs de géranium (rouges ou roses)
S Hémérocalle

INSTALLATION DES MANGEOIRES

1 Plateau d'alimentation
2 Plateau sur le bord de la fenêtre
3 Mangeoires sélectives sur support à mangeoires
4 Mangeoire à Cardinal rouge
5 Grillage anti-pigeons
6 Abreuvoir sur pied
7 Abreuvoir à jet d'eau
8 Cône anti-écureuils
9 Nichoir
10 Abreuvoir à colibri sous la pergola
11 Présentoir à matériaux (été) ou à suif (hiver)
12 Tuyau anti-raton laveur

3
15
21
22
12
35
29
A
20
24
23
37
A
25
19
A
30
4
A
18
11
27
5
26
A
3
28
29
39
9
37
7
A
8
6
12
P
39
10
6
Q
5
33
36
R
5
31
H
2
4
32
N
40
O
B
M
D
38
L
34
C
E
17
35
11
K
F
14
16
1
15
J
I
G
1
12
S
12
13
10
7
8
S
2
2
9

Les arbres fruitiers et les fleurs

C'est tout au long de sa carrière de photographe que Suzanne Brûlotte a découvert que plusieurs espèces d'oiseaux se nourrissent d'une variété incroyable de fruits. Les oiseaux lui ont réservé bien des surprises, pendant les nombreuses heures qu'elle a passées à les photographier.

Les plus étonnantes mettent en scène une Paruline bleue, un Viréo aux yeux rouges et un Pic flamboyant qui tour à tour se régalaient des fruits du cornouiller à feuilles alternes, et un Chardonneret jaune se gavant des fruits de l'amélanchier. Puis ce fut le Jaseur d'Amérique et ses petits à peine sortis du nid qui se nourrissaient de fruits et qui fréquentaient assidûment les peupliers, où ils trouvaient quantité d'insectes. Quelle belle récompense pour toutes ces heures passées à attendre!

Les oiseaux sont insectivores, frugivores ou granivores. À certaines périodes de l'année, ils seront plus insectivores, surtout au cours de la période où ils doivent nourrir leurs petits. Puis, durant la période où il y a une grande quantité de fruits, plusieurs espèces se gaveront de petits fruits et en nourriront leur marmaille. C'est en observant les oiseaux qu'on s'aperçoit que plusieurs espèces se nourrissent de fruits. Les arbres offrent donc aux oiseaux gîte, protection et nourriture.

◀ Chardonneret jaune ♀ dans un amélanchier.

L'Oriole de Baltimore ♂ immature se nourrit d'insectes qu'il trouve dans la nature. Ici, on l'aperçoit se nourrissant de chenilles logées dans la toile enveloppant les feuilles sèches.

Roitelet à couronne rubis dans un physocarpe.

C'est pourquoi il est important de leur offrir une variété d'arbres et d'arbustes qui peuvent les accommoder. Voici une liste de suggestions d'arbres fruitiers pouvant attirer les oiseaux par leurs graines et leurs fruits savoureux. Bien sûr, beaucoup d'autres espèces existent, et vous en découvrirez certainement vous aussi. Tout d'abord, il y a les arbres et arbustes indigènes. À ceux-là s'ajoute une panoplie d'espèces introduites *(cultivées)* que vous pouvez vous procurer chez votre pépiniériste. À titre d'exemple, on trouve plusieurs variétés de viornes, de cotonéaster, de pommetiers, etc. À vous de tenter vos propres expériences ! Les arbres et arbustes peuvent être disposés en haie, en îlot ou en solitaire.

CRITÈRES À CONSIDÉRER POUR CHOISIR UN ARBRE OU UN ARBUSTE FRUITIER

1 Tenir compte de la taille de l'arbre lorsqu'il sera à maturité.

2 Tenir compte de la grandeur de votre jardin.

3 Tenir compte des végétaux déjà en place.

4 Opter pour plusieurs variétés d'arbres pouvant offrir des fruits tout au long de l'année.

5 Acheter des cultivars rustiques *(vérifiez dans quelle zone vous demeurez)*.

6 Acheter des cultivars résistants aux maladies.

7 Offrir des petits fruits de moins de 1 cm de grosseur, les préférés des oiseaux.

8 Planter au moins deux ou trois arbres ou arbustes d'une même variété ou de variétés différentes et pouvant offrir une bonne pollinisation.

9 Tenir compte du degré d'ensoleillement que la plante peut tolérer selon l'endroit où elle doit être plantée.

10 Tenir compte du type de sol où aura lieu la plantation.

Cette icône précède la description des fruits des végétaux ainsi que la période de l'année où ils sont mûrs.

Cette icône précède une liste des oiseaux qui se nourrissent des fruits ou des graines des végétaux présentés ici.

P É A H Cette icône indique la saison où la plante est fréquentée par les oiseaux.

LES FEUILLUS

Les feuillus offrent abri, nourriture et site de nidification à une très grande quantité d'espèces d'oiseaux. Ils se nourrissent de leurs fruits, de leurs bourgeons, des insectes qui les habitent, et fournissent aussi les matériaux pour la construction de leurs nids.

AULNE RUGUEUX

Alnus rugosa (Rough Alder)
Zone : 2 Hauteur : 6 m

A

Fruits en cônes, nucules (petite noix)

Sizerin flammé, Chardonneret jaune, Tarin des pins, Gélinotte huppée, Tourterelle triste, Bec-croisé bifascié, Bec-croisé des sapins, Roselin pourpré

Paruline masquée ♂ dans l'aulne rugueux.

Paruline flamboyante ♀ et ses petits dans leur nid.

BOULEAU BLANC OU À PAPIER

Betula papyrifera (Paper Birch)
Zone : 2a Hauteur : 19 à 25 m

A H

Chatons, à l'automne

Bec-croisé des sapins, Chardonneret jaune, Gélinotte huppée, Mésange à tête noire, Roselin pourpré, Sittelle à poitrine rousse, Sizerin flammé, Sizerin blanchâtre

Paruline à tête cendrée ♂ dans un bouleau.

Sizerin flammé se nourrissant de chatons en hiver.

Paruline flamboyante ♂ premier été dans un bouleau blanc.

BOULEAU JAUNE

Betula alleghaniensis (Yellow Birch)

Zone : 3b Hauteur : 25 m

A

Chatons, à l'automne

Bec-croisé des sapins, Chardonneret jaune, Gélinotte huppée, Mésange à tête noire, Roselin pourpré, Sittelle à poitrine rousse, Sizerin flammé, Sizerin blanchâtre

Emblème du Québec

Paruline à flancs marron ♂ dans un bouleau jaune.

Sittelle à poitrine rousse ♂ posée sur l'écorce particulière du bouleau jaune.

CHÊNE ROUGE

Quercus rubra (Northern Red Oak)

Zone : 3 Hauteur : 19 à 25 m

A

Glands amers

Cardinal rouge, Corneille d'Amérique, Geai bleu, Gélinotte huppée, Mésange bicolore, Pic à tête rouge, Pic à ventre roux, Pic chevelu, Pic mineur, Quiscale bronzé, Sittelle à poitrine blanche, Tohi à flancs roux, Tourterelle triste, Troglodyte de Caroline

Feuilles du chêne rouge.

Geai bleu ramassant un gland.

Jeune Merlebleu de l'Est dans un chêne rouge.

ÉRABLE NÉGUNDO OU ÉRABLE À GIGUÈRE

Acer negundo (Boxelder)

Zone : 2b Hauteur : 12 à 15 m

A H

Samares

Gros-bec errant, Durbec des sapins, Roselin pourpré

Samares en été.

Samares en hiver.

Paruline jaune ♀ dans un érable négundo.

ÉRABLE DE L'AMOUR OU DE L'AMUR

Acer ginnala (Amur Maple)

Zone : 3a Hauteur : 5 m

A

Samares

Gros-bec errant, Durbec des sapins, Roselin pourpré

Espèce introduite

Junco ardoisé.

Gros-bec errant dans l'érable de l'amur.

ÉRABLE ROUGE
Acer rubrum (Red Maple)
Zone : 3a Hauteur : 15 à 25 m

ÉRABLE ARGENTÉ
Acer saccharinum (Silver Maple)
Zone 2b Hauteur : 15 à 25 m

ÉRABLE À SUCRE
Acer saccharum (Sugar Maple)
Zone 4a Hauteur : 15 à 25 m

ÉRABLE DE PENNSYLVANIE
Acer pensylvanicum (Pennsylvania Maple)
Zone 3a Hauteur :15 à 25 m

A

Samares

Bec-croisé bifascié, Cardinal rouge, Cardinal à poitrine rose, Gélinotte huppée, Gros-bec errant, Durbec des sapins, Roselin pourpré

Paruline couronnée dans un érable à sucre.

Bruant des marais dans un érable rouge.

Oriole de Baltimore ♂ dans un érable argenté.

Nid de Viréo mélodieux dans un érable à sucre.

FRÊNE D'AMÉRIQUE OU FRÊNE BLANC
Fraxinus americana (White Ash)
Zone : 3b Hauteur : 16 à 19 m

FRÊNE NOIR
Fraxinus negra (Black Ash)
Zone : 2b Hauteur : 15 m

A

Samares allongées en grappes

Cardinal rouge, Carouge à épaulettes, Durbec des sapins, Gros-bec errant, Roselin pourpré

Samares.

Durbec des sapins ♀ se nourrissant des samares en hiver.

Oriole de Baltimore ♂ parmi les samares d'un frêne blanc.

Jeune Oriole de Baltimore dans un frêne blanc.

Pic maculé ♂ qui, après avoir percé des trous dans l'écorce d'un frêne, cueille des fourmis venues s'abreuver de la sève qui coule.

HÊTRE À GRANDES FEUILLES

Fagus grandifolia (American Beech)
Zone : 4a Hauteur : 22 à 25 m

A

Faînes de forme triangulaire mûres en octobre

Bec-croisé bifascié, Bruant à gorge blanche, Geai bleu, Gélinotte huppée, Mésange bicolore, Grand Pic, Pic flamboyant, Pic à tête rouge, Pic à ventre roux, Sittelle à poitrine blanche

Mésange à tête noire.

Un Geai bleu s'empresse de cueillir des faînes qu'il ira cacher.

NOISETIER À LONG BEC

Corylus cornuta (American Hazel)
Zone : 3b Hauteur : 3 m

A

Noix arrondies

Geai bleu, Gélinotte huppée, Sittelle à poitrine blanche, Pic chevelu, Pic à tête rouge

Fruits du noisetier à long bec.

Geai bleu avec une noisette.

OSTRYER DE VIRGINIE
Ostryer virginiana
(American Hop Hornbeam)
Zone : 3a Hauteur : 10 à 19 m

A

Nucules *(petites noix)* verdâtres à l'automne et devenant brunâtres en hiver, dans un cône en grappes

Gélinotte huppée, Moqueur polyglotte, Roselin pourpré, Pic mineur, Gros-bec errant

Mésange à tête noire trouvant une chenille dans l'ostryer de Virginie.

Fruit de l'ostryer de Virginie.

PEUPLIER FAUX TREMBLE
Populus tremuloides (Trembling Aspen)
Zone : 1b Hauteur : 12 m

PEUPLIER À GRANDES DENTS
Populus grandidentata (Largetooth Aspen)
Zone : 2b Hauteur : 20 m

PEUPLIER BAUMIER
Populus balsamifera (Balsam Poplar)
Zone : 1a Hauteur : 20 m

A

Capsules

Oriole de Baltimore, Viréo mélodieux, Passerin indigo

Note : Les peupliers ont la particularité d'attirer beaucoup d'insectes, aussi certains oiseaux s'y nourrissent ou y installent leur nid.

Paruline rayée ♂ près d'une capsule de peuplier baumier.

Paruline flamboyante ♂ premier été dans un peuplier à grandes dents.

Viréo mélodieux nourrissant son petit au nid, dans un peuplier baumier.

Pic maculé ♂ nichant dans le tronc d'un peuplier.

LES CONIFÈRES

En plus d'offrir un abri sécuritaire contre les prédateurs, les conifères sont des refuges efficaces contre les intempéries ou le vent parfois glacial en hiver. Il est important de planter un ou deux conifères, ou de créer une haie pour que les oiseaux puissent y chercher refuge. Les conifères offrent aussi leurs fruits ou les graines de leurs cônes en guise de nourriture.

ÉPINETTE BLANCHE

Picea glauca (White Spruce)
Zone : 1a Hauteur : 20 à 25 m

ÉPINETTE NOIRE

Picea mariana (Black Spruce)
Zone : 2b Hauteur : 20 m

ÉPINETTE ROUGE

Picea rubens (Red Spruce)
Zone : 1a Hauteur : 20 à 25 m

A

Cônes longs s'ouvrant à l'automne

Bec-croisé bifascié, Bec-croisé des sapins, Bruant à gorge blanche, Chardonneret jaune, Grand Pic, Gros-bec errant, Mésange à tête brune, Mésange à tête noire, Pic chevelu, Pic mineur, Roselin pourpré, Sittelle à poitrine rousse, Tarin des pins, **Nids :** Tourterelle triste, Merle d'Amérique et bruants

Roitelet à couronne rubis dans une épinette.

Chardonneret ♂ se nourrissant dans une épinette blanche.

GENÉVRIER DE VIRGINIE

Juniperus virginiana (Eastern Redcedar)
Zone 3a Hauteur : 15 à 20 m

GENÉVRIER COMMUN

Juniperus communis (Common Juniper)
Zone 2b Hauteur : 25 à 150 cm

A

Baies bleu foncé, aiguilles piquantes et fines

Bec-croisé bifascié, Cardinal rouge, Durbec des sapins, Gélinotte huppée, Jaseur d'Amérique, Jaseur boréal, Moqueur polyglotte, Pic flamboyant, Roselin pourpré, Roselin familier, Tourterelle triste

Fruits du genévrier commun.

Paruline à poitrine baie ♀ dans un genévrier commun.

IF DU CANADA

Taxus canadensis (Canadian Yew)
Zone: 3a Hauteur: 2 m

A

Fruits rouges à graines vénéneuses, mûrs à la fin de l'été et persistant jusque tard en automne

Bruants, Merle d'Amérique

Surnommé sapin traînard

Fruits de l'If du Canada.

Gros plan du fruit de l'if du Canada.

MÉLÈZE LARICIN

Larix laricina (American Larch)
Zone: 1a Hauteur: 19 à 22 m

A

Petits cônes rosés, au début du printemps, aiguilles molles

Bec-croisé bifascié, Bec-croisé des sapins, Chardonneret jaune, Gélinotte huppée, Roselin pourpré, Mésange à tête noire

Cônes du mélèze au printemps.

Paruline à croupion jaune ♂ dans un mélèze.

Jaseur d'Amérique dans un mélèze.

PIN BLANC
Pinus strobus (White Pine)
Zone : 2b Hauteur : 30 à 35 m

PIN ROUGE
Pinus resinosa (Red Pine)
Zone 2b Hauteur : 20 à 25 m

PIN GRIS
Pinus banksiana (Jack Pine)
Zone 1a Hauteur : 16 m

Pin blanc : cônes cylindriques s'ouvrant au début de l'automne, aiguilles en faisceaux de cinq longues aiguilles. **Pin rouge :** cônes dressés, ovoïdes, mûrs à l'automne, aiguilles unies par deux. **Pin gris :** cônes asymétriques, aiguilles unies par deux

Bec-croisé bifascié, Bec-croisé des sapins, Bruant à gorge blanche, Cardinal rouge, Chardonneret jaune, Durbec des sapins, Grand Pic, Grimpereau brun, Gros-bec errant, Junco ardoisé, Mésange à tête brune, Mésange à tête noire, Paruline des pins, Pic à ventre roux, Pic mineur, Quiscale bronzé, Sittelle à poitrine rousse, Tarin des pins ; **Nids :** Tourterelle triste, Carouge à épaulettes et bruants

Paruline flamboyante ♂ dans un pin rouge.

Mésange à tête noire se nourrissant dans un pin rouge.

Moucherolle des aulnes dans un pin rouge.

Paruline masquée ♂ dans un pin gris.

PRUCHE DU CANADA
Tsuga canadensis (Eastern Hemlock)
Zone : 4a Hauteur : 19 à 22 m

Petits cônes persistant sur les rameaux tout l'hiver, aiguilles courtes et fines

Bec-croisé bifascié, Bec-croisé des sapins, Bruant à gorge blanche, Chardonneret jaune, Junco ardoisé, Mésange à tête brune, Mésange à tête noire, Tarin des pins, Sizerin blanchâtre ; **Nids :** Merle d'Amérique, Geai bleu, Grive des bois

Cardinal rouge ♂ posé dans une pruche.

Mésange à tête noire se nourrissant de graines dans les cônes d'une pruche du Canada.

SAPIN BAUMIER

Abies balsamea (Balsam Fir)

Zone : 1a Hauteur : 16 à 22 m

A

Cônes dressés, oblongs, matures à l'automne

Bec-croisé bifascié, Bec-croisé des sapins, Durbec des sapins, Geai bleu, Gélinotte huppée, Gros-bec errant, Mésange à tête brune, Mésange à tête noire, Roselin pourpré ; **Nids :** Merle d'Amérique, bruants

Paruline du Canada ♂ dans un sapin baumier.

Nid de Bruant chanteur dans un sapin.

THUYA OCCIDENTAL OU CÈDRE BLANC

Thuja occidentalis (Eastern Arborvitae)

Zone : 3 Hauteur : 15 à 20 m

A

Cônes oblongs, matures à l'automne

Chardonneret jaune, Moineau domestique, Sizerin flammé, Sizerin blanchâtre, Tarin des pins ; **Nids :** Cardinal rouge, Geai bleu, Merle d'Amérique, Moqueur chat, Quiscale bronzé, Roselin familier ; **Abris :** Cardinal rouge, bruants

Bruant à gorge blanche attendant le moment propice pour nourrir sa nichée.

Moineau domestique ♀ se nourrissant de ses cônes.

Geai bleu juvénile bien caché dans une haie de thuyas.

LES ARBRES ET ARBUSTES À FRUITS CHARNUS

AMÉLANCHIER DU CANADA OU PETITES POIRES

Amelanchier arborea (Downy Serviceberry)
Zone : 4a Hauteur : 15 m

Baies pourpres

Bruant à gorge blanche, Cardinal rouge, Cardinal à poitrine rose, Chardonneret jaune, Gélinotte huppée, Grand Pic, Grive des bois, Jaseur d'Amérique, Étourneau sansonnet, Merle d'Amérique, Merlebleu de l'Est, Mésange bicolore, Oriole de Baltimore, Pic chevelu, Tyran tritri, Viréo aux yeux rouges

Bruant à gorge blanche dans un amélanchier.

Chardonneret jaune ♀ se gavant de fruits.

Jaseur d'Amérique avalant un fruit.

Oriole de Baltimore ♀ saisissant un insecte.

Tyran tritri nourrissant ses petits du fruit de l'amélanchier.

ARALIE À GRAPPES OU GRANDE SALSEPAREILLE

Aralia racemosa (Indian Root)
Zone : 4 Hauteur : 3 m

ANGÉLIQUE DU JAPON OU ARALIE DU JAPON

Aralia elata (Japanese Angelica)
Zone : 5b Hauteur : 3 m

Baies rouge foncé en été, fruits noirs

Cardinal rouge, Merlebleu de l'Est, Merle d'Amérique, les bruants, les grives et les parulines

Aralie à grappes ou Grande salsepareille.

Fruits de l'aralie à grappes.

ARGOUSIER FAUX-NERPRUN

Hippophae rhamnoides
(Common Seabucktorn)
Zone: 2b Hauteur: 4 m

A H

Drupes orangées persistant durant l'hiver

Les oiseaux apprécient la protection offerte par ses épines et en profitent pour y nicher.

Note: Tronc et rameaux épineux. Nécessite un plant mâle et un plant femelle.

Fruits de l'argousier en hiver.

Fruits de l'argousier en été.

Argousier en hiver.

Argousier en été.

ARONIE NOIRE

Aronia nigra (Black Chokeberry)
Zone: 4a Hauteur: 1 m

CHARME D'AUTOMNE

Aronia melancarpa
(Automn Magic Black Chokeberry)
Zone: 3 Hauteur: 1,5 m

A H

Baies presque noires dont le sommet est marqué d'une dépression en forme de croix, persistant jusqu'en hiver

Gélinotte huppée, Mésange à tête noire, Merle d'Amérique, Jaseur d'Amérique, Jaseur boréal, Grive solitaire, les bruants

Fruits de l'aronie noire.

Bruant chanteur.

Jaseur boréal se gavant du fruit de l'aronie noire.

AUBÉPINE

Crataegus crus-galli (Cockspur Hawthorn)

Zone : 2b Hauteur : 6 m

A

Fruits rouges ressemblant à de petites pommes. Sert à empaler les prises de la Pie-grièche grise

Bruant à gorge blanche, Bruant chanteur, Cardinal rouge, Durbec des sapins, Gélinotte huppée, Gros-bec errant, Jaseur d'Amérique, Jaseur boréal, Junco ardoisé, Merle d'Amérique, Moqueur polyglotte, Pic flamboyant, Roselin pourpré

Fruits, feuilles et épines de l'aubépine.

Mésange à tête noire qui vient de capturer un insecte dans l'aubépine.

Viréo mélodieux dans l'aubépine à la recherche d'insectes.

BERBÉRIS VULGAIRE OU ÉPINE-VINETTE

Berberis vulgaris (European Barberry)

Zone : 4 Hauteur : 1,5 m

A H

Fruits rouges en ellipses écarlates ou orangées, en automne et tout l'hiver

Les bruants, Cardinal rouge, Durbec des sapins, Gélinotte huppée, Jaseur d'Amérique, Jaseur boréal, Junco ardoisé, Merle d'Amérique, Moqueur chat, Moqueur polyglotte

Arbuste épineux utilisé surtout en haie

Fruits de l'épine-vinette.

Épine-vinette à l'automne.

BLEUETIER OU AIRELLES À FEUILLES ÉTROITES

Vaccinium angustifolium (Lowbush Blueberry)
Zone : 2b Hauteur : 0,6 m

É

Baies bleues en été

Bruant chanteur, Bruant à gorge blanche, Bruant familier, Étourneau sansonnet, Grive solitaire, Jaseur d'Amérique, Merle d'Amérique, Merlebleu de l'Est, Moineau domestique, Moqueur chat, Pic flamboyant, Tohi à flancs roux ; **Nids :** Moqueur chat

Fruits du bleuetier.

Merle d'Amérique savourant un bleuet.

Oisillons Moqueur chat dans un bleuetier.

CERISIER DE PENNSYLVANIE OU PETIT MERISIER

Prunus pensylvanica (Wild Red Cherry)
Zone : 1a Hauteur : 10 m

É

Drupes rouge vif, longs pédoncules, au début de l'automne

Cardinal rouge, Corneille d'Amérique, Étourneau sansonnet, Jaseur d'Amérique, Quiscale bronzé, Merle d'Amérique, Merlebleu de l'Est, Moqueur chat, Roselin pourpré, Geai bleu

Fruits du cerisier de Pennsylvanie.

Jaseur d'Amérique.

Paruline jaune ♀ dans un petit merisier.

CERISIER TARDIF OU CERISIER D'AUTOMNE

Prunus serotina (Black Cherry)

Zone : 2b Hauteur : 19 à 22 m

Drupes presque noires, en grappes

Corneille d'Amérique, Étourneau sansonnet, Jaseur d'Amérique, Quiscale bronzé, Merle d'Amérique, Moqueur chat, Pic flamboyant, Roselin pourpré, Geai bleu

Fruits du cerisier tardif.

Grive solitaire avec un fruit du cerisier tardif.

CERISIER DE VIRGINIE

Prunus virginiana (Chokecherry)

Zone : 2a Hauteur : 6 m

CERISIER À GRAPPES

Prunus padus (European Birdcherry)

Zone : 2a Hauteur : 4 à 6 m

Drupes rouge foncé à noire, en grappes, en été

Corneille d'Amérique, Étourneau sansonnet, Gélinotte huppée, Jaseur d'Amérique, Quiscale bronzé, Merle d'Amérique, Merlebleu de l'Est

Fruits du cerisier de Virginie.

Fleurs du cerisier de Virginie.

Merle d'Amérique avec des cerises dans le bec pour nourrir ses petits.

Moucherolle des aulnes dans un cerisier à grappes.

Jaseurs juvéniles qui avalent des cerises.

Oriole de Baltimore ♂ dans un cerisier en fleurs.

CHÈVREFEUILLE DU CANADA

Lonicera canadensis (Fly Honeysuckle)

Zone: 3a Hauteur: 1,5 m

CHÈVREFEUILLE DE TARTARIE

Lonicera tatarica (Tartarian Honeysuckle)

Zone: 4a Hauteur: 2 m

É

Fruits en forme de baies rouges, en haies ou en solitaire

Jaseur d'Amérique, Merle d'Amérique, Merlebleu de l'Est, Mésange à tête noire Moqueur chat, Tyran tritri, colibri (pour la fleur)

Fruits du chèvrefeuille.

Fruits du chèvrefeuille.

Jaseur d'Amérique dans le chèvrefeuille.

Papillon sur une fleur de chèvrefeuille.

Moqueur chat.

CORNOUILLER À FEUILLES ALTERNES

Cornus alternifolia (Pagoda Dogwood)

Zone: 3b Hauteur: 3 m

É

Drupes bleu foncé, pédoncules rouges, non comestibles

Gélinotte huppée, Bruant chanteur, Bruant à gorge blanche, Durbec des sapins, Étourneau sansonnet, Grive solitaire, Jaseur d'Amérique, Merlebleu de l'Est, Moqueur roux, Paruline bleue, Pic mineur, Pic flamboyant, Pic à ventre roux, Viréo aux yeux rouges

Toutes les sortes de cornouiller sont intéressantes pour leurs baies et attirent plusieurs espèces d'oiseaux.

Fruits du cornouiller.

Jeune Cardinal rouge se nourrissant des baies d'un cornouiller à feuilles alternes.

CORNOUILLER STOLONIFÈRE OU HART ROUGE

Cornus stolonifera (Red-osier Dogwood)

Zone : 2a Hauteur : 2 m

É A

Drupes blanches ou bleutées

Bruant à gorge blanche, Bruant chanteur, Cardinal rouge, Durbec des sapins, Étourneau sansonnet, Gélinotte huppée, Grand Pic, Gros-bec errant, Jaseur d'Amérique, Merle d'Amérique, Merlebleu de l'Est, Moqueur chat, Pic mineur, Pic flamboyant, Pic à ventre roux, Roselin pourpré, Tyran tritri

Jaseur d'Amérique avalant un fruit du cornouiller.

Corneille d'Amérique se nourrissant du fruit blanc d'un hart rouge.

Bruant des prés posé sur les rameaux rouge pourpre du hart rouge.

COTONÉASTER DE DAMMER

Cotoneaster dammeri (Bearberry Cotoneaster)

Zone : 3b à 5b Hauteur : 0,3 m

COTONÉASTER RAMPANT

Cotoneaster adpressus

(Early Creeping Cotoneaster)

Zone : 5a Hauteur : 1 m

A H

Baies rouge orangé, en automne et en hiver, pépinière, rampant pour rocaille, muret, talus ou bordures *(légèrement toxiques)*

Bruants, grives, Jaseur d'Amérique, Jaseur boréal, Juncos ardoisé, Merle d'Amérique, Merlebleu de l'Est, moqueurs

Fruits du cotonéaster de Dammer.

Fruits du cotonéaster de Dammer en hiver.

FRAMBOISIER CULTIVÉ OU SAUVAGE
Rubus idacus (Raspberry)
Zone : 3 Hauteur : 1 m

RONCE DU MONT IDA OU RONCE ODORANTE
Rubus odoratus (Flowering Raspberry)
Zone : 3a Hauteur : 1,5 à 3 m

É

Ensemble de petites drupes rouges, en juillet

Bruant à gorge blanche, Bruant chanteur, Cardinal à poitrine rose, Jaseur d'Amérique, Étourneau sansonnet, les grives, Moqueur chat, Merle d'Amérique, Mésangeai du Canada, les pics, Roselin pourpré, Tohi à flancs roux

Note : plante envahissante (ronces)

Fleur de la ronce odorante.

Écureuil mangeant une framboise sauvage.

Moqueur roux nichant parmi des framboisiers.

FUSAIN AILÉ NAIN
Euonymus alatus compactus
Zone : 4 Hauteur : 1,2 m

A

Capsules rouges

Cardinal rouge, Merle d'Amérique, Durbec des sapins

Fruits du fusain ailé nain.

Grive solitaire avec un fruit.

FUSAIN D'EUROPE

Euonymus europaeus (European Euonymus)

Zone : 4 Hauteur : 3 à 4 m

A H

Fruits rose vif laissant apparaître une graine orangée

Bruant fauve, Cardinal rouge, Jaseur d'Amérique, Merle d'Amérique, Merlebleu de l'Est, Moqueur polyglotte, Paruline à croupion jaune, Piranga vermillon

Fruits du fusain d'Europe.

Cardinal rouge donnant la becquée à son petit, posé sur le fusain d'Europe.

Jeune cardinal attendant la becquée, posé sur une branche d'un fusain.

Chardonneret jaune dans un fusain d'Europe à l'automne.

GADELIER

Ribes rubrum

Zone : 2 Hauteur : 0,5 à 1 m

É

Petites baies rouges en grappes, milieu et fin de juillet

Bruant à gorge blanche, Merle d'Amérique, Moqueur chat

Fruits du gadelier.

Merle d'Amérique.

GADELIER ALPIN

Ribes alpinum (Alpine Currant)
Zone : 2 Hauteur : 1,5 m

É

Baies écarlates comestibles

Cardinal à poitrine rose, Cardinal rouge, Jaseur d'Amérique, Merle d'Amérique, Moqueur chat, Roselin pourpré

Fruits du gadelier alpin.

Bruant hudsonien dans un gadelier alpin.

HOUX VERTICILLÉ

Ilex verticillata (Winterberry)
Zone : 3b Hauteur : 2 à 8 m

A H

Drupes rouge vif collées à l'aisselle des feuilles, en automne et en hiver

Bruant à gorge blanche, Bruant chanteur, Cardinal rouge, Corneille d'Amérique, Gélinotte huppée, Grand Pic, Grive solitaire, Jaseur d'Amérique, Jaseur boréal, Junco ardoisé, Merle d'Amérique, Moqueur chat, Moqueur roux, Moqueur polyglotte, Roselin pourpré, Tourterelle triste

Fruits du houx verticillé.

Merle d'Amérique.

MÛRIER

Rubus fructicosus (Blackberry)
Zone : 3 Hauteur : 1,2 à 1,5 m

É

Drupes noires, à la fin juillet et en août

Bruant chanteur, Étourneau sansonnet, Merle d'Amérique, Moqueur chat, Quiscale bronzé, Tohi à flancs roux

Mûres prêtes à être dégustées.

Merle apportant des mûres à ses petits.

NERPRUN CATHARTIQUE

Rhamnus catharticus (Common Buckthorn)
Zone : 2 Hauteur : 3 à 7 m
Espèce introduite

É A H

Drupes noires violacées en grappes, en automne et en hiver

Bruant à gorge blanche, Cardinal rouge, Cardinal à poitrine rose, Étourneau sansonnet, Gélinotte huppée, Grand Pic, Jaseur d'Amérique, Jaseur boréal, Merle d'Amérique, Moqueur chat, Moqueur polyglotte, Pic chevelu, Pic mineur, Roselin pourpré, Tyran tritri

Note : Plante envahissante et fruits toxiques.

Oriole ♂ immature se nourrissant du fruit du nerprun.

Chardonneret se nourrissant du fruit du nerprun.

Cardinal rouge ♂ se nourrissant du fruit du nerprun.

OLIVIER DE BOHÊME

Elaeagnus angustifolia (Russian Olive)

Zone : 2b Hauteur : 7 m

É

Petites drupes jaune argenté, à l'automne et en hiver

Bruant à gorge blanche, Bruant chanteur, Cardinal rouge, Chardonneret jaune, Étourneau sansonnet, Jaseur d'Amérique, Jaseur boréal, Gélinotte huppée, Junco ardoisé, Moqueur chat et Moqueur roux pour y nicher, Moqueur polyglotte, Merle d'Amérique, Pic flamboyant, Quiscale bronzé, Roselin pourpré, Tarin des pins

Olivier de Bohême en fleurs.

Jeune plant d'olivier de Bohême.

PHYSOCARPE À FEUILES D'OBIER

Physocarpus opulifolius (Common Ninebark)

Zone : 2b Hauteur : 2,5 m

A H

Grappes de petits fruits rouges

Chardonneret jaune, Jaseur d'Amérique, Tarin des pins ; la Paruline jaune et les moucherolles y font leurs nids.

Fleurs du physocarpe.

Fruits du physocarpe en été.

Fruits du physocarpe en hiver.

Moqueur chat bien caché dans les branches d'un physocarpe.

Mésange à tête noire dans un physocarpe.

Roitelet à couronne rubis.

POMMETIER DÉCORATIF

Malus spp. *malus* (Crab Apple)

Zone : 2 à 4 Hauteur : 3 à 8 m

P A H

Petites pommettes rouges, en automne et en hiver

Bruant à gorge blanche, Cardinal rouge, Corneille d'Amérique, Durbec des sapins, Étourneau sansonnet, Geai bleu, Gélinotte huppée, Grand Pic, grives, Gros-bec errant, Jaseur boréal, Merle d'Amérique, Mésange à tête noire, Moqueur polyglotte, Pic flamboyant, Roselin pourpré ; **au printemps :** les Jaseurs d'Amérique s'échangent des pétales ; **Nid :** Viréo aux yeux rouges, Bruant familier, Geai bleu, Moqueur chat, Oriole de Baltimore, Merle d'Amérique, Pic chevelu, Pic mineur

Note : Choisissez des cultivars qui donnent de petits fruits. À l'automne, les oiseaux préfèrent d'abord les pommetiers qui donnent de petits fruits lesquels conviennent mieux à leur petit bec.

Fruits du pommetier décoratif.

Chardonneret jaune ♂ dans un pommetier décoratif en fleurs.

Jaseur boréal aux fruits du pommetier.

POMMIER

Malus domestica (Apple Tree)

Zone : 3 à 7 Hauteur : 6 à 8 m

P A H

Pommes, gros fruits rouges ou striés de jaune, selon la variété, en automne et en hiver

Au printemps, vous pourrez admirer certaines espèces cueillant les pétales comme le Jaseur d'Amérique et la Paruline jaune. Les fruits, à l'automne, peuvent être picorés par les Bruant à gorge blanche, Cardinal rouge, Corneille d'Amérique, Durbec des sapins, Étourneau sansonnet, Geai bleu, Gélinotte huppée, Gros-bec errant, Jaseur d'Amérique, Jaseur boréal, Quiscale bronzé, Merle d'Amérique, Pic mineur, Pic chevelu, Roselin pourpré

Jaseur d'Amérique cueillant un pétale pour l'offrir à sa femelle.

Bruant à gorge blanche avec un morceau de pomme.

ROSIER SAUVAGE OU ROSIER RUGUEUX

Rosa rugosa (Rough Rose)

Zone : 2 à 3 Hauteur : 0,5 à 0,6 m

A H

Fruits rouges et charnus, en automne et en hiver

Bruants, Cardinal rouge, Chardonneret jaune, Jaseur d'Amérique, Jaseur boréal, grives, Gros-bec errant, Junco ardoisé, Merle d'Amérique, moqueurs, Pic flamboyant ; le Troglodyte familier s'y réfugie très souvent.

Fleur du rosier sauvage.

Fruits du rosier sauvage.

SORBIER AUX OISEAUX

Sorbus aucuparia (European Mountainash)

Zone : 3a Hauteur : 10 m

SORBIER D'AMÉRIQUE OU CORMIER

Sorbus americana (American Mountainash)

Zone : 2 Hauteur : 7 m

É A H

Petites baies rouge vif en grappe, automne et hiver

Bruant à gorge blanche, Bruant chanteur, Cardinal à poitrine rose, Chardonneret jaune, Corneille d'Amérique, Durbec des sapins, Étourneau sansonnet, Gélinotte huppée, Grive solitaire, Gros-bec errant, Jaseur d'Amérique, Jaseur boréal, Merle d'Amérique, Merlebleu de l'Est, Mésange à tête noire, Moqueur roux, Moqueur chat, Moqueur polyglotte, Oriole de Baltimore, Quiscale bronzé, Roselin familier, Roselin pourpré, Sittelle à poitrine blanche

Merle avalant un fruit du sorbier.

Étourneau s'apprêtant à s'empiffrer du fruit du sorbier.

SUMAC VINAIGRIER

Rhus typhina (Staghorn Sumac)
Zone : 3a Hauteur : 6 m

P A H

Gros cônes composés de petits fruits serrés recouverts de poils rouge vin

Bruant à gorge blanche, Cardinal rouge, Corneille d'Amérique, Durbec des sapins, Étourneau sansonnet, Geai bleu, Gélinotte huppée, Grive solitaire, Grand Pic, Gros-bec errant, Jaseur boréal, Merle d'Amérique, Mésange à tête noire, Moqueur chat, Moqueur polyglotte, Paruline à croupion jaune, Pic chevelu, Pic mineur, Sittelle à poitrine rousse, Viréo aux yeux rouges

Vinaigrier à l'automne.

Étourneau sansonnet, à l'automne, se nourrissant du fruit du vinaigrier.

Paruline jaune ♀ se nourrissant d'une guêpe, dans un vinaigrier.

Mésange à tête noire.

SUREAU DORÉ

Sambucus racemosa plumosa (Golden plume Elder)
Zone : 3 Hauteur : 1 à 2 m

SUREAU BLANC

Sambucus canadensis (American Elder)
Zone : 3 Hauteur : 1 à 2 m

É A

Baies noires, en automne

Bruant à gorge blanche, Bruant chanteur, Cardinal à poitrine rose, Gélinotte huppée, Grand Pic, Grive solitaire, Jaseur d'Amérique, Merle d'Amérique, Pic flamboyant, Pic à ventre roux, Bruant à gorge blanche

Fruits du sureau.

Grive solitaire.

Bruant à gorge blanche dans un sureau doré.

Merle d'Amérique dans un arbre perchoir, se gavant du fruit du sureau doré en avril.

SUREAU ROUGE

Sambucus pubens (Red-berried Elder)
Zone: 3 Hauteur: 1 à 4 m

P É

Petits fruits rouges en grappes, au début de l'été

Cardinal à poitrine rose, Cardinal rouge, Grand Pic, Jaseur d'Amérique, Grive solitaire, Grive fauve, Grive à dos olive, Merle d'Amérique, Oriole de Baltimore, Paruline à croupion jaune, Pic chevelu, Pic flamboyant, Viréo aux yeux rouges

Grive à dos olive dans un sureau rouge.

Bruant à gorge blanche dans un sureau rouge.

SYMPHORINE BLANCHE

Symphoricarpos albus (Snowberry)
Zone: 2a Hauteur: 1,5 m

A H

Petites baies blanches charnues, en automne et en hiver

Durbec des sapins, Gélinotte huppée, Gros-bec errant, Jaseur d'Amérique, Jaseur boréal, Merle d'Amérique, Paruline à flancs marron

Fruits de la symphorine blanche.

Haie de symphorine à l'automne.

VIORNE À FEUILLES D'AULNE OU BOIS D'ORIGNAL

Viburnum alnifolium (Hobblebush)
Zone : 3a Hauteur : 2 m

Drupes rouges devenant bleu foncé

Bruant à gorge blanche, Grive solitaire, Jaseur d'Amérique, Merle d'Amérique, Tarin des pins pour ses pétales

É

Fruits de la viorne à feuilles d'aulne.

Bourgeon de la viorne à feuilles d'aulne.

Bruant à gorge blanche.

VIORNE CASSINOÏDE OU ALISIER

Viburnum cassinoïdes (Whiterod Viburnum)
Zone : 2a Hauteur : 1,5 m

É A

Drupes roses devenant bleu foncé

Gélinotte huppée, Grand Pic, Merle d'Amérique, Paruline bleue, Paruline à tête cendrée, Paruline jaune, Roselin pourpré, Viréo aux yeux rouges

Fruits de la viorne cassinoïde.

Viréo mélodieux saisissant un fruit mûr.

Jaseur d'Amérique immature avec un fruit pas tout à fait mûr dans le bec.

VIORNE COMMUNE

Viburnum lantana (Wayfaringtree Viburnum)
Zone : 3a Hauteur : 4 m

A

Baies ovoïdes jaunes devenant noires, en passant par l'orangé et le rouge

Gélinotte huppée, Merle d'Amérique, Jaseur d'Amérique, Grive solitaire, Moqueur chat

Fruit de la viorne commune.

Moqueur chat savourant un fruit de la viorne commune.

VIORNE TRILOBÉE OU PIMBINA

Viburnum trilobum
(American Highbush Cranberry)
Zone : 2a Hauteur : 2,5 m

P A H

Fruits rouges persistant en hiver

Bruants, cardinaux, Durbec des sapins, Geai bleu, Gélinotte huppée, Grand Pic, Étourneau sansonnet, grives, Gros-bec errant, Jaseur d'Amérique, Jaseur boréal, Merle d'Amérique, Merlebleu de l'Est, moqueurs, roselins

Note : Feuilles semblables à celles de l'érable tournant au rouge à l'automne. Peut se planter seul ou en haie.

Fleur de la viorne trilobée.

Fruits de la viorne trilobée.

Jaseur d'Amérique avalant un fruit de l'automne précédent.

LES VIGNES, LES PLANTES GRIMPANTES ET LES COUVRE-SOL

CÉLASTRE GRIMPANT OU BOURREAU DES ARBRES

Celastrus scandens (Climbing Bittersweet)

Zone : 3 Hauteur : 8 à 10 m

P A H

Capsules jaunes ou orangées, graines rouges.

Bruant à gorge blanche, Cardinal rouge, Durbec des sapins, Étourneau sansonnet, Junco ardoisé, Gélinotte huppée, Grand Pic, Mésange à tête noire, Moineau domestique, Moqueur polyglotte, Paruline à croupion jaune, Roitelet à couronne rubis, Troglodyte de Caroline

Note : Envahissant si on ne le taille pas. Fruits toxiques pour la peau.

Fruits du célastre grimpant.

Moqueur chat se nourrissant du fruit du célastre grimpant.

CERISIER DE SABLE OU CERISIER DÉPRIMÉ

Prunus Depressa (Dwarf Cherry)

Zone : 3 Hauteur : 0,3 m

Couvre-sol

É A

Fruits rouges devenant noirs en août

Bruants, Merle d'Amérique, roselins, Moqueur chat

Cerisier de sable.

Fruits du cerisier de sable.

CLÉMATITE DE VIRGINIE SAUVAGE OU CULTIVÉE

Clematis virginiana (Virgin's Bower)
Zone: 4b Hauteur: 2 à 3 m

P É A

Grappes de fleurs et de fruits munis d'une aigrette plumeuse

Le Colibri à gorge rubis ira butiner dans les fleurs aux couleurs vives; la Paruline jaune, la Paruline à croupion jaune, le Viréo aux yeux rouges cherchent les insectes dans les fruits

Note: S'agrippe aux clôtures, aux arbustes et aux murs. À installer sur des tonnelles ou des pergolas. Il existe un vaste choix de couleurs et de formes dans les cultivars.

Clématite de Virginie à l'automne.

Un des nombreux cultivars de clématites.

Clématite de Virginie en fleurs.

CLÉMATITE

Clematis tangutica (Golden Tiara)
Zone: 3 Hauteur: 3 m

É

Petites fleurs jaunes aux étamines pourpres foncées

Attire le colibri

Fleurs de la clématite "Golden Tiara".

Fleur de la clématite "Golden Tiara".

Colibri butinant dans une clématite.

CHÈVREFEUILLE GRIMPANT

Lonicera (Dropmore Scarlet ou Gold Flame)
Zone : 3 Hauteur : 2 à 3 m

É

Fleurs rouges ou rosées agrippées à un treillis ou sur une pergola

Colibri à gorge rubis

Chèvrefeuille grimpant en fleurs.

Nid de Bruant familier dans un chèvrefeuille.

Colibri butinant dans le calice de la fleur d'un chèvrefeuille grimpant.

GLOIRE DU MATIN OU IPOMÉE

Ipomoea tricolor (Heavenly Blue)
Zone : 3 Hauteur : 2,5 à 3 m

É

Fleurs bleues, pourpres, rose ou blanches

Colibri à gorge rubis, papillons

Fleurs de la gloire du matin.

Fleurs bleues de la gloire du matin.

HARICOT D'ESPAGNE

Phaseolus multiflorus (Scarlet Runner Bean)

Zone : non-rustique Hauteur : 1,5 m

É

Fleurs rouges et feuilles très décoratives

Colibri à gorge rubis

Note : Plante annuelle à semer au printemps. À fixer sur un treillis.

Colibri à gorge rubis ♀ dont le bec est saupoudré de pollen de la fleur du haricot d'Espagne.

Fleur du haricot d'Espagne.

LISERON DES HAIES

Convolvulus sepium (Hedge Bindweed)

Zone : 3 Hauteur : 1 à 2 m

Plante indigène

LISERON DES CHAMPS

Convolvulus arvensis (Field Bindweed)

Zone : 3 Hauteur : 1 à 1,5 m

Plante indigène

É

Fleurs roses ou blanches à placer sur un treillis, sur un muret ou une clôture

Colibri à gorge rubis

Liseron des champs à fleurs roses avec rayures blanches.

Liseron des champs.

MORELLE DOUCE-AMÈRE

Solanum dulcamara (Climbing Nightshade)

Zone : 3 Hauteur : 1 à 2,5 m

A

Fleurs violettes, fruits verts, orangés ou rouges observés en même temps, en automne

Bruants, Cardinal rouge, Durbec des sapins, Gélinotte huppée, Jaseur d'Amérique, Jaseur boréal, Merle d'Amérique, Moqueur polyglotte

Fleurs de la morelle.

Fruits de la morelle.

Bruant à gorge blanche dans la morelle.

VIGNE VIERGE OU PARTHÉNOCISSE À CINQ FOLIOLES

Parthenocissus quiquefolia (Virginia Creeper)

Zone : 3 Hauteur : 4 à 15 m

VIGNE DE RIVAGES

Vitis riparia (Wild Grape)

Zone : 3 Hauteur : 4 à 15 m

A H

Grappes de baies bleues

Cardinal rouge, Durbec des sapins, Étourneau sansonnet, Gélinotte huppée, Grand Pic, Grive solitaire, Jaseur d'Amérique, Merle d'Amérique, Mésange à tête noire, Moqueur polyglotte, Moqueur chat, Paruline à croupion jaune, Pic flamboyant, Sittelle à poitrine blanche et Sittelle à poitrine rousse, Viréo aux yeux rouges

Vigne vierge.

Moqueur polyglotte immature avec le fruit d'une vigne.

LES FLEURS SAUVAGES

Le chardon vulgaire, la chicorée sauvage, le laiteron des champs, l'onagre bisannuelle, le pissenlit officinal et la rudbeckie hérissée
En été, leurs fleurs attirent les chardonnerets qui se nourrissent de leurs graines. Y viennent aussi le Bruant chanteur et le Junco ardoisé.

Chardon des champs.

Chardonneret ♂ se nourrissant de graines de chardon vulgaire.

Fleurs de la chicorée sauvage.

Chardonneret ♂ se nourrissant de graines de chicorée.

Laiteron des champs.

Chardonneret ♂ se nourrissant de graines de laiteron.

Rudbeckie hérissée.

Fleurs de l'onagre bisannuelle.

Chardonnerets ♀ se nourrissant de graines d'onagre.

Pissenlit officinal.

Chardonneret ♂ se nourrissant de graines de pissenlit.

Les différentes espèces d'aster, de verge d'or et de graminées
Lorsqu'elles sont asséchées, en automne et en hiver, elles attirent les bruants. Y viennent aussi le Chardonneret jaune, le Passerin indigo, le Tarin des pins et le Sizerin flammé. Elles attirent aussi les papillons.

Asters.

Monarque butinant dans des asters.

Verge d'or.

Chardonneret jaune dans la verge d'or.

Geai bleu se nourrissant près de la verge d'or.

Bruant chanteur dans la verge d'or.

Bruant chanteur dans des graminées.

Bruant hudsonnien se nourrissant de graines, après la floraison de fleurs sauvages.

Le cornouiller du Canada ou quatre-temps
Avec ses fruits rouges, il attirera la Gélinotte huppée, les bruants, la Grive solitaire, la Grive fauve, le Viréo de Philadelphie et le Viréo mélodieux.

Fruit du cornouiller du Canada.

Fleur du cornouiller du Canada.

L'impatiente du Cap et le lis du Canada
Ils attireront le colibri.

Lis du Canada.

Impatiente du Cap.

L'herbe à puce
Faites attention lorsque vous circulez dans les sentiers, en forêt ou sur les pistes cyclables. Beaucoup de personnes ne connaissent toujours pas l'herbe à puce! Voici une photo qui vous aidera à l'identifier et à éviter bien des problèmes.

LES FLEURS CULTIVÉES

L'ancolie, la centaurée, le cosmos, le coréopsis à grandes feuilles, la digitale pourpre, le fushia pleureur, l'impatiente royale, la lobélie cardinale et la monarde rouge
Par leur longue tubulure, elles attireront particulièrement le Colibri à gorge rubis.

Ancolie.

Centaurée.

Coréopsis à grandes feuilles.

Chardonneret jaune ♂ dans un coréopsis.

Cosmos.

Chardonneret jaune ♂ sur une tige de cosmos.

Digitale pourpre.

Colibri ♀ dans la digitale.

Lobélie cardinale.

Colibri ♂ dans une lobélie cardinale.

Colibri ♀ dans une monarde.

Monarde rouge.

Fushia pleureur.

Impatiente royale.

L'arbuste aux papillons ou buddleia Buddleia davidii
Zone 5 avec protection – 1,5 m. Fleur mauve au parfum de miel qui attire les papillons. À planter au soleil. Peut être naturalisé et utilisé en zone 4b.

Monarque dans un buddleia.

Vanesse de Virginie dans un buddleia.

L'échinacée jaune et l'échinacée pourpre

À l'automne et durant l'hiver, elles attireront la Mésange à tête noire et le Chardonneret jaune.

Échinacée jaune.

Échinacée pourpre.

Chardonneret jaune ♀ sur une échinacée pourpre.

Chardonneret jaune ♂ sur une échinacée jaune.

Chardonneret jaune en plumage hivernal se nourrissant de graines d'échinacée.

Mésange à tête noire, en hiver, se nourrissant de graines d'échinacée.

La bignone ou jasmin de Virginie

Zone 5 – 4 m. Plante aux fleurs en trompette de couleur orangée ou rouge. Elle attire le colibri. Elle doit être supportée par un treillis en raison de son poids. Juillet à octobre.

Le chardon bleu ou Echinops ritro

Il accompagne bien les échinacées et marguerites. Il attire les papillons et les oiseaux, dont le Chardonneret jaune, le Junco ardoisé, le Sizerin flammé et le Tarin des pins. Laissez les graines sur le plan si vous voulez profiter de la présence des oiseaux en hiver.

Fleurs du chardon bleu.

Le tournesol

Dès que les graines des fleurs sont mûres, les Geais bleus s'en régalent jusqu'à la dernière graine. Si vous désirez les conserver pour l'hiver, empressez-vous de couper les têtes et de les mettre hors de portée des geais.

Tournesol.

Chardonnerets jaunes se nourrissant de graines sur une fleur de tournesol.

Les nichoirs

Plusieurs raisons peuvent justifier l'installation de nichoirs. Au cours des années, bien des espèces d'oiseaux ont vu leurs effectifs diminuer après la perte de cavités et d'habitats naturels. À cette raison très importante s'ajoute le plaisir d'en connaître un peu plus sur leur vie et leurs comportements afin de mieux les apprécier.

De plus, l'observation des oiseaux s'avère un complément précieux à l'éducation des enfants qui s'émerveillent naturellement devant les beautés de la nature. Ils sont d'ailleurs très sensibles à la nécessité de la protéger. Parvenus à l'âge adulte, ils seront assurément d'ardents défenseurs et protecteurs de tout ce qui vit sur Terre.

Si vous voulez favoriser la venue d'espèces rarement observées aux postes d'alimentation ou inviter vos habitués à y demeurer, il vous faut alors installer des nichoirs appropriés.

Quelques espèces d'oiseaux seulement utilisent des nichoirs. Les plus connues et les plus faciles à attirer sont l'Hirondelle bicolore et le Troglodyte familier. Bien sûr, si vous demeurez à la campagne à proximité d'une prairie, le Merlebleu de l'Est élira peut-être domicile chez vous. Nous avons dressé une liste des quelques espèces que l'on observe plus ou moins fréquemment aux nichoirs *(voir p. 208)*.

◀ Oisillons Hirondelles bicolores attendant la becquée.

Merlebleu de l'Est ♂ à son nichoir.

Troglodyte familier nourrissant ses petits avec un perce-oreille.

Le marché regorge de plusieurs modèles et variantes de nichoirs. Nous nous limiterons à ceux qui sont les plus connus. Vous pouvez les fabriquer vous-même ou vous les procurer dans les boutiques spécialisées. Attention ! Il est important de choisir le nichoir approprié. Pour cela, vous devez tenir compte de trois critères importants : **le diamètre de l'ouverture**, **la profondeur** à partir de cette ouverture et **le choix des matériaux**. Que vous construisiez vous-même un nichoir ou que vous décidiez d'en acheter un, il est important de lire les informations qui suivent et qui guideront votre choix. Avant de commencer, il est aussi important d'évaluer vos chances d'attirer l'espèce désirée. Vérifier si l'habitat convient à l'oiseau et si l'espèce **fréquente votre région**.

LISTE DES ESPÈCES D'OISEAUX SUSCEPTIBLES D'OCCUPER UN NICHOIR ET QUEL TYPE D'HABITAT ILS OCCUPENT

À la ville	À la campagne	Près de l'eau	En forêt
Mésange à tête noire	Hirondelle bicolore	Mésange à tête noire	Mésange à tête noire
Pic mineur	Mésange à tête noire	Hirondelle bicolore	Pic chevelu
Sittelle à poitrine rousse	Merlebleu de l'Est	Merle d'Amérique	Sittelle à poitrine rousse *(forêt mixte et coniférienne)*
Sittelle à poitrine blanche	Merle d'Amérique	Pic flamboyant	Sittelle à poitrine blanche *(forêt de feuillus)*
Troglodyte familier	Moucherolle phébi	Canard branchu *(en forêt)*	Tyran huppé
Tyran huppé	Hirondelle rustique	Harle couronné	Merle d'Amérique
Merle d'Amérique	Crécerelle d'Amérique	Garrot à œil d'or	Petit-duc maculé *(forêt mature de feuillus)*
		Grand Harle	Petite Nyctale *(forêt de feuillus ou mixte)*
			Moucherolle phébi *(près d'une habitation)*

CONSEILS ET TRUCS DE SUZANNE

- **Le nichoir est fait de bois peint ou teint dans des couleurs neutres.** La couleur et la forme du nichoir n'ont aucune importance.
- **Mais ne jamais utiliser de bois traité,** d'enduit de créosote ou de peinture contenant du plomb.
- **Ne jamais fixer de perchoir sous l'entrée d'un nichoir** pour éviter les prédateurs et les moineaux.
- **Laissez l'intérieur du nichoir en bois naturel** et fixez-y un petit grillage qui servira d'échelle.
- **Il est important que la façade soit perpendiculaire à la base.**
- **Aux quatre coins du plancher du nichoir, percez des trous** ou coupez les coins de 1 cm (3⁄8 po) pour permettre l'évacuation de l'eau de pluie.
- **Perforez des trous sur les côtés pour faciliter la ventilation** et éviter la surchauffe, surtout par temps de canicule.
- **Fixez un côté du nichoir avec des vis pour faciliter la vérification du contenu** *(pour chasser les intrus)* et le nettoyage après la nidification.
- **Pour le nichoir à Hirondelle bicolore et Merlebleu de l'Est,** l'ouverture doit avoir 3,8 cm (1½ po). L'Étourneau sansonnet ne pourra s'y installer.
- **Pour la Mésange à tête noire et le Pic mineur,** un diamètre d'ouverture de 3,2 cm (1¼ po) est préférable.
- **Pour le Troglodyte familier,** une ouverture de 2,5 cm (1 po) est suffisante. Par contre, il arrive souvent que les troglodytes et les mésanges utilisent des nichoirs à Hirondelle bicolore.

Merlebleu à l'entrée de son nichoir.

Troglodyte familier à l'entrée de son nichoir.

L'ENDROIT IDÉAL POUR FIXER UN NICHOIR

Il est suggéré d'en installer au moins deux dans le même environnement, que ce soit à la ville ou à la campagne. Vous éviterez ainsi les luttes territoriales entre l'Hirondelle bicolore et le Merlebleu de l'Est, et vos oiseaux nicheurs ne seront pas chassés par le Moineau domestique. De plus, vous laisserez à chaque oiseau le choix de l'endroit le plus approprié pour lui.

Les nichoirs doivent être espacés de 15 à 30 mètres (50 à 100 pi). S'il y a plusieurs nichoirs, vous pouvez les placer dos à dos. Mais que ce soit à la ville ou à la campagne, **il faut placer l'ouverture en direction sud-est.** Au sud pour profiter du soleil du matin et éviter les grandes chaleurs de l'après-midi, à l'est pour éviter les grands vents et la pluie venant généralement de l'ouest.

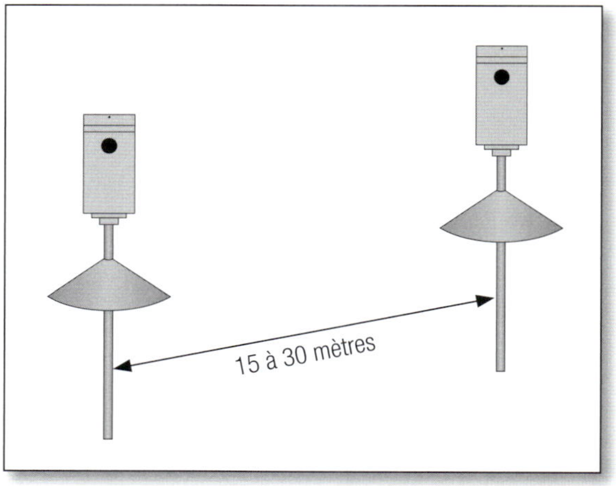

Deux nichoirs placés dos à dos.

OÙ FIXER UN NICHOIR ?

À la ville, il est important de fixer le nichoir à un piquet ou à un tuyau métallique, ou sur un arbre *(pour la sittelle, voir p. 247)* situé dans un endroit dégagé, afin que l'oiseau puisse surveiller les environs dans un angle de 180 degrés et vérifier si le passage est libre de tout danger. Pour éviter les prédateurs terrestres, il faut installer le nichoir **à une hauteur d'au moins 2 m (6 pi)** et ne dépassant pas 3 m (10 pi) du sol. Pour éloigner les ratons laveurs et les écureuils, ajoutez-y un pare-écureuil *(voir la section Des visiteurs non conviés, p. 427)*. Placez-le loin de tout arbre d'où un écureuil pourrait s'élancer. Un nichoir peut aussi être fixé au mur d'une maison, mais il doit être facilement accessible pour le nettoyage annuel.

Nichoir piraté par un raton laveur.

Merlebleu de l'Est ♂ avec des vers.

Prise de bec d'un couple d'hirondelles.

Hirondelle bicolore au bord du nichoir auquel on a ajouté une épaisseur de bois pour rendre l'accès plus difficile aux écureuils et aux moineaux.

On peut aussi ajouter, sur l'ouverture du nichoir, une deuxième épaisseur de bois ayant un trou de même diamètre afin de rendre l'accès plus difficile aux écureuils qui ne pouront attraper les petits avec leurs pattes. Le moineau, qui n'est pas un habile percheur, aura aussi de la difficulté à y pénétrer. Fixez le nichoir solidement afin d'éviter qu'un raton laveur ne tente de l'arracher pour le piller.

À la campagne ou en banlieue, installez le nichoir dans un milieu ouvert face à un grand champ de foin, à un pâturage, à un verger **sans utilisation de pesticides**, ou encore le long de pistes cyclables. Évitez les champs de monocultures *(blé, avoine, maïs)*. Dans ces cultures, on utilise souvent les pesticides qui détruisent les insectes. Vos nichoirs risquent de demeurer vides.

Posez votre nichoir sur un piquet de clôture à proximité d'arbres d'où le locataire du nichoir pourra surveiller les environs. Quelques arbres fruitiers, un point d'eau ou un fossé favorisent la venue du Merlebleu de l'Est. Cette espèce est un grand insectivore. On peut l'observer pendant des heures, apportant toutes les cinq minutes tantôt un ver ou une larve, tantôt une araignée ou un taon à sa petite marmaille qui en réclame sans cesse.

Femelle moineau transportant des matériaux dans son nid.

Mésange à tête noire à l'entrée du nichoir.

Comme ils arrivent les premiers sur les sites de nidification, **les moineaux** peuvent accaparer les nichoirs. Il faut alors défaire leurs nids régulièrement, jusqu'à ce que les intrus soient chassés définitivement. Il est cependant préférable de bloquer l'entrée du nichoir. Dès l'apparition d'un merlebleu ou d'une hirondelle, libérez l'entrée du nichoir.

Il faut par la suite attendre patiemment la venue d'un oiseau qui viendra enfin s'y installer. Ne désespérez pas. Le beau-frère de Suzanne de Ville Saguenay a dû attendre cinq ans avant qu'un couple de Mésanges à tête noire n'élise domicile à son nichoir, comme en fait foi la photo immortalisant l'événement.

LE NETTOYAGE

Si vous désirez absolument protéger vos pensionnaires contre les parasites, saupoudrez l'intérieur du nichoir avec de la terre diatomée que vous trouverez dans tout bon centre de jardinage. Évitez à tout prix les insecticides ! Après leur départ, retirez le nid et nettoyez l'intérieur du nichoir avec de l'eau pour enlever toute trace de parasites qui pourraient s'y trouver. N'utilisez pas de désinfectant. Il arrive qu'une deuxième nichée s'y établisse. À l'automne, retirez le nichoir ou bloquez-en l'entrée, surtout si des moineaux y ont accès en hiver. Au printemps, dès que les nichoirs vous sont accessibles, vérifiez s'ils n'ont pas été occupés par un polatouche ou une souris. Il faut enlever les accumulations de brindilles obstruant le nichoir et faire un bon nettoyage.

Polatouche dans un nichoir.

DIFFÉRENTS TYPES DE NICHOIR À CONSTRUIRE SOI-MÊME

NICHOIR DE RÉALISATION TRÈS FACILE

Avec deux contenants de lait (format de deux litres), il vous sera facile de confectionner avec vos enfants ou vos petits-enfants un nichoir qui saura les sensibiliser à la protection des oiseaux.

1. Découpez la tête des deux contenants tel que démontré.
2. Découpez un trou de 3,8 cm (1½ po) dans les parties A et B. Introduire la partie A dans la partie B. Ajoutez la partie C sur la partie B.
3. Fixez à l'aide de trombones la partie D sur un côté de la partie C. Il ne reste plus qu'à fixer le nichoir.

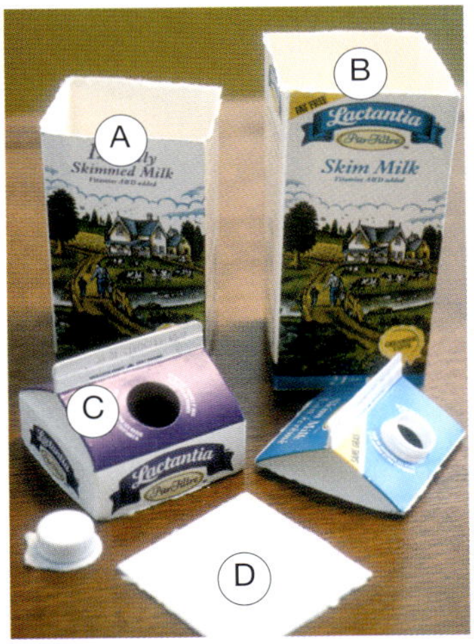

NICHOIRS PEU COÛTEUX

Utilisez une courge grimpante provenant de votre jardin. Lorsqu'elle a atteint la dimension désirée, cueillez-la et faites-la sécher sans oublier de perforer quelques petits trous à sa base. Déposez-la dans un endroit sec jusqu'au printemps. Au moment opportun, perforez une ouverture au diamètre désiré et suspendez-la à un endroit bien en vue. Il vous reste à espérer qu'un couple d'oiseaux acceptera votre invitation.

PLAN DE NICHOIR POUR L'HIRONDELLE BICOLORE, LE MERLEBLEU DE L'EST, LA MÉSANGE À TÊTE NOIRE, LE PIC MINEUR ET LE TROGLODYTE FAMILIER

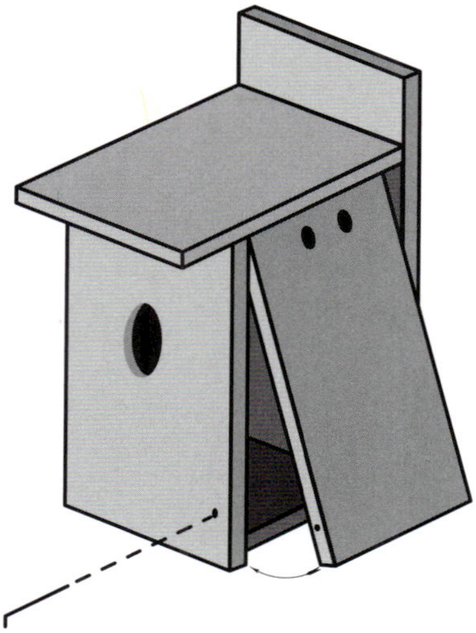

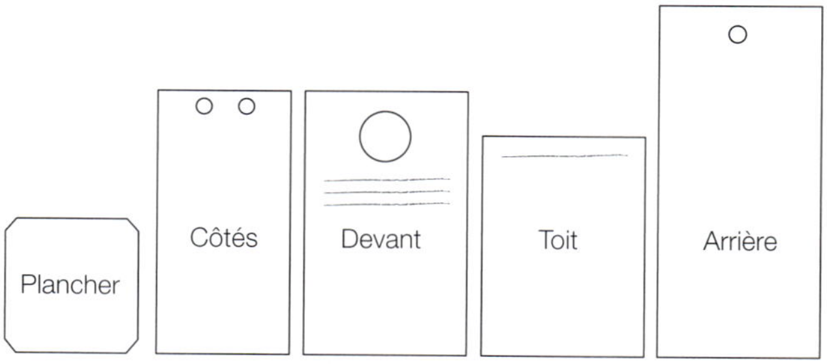

Planche de 2,5 x 13 cm, 63,5 cm (1 x 4", 22 po) de long.

Plancher 10 x 10 cm 4 x 4 po	Côté 23 x 10 cm 9 x 4 po	Côté 23 x 10 cm 9 x 4 po

Planche de 2,5 x 15 cm, 72 cm (1 x 6", 28,5 po) de long.

Toit 19 x 15 cm 7,5 x 6 po	Devant 23 x 15 cm 9 x 6 po	Arrière 30 x 15 cm 12 x 6 po

	Diamètre de l'ouverture	Distance entre l'ouverture et le plancher	Hauteur intérieure du nichoir	Surface du plancher	Hauteur du sol ou de l'eau
Hirondelle bicolore*	3,8 cm	15 cm à 17,5 cm	22,5 cm à 25 cm	10 cm x 10 cm	1,5 m à 3 m
Merlebleu de l'Est*	3,8 cm	15 cm à 17,5 cm	22,5 cm à 25 cm	10 cm x 10 cm	1 m à 1,8 m
Mésange à tête noire	3,2 cm	15 cm à 17,5 cm	20 cm à 25 cm	10 cm x 10 cm	1,5 m à 3 m
Pic mineur	3,2 cm	20 cm à 25 cm	25 cm à 30 cm	10 cm x 10 cm	1,8 m à 6 m
Pic chevelu	4,4 cm	15 cm à 17,5 cm	35 cm à 45 cm	12,5 cm x 12,5 cm	1,8 m à 6 m
Sittelle à poitrine rousse Sittelle à poitrine blanche	3,2 cm et 3,4 cm	15 cm à 17,5 cm	20 cm à 25 cm	10 cm x 10 cm	1,5 m à 3 m
Troglodyte familier	2,5 cm	15 cm à 17,5 cm	20 cm à 25 cm	10 cm x 10 cm	1,5 m à 3 m
Tyran huppé*	3,8 cm	15 cm à 17,5 cm	22,5 cm à 25 cm	12,5 cm x 12,5 cm	1,8 m à 6 m

* Il est très important de respecter les mesures des ouvertures indiquées, car si on excède ces dimensions, les Étourneaux sansonnets peuvent s'emparer des nichoirs.

LE NICHOIR À HIRONDELLE NOIRE

L'Hirondelle noire niche presque exclusivement dans des nichoirs construits par les humains. Elle est une grande consommatrice d'insectes, qu'elle capture en vol, et montre une grande fidélité à son site de reproduction. L'Hirondelle noire est la seule espèce à vivre en colonie dans des nichoirs à compartiments multiples. Si vous demeurez à proximité d'un plan d'eau ou d'un cours d'eau, vos chances d'attirer cet oiseau augmentent. Votre nichoir doit être situé près de la maison, dans un endroit dégagé, à un minimum de 9 m (30 pi) de distance et un maximum de 45 m (150 pi).

En premier lieu, avant d'installer un nichoir à Hirondelles noires, vérifiez si l'espèce niche dans votre région. Il ne sert à rien de dépenser énergie et argent pour constater plus tard qu'elles ne viendront jamais. Informez-vous auprès de l'Association des amateurs d'hirondelles du Québec ou de votre club d'ornithologie régional. Il faut aussi s'armer de patience avant de voir son « condo » occupé par cette espèce. Cela peut prendre jusqu'à trois années avant de les voir s'y établir.

L'Association des amateurs d'hirondelles du Québec possède un site Internet vous donnant des informations pertinentes sur l'installation de nichoirs à hirondelles noires. Vous y trouverez des plans de nichoirs et des conseils appropriés pour les installer. **http://astlq.medvet.umontreal.ca/~dcampbel/aahq/**

Hirondelle noire ♂ tenant dans son bec une libellule.

Hirondelles noires ♂ à l'entrée de leur compartiments.

Hirondelle noire ♀ rejetant le sac fécal d'un de ses petits.

Plusieurs types de nichoirs en bois ou en aluminium sont offerts sur le marché. Léger, l'aluminium constitue un matériau idéal, et il a l'avantage de garder l'intérieur frais. Ces nichoirs sont plus faciles à hisser à un mât.

Que vous décidiez d'acheter ou de construire vous-même un nichoir à Hirondelle noire, il vous faut absolument tenir compte des points suivants.

Les compartiments

Chaque nichoir doit compter au moins quatre compartiments mesurant minimalement 15 x 15 cm (6 x 6 po). Cependant, plus le compartiment est grand, plus il sera attrayant pour les oiseaux. Mais attention, il pourrait bien tenter les Étourneaux sansonnets. La hauteur des compartiments doit avoir 15 cm (6 po), et l'entrée doit être percée à 2,5 cm (1 po) du plancher et avoir un diamètre de 5 à 6,25 cm (2 à 2½ po). Il faut obstruer l'entrée et ne l'ouvrir qu'à l'arrivée des Hirondelles noires. Assurez-vous d'avoir un accès facile aux compartiments. Il peut arriver que vous soyez obligés d'enlever des nids de moineaux qui ont tendance à squatter les nichoirs.

Nichoir à Hirondelles noires inoccupé parce qu'en Estrie on ne reçoit plus la visite de ces magnifiques oiseaux.

Couple de moineaux ayant squatté un nichoir à hirondelle noire.

La hauteur du nichoir

Le mât, sur lequel est posé un nichoir, doit avoir une longueur de 5 à 6,5 m (15 à 20 pi). Vous devez pouvoir accéder facilement aux nichoirs en installant un mouvement à bascule.

La couleur du nichoir

La façade d'un nichoir doit être peinte en blanc pour que l'entrée des compartiments soit bien visible aux hirondelles. La couleur du reste du bâtiment n'a pas d'importance. Vous pouvez les peindre aux couleurs désirées. Elles n'influencent pas la colonie.

Des barrières de sécurité

Vous devez fixer une barrière de sécurité en bordure de chaque balcon pour éviter que les oisillons ne tombent du nichoir. À la fin de l'été, après le départ des hirondelles, il est important de nettoyer à l'eau claire chacun des compartiments, puis de fermer l'entrée de chacun. Pour la saison hivernale, il est conseillé de ranger le nichoir afin d'éviter l'intrusion des parasites. Au fur et à mesure que le nombre d'Hirondelles noires nicheuses augmente, vous pouvez ajouter un étage selon les besoins.

Hirondelles noires sur un balcon protégé par une barrière de sécurité.

Mouvement à bascule au pied du mat.

PLAN DE NICHOIR POUR L'HIRONDELLE NOIRE

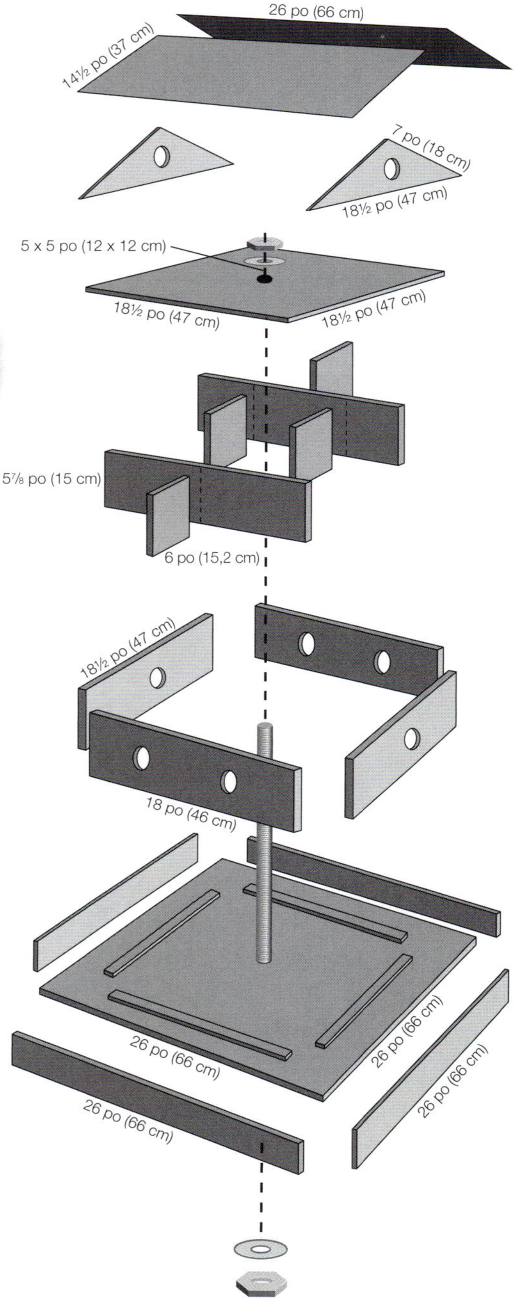

Habitats préférés de l'Hirondelle noire

- Pâturages, champs, terrains de golf
- Combinaison d'aires ouvertes et d'arbres, à la campagne ou à la ville
- À proximité de l'eau

	Diamètre de l'ouverture	Distance entre l'ouverture et le plancher	Hauteur intérieure du nichoir	Surface du plancher	Hauteur du sol ou de l'eau
Hirondelle noire	6,3 cm	2,5 cm	15 cm	15 cm x 15 cm	3 m à 6 m

LE NICHOIR À HIRONDELLE À FRONT BLANC

Il est possible d'inciter les Hirondelles à front blanc à s'établir dans votre jardin en leur offrant des nichoirs. Il faut cependant remplir certains critères.

- Il faut avoir un bâtiment ou une structure pour fixer les nichoirs. Comme c'est une espèce qui vit en colonies, il faut mettre à la disposition des oiseaux plusieurs nichoirs et l'espace suffisant pour en construire d'autres **(figure A)**.
- Comme pour les Hirondelles bicolores, il leur faut un environnement dégagé.
- Il faut qu'elles trouvent de la boue à proximité, un plastique placé dans une petite dépression et contenant de la terre glaise qu'on maintient humide fait l'affaire.

Pergola érigée pour recevoir des nichoirs d'Hirondelles à front blanc.

Hirondelles à front blanc ayant fabriqué leur nid avec de la boue sous la corniche d'une maison.

Hirondelles à front blanc ayant adopté des nichoirs artificiels installés sous la corniche d'une maison.

C

D

Pour construire un nichoir, voici comment procéder.

1 Taillez un morceau de contreplaqué de 15 cm (6 po) x 20 cm (8 po).

2 Enlevez le centre, ne laissant qu'une bordure de 2,5 à 4 cm (1 po x 1½ po) de chaque côté **(figure C)**.

3 Faites un moule *(une forme)* avec de la broche à poule que vous agrafez au centre de la bordure du contreplaqué.

4 Prenez du ciment sable et faites une pâte très épaisse. Enduisez de ciment les deux côtés de votre moule.

5 Une fois le ciment légèrement durci, faites un trou en façade à 2,5 cm (1 po) du contreplaqué. Une autre façon de faire le trou est d'incorporer une bouteille de vitre ayant un diamètre d'environ 4 cm (1½ po) dans la structure de broche et de la retirer lorsque le ciment est à peine durci **(figure D)**.

6 Laissez les quatre coins du contreplaqué libres pour pouvoir y percer un trou **(figure D)**.

7 Vissez vos nids sous la corniche **(figure B)**.

Normalement, les Hirondelles à front blanc adoptent la structure et ajustent l'ouverture au diamètre qu'elles désirent avec de la boue. Pour le nettoyage de ce nichoir, il suffit d'enlever les quatre vis, de retirer le nichoir et de nettoyer par l'ouverture au centre du contreplaqué. Installez ces nichoirs vers le milieu d'avril, si vous les aviez remisés.

Habitats préférés de l'Hirondelle à front blanc.

- Près des champs et des marais, à la campagne ou en banlieue
- Dans les granges ou les remises
- À proximité de l'eau
- Sous les ponts, près des habitations

Nichoirs distants pour permettre l'expansion de la colonie.

B

LE NICHOIR POUR LE MERLE D'AMÉRIQUE

Un nichoir pour le Merle d'Amérique n'est pas très compliqué à confectionner. Il suffit d'offrir un plateau muni d'un toit afin de protéger le nid des intempéries. On fixe le tout à un gros tronc d'arbre, sous une corniche ou sur le mur d'un bâtiment.

Il est fréquent que les merles élisent domicile près de chez vous. Il logera dans votre haie de thuyas *(cèdre)*, sous la corniche de votre toit ou encore sur une grosse branche d'arbre que vous aurez coupée quelques années auparavant. Néanmoins, il n'est pas défendu de l'inviter de manière spéciale en lui offrant un coin bien aménagé, en espérant qu'il acceptera votre invitation.

Comme pour tout nichoir, rien ne garantit son occupation dès la première année. Il faut persévérer et l'installer chaque année. Sous la corniche de son hangar, Gilles avait installé des boîtes pour Merle d'Amérique. Elles ont été boudées pendant plusieurs années, mais dernièrement, un Moucherolle phébi en a loué une pour sa nichée.

Merle d'Amérique nichant tout près d'une maison.

Merlots prêts à quitter le nid sous une pergola.

Nid de Moucherolle phébi bâti sous un toit de chalet placé au-dessus de la porte patio.

Moucherolle phébi nichant dans un nichoir pour Merle d'Amérique.

Emplacement du nichoir pour Merle d'Amérique.

PLAN DE NICHOIR POUR LE MERLE D'AMÉRIQUE

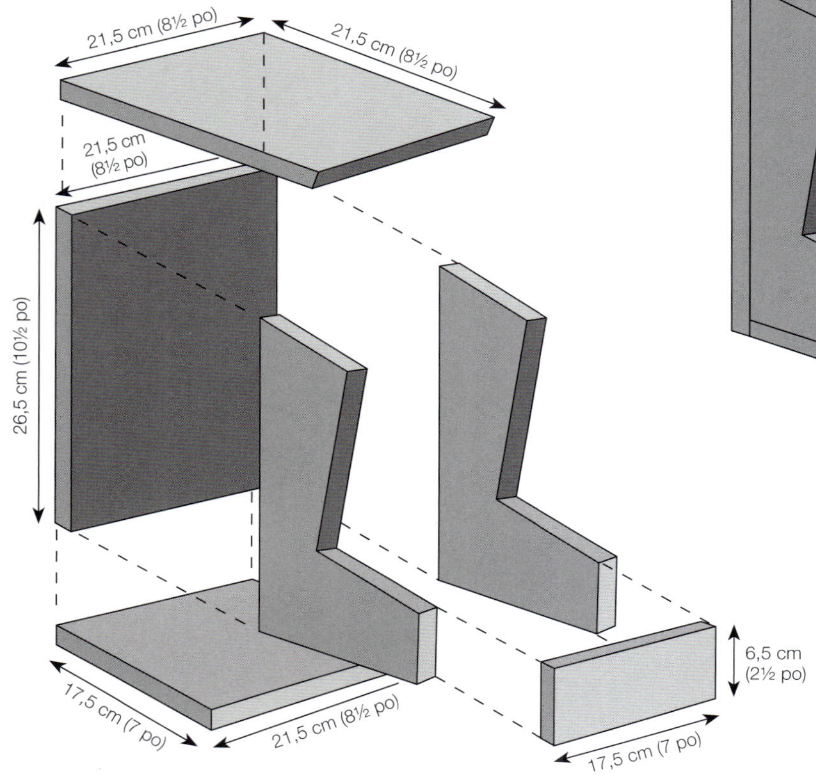

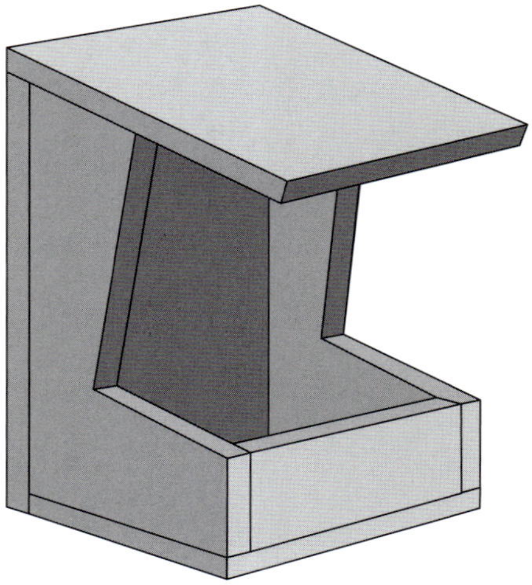

Habitats et visiteurs potentiels.

- Combinaison d'aires ouvertes et d'arbres à la campagne ou à la ville : **Merle d'Amérique**
- Dans les granges ou les remises : **Hirondelle rustique**
- À proximité de l'eau : **Moucherolle phébi**
- Sous les ponts, près des habitations : **Moucherolle phébi**

	Surface du plancher	Hauteur intérieure du nichoir	Hauteur du sol
Merle d'Amérique	15 cm x 17,5 cm	22,5 cm x 25 cm	10 cm x 10 cm
Moucherolle phébi	15 cm x 17,5 cm	20 cm x 25 cm	10 cm x 10 cm

UN NICHOIR POUR LES CANARDS

Ce ne sont pas tous les canards qui occupent des nichoirs. Plusieurs espèces nichent au sol, bien camouflées parmi la végétation. Par contre, le Canard branchu, le Harle couronné et le Garrot à œil d'or sont de ceux qui peuvent utiliser des nichoirs. Pour que votre nichoir à canards soit utilisé, il faut l'installer près d'un marais ou d'un marécage isolé, d'un lac ou d'un étang, d'une rivière ou d'un ruisseau calme, entouré d'un boisé et protégé des prédateurs.

Lorsqu'on s'engage à installer un tel nichoir, il faut assurer un suivi et faire en sorte qu'il soit bien protégé. La Société d'aménagement de la baie de Lavallière peut vous aider et vous fournir les conseils requis favorisant la venue de ces beaux oiseaux. Voici ses coordonnées :

C.P. 64, Sorel (Québec) J3P 5N6
infosabl@videotron.ca

www.slv2000.qc.ca/plan_action/phase2/impl_communautaire/communautaire/baielavalliere_f.htm

Surprise ! Le nichoir est occupé par un Harle couronné ♀ dès la première année de son installation à un marais chez Suzanne.

Canard branchu ♀ au-dessus de son nichoir.

Nichoir situé au-dessus de l'eau.

Nichoir à canards installé sur un poteau.

Famille d'Étourneaux sansonnets occupant un nichoir à canards.

Voici quelques conseils pratiques qui pourront vous aider dans la construction et l'installation de tels nichoirs.

- **Fixez un minimum de 5 à 10 nichoirs** sur des arbres matures ou des poteaux, à une hauteur de 2 à 5 m (6 à 15 pi) du sol ou d'une surface d'eau.
- **L'endroit doit être protégé des regards en forêt de feuillus** à une distance maximale de 50 à 100 m (150 à 300 pi) le plus près de l'eau.
- **L'ouverture doit être placée face à l'eau** pour que les canards puissent avoir une vue dégagée avant de s'envoler et que les petits puissent gagner l'eau le plus rapidement possible sitôt sortis du nichoir.
- **Installez les nichoirs pendant l'hiver,** la glace facilitera vos déplacements.
- **Dès le mois de mars ou au début d'avril, faites un nettoyage en règle** et ajoutez chaque année de 20 à 25 cm (8 à 10 po) de copeaux de bois au fond de chaque nichoir pour favoriser la nidification. Ne mettez jamais de bran de scie.
- **Évitez de déranger les oiseaux durant la période de nidification,** *(avril à juillet)*.

En hiver, il peut arriver que d'autres visiteurs tels que des écureuils squattent vos nichoirs, mais ils seront partis pour la période estivale. Si vous faites un nettoyage approprié, les oiseaux trouveront leur demeure prête à la mi-avril.

D'autres espèces d'oiseaux peuvent profiter de ce gîte offert si gentiment, dont le Tyran huppé, l'Hirondelle bicolore, l'Étourneau sansonnet, le Troglodyte familier, la Crécerelle d'Amérique, le Petit-duc maculé et la Petite nyctale. Il y a aussi les guêpes ou les abeilles qui peuvent s'y installer à demeure. Soyez prudents lors du nettoyage hivernal !

Bien que plusieurs modèles existent sur le marché, voici le plan d'un nichoir vertical, fait de bois teinté de gris, simple à fabriquer et ayant un bon taux de réussite de nidification. Une ouverture en ellipse de 7,5 cm (3 po) de hauteur par 10 cm (4 po) de largeur prévient la prédation par les ratons laveurs. Si les nids sont quand même piratés, il serait très utile d'y ajouter un cône anti-prédateurs *(voir p. 433)*.

PLAN DE NICHOIR POUR LES CANARDS (DE LA SABL)

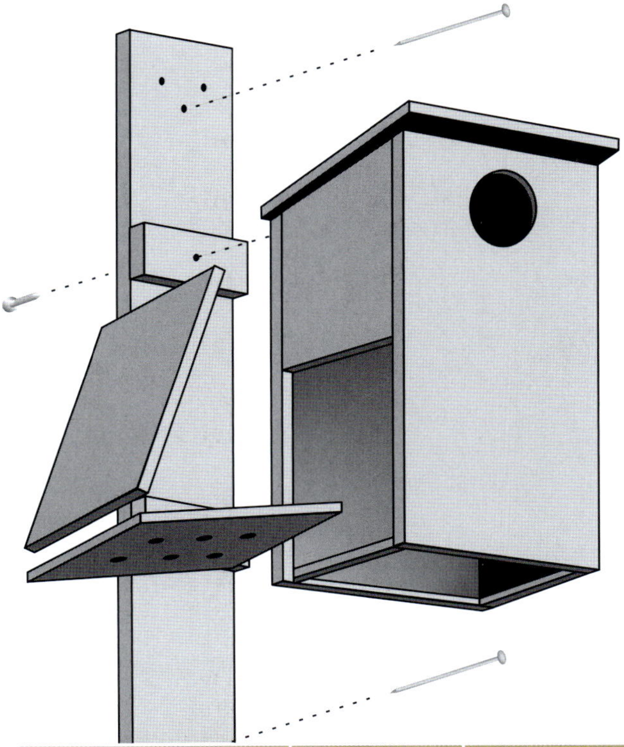

Habitats et visiteurs potentiels.

Pâturages, champs, terrains de golf : **Crécerelle d'Amérique**

Bordures de vergers, de petits bois ou de forêts : **Petit-duc maculé, Petite Nyctale, Pic flamboyant, Crécerelle d'Amérique**

Marais ou lacs forestiers, étangs et rivières bordés d'arbres : **Canard branchu, Harle couronné, Garrot à oeil d'or**

Forêts de conifères ou mixtes : **Petit-duc maculé et Petite Nyctale**

Combinaison d'aires ouvertes et d'arbres à la campagne ou à la ville : **Petit-duc maculé, Pic flamboyant**

À proximité de plans d'eau ou de cours d'eau : **Petite Nyctale**

	Diamètre de l'ouverture	Distance entre l'ouverture et le plancher	Hauteur intérieure du nichoir	Surface du plancher	Hauteur du sol ou de l'eau
Petit-duc maculé	6,3 cm	25 cm à 30 cm	38 cm à 45 cm	15 cm x 15 cm	1,5 m à 6 m
Petite Nyctale	6,3 cm	25 cm à 30 cm	38 cm à 45 cm	15 cm x 15 cm	1,5 m à 6 m
Pic flamboyant	6,3 cm	25 cm à 30 cm	38 cm à 45 cm	15 cm x 15 cm	1,5 m à 6 m
Crécerelle d'Amérique	7,5 cm	25 cm à 30 cm	35 cm à 45 cm	20 cm x 20 cm	4,5 m à 9 m
Canard branchu*	7,5 cm x 10 cm	40 cm à 45 cm	60 cm à 65 cm	25 cm x 25 cm	1,2 m à 15 m
Harle couronné*	7,5 cm x 10 cm	40 cm à 45 cm	60 cm à 65 cm	25 cm x 25 cm	1,2 m à 15 m
Garrot à oeil d'or*	8,8 cm x 11,3 cm	40 cm à 45 cm	60 cm à 65 cm	25 cm x 25 cm	1,2 m à 15 m

* La forme elliptique prévient la prédation par les ratons laveurs de plus de 4,5 kg. Placez l'ouverture face à l'eau pour les canards.

OISEAUX FRÉQUENTANT LES NICHOIRS ET TEMPS DE COUVAISON

Espèce	Photo	Temps de couvaison	Oisillons au nid
Hirondelle bicolore		13 à 16 jours	18 à 22 jours
Hirondelle rustique		11 à 19 jours	18 à 23 jours
Merlebleu de l'Est		13 à 15 jours	17 à 18 jours
Merle d'Amérique		11 à 14 jours	14 à 16 jours
Mésange à tête noire		12 à 13 jours	16 jours
Moucherolle phébi		15 à 17 jours	15 à 17 jours
Pic mineur		12 jours	28 à 30 jours

LES INVENTIONS DE GILLES POUR ÉVITER LES PROBLÈMES AUX NICHOIRS

Depuis quelques années, j'ai radicalement transformé la majorité de mes nichoirs. En 2005, j'ai vécu une situation qui m'a brisé le cœur. Pour la première fois, j'avais une nichée de Merlebleus de l'Est. Malheureusement, elle ne s'est pas rendue à terme.

J'en ai donc cherché la cause. Les petits sont tous morts après trois jours de chaleur intense. J'ai alors entrepris une étude poussée des températures intérieures sur divers types de nichoirs en les équipant de thermomètres enregistrant quotidiennement les températures minimales et maximales et en les plaçant tous dans les mêmes conditions pour pouvoir comparer les résultats. J'ai été très surpris de constater que les températures pouvaient atteindre les 45 °C dans les nichoirs conventionnels munis de quelques trous seulement sous le toit.

En revanche, ceux que j'avais construits avec une ventilation contrôlée maintenaient une température de quelques degrés seulement supérieure à celle de la journée. Les nichoirs équipés d'un double toit enregistraient toujours quant à eux une température inférieure à celle de la journée. Il n'en fallait pas plus pour changer complètement la conception de mes nichoirs. Les merlebleus sont revenus, les hirondelles nichent à moins de 20 m l'une de l'autre et les mésanges ont adopté plusieurs types de ces nichoirs. Je vous ferai la description de certains de ceux qui semblent faire le bonheur de mes petits protégés.

Mais auparavant, j'aimerais vous livrer quelques observations qui me semblent pertinentes, vous faire quelques suggestions et vous guider dans la construction et l'installation de vos nichoirs. En tenant compte de ces critères, j'obtiens de bons résultats.

Merlebleu de l'Est ♀ en période de nidification.

Merlebleu ♂ offrant un ver à sa ♀.

Merlebleu dans un nichoir grillagé neuf.

Nichoir de pin sur bois naturel choisi par une hirondelle pour élever sa famille.

Nichoir fait avec un contreplaqué qui commence à s'effeuiller. Il faut d'ailleurs éviter de mettre un perchoir, car il peut attirer les moineaux.

Façade à changer en raison du trou agrandi par un pic.

- **Les oiseaux semblent préférer les cabanes neuves.** J'en installe donc quelques-unes chaque année et j'élimine les plus vieilles.
- **Les nichoirs sans teinture ni peinture semblent avoir la préférence.** Je les laisse donc sur le bois naturel.
- **Le pin est mon essence de bois préférée.** Il se travaille très bien, on le trouve facilement sur le marché et il est presque sans odeur. **Évitez le bois aromatique,** car les oiseaux n'aiment pas nicher dans un coffre de cèdre! **Le contreplaqué est à déconseiller aussi,** car il s'effeuille avec le temps et laisse parfois échapper des vapeurs et odeurs de colle, lorsque le soleil le surchauffe.
- **Pour assembler les pièces d'un nichoir, utilisez des vis et non des clous.** Il est fréquent de devoir remplacer une pièce qui a fendillé ou qui a subi des dommages causés par les rongeurs ou les pics.

Trois mesures sont importantes dans la fabrication d'un nichoir:

1- la superficie du plancher
2- le diamètre de l'entrée
3- la distance entre l'ouverture et le plancher

Ces mesures sont propres à chaque espèce; vous les trouverez dans le tableau de la page 214. Sachez qu'un

Nettoyage et désinfection des nichoirs.

Remisage des nichoirs pour l'hiver.

nichoir trop grand n'est pas prisé par les oiseaux, car ils auraient à y amener beaucoup de matériel pour faire leur nid. Dans un nichoir trop petit, les oisillons risquent de s'empiler les uns sur les autres et de suffoquer.

- Habituellement, les oiseaux recherchent leur lieu de nidification et travaillent à la construction de leur nid en matinée. **Il est donc important que l'ouverture du nichoir soit bien visible, face au soleil, à cette période de la journée.**
- **Évitez de visiter les nichoirs inutilement** lorsque des oiseaux se sont installés. Ils ont besoin de tranquillité et ils pourraient abandonner le nid si on les stresse régulièrement. Si, pour une raison quelconque, vous devez ouvrir un nichoir, faites-le délicatement et par le haut seulement. Choisissez, si cela est possible, un moment où la femelle est hors du nid. Il est fréquent de voir les adultes abandonner le nid pour quelques jours. On peut parfois penser que la couvaison a commencé alors qu'il n'en est rien. **De grâce, évitez d'éliminer des œufs** en pensant que la femelle a abandonné le nid. Installez plutôt un deuxième nichoir tout près, si vous avez des doutes sérieux.

Note : Lorsque vous repérez le nid d'un oiseau n'utilisant pas un nichoir, évitez d'aller le visiter et de déplacer les branches qui le camouflent. On peut rarement les replacer exactement comme elles étaient et c'est presque à coup sûr, une nichée livrée aux prédateurs.

- **On doit nettoyer tout nichoir, une fois les petits envolés.** Le plus tôt possible est le mieux, car il est fréquent de voir le Merlebleu de l'Est utiliser le même pour une deuxième couvée, ou encore de voir la mésange s'installer, à la fin juin, dans un nichoir ayant servi au printemps.
- **À la fin d'août, je vous suggère de retirer les nichoirs,** de les nettoyer à fond et de les remiser pour l'hiver. Voici ma façon de faire :
  1- Je les nettoie au pulvérisateur à pression.
  2- Je dévisse les nichoirs de leur poteau.
  3- Je les plonge quelques minutes dans une boîte de rangement remplie d'eau à laquelle j'ai ajouté une tasse d'eau de Javel.

Troglodyte familier avec un matériau qu'il apporte au nid.

4- Je les range tout grand ouvert au plafond de mon hangar.
5- Il ne faut pas utiliser ce procédé au printemps car il faut quelques mois pour faire disparaître l'odeur chlorée.

- **Si vous avez le Troglodyte familier dans votre cour, il est probable que vous ayez par la suite beaucoup de difficultés à y faire nicher d'autres espèces.** Il est un superbe chanteur, mais le mâle est un constructeur de nids infatigable. Il remplit toutes les cabanes à sa disposition et il vide souvent le nid des autres espèces en leur absence.

Trio de trois nichoirs à troglodyte.

Il est très prolifique. La femelle pond de cinq à sept œufs par couvée et il n'est pas rare de la voir élever trois nichées durant une saison. Je réussis à contrôler ses ardeurs en lui offrant plusieurs nids *(un groupe de trois)* que je place à quelques mètres l'un de l'autre. Il y en a un que je laisse à la femelle, et je vide les deux autres régulièrement aux deux ou trois jours. Comme le mâle s'occupe à remplir à répétition ces deux nichoirs, les autres espèces ont normalement le temps de s'établir dans les nichoirs plus éloignés. Pour limiter la prolifération, dès la mi-juillet, je ferme ou je retire les nichoirs vides.

- Plusieurs espèces peuvent utiliser un même type de nichoir. **C'est le diamètre de l'ouverture qui détermine les occupants potentiels.** Il est fréquent de voir le troglodyte ou la mésange occuper une maisonnette destinée au merlebleu ou à l'hirondelle. L'inverse n'a pas lieu, puisque le trou des nichoirs qui leur sont destinés est inférieur à 4 cm (1½ po). Si vous achetez un nichoir, ne vous fiez pas à la publicité qui l'accompagne mais plutôt au diamètre de l'ouverture.

Nichée de Mésanges à tête noire dans un nichoir de merlebleu.

- **Installez un perchoir** au-dessus de chaque nichoir. Il est régulièrement utilisé par les oiseaux comme poste d'observation pour défendre leur nid et pour s'accoupler.
- **Installez un double toit à vos nichoirs.** Il en réduit de façon surprenante la température intérieure.
- Si, pour une raison quelconque, vous pensez ouvrir le nichoir pendant son occupation, assurez-vous de l'ouvrir par le dessus. **Évitez toute vérification en ouvrant un côté,** car il est presque impossible de voir l'intérieur du nid sans utiliser ses mains pour déplacer les matériaux, **un geste à déconseiller fortement**. La femelle pourrait sortir en état de panique, et si les oisillons sont à quelques jours de quitter le nid, vous pouvez provoquer une sortie prématurée et fatale pour eux. La façon de faire la plus sécuritaire pour l'oiseau est une vérification en plongée, et elle ne peut se faire que par le haut. Si la femelle est blottie au fond du nid, **ne tentez pas de la déplacer**. Très souvent, durant la couvaison, elle est léthargique au point qu'on peut penser qu'elle est morte. Refermez délicatement le toit du nichoir et retirez-vous en douce.

Nichoir à deux ouvertures.

Une femelle merlebleu surveille les insectes au sol, alors que son petit attend la nourriture sur le perchoir.

Mise en garde: Plusieurs nichoirs et mangeoires offerts sur le marché ne conviennent pas nécessairement aux oiseaux. Ils sont très esthétiques, mais leur entretien est difficile et ils sont souvent inadéquats et peu attrayants pour eux. Les oiseaux ne regardent ni la couleur ni l'architecture. À moins de vouloir à tout prix un objet décoratif, évaluez plutôt leurs besoins.

Nichoir à déconseiller en raison de ses deux trous, de sa bordure, de l'ouverture trop basse...

DIFFÉRENTS TYPES DE NICHOIRS

LE NICHOIR À VENTILATION CONTRÔLÉE POUR L'HIRONDELLE BICOLORE

Pièce A: Coupez une pièce de 24,7 cm x 11 cm x 2 cm (9⅞ po x 4⅜ po x ¾ po) et enlevez une pointe de façon à obtenir un côté à 24,7 cm (9⅞ po) et l'autre à 20,3 cm (8 po). Le sommet de cette pièce vous donnera une pente de 25 degrés. Faites une rainure de 0,5 cm (3⁄16 po) de large et d'une profondeur de 1 cm (⅜ po) à 0,7 cm (¼ po) du bord sur le côté le plus court.

Pièce B: Identique à la pièce A, à l'exception de la rainure qui doit être à l'opposé pour faire la paire.

Pièce C: Coupez une pièce de 14 cm x 21 cm x 2 cm (5½ po x 8¼ po x ¾ po). Le sommet doit être coupé à 25 degrés sur son épaisseur, de façon à obtenir 21 cm (8¼ po) sur la face la plus longue.

Pièce D: Coupez une pièce de 14 cm x 26,7 cm x 2 cm (5½ po x 10½ po x ¾ po). Le sommet doit être également coupé à 25 degrés sur l'épaisseur. Percez un trou de 3,8 cm (1½ po) dont le centre est à 17,7 cm (7 po) du bout coupé à 90 degrés. Faites cinq ou six rainures horizontales distantes de 1,3 cm (½ po) et d'une profondeur d'environ 0,3 cm (⅛ po) en dessous du trou. Elles permettent aux oiseaux de s'agripper pour atteindre l'ouverture.

Pièce E: Coupez un morceau de préfini de 11,5 cm x 11,5 cm x 0,3 cm (4½ po x 4½ po x ⅛ po).

Pièce F: Coupez un morceau de 10 cm x 10,5 cm x 2 cm (4 po x 4⅛ po x ¾ po) et coupez légèrement les coins pour permettre le drainage du nichoir.

Pièce G: Coupez une pièce de 21,5 cm x 26,7 x 2 cm (8½ po x 10½ x ¾ po) pour le toit.

Pièce H: Coupez une pièce de 4 cm x 2 cm x 21,5 cm (1½ po x ¾ po x 8½ po). Cette pièce est facultative, mais elle empêche le toit d'arrondir.

Pièce I: Coupez deux pièces de 2,5 cm x 2 cm x 16,8 cm (1 po x ¾ po x 6⅝ po) coupées à chaque bout à un angle de 25 degrés, mais en sens inverse l'un de l'autre, et faites une entaille au centre d'environ 1,7 cm (⅝ po) de long.

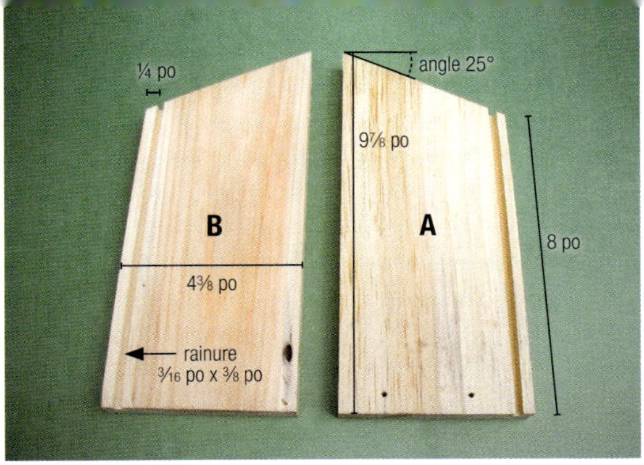

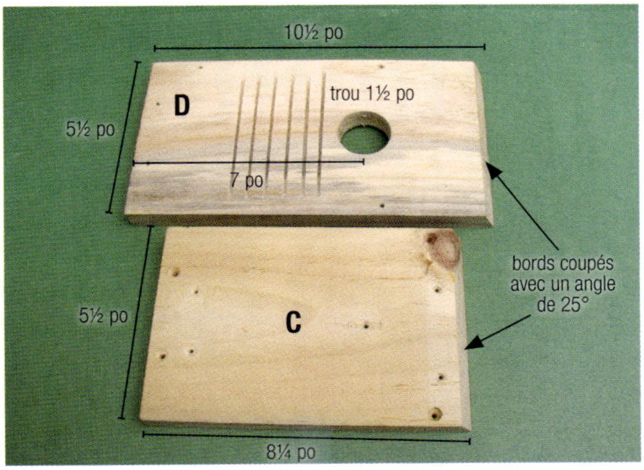

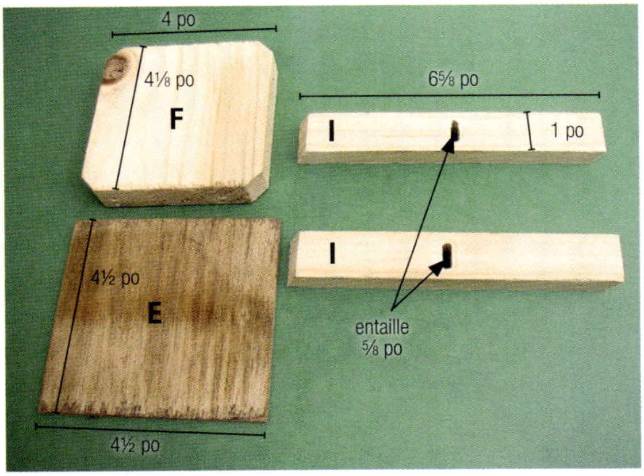

Assemblage

1 À l'aide de vis, fixez le côté A à la façade D, puis vissez le fond F à ces deux pièces.

2 Vissez le dos C au côté A, puis insérez le côté B entre les pièces C et D. La pièce B est maintenue en place par deux vis seulement, situées à 19 cm (7½ po) du bas. Ainsi, on pourra ouvrir le nichoir par ce côté pour faciliter le nettoyage.

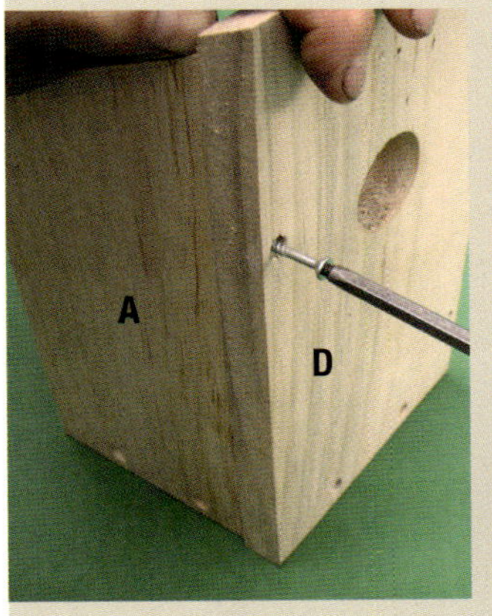

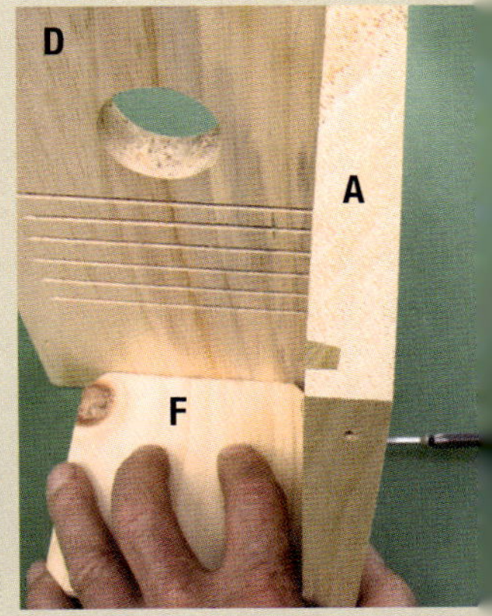

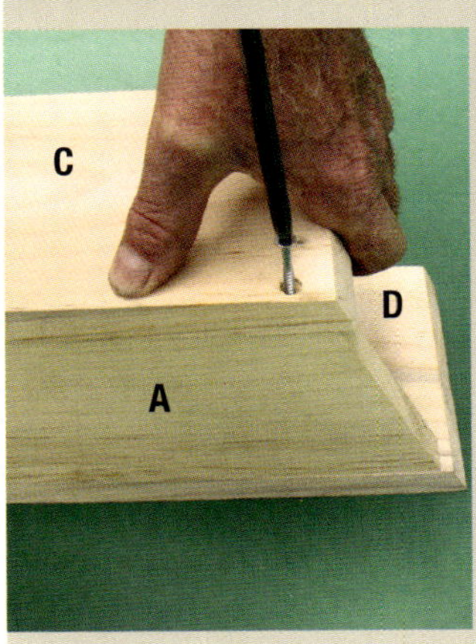

3 Pour maintenir ce côté fermé, il suffit de percer un trou de 0,3 cm (⅛ po) à angle traversant la façade D et entrant un peu dans la pièce B, et insérer un clou de finition. En le retirant, on peut faire basculer le côté vers le haut.

4 Vous pouvez maintenant visser le dos C au fond F par deux vis, sans trop serrer, car le dos n'appuie pas sur le fond. Un espace de 0,7 cm (¼ po) est prévu pour permettre l'entrée d'air frais dans le nichoir.

5 Pour le toit G, vissez la pièce H au toit à 2,5 cm (1 po) du bord. Installez-le sur votre nichoir à l'aide d'une penture piano que l'on visse sur les pièces G et C.

6 Vissez ensuite les deux pièces I de chaque côté sur le toit G, de façon à pouvoir les glisser pour fermer ou ouvrir l'aération du haut du nichoir. Un petit crochet à l'avant maintiendra le toit fermé.

7 Sous le nichoir, de chaque côté de la prise d'air, fixez une bandelette de velcro. Vous pourrez ouvrir ou fermer à volonté. Glissez la pièce E dans les rainures.

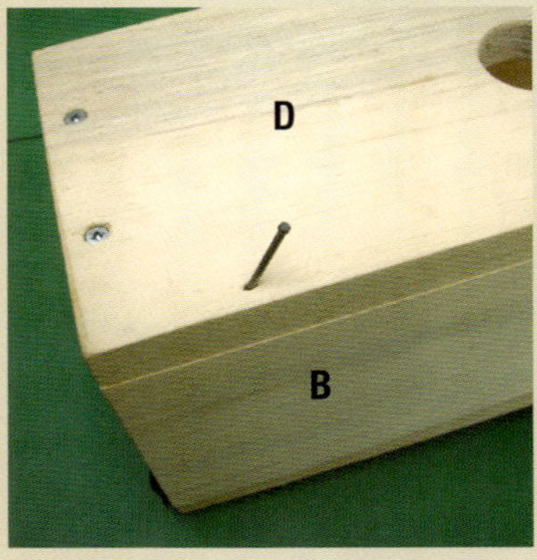

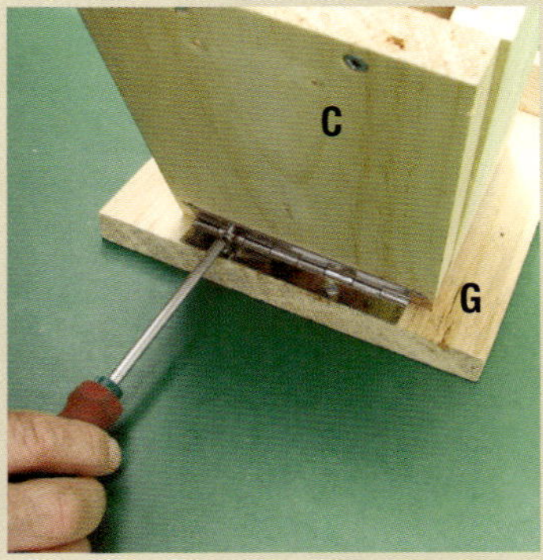

Quelques conseils

- **Le printemps, par temps frais, laissez le bas et le haut fermés.** Les oiseaux ont besoin de chaleur. N'ouvrez que lorsque les températures atteignent 25 °C. Si une période de froid survient, vous pouvez aller refermer.
- **Il est possible de percer deux trous à l'avant** pour permettre une alimentation de deux oisillons à la fois. Il est préférable, par contre, de fermer la deuxième ouverture jusqu'à une semaine après la naissance des petits. Lorsque les oiseaux choisissent leur nichoir, ils semblent opter davantage pour un logement à une seule ouverture.
- Un nichoir pour hirondelle bicolore devrait toujours être placé de façon à avoir **un milieu bien dégagé en façade.**

Deux hirondeaux attendant la becquée.

Nichoir à aération contrôlée avec deux trous d'alimentation.

LE NICHOIR GRILLAGÉ POUR MERLEBLEU DE L'EST

Ce nichoir, très facile à réaliser, a été conçu en premier lieu pour le Merlebleu de l'Est. En milieu naturel, le nid de ce dernier est très éclairé, ce qui semble déplaire à plusieurs espèces comme le moineau, par exemple. Je voulais donc expérimenter un nichoir répondant à ce critère. Le merlebleu l'a immédiatement adopté, mais j'ai eu la surprise de le voir également occupé par les hirondelles et les mésanges. Comme je n'ai pas de moineaux chez moi, j'ai installé quelques nichoirs chez des gens qui se plaignaient de leur présence. Les moineaux les ont visités, mais n'y ont jamais établi domicile. En revanche, les hirondelles et les mésanges y ont niché. Ce type de nichoir semble donc prometteur et mérite que l'on pousse l'expérimentation plus loin.

Plusieurs pièces de ce nichoir sont identiques à celles du nichoir à ventilation contrôlée *(Hirondelle bicolore, voir p. 232)*. Nous présentons donc ici seulement les différences. Les grilles et plexiglas peuvent être encastrés **(modèle A)** ou posés à l'extérieur **(modèle B)**. Voir les pièces requises et leurs dimensions à la page suivante.

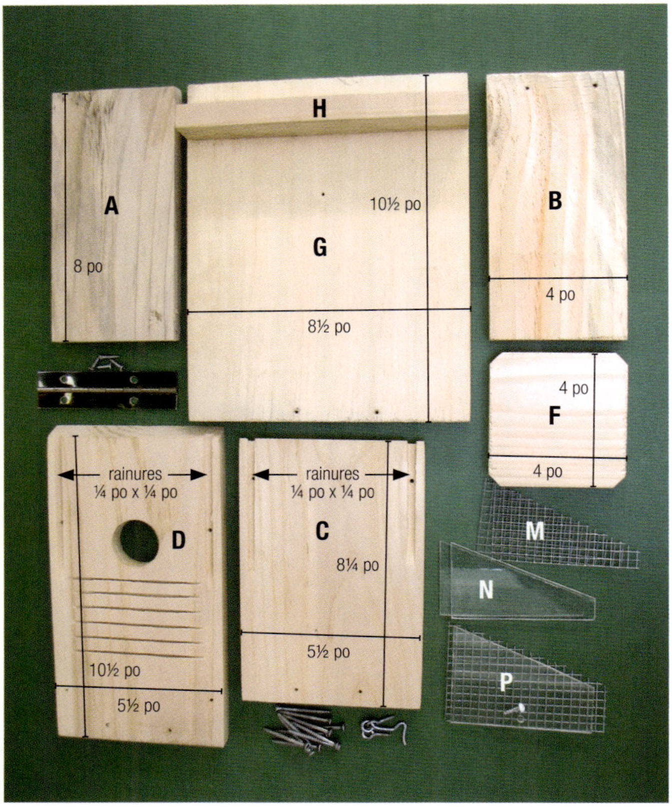

Pièces C et D : Identiques aux pièces C et D du nichoir à ventilation contrôlée, sauf qu'il faut ajouter sur chaque côté intérieur, une rainure de 0,7 cm x 0,7 cm (¼ po x ¼ po) à 0,7 cm (¼ po) du bord. Ces rainures partent du sommet des pièces pour se terminer à environ 15 cm (6 po) du bas. Elles sont nécessaires pour le *modèle A*, mais non pour le *modèle B*.

Pièce F : Coupez une pièce de 10 cm x 10 cm x 2 cm (4 po x 4 po x ¾ po).

Pièce G et H : Identiques aux pièces G et H du nichoir à ventilation contrôlée.

Pièces M : Taillez des grilles à carreaux de 0,7 cm x 0,7 cm (¼ po x ¼ po) pour les insérer dans les rainures *(modèle A)*.

Pièces N : Taillez des plexiglas de même dimension que les pièces M.

Pièces A et B : Coupez deux pièces identiques de 10 cm x 20 cm x 2 cm (4 po x 8 po x ¾ po. Faites une rainure de 0,7 x 0,7 cm (¼ x ¼ po) à un des bouts de chacune de ces deux pièces *(modèle A)*. Ne rainurez pas pour le *modèle B*.

Pièces P : Les pièces P1 *(plexiglas)* et P2 *(grilles)* sont de même dimension. Elles doivent excéder suffisamment l'ouverture du sommet du nichoir pour pouvoir les fixer aux pièces C et D *(modèle B)*.

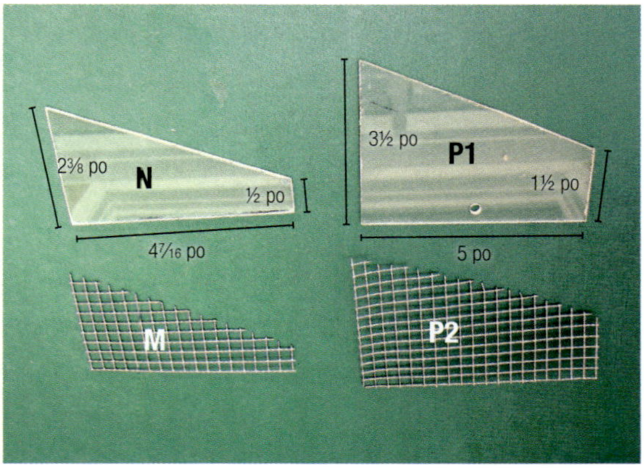

ASSEMBLAGE

Modèle A

1 Assemblez les pièces A, C, D et F en suivant les mêmes procédures que pour le nichoir à ventilation contrôlée.

2 Insérez le côté B entre les pièces C et D, et fixez-le à l'aide d'une vis de chaque côté, à 15,8 cm (6¼ po) de la base. Le bas de la pièce B est retenu par un clou de finition *(voir le nichoir à ventilation contrôlée)*.

3 Assemblez le toit à l'aide de la charnière aux pièces C et G *(voir le nichoir à ventilation contrôlée)*. Installez le crochet *(voir nichoir à ventilation contrôlée)*.

4 Glissez la grille et le plexiglas dans les rainures. Lorsque la température sera suffisante (25 °C), retirez les plexiglas.

Modèle B

1 À l'aide d'une agrafeuse, fixez les grilles de chaque côté sur les pièces D et C seulement.

2 Superposez les plexiglas aux grilles et fixez-les sur les pièces A et B à l'aide d'une vis seulement.

Lorsque les températures atteignent 25 °C, ouvrez les trappes d'aération. Pour cela, il suffit de lever le toit, de desserrer la vis et de faire pivoter le plexiglas de 180 degrés. Vous obtenez un nichoir très prisé par les oiseaux.

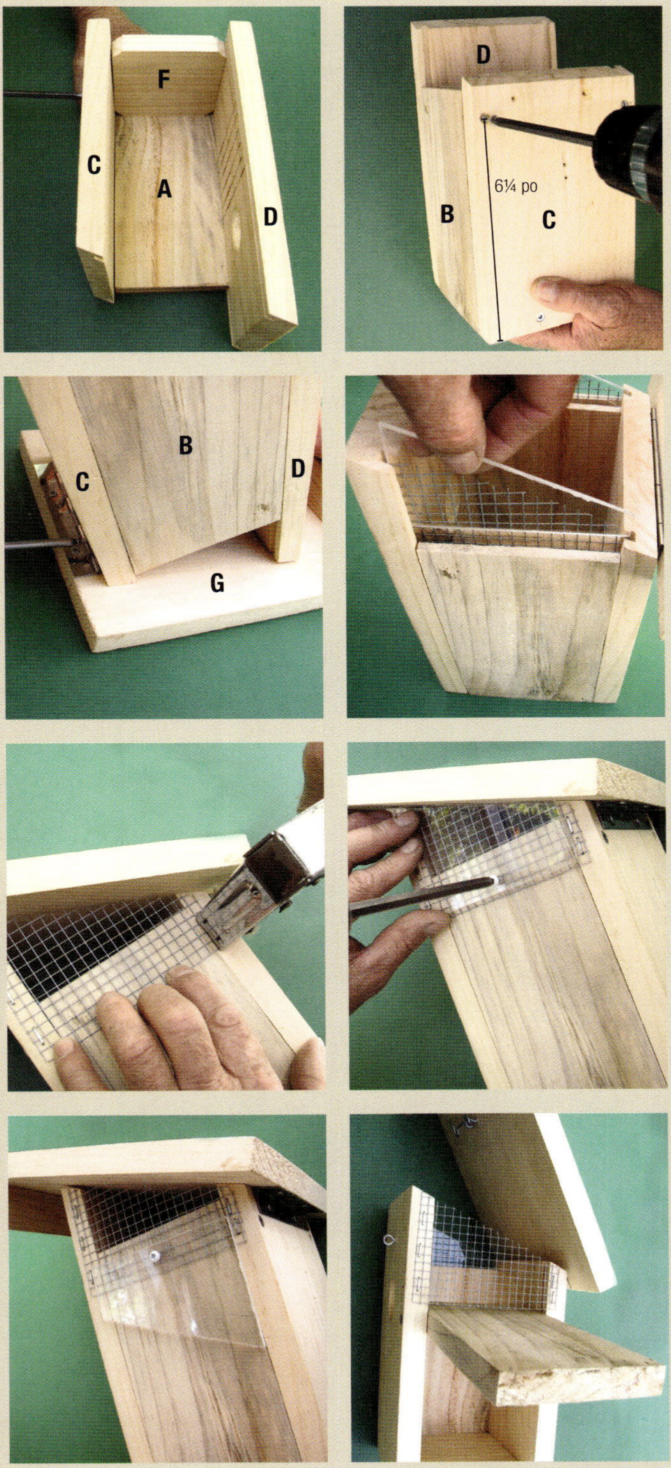

Pour ouvrir le côté du nichoir, retirez complètement le plexiglas.

Quelques conseils

- **À l'arrivée du temps chaud, enlevez le plexiglas du côté opposé aux vents dominants,** et si la chaleur persiste, vous pourrez faire de même pour l'autre côté.
- **Si vous destinez ce nichoir aux hirondelles ou aux mésanges,** de petits morceaux de préfini peuvent remplacer avantageusement le plexiglas. Par contre, si les moineaux sont présents dans votre cour, il est préférable d'employer le plexiglas.
- **Si vous désirez attirer le Merlebleu de l'Est,** placez au pied de ce nichoir un plat contenant des vers de farine et changez-les quotidiennement. Lorsque celui-ci fera la tournée des nichoirs pour s'installer, il trouvera la source de nourriture et adoptera fort probablement ce nichoir.
- **Sifflez chaque fois que vous lui offrez des vers.** Il associera rapidement le sifflement à la nourriture, et il répondra très bien à l'appel. Vous aurez peut-être la chance, comme chez moi, de voir parents et petits venir chercher leur ration de vers chaque matin, durant plusieurs semaines, après avoir quitté le nid.
- **Le merlebleu aime bien utiliser des perchoirs pour repérer les insectes au sol.** En plus de celui qui est fixé sur le nichoir, ajoutez-en quelques-uns de place en place, sur votre propriété. Le merlebleu semble apprécier davantage une pelouse pas trop longue et des espaces bien dégagés. Tenez-en compte pour placer votre nichoir.
- **Le merlebleu arrive plus tôt que l'Hirondelle bicolore.** Placez votre nichoir vers la fin de mars. Notez aussi que dans le **sud du Québec** il faut prévoir installer le nichoir à la **mi-mars**.

Oisillons Merlebleu de l'Est.

Oisillons Hirondelle bicolore.

LE DOUBLE TOIT

Voici les étapes pour réaliser un double toit.

1 Prenez une pièce de bois A de 6 cm x 30 cm x 3,2 cm (2½ po x 12 po x 1¼ po).

2 Sur la longueur au centre de la pièce A, faites une rainure de 2,3 cm (⅞ po) de large et de 1,5 cm (⅝ po) de profond, comme le montre la **figure A**, pour pouvoir la glisser aisément dans le toit du nichoir.

3 Vissez une plaque de bois B *(préfini ou revêtement mural, etc.)* de 30 cm x 28 cm (12 po x 11 po) sur la pièce A et sur une pièce C de 30 cm x 2 cm x 2 cm (12 po x ¾ po x ¾ po). Installez votre double toit sur le nichoir.

4 De chaque côté du toit du nichoir, vissez sur la pièce C du double toit un crochet en L (D). Tournés vers l'intérieur sous le toit du nichoir, ces deux crochets maintiendront en place le double toit **(figure B)**. Il est préférable de décentrer le double toit pour faire ombrage au nichoir davantage du côté sud.

C

LE PERCHOIR POUR NICHOIR

Voici une façon simple et rapide de réaliser un perchoir et de l'installer sur un nichoir.

1. Prenez un tuyau CPVC (C) de 1,3 cm (½ po) de diamètre x 61 cm (24 po) de long.
2. Percez un trou de 0,7 cm (¼ po) à 1,3 cm (½ po) à l'un des bouts.
3. Insérez un goujon de 0,7 cm (¼ po) d'une longueur de 15 cm (6 po). Centrez le goujon et barrez-le avec une vis le traversant au centre du tuyau **(figure A)**.
4. À l'autre bout du tuyau (C), percez un premier trou de 0,5 cm (3/16 po) à 2,5 cm (1 po) du bout et un second à 12,8 cm (5 po) du premier. Ces deux trous sont alignés mais perpendiculaires au goujon.
5. Insérez dans chacun des trous une vis de 9 cm (3½ po).
6. Enfilez sur chaque vis un tuyau CPVC (A et B) de 1,3 cm (½ po) de diamètre et d'une longueur de 5,5 cm (2⅛ po) **(figure B)**. Vissez le perchoir au dos du nichoir **(figure C)**. Le but des tuyaux A et B est d'éloigner le perchoir du nichoir pour permettre l'ouverture du toit même s'il est muni d'un double toit.

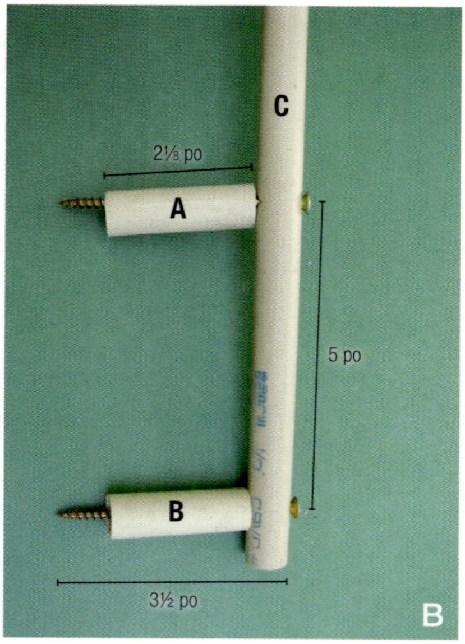

B

A

LE PERCHOIR DE SOL

Vous pouvez utiliser des tuyaux métalliques ou de CPVC de 1,3 cm ou 2 cm (½ po ou ¾ po).

1 Installez le goujon 0,7 cm (¼ po) au bout du tuyau comme décrit dans le perchoir pour nichoir à la page opposée **(figure A)**. La longueur des perchoirs de sol est d'environ 2,40 m (8 pi) **(figure B)**.

2 Pour les maintenir à la verticale, utilisez une tige d'armature d'environ 1 m (3 pi) de long **(figure A)**.

3 Enfoncez-la dans le sol sur une longueur de 30 cm (1 pi) **(figure D)**. Enfilez alors le tuyau sur le 60 cm (2 pi) dépassant le niveau du sol **(figures B et D)**.

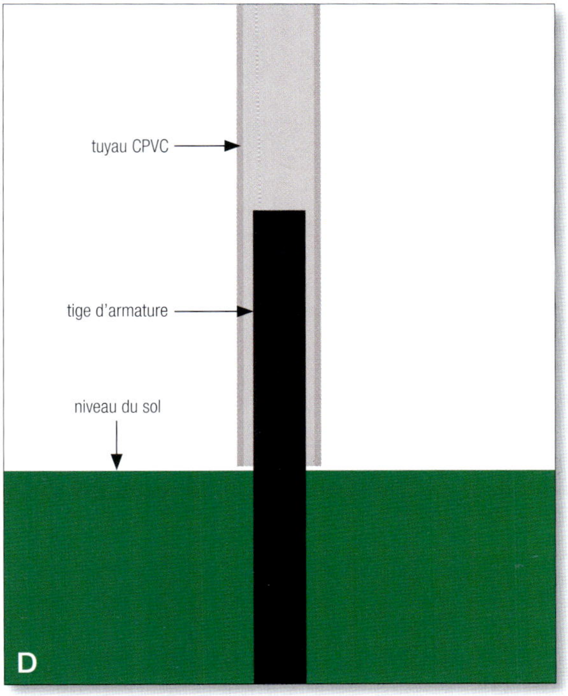

Tige d'armature de perchoir de sol.

Perchoir de sol.

Merlebleu de l'Est sur un perchoir de sol.

Troglodyte familier.

LE NICHOIR À TROGLODYTE

Ce nichoir est construit pour pouvoir le vider de son contenu rapidement. Comme le plancher se glisse, on a accès à l'intérieur par le dessous. Chez moi, il n'est choisi que par le troglodyte. Le diamètre du trou d'entrée étant de 2,5 cm (1 po), il limite beaucoup les espèces pouvant s'y installer. Lorsque la femelle a choisi son nichoir, on peut occuper le mâle à remplir les nichoirs voisins en les vidant alternativement à mesure qu'il les remplit, pour éviter qu'il s'en prenne à ceux qui sont destinés aux autres espèces.

MATÉRIAUX

- 2 pièces de bois (A et B) de 15,2 cm x 15,2 cm x 2 cm (6 po x 6 po x ¾ po)
- 2 pièces de bois (C et D) de 9,5 cm x 14 cm x 2 cm (3¾ po x 5½ po x ¾ po)
- 1 pièce de bois (E) de 19,7 cm x 24 cm x 2 cm (7¾ po x 9½ po x ¾ po)
- 1 pièce de bois (F) de 19,7 cm x 19 cm x 2 cm (7¾ po x 7½ po x ¾ po)
- 1 pièce de bois (G) de 9 cm x 14 cm x 0,7 cm (3½ po 5½ po x ¼ po)
- 2 pièces de bois (I et H) de 1,3 cm x 15 cm x 0,7 cm (½ po x 6 po x ¼ po)
- 2 équerres en L
- 1 crochet
- Vis n° 8 de 3,8 cm (1½ po)
- Vis n° 6 de 2,5 cm (1 po)

Préparation des pièces

1. Coupez une pointe des pièces A et B de façon à obtenir des côtés adjacents de 13,6 cm (5⅜ po), comme l'indique la photo.

2. Coupez la pointe opposée de chacune des pièces pour obtenir les côtés adjacents à 8,6 cm (3⅜ po).

3. Percez un trou de 2,5 cm (1 po) dans la pièce (B) pour que le bas du trou soit à 10 cm (4 po) du plancher.

4. Faites quelques traits de scie dans la pièce B sous le trou d'entrée, pour permettre aux oisillons de s'agripper.

5. Rainurez de 0,7 cm (¼ po) de large x 1 cm (⅜ po) de profond les pièces C et D sur un des côtés les plus longs, de façon à pouvoir glisser facilement vos languettes H et I dans ces rainures.

6. Coupez les côtés les plus longs de la pièce G à 45 degrés.

7. Percez dans la pièce G quelques trous d'égouttement.

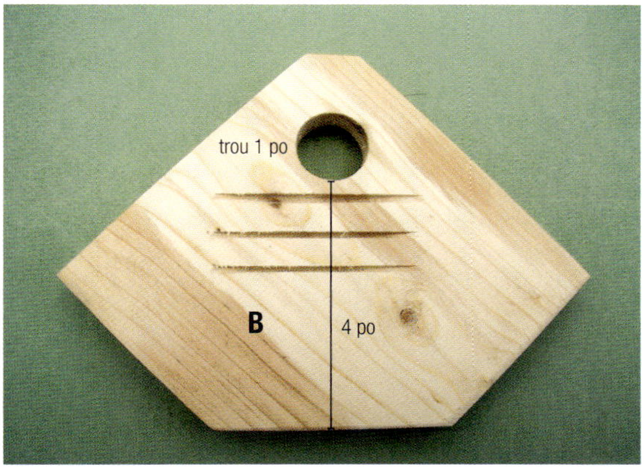

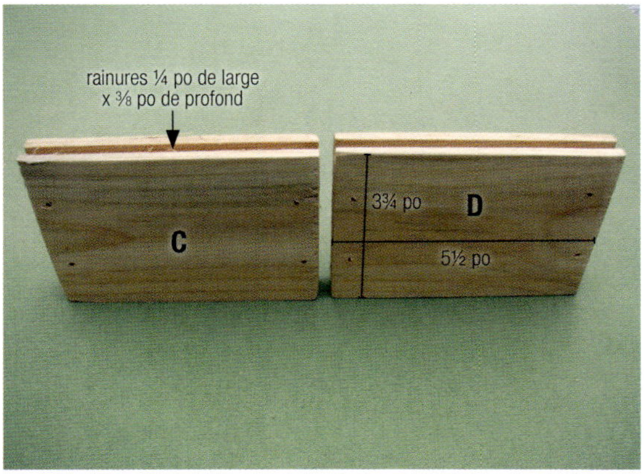

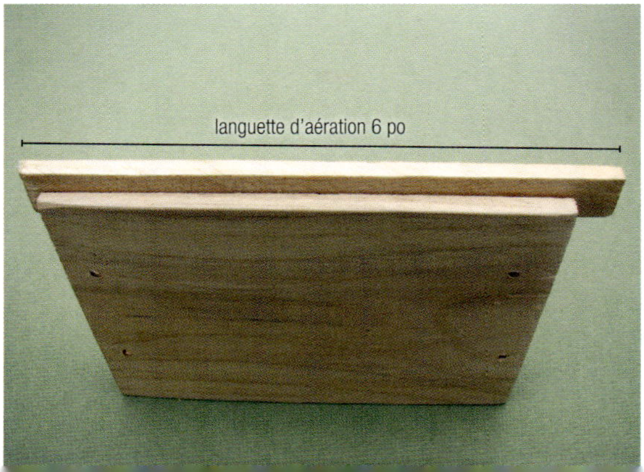

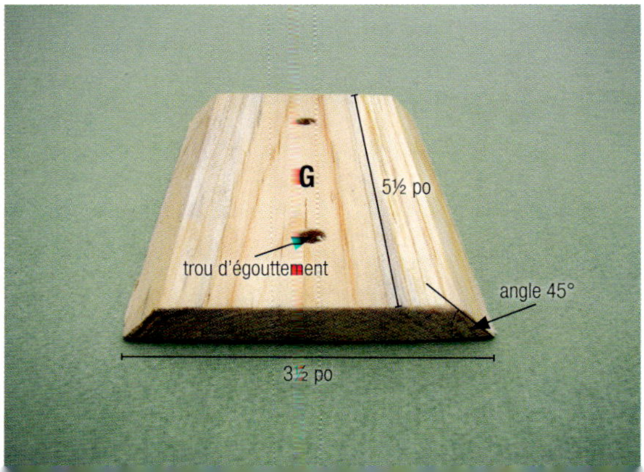

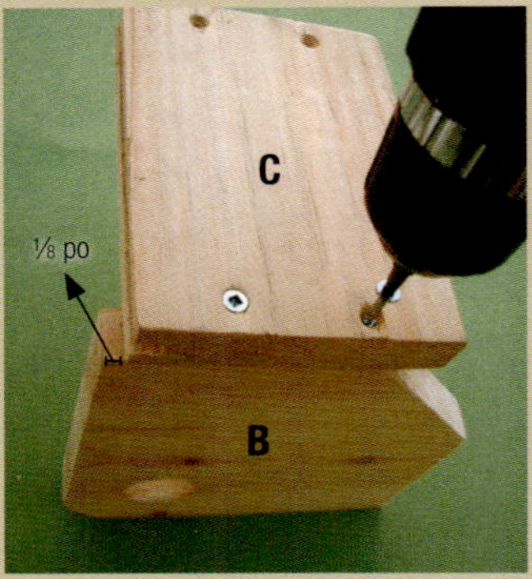

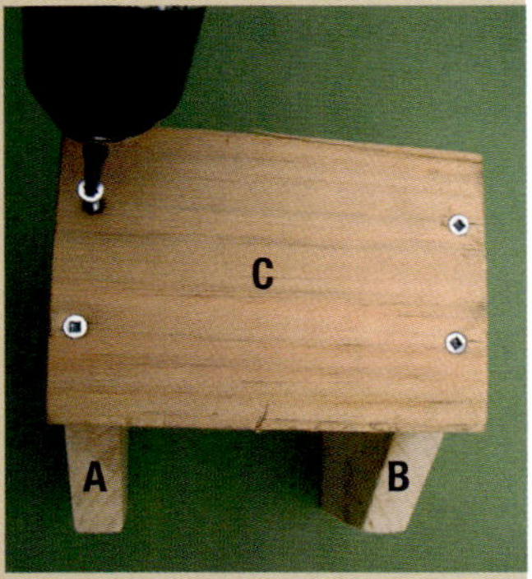

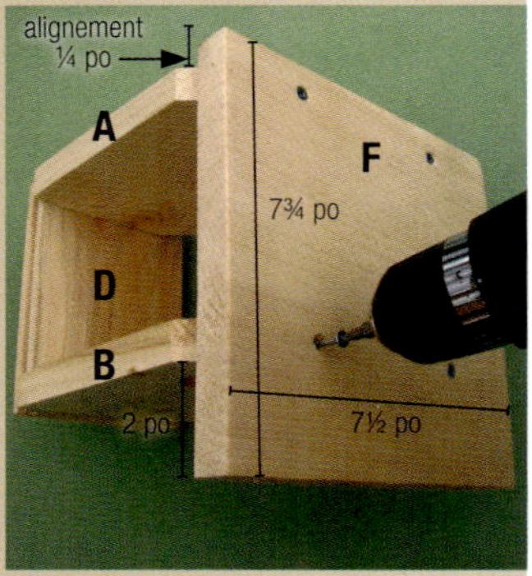

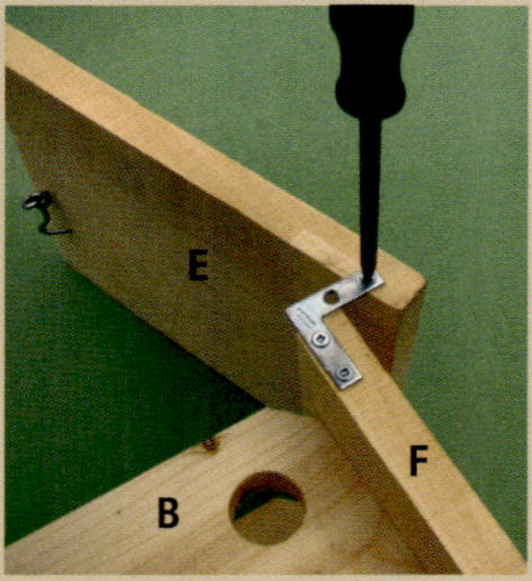

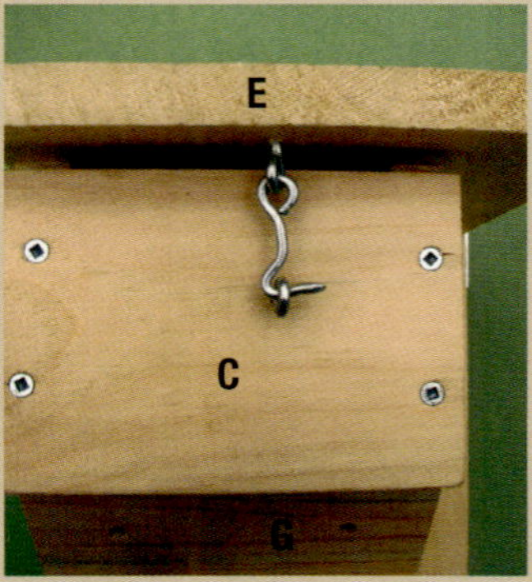

Assemblage

1. Vissez la pièce C à la pièce B en ayant soin de laisser une distance de 0,3 cm (⅛ po) pour l'aération. Vissez ensuite de la même façon la pièce C à la pièce A.

2. Vissez la pièce D aux pièces A et B comme vous l'avez fait avec la pièce C.

3. Vissez la pièce de toit F sur les pièces A et B de manière à laisser 0,7 cm (¼ po) excéder à l'arrière, et 5 cm (2 po) à l'avant. Assurez-vous que le haut de la pièce F soit aligné aux côtés des pièces A et B pour que la pièce E s'appuie parfaitement sur la pièce F.

4. Posez les équerres de chaque côté de la pièce F en les laissant dépasser.

5. Vissez la pièce E au dernier trou de l'équerre seulement, car elle sert de penture.

6. Insérez la pièce G servant de plancher.

7. Vissez le crochet à la pièce E du toit. Par temps froid, vous pouvez glisser les pièces H et I dans les rainures des pièces C et D, et les retirer par temps chaud.

Conseil

Placez ce nichoir à l'orée d'un bois.

LE NICHOIR À SITTELLE

Le nichoir à sittelle est conçu pour être fixé à un arbre. J'utilise de la dosse de cèdre pour construire presque tout le nichoir, car j'ai constaté à plusieurs reprises que la sittelle aime arracher des lambeaux d'écorce pour construire son nid. Le trou est sur le côté du nichoir pour permettre un repérage plus facile de l'entrée lorsque la sittelle se déplace sur le tronc de l'arbre.

MATÉRIAUX

- 1 pièce de bois (A) de 63,5 cm x 10 cm x 2 cm (25 po x 4 po x ¾ po) coupée à un bout à 25 degrés
- 1 pièce de bois (B) de 10 cm x 10 cm x 2 cm (4 po x 4 po x ¾ po)
- 2 pièces de bois (C et D), *(de la dosse)* coupées à un angle de 25 degrés à un bout de façon à obtenir un coté de 24,5 cm (9¾ po) et un autre de 19,5 cm (7⅝ po) et d'une largeur de 12,1 cm (4¾ po)
- 1 pièce de bois (E) *(de la dosse)* de 20 cm x 12,7 cm (7⅞ po x 5 po) coupée à un bout à 25 degrés
- 1 pièce de bois (F) *(de la dosse)* de 21,6 cm x 22,2 cm (8½ po x 8¾ po) coupée à 25 degrés à chaque bout
- Vis n° 8 de 3,2 cm (1¼ po)
- Vis n° 8 de 4 cm (1½ po)
- 1 penture avec vis
- 1 crochet

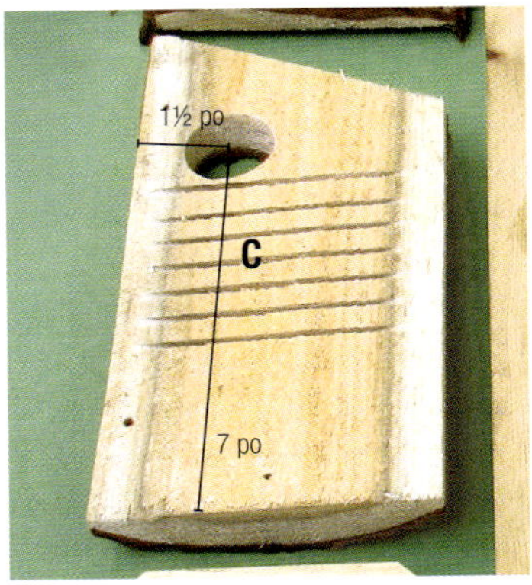

Note: On perce un trou de 3,8 cm (1½ po) dans la pièce C à 18 cm (7 po) de la base et à 4 cm (1½ po) du bord, les mesures étant prises au centre du trou. Puis, en dessous du trou, on fait plusieurs traits de scie espacés de 1,3 cm (½ po) pour permettre aux oiseaux de s'agripper. Coupez les coins de la pièce B pour l'égouttement de l'eau.

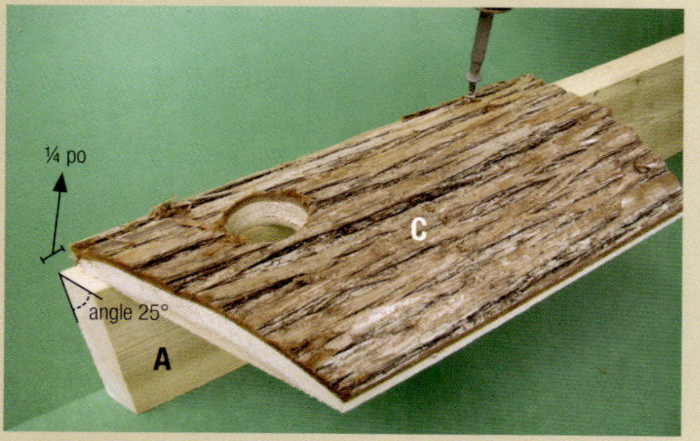

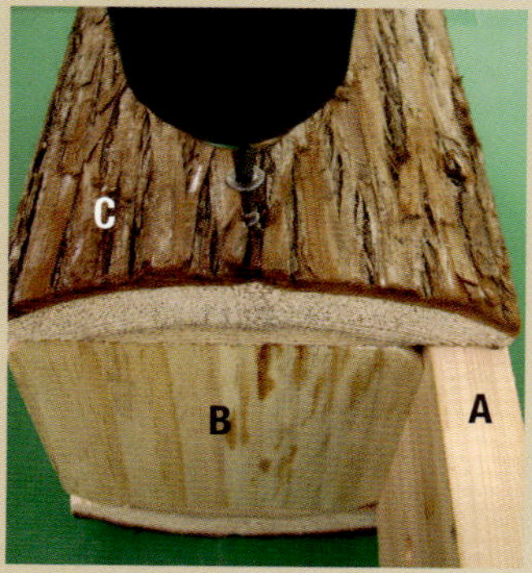

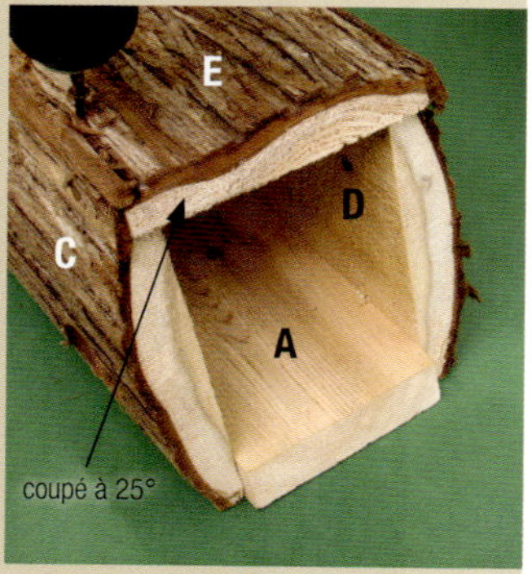

Assemblage

1 Vissez la pièce C à la pièce A (côté coupé à 25 degrés) avec les vis de 3,2 cm (1¼ po). Laissez la pièce A excéder de 0,7 cm (¼ po) de la pièce C.

2 Vissez de l'autre côté de la pièce A la pièce D comme vous l'avez fait pour la pièce C.

3 Vissez le fond B aux pièces A, C et D en utilisant les vis de 4 cm (1½ po).

4 Vissez le devant E aux pièces C et D avec les vis de 3,2 cm (1¼ po) et au fond B avec des vis de 4 cm (1½ po).

5 Vissez la penture sur le haut de la pièce E avec le gond chevauchant la ligne de coupe.

6 Vissez le toit F.

7 Vissez le crochet sur le côté D et l'œillet sur le toit F. La partie de la pièce A excédant le bas du plancher sert à fixer le nichoir à l'arbre.

Quelques conseils

- **Fixez le nichoir sur un arbre de bon diamètre** et, si possible, à écorce rugueuse. Ce sont ces arbres que la sittelle visite le plus souvent pour trouver les insectes sous les écorces. Elle repérera donc votre nichoir plus rapidement.
- **Orientez le trou du nichoir à l'est.**
- **Vous pouvez installer une dosse de cèdre à côté du nichoir,** elle aura ainsi le matériel tout prêt pour faire son nid.
- **Installez le nichoir le plus haut possible.** Je l'installe à environ 6 m (20 pi) du sol. Vous pouvez déposer un peu de ripe dans le fond du nichoir, pas plus de 2,5 cm (1 po).

Nichoir à sittelle fixé sur un érable à sucre à six mètres du sol.

LE NICHOIR POUR TOURTERELLE TRISTE

Les Tourterelles tristes sont des oiseaux qui ne s'attardent pas à peaufiner leur nid. Sa construction est souvent très sommaire et les œufs risquent de tomber du nid. Il est possible de les inviter à utiliser une structure artificielle qu'on installe entre les ramifications d'une branche de conifère ou de feuillu. Vous aurez peut-être la chance de la voir s'installer dans un de ces nichoirs. Il peut être construit de diverses façons. Je vous présente deux méthodes que j'utilise régulièrement. Les nichoirs sont fabriqués à peu de chose près avec les mêmes matériaux.

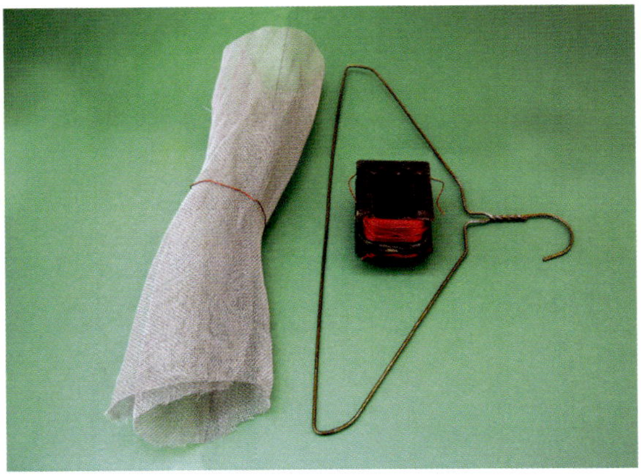

MATÉRIAUX (MÉTHODE 1)

- 1 cintre de broche
- Moustiquaire
- Fil métallique

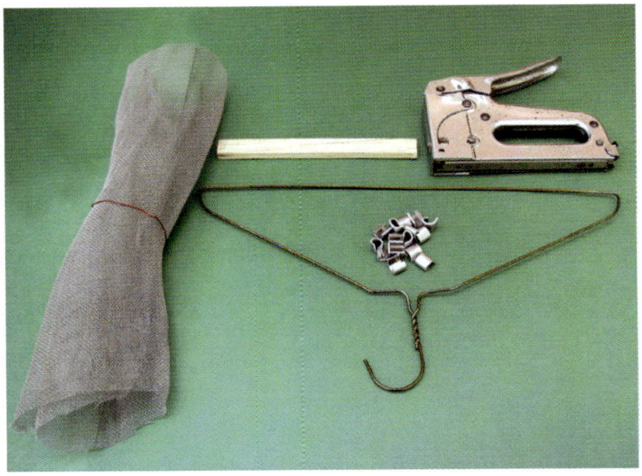

MATÉRIAUX (MÉTHODE 2)

- 1 cintre de broche
- Moustiquaire
- Attaches pour corde à linge ou pour cage à homard
- Baguette de bois de 12,7 cm x 2 cm x 1,3 cm (5 po x ¾ po x ½ po)
- Agrafes

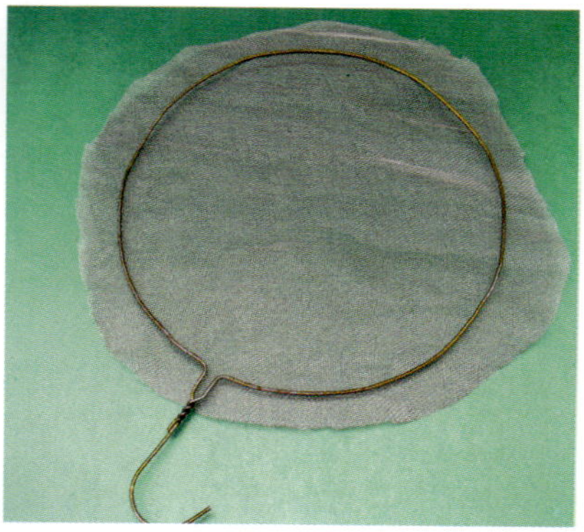

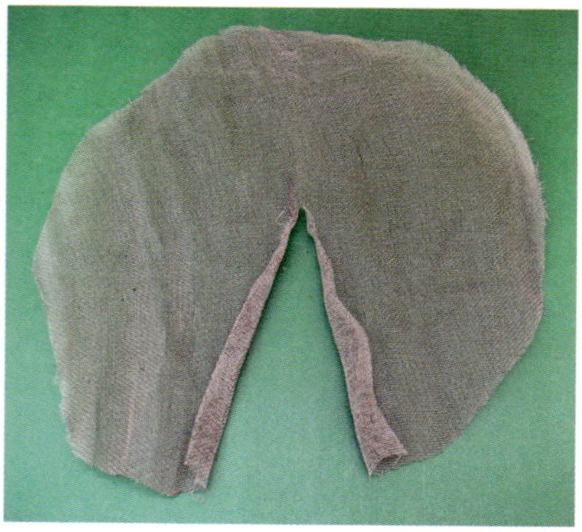

1 Faites un cercle avec le cintre. Une façon facile de réaliser un cercle presque parfait est d'utiliser une chaudière de 20 litres comme gabarit et de taper sur la broche avec un marteau aux endroits où elle s'écarte du contour de la chaudière. Le cintre finira par épouser presque parfaitement le pourtour de la chaudière.

2 Coupez de la moustiquaire pour qu'elle excède d'au moins 5 cm (2 po) le cercle de broche.

3 Coupez la moustiquaire du bord jusqu'au centre du cercle. Repliez la moustiquaire de façon à pouvoir faire un entonnoir lorsqu'on en réunit les côtés. On doit toujours replier vers l'extérieur pour éviter de blesser les oiseaux avec les filaments de la moustiquaire.

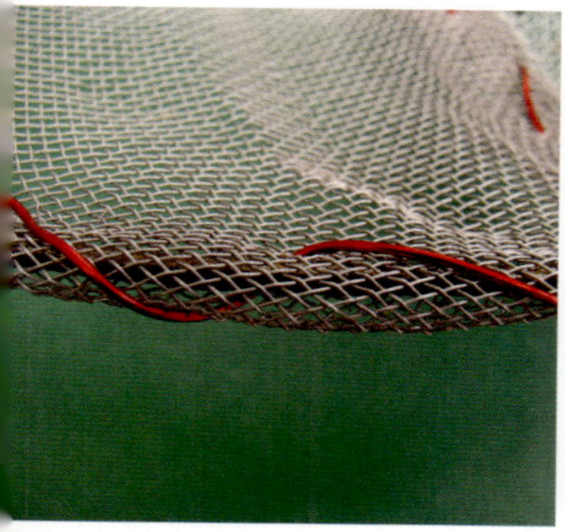

Méthode 1
(la plus simple)

- Fixez la moustiquaire en enroulant un fil métallique autour du cintre.
- Fermez les deux côtés de la fente à l'aide de fil métallique.

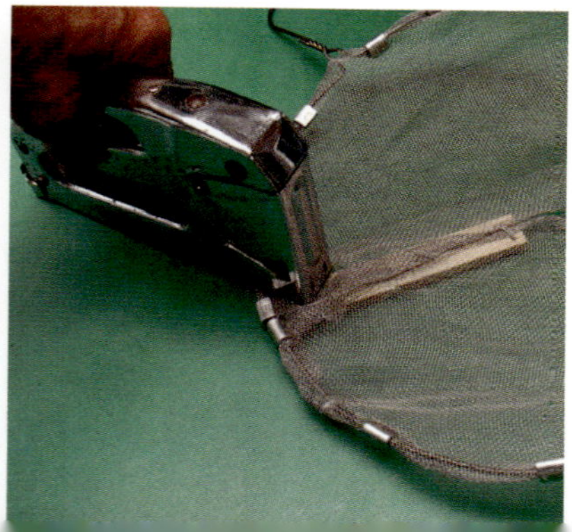

Méthode 2
(celle que je préfère)

- Fixez la moustiquaire au cercle de broche avec les attaches.
- Reliez les côtés de la fente à la languette de bois à l'aide d'agrafes.

Quelques conseils

- **Placez le nichoir à la division d'une branche** et attachez-le solidement, car le vent pourrait le faire tomber.
- **Une hauteur de 3 m (10 pi) convient très bien.**
- **Installez-le à un endroit où il peut être dissimulé par des branches le surplombant.**
- **Commencez à faire le nid avec des matériaux assez grossiers** *(paille, filaments de bois, brindilles de végétaux, etc.)* pour inviter la tourterelle à prendre le nid. Sans cette ébauche, elle ignorera votre structure.

Tourterelle dissimulée par une branche cassée.

Amorce du nid à tourterelle.

Tourterelle triste nichant dans une épinette.

Nid de Merle d'Amérique sur la plateforme d'une pergola.

LE NICHOIR POUR MERLE D'AMÉRIQUE

Le Merle d'Amérique est très abondant, mais il se fait souvent dévaliser ses premières nichées par les corneilles, les geais ou les quiscales. Ses nids deviennent alors très nombreux et il les construit un peu partout sans prendre beaucoup de précautions. Très souvent, l'endroit qu'il choisit ne nous convient pas, comme sur une lumière près d'une porte d'entrée ou dans une gouttière. On peut lui offrir un nichoir de type tablette qu'on place à un endroit assez discret, comme sous une corniche ou sur un arbre dans un feuillage dense. Le principe est de camoufler suffisamment le nichoir pour éviter qu'il soit repéré par les prédateurs.

Note : Les angles de coupe pour les pièces B, D, E et F sont de 13 degrés.

MATÉRIAUX

- 2 pièces de bois (A et B) de 20,3 cm x 20,3 cm x 2 cm (8 po x 8 po x ¾ po). La pièce B est coupée à son sommet à un angle de 13 degrés pour donner la pente du toit
- 1 pièce de bois (C) de 14,6 cm x 20,3 cm x 2 cm (5¾ po x 8 po x ¾ po)
- 2 pièces de bois (D et E) d'une longueur de 17,8 cm (7 po) d'un côté, et de 16 cm (6¼ po) de l'autre, d'une largeur de 9,2 cm (3⅝ po) et d'une épaisseur de 1,3 cm (½ po). Le diamètre du demi cercle à découper est de 12,7 cm (5 po).
- 1 pièce de bois (F) de 20,3 cm x 2 cm x 1,3 cm (8 po x ¾ po x ½ po)
- Vis n° 8 de 3,8 cm (1½ po)
- Vis n° 8 de 3,2 cm (1¼ po)

Assemblage

1 Vissez le dos B au fond C à l'aide de vis 3,8 cm (1½ po).

2 Vissez le côté D au dos B et au fond C à l'aide de vis 3,8 cm (1½ po).

3 Vissez le côté E comme vous l'avez fait pour le côté D.

4 Vissez maintenant le toit A au dos B et aux côtés D et E avec des vis de 3,8 cm (1½ po).

5 Vissez la pièce F au fond C avec des vis 3,2 cm (1¼ po). La pièce F est coupée à chaque bout à 13 degrés pour rendre le nichoir plus esthétique.

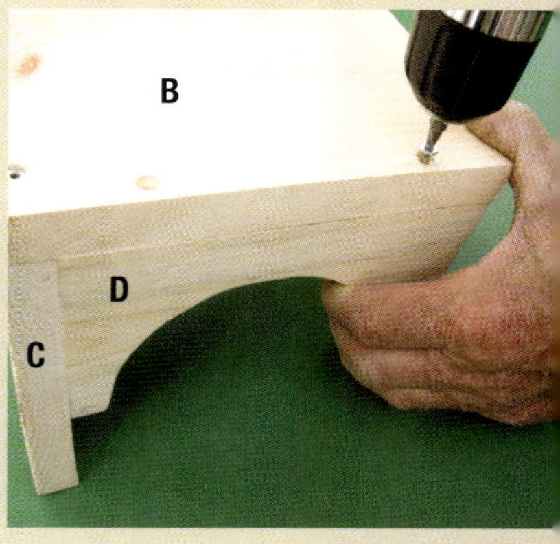

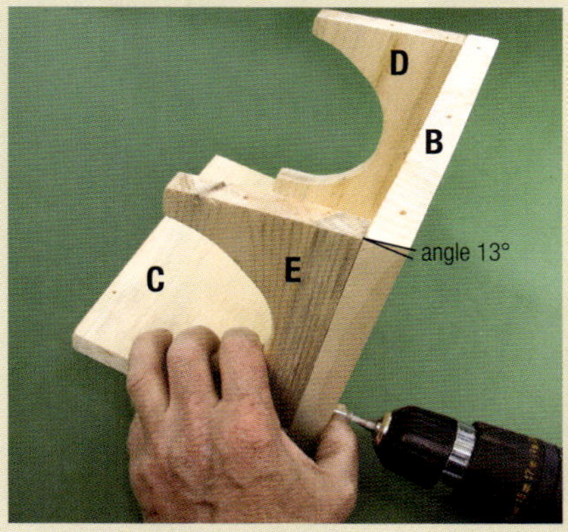

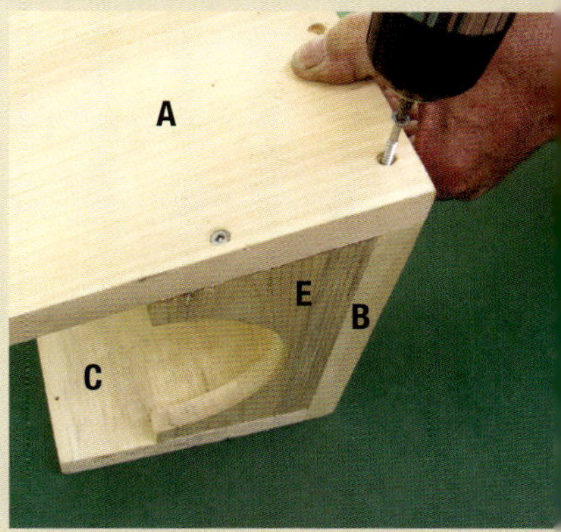

Nichoir sous une corniche, camouflé en partie par une vigne vierge.

Mare de boue.

Nid de Merle d'Amérique ayant employé des filaments provenant du porte-matériaux.

Merle transportant des matériaux près du bain de boue.

Quelques conseils

- **Pour faciliter la construction du nid du merle, vous pouvez lui offrir de la boue.** Il suffit de faire une petite dépression dans le sol, d'y étendre une pellicule de plastique, d'y placer quelques pelletées de terre et de la maintenir humide en ajoutant occasionnellement de l'eau.
- **Autour de ce petit marais, vous pouvez étendre des résidus de végétaux** qu'il utilisera volontiers, comme des feuilles d'hémérocalles séchées.
- **Il utilise également les brins de corde** qu'on dépose çà et là sur des branches d'arbres ou sur le présentoir à matériaux.

L'AMAS DE BRANCHES

La majorité des oiseaux n'utilisent pas de nichoirs pour se reproduire. Par contre, ils ont besoin d'un endroit bien discret et à l'abri des prédateurs pour s'installer. Si vous avez suffisamment d'espace, vous pouvez leur offrir ce milieu en entassant plusieurs branches les unes sur les autres, créant ainsi une structure presque inaccessible aux pilleurs de nids. Vous serez surpris du nombre d'espèces qui l'utiliseront pour élever leur famille. J'ai vu le Merle d'Amérique, les bruants, le Moqueur chat et le Moqueur roux montrer une nette préférence pour mes amas de branches.

Le but premier de cette construction est d'offrir au Moqueur roux un environnement propice à sa nidification. Depuis plusieurs années, il revient y construire son nid.

Voici quelques conseils pour retenir le Moqueur roux.

- **Utilisez de préférence des branches de conifères, et tout particulièrement de cèdres.** Il garde beaucoup plus longtemps son feuillage et permet un meilleur camouflage.
- **Faites un nouveau tas de branches chaque année,** tout en gardant les anciens pour une durée de deux autres années. Il suffit de placer quelques branches nouvelles sur ces vieilles structures.
- **Il est préférable de placer ces tas dans un milieu non défriché** et de laisser les feuilles mortes au sol. Le Moqueur roux aime bien les retourner pour trouver sa nourriture.
- **Jetez parmi ces feuilles du maïs rond,** qu'il aime bien décortiquer à grands coups de bec. Évitez cependant de trop en distribuer et faites-le seulement à l'arrivée du Moqueur roux, au début de mai, pour ne pas inviter les quiscales à s'établir chez vous.

Moqueur roux apportant de la nourriture à sa nichée.

Oisillons Moqueur roux attendant la becquée, cachés par les branches d'un cèdre.

Jeunes Moqueurs roux encore au nid, bien camouflés dans l'amas de branches.

LE PORTE-MATÉRIAUX

Les oiseaux utilisent toutes sortes de matériaux naturels pour la construction de leurs nids : brindilles, fibres de plantes, petites branches, etc.

Je constate fréquemment, dans les nids de divers oiseaux, la présence de matériaux provenant de mon présentoir. J'ai vu des nids construits en partie ou presque exclusivement de ceux-ci *(des nids de Tyrans tritri, de Jaseurs d'Amérique, d'Orioles de Baltimore)*. C'est donc une autre façon d'inviter les oiseaux à s'établir dans notre cour.

Jaseur d'Amérique utilisant de la mousse de rembourrage provenant du porte-matériaux.

Hirondelle bicolore tirant sur une fine lanière d'écorce pour l'ajouter à son nid.

Hirondelle bicolore avec matériaux au bec.

Accrochez des bouts de ficelle, de corde ou de laine qui serviront à la construction d'un petit nid bien douillet. Choisissez des couleurs neutres. Leur longueur devrait être de 30 à 45 cm (12 à 18 po).

Matériaux utilisés pour la construction d'un nid d'oiseau

- plumes
- fibres de rembourrage
- fines lanières de bois
- poils de chat ou de chien
- brindilles
- bouts de ficelle, de corde ou de laine

Pour l'oriole, il faut en présenter beaucoup *(plus de 50 bouts de 30 à 45 cm [12 à 18 po])*. Les sacs de tournesol en 16 ou 18 kg peuvent faire une excellente source d'approvisionnement. On coupe dans le tissu des carrés de 45 cm x 45 cm (18 po x 18 po) et on défait le tout. On obtient rapidement les brins voulus. Le jute donne également un très bon produit.

Merle transportant des brindilles cueillies au sol.

Nid de Jaseurs d'Amérique et de Bruants familiers où l'on peut reconnaître les matériaux offerts : fibres de rembourrage, cordes, filaments de sac de tournesol.

Pour leur offrir ces matériaux, on peut :

- les étaler dans un présentoir à matériaux **(photo A)** ;
- les insérer dans un treillis à suif **(photo B)** ;
- les mettre sur une corde horizontale ou tout simplement sur les branches d'un feuillu ou d'un conifère **(photo C)**, ou les étendre par terre **(photo D)**.

Construire son propre porte-matériaux comporte cependant les avantages suivants :

- Il peut aussi recevoir des coquilles d'œufs broyées et des friandises *(raisins secs, amandes, graines de tournesol)*, pour attirer les oiseaux.
- On peut le placer près des nichoirs sans encombrer la pelouse.
- Les matériaux sont mieux protégés et plus difficilement emportés par le vent.

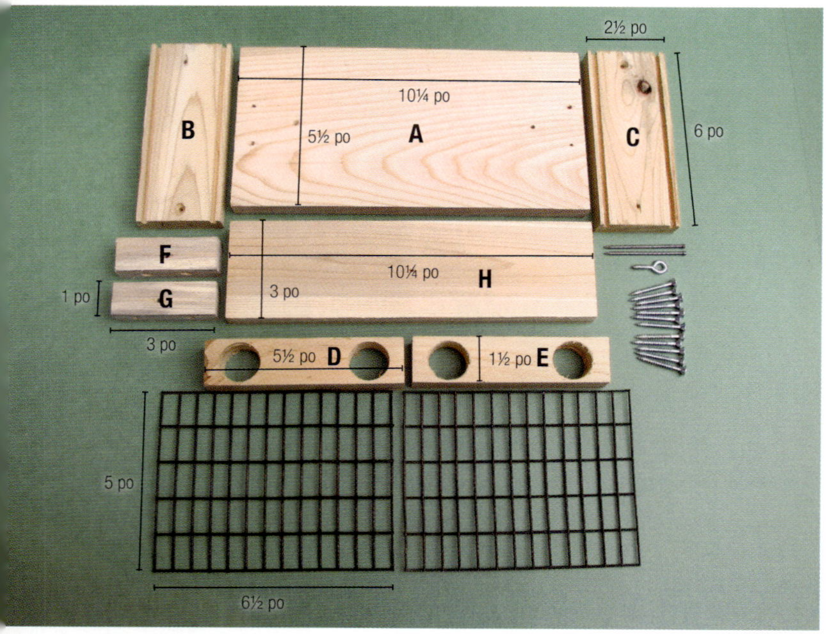

Préparation des pièces

- Rainurez les pièces B et C à 0,7 cm (¼ po) du bord, des deux côtés, et d'une profondeur de 1 cm (⅜ po).
- Dans les pièces D et E, percez de bord en bord deux trous de 2,5 cm (1 po) de diamètre, à 1,3 cm (½ po) de l'extrémité.

MATÉRIAUX

- 1 pièce de bois (A) de 26 cm x 14 cm x 2 cm (10¼ po x 5½ po x ¾ po)
- 2 pièces de bois (B et C) de 15,2 cm x 6,3 cm x 2 cm (6 po x 2½ po x ¾ po)
- 2 pièces de bois (D et E) de 14 cm x 4 cm x 2,5 cm (5½ po x 1½ po x 1 po)
- 2 pièces de bois (F et G) de 7,5 cm x 2,5 cm x 2 cm (3 po x 1 po x ¾ po)
- 1 pièce de bois (H) de 26 cm x 7,5 cm x 2 cm (10¼ po x 3 po x ¾ po)
- 2 grilles de 16,5 cm x 12,7 cm (6 ½ po x 5 po)
- 2 clous de 5 cm (2 po)
- Vis n° 8 de 4 cm (1½ po)
- 1 crochet

Assemblage

1 Vissez la pièce B à la pièce D, et la pièce C à la pièce E. Les pièces D et E doivent excéder les pièces B et C de 3,8 cm (1½ po) de chaque côté.

2 Vissez à chaque bout, à l'aide de trois vis, les pièces D et E ainsi que les pièces B et C à la pièce A.

3 Vissez les pièces F et G à 1,3 cm (½ po) de chaque bout de la pièce H.

4 Installez vos grilles dans les rainures.

5 Placez le toit bien aligné sur le sommet et percez de bord en bord des pièces B, C, F et G un trou légèrement plus gros que votre clou de 5 cm (2 po). Ces trous doivent être percés au centre des pièces F et G.

6 Insérez de chaque côté les clous traversant les deux pièces. Il suffit de les retirer lorsque vous désirez enlever le toit pour remplir le porte-matériaux.

7 Vissez le crochet au centre de la pièce H.

Vous pouvez remplir ce porte-matériaux d'éléments divers : cordes, filaments de bois, mousse de sécheuse, fibre de rembourrage, plumes, coquilles d'œufs, etc.

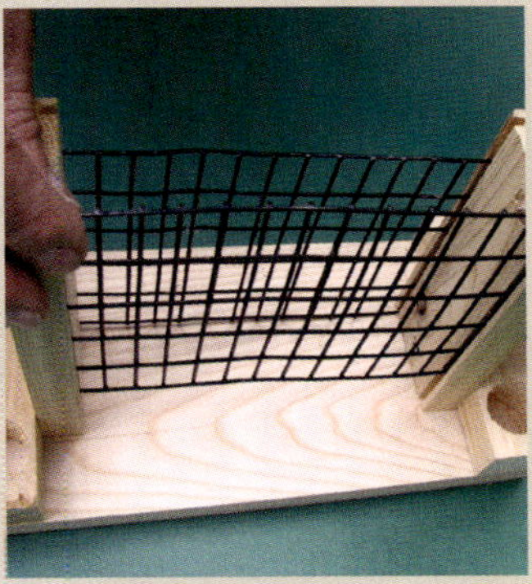

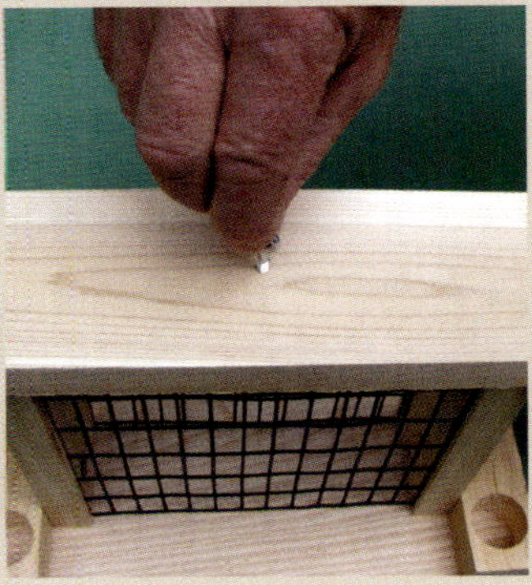

Les matériaux préférés de certaines espèces

L'Hirondelle bicolore affectionne particulièrement les plumes blanches. On peut les insérer dans le porte-matériaux ou en laisser tomber par terre lorsqu'elles sont à construire leur nid.

Le merlebleu aime bien construire son nid avec des aiguilles de pin. On peut en répandre devant un nichoir pour l'inciter à le choisir.

Hirondelle bicolore apportant une plume à son nid.

Nid d'un merlebleu largement garni d'aiguilles de pin.

Quelques conseils

- **Installez les porte-matériaux près de vos nichoirs** ou près d'une section boisée.
- **Servez-vous d'une tige d'armature pour l'installer.** Utilisez de préférence une tige d'armature de 2,5 cm (½ po) et de 2,5 m (8 pi) de long recourbée à 90 degrés sur une longueur de 40 cm (16 po) et à laquelle vous attachez une petite chaîne avec un attache-câble. Plantez cette tige dans le sol sur environ 30 cm (12 po). Suspendez le porte-matériaux à la chaîne.
- **Remplacez régulièrement les matériaux qui disparaissent.**
- **Maintenez fonctionnel le porte-matériaux** du début mai à la mi-août.
- **Placez dans les trous des pièces de côté des coquilles d'œufs** finement moulues, des graines, des arachides ou des amandes.

LE POTEAU POUR NICHOIR

On peut utiliser divers types de poteaux pour installer des nichoirs. Les poteaux métalliques ne permettent pas aux prédateurs d'atteindre le nichoir facilement. Si vous n'avez pas l'intention de visiter le nichoir, un poteau de clôture en T *(qui se vend dans toutes les quincailleries)* d'une longueur de 2,4 m (8 pi) fait un excellent support. Il est peu dispendieux, bien rigide, déjà troué pour fixer le nichoir et suffisamment long pour placer le nichoir à plus de 1,8 m (6 pi) du sol. La hauteur du nichoir semble peu importante pour la plupart des oiseaux. Ils utilisent ceux qui sont placés à 1,8 m (6 pi) autant que ceux qui sont à 3,6 m (12 pi).

Si vous tenez à faire une vérification de l'intérieur du nichoir, je vous conseille un poteau télescopique en trois sections fabriqués avec des tuyaux électriques de 2,5 cm, 2 cm et 1,3 cm (1 po, ¾ po, et ½ po) de diamètre.

1 Prenez un tuyau de 2,5 cm (1 po) de diamètre d'une longueur d'environ 90 cm (3 pi), puis aplatissez-en un des bouts. Il se plantera mieux dans le sol et coincera le tuyau de 2 cm (¾ po) pour l'empêcher de tourner. Enfoncez-le d'environ 60 cm (24 po) dans le sol **(figure A)**.

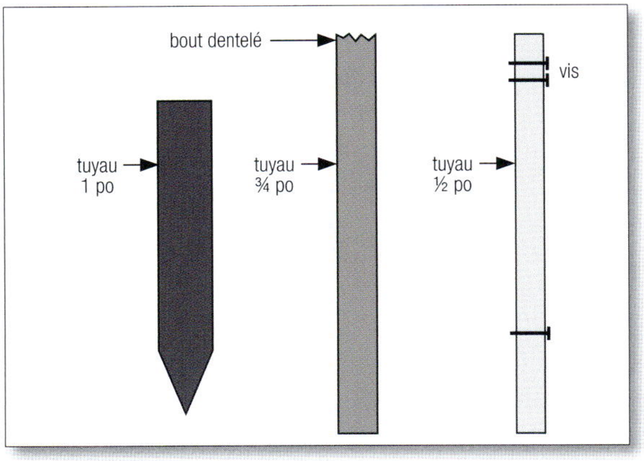

Merlebleu adulte juché sur son perchoir pendant que le jeune attend la becquée sur le toit.

2 Prenez un tuyau de 2 cm (3/4 po) par 1,5 m (5 pi) de long et dentelez-en un des bouts **(figure B)**. Il servira à donner l'orientation désirée au nichoir et à le maintenir dans la bonne direction.

3 Insérez le bout non dentelé dans le tuyau planté dans le sol **(figure A)**.

C

D

Lorsque vous rangez vos nichoirs, laissez le tuyau de 2,5 cm (1 po) dans le sol. Renversez dessus un tuyau ABS muni d'un bouchon pour empêcher l'eau de s'y infiltrer. Le printemps venu, vous pouvez réinstaller vos nichoirs sans difficulté même si le sol est encore gelé.

4 Prenez un tuyau de 1,3 cm (½ po) par 1,5 m (5 pi) et percez deux trous de 0,5 cm (3⁄16 po) distants de 15 cm (6 po) à un des bouts.

5 Vissez votre nichoir **(figure C)**.

6 Percez un autre trou à 45 cm (1½ pi) à l'autre bout. Insérez une vis ou un boulon dans ce dernier trou **(figure D)**.

7 Enfilez le tuyau de 1,3 cm (½ po) dans le tuyau de 2 cm (¾ po) **(figure D)**.

8 Entrez la vis dans une des dents du tuyau de 2 cm (¾ po) suivant l'orientation que vous voulez donner au nichoir.

Lorsqu'on visite le nichoir, on retire la vis, et le tuyau de 1,3 cm (½ po) glisse dans le tuyau de 2 cm (¾ po). Le nichoir se retrouve alors à environ 1,30 m (4 pi) du sol. C'est une façon simple d'avoir accès au nichoir en minimisant le stress qu'on peut infliger aux oiseaux.

Nichoir installé à 2 m (6½ pi) du sol.

Nichoir placé à 1,3 m (4 pi) du sol.

D'autres aménagements

En plus des nichoirs et des mangeoires, plusieurs éléments incitent les oiseaux à explorer un milieu et à s'y installer. Les arbres morts, la proximité de l'eau et les matériaux disponibles pour leur nid, entre autres, sont souvent des éléments qui les retiendront chez vous.

LES ARBRES MORTS

Il est recommandé de conserver un arbre mort pour favoriser la nidification de certaines espèces. Si vous croyez qu'il pourrait devenir dangereux à la longue, il suffit de le couper à une hauteur de 2 à 3 m (6 à 9 pi). Il n'est pas nécessaire que ce soit un tronc d'arbre avec un diamètre imposant. Certaines espèces comme la Sittelle à poitrine rousse, la Sittelle à poitrine blanche, la Mésange à tête noire et le Tyran huppé, entre autres, construisent occasionnellement leur nid à une hauteur variant entre 1 et 3 m.

Si un arbre se dessèche, faites enlever les branches qui pourraient tomber et ne gardez que le tronc à la hauteur désirée. Ensuite, il faut patienter et laisser le temps faire son œuvre. Quand l'arbre est complètement asséché, il offre moins de résistance aux coups de bec de ces petits oiseaux. En d'autres occasions, ils profiteront des premiers coups de bec du pic pour ensuite terminer l'ouvrage et s'y installer.

Mésange à tête noire creusant son nid dans un arbre mort.

LES ÉPOUVANTAILS

Certaines espèces d'oiseaux pillent les nids pour nourrir leurs petits. Ils s'attaquent aux œufs et même aux oisillons. Le corbeau et la corneille sont des prédateurs responsables de la destruction de bien des nichées. Normalement, ils surveillent les allées et venues des parents pour localiser un nid. Ils attendent le moment propice et même l'éclosion des œufs pour s'emparer des nouveau-nés. Lorsqu'ils s'installent dans un milieu, il n'est pas rare de trouver un nid détruit, surtout s'il s'agit d'une nichée hâtive.

Il est possible de limiter la présence de ces corvidés en prenant des mesures très tôt au printemps. Je vous en suggère quelques-unes qui me donnent d'assez bons résultats.

- **Faites du bruit** pour les empêcher de s'installer chez vous. Tapez des mains ou, mieux encore, utilisez deux planches que vous frappez ensemble.
- **Installez aussi quelques épouvantails.** Leur efficacité sera accrue si vous les déplacez régulièrement et changez leur garde-robe.
- **Faites jouer une radio** près de l'épouvantail.

Un Grand Corbeau se nourrissant d'une proie.

Suggestions
Pour pouvoir déplacer les épouvantails, en changer l'orientation ou les permuter rapidement, fixez à leur dos un tuyau métallique d'environ 1 m (3 pi) et d'un diamètre de 2 cm (¾ po) *(du tuyau électrique fait très bien l'affaire)* à l'aide d'un collet au bas du tuyau et d'une vis traversant le tuyau au sommet. Plantez une tige d'armature de 2 cm (¾ po) d'environ 1,2 m (3½ pi) dans le sol et enfilez-y le tuyau de l'épouvantail.

LES BAINS D'OISEAUX

Les marais, les lacs ou les rivières constituent des milieux fascinants. La vie y est omniprésente tant dans l'eau ou sur l'eau que sur les rives.

Nous ne pouvons pas tous nous offrir un étang derrière chez nous, surtout si nous demeurons à la ville ou si notre terrain a une superficie restreinte. Heureusement, il est de plus en plus facile, pour les amants des oiseaux, de s'offrir un bassin d'eau. Il en existe pour toutes les bourses. Quel plaisir, pour l'amateur d'oiseaux, de voir augmenter en nombre et en diversité les espèces présentes autour de chez lui grâce à un bassin. Les oiseaux ont besoin d'eau pour s'abreuver et pour se baigner. Grâce à ces baignades, ils nettoient leurs plumes de la poussière ou des parasites. C'est un ravissement continuel que d'assister à ces rituels.

Nous vous présentons deux types de bains d'oiseaux que vous pourrez adapter selon votre environnement et votre budget.

Afin de vérifier votre intérêt pour la chose, il vaut mieux commencer par un petit aménagement tout simple. Quelquefois, il suffit d'un peu d'ingéniosité pour procurer plus de bien-être à vos petits volatiles. Un simple couvercle de poubelle ou un grand sous-plat en terre cuite d'un diamètre de 30 à 40 cm (12 à 16 po), comme ceux qui sont vendus avec les pots à fleurs, dans lequel vous aurez déposé de petits cailloux, fera un bain d'oiseaux très économique. On recommande une profondeur de 2,5 cm (1 po) pour assurer le confort des visiteurs. Placez un récipient d'eau percé d'un petit trou au-dessus ; le bruit des gouttelettes qui tomberont attirera les oiseaux. Que de plaisir en perspective !

Cardinal rouge ♂ prenant un bain dans un sous-plat en argile.

Petit abreuvoir conçu par des enfants.

Ce type d'abreuvoir a l'avantage d'offrir une vue périphérique qui les sécurise. Changez souvent l'eau pour la garder fraîche et nettoyez le plateau : enlevez les brindilles et les feuilles qui pourraient y être tombées.

MATÉRIAUX

- Un sous-plat de pot à fleurs en plastique
- Une chaîne de 115 cm (45 po)
- Une paire de pinces
- Un couteau de précision *(X-acto)*

Si l'expérience vous passionne, rien ne vous empêche d'ajouter plusieurs points d'eau que vous placerez dans des endroits mi-ombragés. Il suffit de suspendre des plateaux à des branches ou à des supports à mangeoires. Vous verrez que ce sont surtout les petits oiseaux qui utilisent ce type d'abreuvoir.

1 Coupez la chaîne en trois sections de même longueur.

2 Perforez votre sous-plat de trois trous à égale distance.

Jeune mésange à l'abreuvoir.

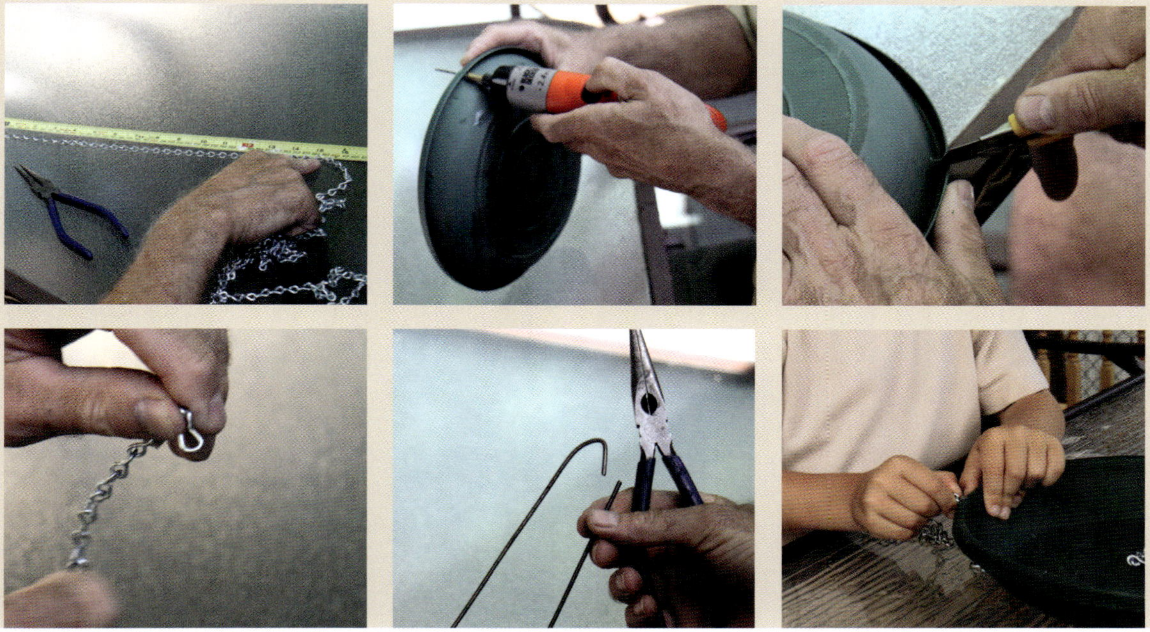

3 Avec un couteau de précision *(X-acto)*, faites une petite entaille pour empêcher la chaîne de glisser.

4 À l'aide de pinces, ouvrez la maille qui termine un bout de la chaîne et introduisez-la dans le trou et refermez la maille. Répétez l'opération pour les deux autres chaînes.

5 Les enfants peuvent accrocher les chaînes au plateau.

6 Ajoutez un crochet à l'aide d'un cintre.

7 Joindre les trois chaînes au crochet.

Laissez les enfants suspendre l'abreuvoir à un endroit où les oiseaux circulent beaucoup. Un enfant n'a plus qu'à verser l'eau dans le plateau. Surveillez la venue d'un oiseau s'y abreuvant.

Marie-Soleil suspend le petit abreuvoir qu'elle vient de fabriquer.

Trois autres points d'eau ont été ajoutés près du bain d'oiseaux.

Vous pouvez aussi vous procurer un bassin en plastique blanc et peu coûteux dans tous les magasins à grande surface. Il complétera votre aménagement pour presque rien.

Vous aurez ainsi la chance de voir le Geai bleu et le Merle d'Amérique dans le couvercle ou le sous-plat au sol, les Mésanges à tête noire dans le petit plateau suspendu et les Chardonnerets jaunes à l'abreuvoir en plastique.

Sizerin flammé s'abreuvant à l'abreuvoir en plastique.

Chardonnerets à l'abreuvoir, en automne.

Mésange à tête noire s'abreuvant dans un petit abreuvoir suspendu.

Pour un bain d'oiseaux un peu plus sophistiqué, vous devrez investir quelques centaines de dollars. Choisissez un grand sous-plat en terre cuite de 30 à 40 cm (12 à 16 po) que vous trouverez chez votre pépiniériste ou dans les marchés à grande surface. Ajoutez-y un plus petit plateau du même matériau pour y cacher le moteur d'une pompe à eau. Choisissez le modèle qui vous plaît pour le gicleur d'eau, les choix ne manquent pas. Il suffit de brancher votre moteur et votre gicleur, et si possible d'amener l'eau directement au bassin à l'aide d'un tuyau d'arrosage pour contrôler le niveau d'eau du bassin.

Merle se baignant dans un sous-plat en terre cuite auquel on a ajouté de petits cailloux d'aménagement et un moteur caché dans le petit plateau et qui actionne le gicleur en forme de poisson.

Évitez de placer votre point d'eau trop près des arbres car les prédateurs, comme les chats, pourraient y tendre une embuscade et ne faire qu'une bouchée de vos petits protégés.

Un vrai jardin d'eau vous coûtera quelques milliers de dollars. Vous pouvez faire appel à un spécialiste ou consacrer temps, patience et dextérité pour y aménager vous-même un petit coin de paradis. Des livres et des revues spécialisés pourront vous renseigner sur les exigences et les matériaux nécessaires à la réalisation d'un tel projet. Vous pouvez aussi l'installer vous-même, comme en fait foi la photo suivante.

Plan d'eau aménagé chez Suzanne.

LES CONDITIONS DE RÉUSSITE

Bien souvent, des gens ont payé des sommes faramineuses pour réaliser un jardin d'eau exécuté par des spécialistes en aménagement paysager, pour constater qu'ils n'attiraient que peu ou pas d'oiseaux. Ils avaient oublié une condition très importante à la réussite de tout jardin aquatique.

Voici le secret de votre réussite. Il faut à tout prix aménager un coin où **la profondeur de l'eau ne dépassera pas 3 cm (1 po).** Tout oiseau craint l'eau profonde et doit pouvoir toucher le fond. Si votre point d'eau est fait en ciment, veillez à ce que **la pente vers le centre soit très douce,** sinon les oiseaux iront s'abreuver sur les bords seulement. Le couvercle de poubelle ou le sous-plat d'argile, le plateau suspendu et le bassin en plastique sont trop profonds, il faut donc absolument garnir le fond de petits cailloux d'aménagement paysager ou d'aquarium. Observez bien ! Si vos oiseaux ne se baignent pas, c'est que l'eau est trop profonde. Par ailleurs, le bruit de l'eau qui goutte ou qui coule en cascade attire les oiseaux. Il ne faut absolument pas négliger ce point.

Merle d'Amérique avec de la boue et des matériaux cueillis tout près du point d'eau.

Jeune Chardonneret jaune se baignant en compagnie d'un adulte.

Merle d'Amérique se baignant dans un plateau peu profond.

Geai bleu juvénile utilisant un abreuvoir plus sophistiqué.

Hirondelle à front blanc construisant son nid au-dessus du cadrage d'une porte.

Hirondelle à front blanc ramassant de la boue.

Pendant la période de nidification, il serait bon de prévoir un endroit où les oiseaux pourront facilement trouver de la boue et de l'herbe pour confectionner leur nid. Avec un peu de chance, vous pourrez admirer le Merle d'Amérique, la Moucherolle phébi, l'Hirondelle bicolore, l'Hirondelle à front blanc et l'Hirondelle rustique.

Voici un plan d'eau élaboré qui a été réalisé suivant les règles de l'art. C'est un petit coin de paradis très apprécié par ses propriétaires et par tous les amis qui leur rendent visite. Ils ne cessent de s'exclamer devant la grande diversité des espèces qui profitent de ce superbe aménagement. En voici un aperçu : Merle d'Amérique, Tourterelle triste, Bruant chanteur, Bruant familier, Paruline jaune, Paruline flamboyante, Oriole de Baltimore, Jaseur d'Amérique, Moqueur chat, Geai bleu, Moineau domestique et Mésange à tête noire. Nous sommes certains que cette liste pourrait s'enrichir de bien d'autres merveilles.

Plan d'eau chez Gilles au début de mai.

LE RUISSEAU CHEZ GILLES

L'eau est certainement un des éléments importants qu'on devrait trouver dans un poste d'alimentation. Tout comme nous, les oiseaux doivent s'abreuver et prendre leur bain. S'ils ne peuvent combler ce besoin chez vous, ils iront chercher ailleurs. D'une simple assiette au sol jusqu'au bassin d'eau le plus élaboré, en passant par le bain d'oiseaux conventionnel, il y a mille et une façons de leur en offrir. Le ruisseau a été pour moi une vraie révélation. Dès sa réalisation, ils ont délaissé mes bassins d'eau pour adopter presque exclusivement ce point d'eau.

Au départ, ce projet qui était en fait un défi lancé par le réalisateur de l'émission 1-888-oiseaux devait rencontrer des critères bien spécifiques :

- il devait être réalisable à **faible coût**
- il devait pouvoir être **construit en peu de temps**
- il devait pouvoir être **installé dans un petit espace** *(même sur un balcon)*
- il devait exiger **peu d'entretien.**

Voici donc une réalisation qui charmera les oiseaux et vous donnera une grande satisfaction. En moins d'une journée et pour très peu d'investissement, vous pourrez offrir à vos amis ailés tout ce qu'il faut pour combler leur besoin en eau. Ils apprécieront les deux fosses peu profondes pour se baigner et le bruit des petits rapides les invitera à venir se désaltérer. Vous pourrez intégrer ce petit ruisseau où bon vous semble dans votre aménagement, et son entretien nécessitera peu de votre temps.

Tarin des pins s'abreuvant au petit ruisseau.

MATÉRIAUX

- 1 morceau de contreplaqué (D) de 1,3 cm (½ po) x 34,3 cm (13,5 po) x 152 cm (60 po)
- 2 pièces de bois (A et B) de 2 cm (¾ po) x 10 cm (4 po) x 152 cm (60 po)
- 1 pièce de bois (C) de 2 cm (¾ po) x 10 cm (4 po) x 30 cm (12 po)
- 1 pièce de bois (F) de 3,8 cm (1½ po) x 3,8 cm (1½ po) x 35,5 cm (14 po)
- 2 pièces de bois (E et G) de 3,8 cm (1½ po) x 3,8 cm (1½ po) x 30 cm (12 po)
- 1 bloc de ciment de 20,3 cm (8 po) x 20,3 cm (8 po) x 40,5 cm (16 po)
- 1 boîte de rangement en plastique, de préférence noire, pouvant contenir environ 40 à 50 litres (10½ à 13½ gallons) d'eau
- 1 bout de tuyau
- 1 petite pompe submersible (500 gal./hre)
- 1 toile imperméable de bassin d'environ 60 cm (24 po) x 244 cm (96 po). Prenez l'épaisseur la plus mince, elle sera plus maniable.
- Des galets et du petit gravier de rivière
- Du sable
- Vis nº 8 de 3,8 cm (1½ po)

Procédure
Il s'agit de faire une auge en bois ouverte à un bout. Les pièces E et G ont pour fonction de retenir l'eau et de former deux petites fosses pour la baignade des oiseaux. La pièce F dirige l'eau d'un seul côté, créant ainsi l'effet d'un petit rapide.

1 Vissez les pièces A et B de chaque côté du contreplaqué D **(figure A)**.

2 Vissez la pièce C à un bout **(figure A)**.

3 Vissez la pièce E à 60 cm (24 po) de la pièce C **(figure A)**. Vissez la pièce F en diagonale à 15 cm (6 po) de la pièce E **(figure B)**.

4 Faites en sorte qu'un bout de cette pièce soit appuyé sur le côté B et l'autre bout, à 10 cm (4 po) du côté A **(figure B)**.

5 Vissez la pièce G au bout de l'auge **(figure C)**.

6 Placez du sable le long des pièces E, F et G pour adoucir leurs arêtes et ainsi mouler la forme que prendra la toile **(figure C).**

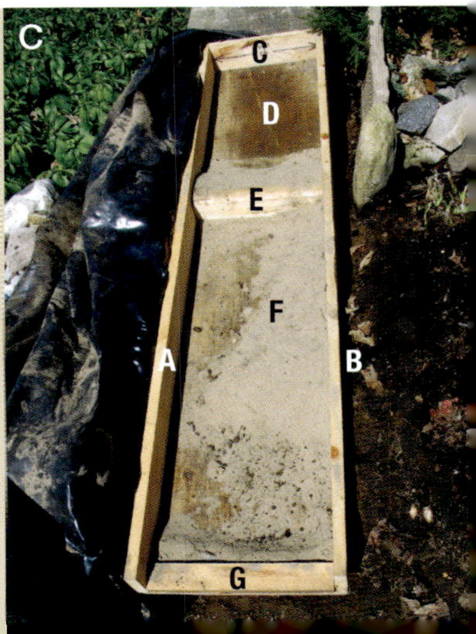

D

E

F

G

H

I

7 Creusez un trou de la dimension de votre boîte de rangement et déposez-la dedans **(figure D)**.

8 Placez la toile dans l'auge. Appuyez-la en avant sur la boîte de rangement et à l'arrière sur un bloc de ciment qui donnera la pente de votre ruisseau **(figure D)**.

9 Passez un tuyau de la boîte de rangement jusqu'à l'arrière pour alimenter votre ruisseau **(figure E)**.

10 Camouflez les côtés de l'auge avec, par exemple, des roches, des boîtes à fleurs, une clôture **(figure E)**. Commencez à disposer les galets pour couvrir l'intérieur **(figure F)**.

11 Placez du petit gravier de rivière dans le fond de l'auge pour boucher les interstices entre les galets et permettre à l'eau de couler en surface **(figure G)**.

12 Pour que l'eau coule sur les dernières pierres avant de tomber dans le bassin, placez un petit bout de toile entre le premier et le deuxième rang de galets avant de poser votre gravier de rivière **(figure H)**.

13 Placez sur la toile un deuxième rang de petits galets plats **(figure I)**.

14 Raccordez le tuyau à une petite pompe dans la boîte de rangement. Remplissez d'eau et branchez la pompe.

Ruisseau incorporé à une plate-bande de fleur, au printemps.

Roselins et chardonnerets au ruisseau en été.

Quelques conseils

- **L'eau doit être changée au moins une fois par semaine,** et par temps très chaud, un peu plus souvent. Pour cela, utilisez votre pompe. La façon la plus rapide de le faire est de débrancher le tuyau d'alimentation du ruisseau de la pompe et d'en utiliser un autre pour la vidange. Comme la pompe ne peut évacuer toute l'eau, remplissez le réservoir et vidangez à nouveau. Il restera ainsi très peu d'eau de la première vidange.
- **Entre les vidanges, il faut vérifier régulièrement le niveau d'eau** dans le bassin d'alimentation et en ajouter au besoin.
- **Il est inutile d'employer divers produits** pour maintenir la qualité de l'eau. La vidange suffit.

À l'automne, retirez la pompe et il est préférable de sortir la boîte de rangement du trou en soulevant l'auge à l'avant. Si le bac se remplissait d'eau, la glace pourrait le rendre inutilisable l'année suivante.

Roselin familier ♂ s'abreuvant.

Merle avec des brindilles d'herbe séchée dans son bec.

Oriole de Baltimore ♀ saisissant un brin de ficelle.

Chardonneret jaune ♂ utilisant de la mousse de quenouille pour faire un nid douillet.

LES PRÉSENTOIRS DE MATÉRIAUX POUR LA NIDIFICATION

Les oiseaux ont besoin de plus que de la boue pour construire leur nid. Ils doivent pouvoir compter sur divers matériaux. Donnez-leur un petit coup de main en leur préparant quelques présentoirs.

- **Un premier sera bien garni d'herbes sèches,** de brindilles ou de petites branches. Ajoutez des bouts de laine ou de ficelle et des lanières de plastique. N'oubliez pas de laisser pendre vos ficelles et brindilles.
- **Un deuxième présentoir comportera de la mousse** provenant de votre sécheuse, de quenouilles ou encore d'asclépiade.
- **Dans un troisième présentoir, placez des matériaux de finition** comme des plumes, des aiguilles de pins, des cheveux, des poils de chiens, de chats ou de tout autre animal. Conservez ces deux derniers présentoirs jusqu'à la mi-août, alors que les Chardonnerets jaunes commencent leur saison de nidification. Déposez ces matériaux dans vos grillages ayant servi à mettre le suif en hiver, ou confectionnez-en un au gré de votre imagination, puis suspendez-les à un arbre ou à un support à mangeoires.

Lorsque vous découvrirez les nids, après le départ des oisillons et que les feuilles seront tombées, vous reconnaîtrez les lanières de plastique colorées dans le nid en forme de sac de l'Oriole de Baltimore, la mousse et le poil de chien dans le nid du Chardonneret jaune ou les brindilles dans le nid du Merle d'Amérique.

Merle d'Amérique avec son nid rempli de brindilles offertes dans un présentoir.

L'ARBRE-PERCHOIR

Vous nourrissez une grande passion pour les oiseaux, mais malheureusement votre environnement pauvre en arbres et arbustes vous limite dans vos projets. Évidemment, vous pouvez toujours planter des arbustes et de petits arbres fruitiers, mais en attendant que le tout soit arrivé à maturité, il vous faudra patienter quelques années.

Pour solutionner ce problème, il suffit de couper quelques branches ou de demander à un émondeur de vous en ramasser. Plantez-les solidement en terre et fixez-les à un piquet. Bien des oiseaux s'y percheront été comme hiver. Chez moi, je n'ai que des arbres matures. J'ai donc ajouté quelques branches où les oiseaux se posent régulièrement avant de se rendre à la mangeoire convoitée. En hiver, j'y ajoute des fruits congelés qui ont déjà fait le bonheur quotidien d'une Grive solitaire.

Vous pouvez également introduire votre arbre-perchoir dans un tuyau enfoncé dans le sol.

Récupérez une branche d'arbre, piquez-la dans le sol et fixez-la à un tuteur ou insérez-là dans un tuyau.

Une Grive solitaire ayant passé un hiver chez Suzanne et se nourrissant des fruits offerts dans l'arbre perchoir.

Orane fixe du sureau rouge à un arbre-perchoir.

Suzanne installe des fruits sauvages congelés à son arbre-perchoir.

Attachez des grappes de fruits aux branches avec des attaches de sac-poubelle. Les enfants peuvent facilement faire ce travail.

Cet arbre-perchoir est plus efficace au début du printemps, lorsque les merles et les jaseurs sont arrivés. Le début d'avril est souvent marqué par de fortes tempêtes de neige qui rendent difficile l'accès à la nourriture. Il ne reste pratiquement plus de fruits dans les arbres, sauf chez vous, dans votre arbre-perchoir ! Le merle qui aura découvert votre arbre prendra l'habitude de fréquenter votre cour arrière et décidera peut-être d'y nicher !

Si par hasard un de vos arbres se meurt, ne le coupez surtout pas ! Laissez le temps faire son œuvre. Vous verrez les pics le picorer, les écureuils le ronger, et dans peu de temps, il ne restera que quelques branches sèches. Installez des mangeoires à ses branches ou près d'elles, elles serviront de perchoir à plusieurs oiseaux et faciliteront ainsi vos observations.

Merle d'Amérique se délectant des fruits du sureau doré.

LA HAIE DE FRUITS

Vous aimeriez avoir une haie de fruits variés sans vous donner la peine de planter des arbres ? Est-ce possible, me direz-vous ? C'est même plus simple que vous ne l'imaginez. Laissez les oiseaux faire tout le travail pour vous. Installez deux piquets reliés par une corde, ou fixez en terre plusieurs branches mortes bien alignées qui serviront de perchoirs aux oiseaux. Comme ils ne digèrent pas les graines des fruits qu'ils ingèrent, ils les rejettent avec leurs déjections. Patientez et le printemps suivant, vous verrez y apparaître quelques pousses de cornouillers, de viornes, de sureaux ou d'autres espèces insoupçonnées. Quelques années plus tard, vous aurez une haie d'arbustes offrant de beaux fruits que vos oiseaux viendront cueillir, et cela pour votre plus grand plaisir.

Deux jeunes Jaseurs d'Amérique perchés sur une branche et recevant des fruits variés de leurs parents… et qui défèquent souvent au même endroit !

Jardin de fleurs sauvages poussant en friche et ceinturé d'une petite clôture.

UN COIN EN FRICHE

Si c'est possible, laissez pousser en friche un coin ensoleillé où seront réunies des fleurs sauvages comme la chicorée, l'aster *(il en existe plusieurs variétés et couleurs)*, la rudbeckie, le pissenlit, l'onagre, la renoncule… Vous pouvez limiter l'expansion de ce coin en friche à l'aide d'une clôture et d'un coupe-herbe.

UN REFUGE

Fabriquez un abri tout simple qui protégera vos oiseaux de la neige, des vents violents, du verglas ainsi que des prédateurs avec un tas de branches de conifères ou de branches sèches. Ajoutez un coin refuge pour vos oiseaux tout près de vos mangeoires. Ramassez des bouts de branches mortes et sèches plus ou moins longues et faites-en un amoncellement en forme de tipi. Ces branches entremêlées permettront aux oiseaux de s'y réfugier pour échapper à tout prédateur terrestre. Ajoutez quelques branches de thuya au sommet. Vous pouvez aussi récupérer un ou plusieurs arbres de Noël laissés sur le bord des chemins après la période des Fêtes. Disposez-les en tas ou plantez-les dans la neige. Vous recevrez des visites surprenantes. Jetez des graines de millet au sol ou dans un petit plateau tout près du refuge, pour inciter les oiseaux à s'y réfugier ou à s'y reposer.

Orane ajoute une branche de cèdre au sommet du refuge.

UN DORTOIR POUR SE REPOSER

Vous pouvez également fabriquer un abri en bois communément appelé dortoir. Ils sont surtout utilisés durant la saison froide. À l'intérieur, les oiseaux perchés serrés les uns contre les autres sur des perchoirs maintiennent la température de leur corps. Ces dortoirs sont utilisés dès la nuit venue et en cas d'attaques de prédateurs. Il suffit de fixer l'abri à un arbre ou à un poteau de bois ou de fer, bien en évidence, et placer l'ouverture en direction du sud pour favoriser le réchauffement de l'habitacle. Cette ouverture est fixée au bas de la section avant. Une porte s'ouvre à l'avant pour vous permettre de vérifier la venue d'indésirables tels que les tamias, les écureuils, les souris ou les polatouches. Vous ajouterez des goujons à l'intérieur en guise de perchoir. En hiver, ce petit coin chaud sera visité à l'occasion par des mésanges et des sittelles.

Sittelle à poitrine blanche utilisant un nichoir pour se réchauffer ou pour emmagasiner quelques graines.

Le plan du dortoir

Arrière :
18 x 46 cm (7 x 18 po)

Avant :
14 x 33 cm (5½ x 13 po)

Côtés :
14 x 35 cm (5½ x 13¾ po)

Note : Les côtés ne sont pas rectangulaires. L'arrière mesure 13¾ po de haut et l'avant 12¼ po de haut.

Toit : 18 x 19 cm (7 x 7½ po)

Plancher : 12 x 14 cm (4¾ x 5½ po)

Trou : 4 cm (1½ po) de diamètre

Goujons de 0,8 cm (5⁄16 po) de diamètre

L'ARBRE DE NOËL

Lorsque le temps des Fêtes approche, offrez de petites gâteries à vos oiseaux tout en vous faisant plaisir. Fabriquez des guirlandes de maïs soufflé en y insérant à intervalle régulier, une arachide en écale. Choisissez parmi vos conifères celui qui est le plus rapproché de vos postes d'alimentation et placez-y les guirlandes.

Vous pouvez aussi faire des guirlandes avec des canneberges enfilées sur un fil de laiton. Suspendez-y à intervalle régulier des petits fruits que vous aurez pris la peine de congeler l'automne précédent. Les fruits du sorbier, du pimbina ou du pommetier peuvent très bien faire l'affaire.

Des boulettes de suif enrobées de graines de millet, d'amandes, de tournesol ou de maïs et placées dans un petit filet à oignons y remplaceront les boules de Noël. À l'aide de fil de laiton, formez des cœurs ou des étoiles sur lesquels vous pouvez enfiler du maïs soufflé ou des canneberges. Si vous voulez ajouter une note plus fantaisiste, utilisez des moules à biscuits et confectionnez de petits pains de suif en forme d'étoile que vous pourrez suspendre à différents endroits dans l'arbre *(voir la recette de pain d'oiseaux, p. 281)*. Laissez aller votre imagination ! Vous serez surpris du coup d'œil et du succès de votre arbre de Noël auprès des oiseaux. Ils compléteront le décor par leurs couleurs chatoyantes.

Grand-maman montre à ses petits-enfants comment fabriquer des guirlandes pour les oiseaux.

À leur tour, Félix et Orane s'exécutent.

Félix et Orane sont très concentrés sur leur besogne.

LA COURONNE DE NOËL

Si vous désirez faire une couronne de Noël, utilisez la recettes de pain d'oiseaux et choisissez un moule pour gâteau des anges. Lorsque la couronne est bien prise, ajoutez-y une belle boucle rouge et des cônes de pin tartinés de beurre d'arachide. Si vous avez quelques grappes de fruits rouges, fixez-les au crochet, cela sera du plus bel effet. Suspendez la couronne à votre support à mangeoires, à l'abri des écureuils.

N'oubliez pas d'enlever vos pains d'oiseaux dès que la température s'élève au-dessus de zéro.

Recette de pain d'oiseaux

Faites fondre la graisse et ajoutez tous les autres ingrédients. Mettez-y une petite touche personnelle : soit des graines de tournesol, des pignons ou encore des arachides. Les enfants se feront un plaisir de vous conseiller. Déposez dans des moules et mettez au congélateur.

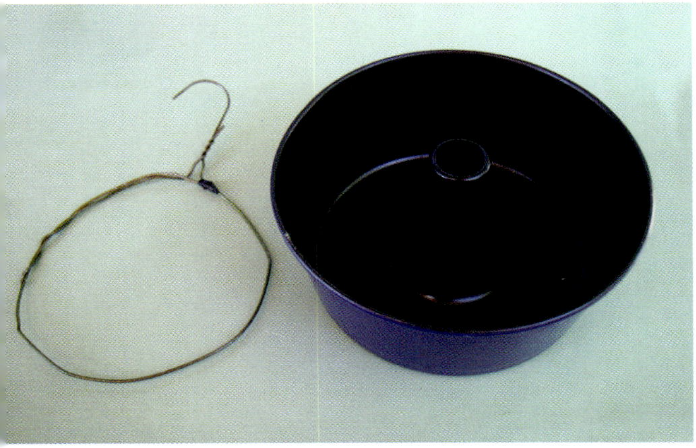

Pour la couronne, il s'agit de déposer une partie de la recette dans un moule à gâteau des anges. N'oubliez pas d'ajouter dans le moule, une broche en forme de cercle qui se termine en crochet. Utilisez de la broche qui se plie facilement ou encore un cintre.

Troglodyte de Caroline dans la couronne de suif.

INGRÉDIENTS POUR PAIN D'OISEAUX

- 1 tasse de graisse végétale
- 1 tasse de farine de maïs
- 1 tasse de beurre d'arachides
- 5 tasses de gruau

Mesurer 1 tasse de gras.

Faire fondre.

Mesurer 1 tasse de beurre d'arachide.

Verser dans le gras fondu.

Mesurer 1 tasse de farine de maïs.

Ajouter la farine au mélange.

Ajouter 2½ tasses de gruau.

Bien mélanger le tout puis verser le reste du gruau et brasser à nouveau.

Une poignée de tournesol.

Ajouter au mélange.

Ajouter quelques arachides écalées.

Verser dans le moule à gâteau des anges.

Ajouter le cintre et bien taper le mélange.

Mettre au congélateur.

Suspendre à un support à mangeoire.

Le Troglodyte de Caroline, rarement présent aux mangeoires, se délecte du pain d'oiseaux en forme de couronne.

Les oiseaux

Les résidants

- fréquents aux mangeoires
- occasionnels aux mangeoires

Les migrateurs

- fréquents aux mangeoires
- occasionnels aux mangeoires
- aux abreuvoirs
- aux nichoirs
- attirés par les fruits

Les visiteurs nordiques

- fréquents aux mangeoires
- occasionnels aux mangeoires
- attirés par les fruits

Les visiteurs exceptionnels

- aux mangeoires
- aux abreuvoirs

Nous vous présenterons les oiseaux par ordre d'abondance et non par ordre systématique.

LES RÉSIDANTS

Les oiseaux de cette section seront présentés dans l'ordre alphabétique et non pas dans l'ordre systématique. En premier lieu, voici les oiseaux qui résident au Québec tout au long de l'année.

Fréquents aux mangeoires

Cardinal rouge	Pic chevelu	Roselin pourpré
Geai bleu	Pic mineur	Sittelle à poitrine blanche
Mésange à tête noire	Pigeon biset	Sittelle à poitrine rousse
Moineau domestique	Roselin familier	Tourterelle triste

Occasionnels aux mangeoires

Gélinotte huppée	Grimpereau brun	Mésangeai du Canada
Grand Pic	Mésange à tête brune	Perdrix grise
Gros-bec errant	Mésange bicolore	Tarin des pins

LES MIGRATEURS

Au printemps, les oiseaux arrivent chez nous en grand nombre pour nicher. Ils profitent alors de nos postes d'alimentation. Vous pouvez donc les observer facilement aux mangeoires, aux abreuvoirs, aux nichoirs ainsi qu'aux arbres et arbustes fruitiers pendant toute la période de nidification et longtemps après. Les adultes viendront avec leurs petits pour profiter de votre hospitalité. D'autres espèces nous viennent des régions plus nordiques. Lorsque qu'arrive le froid, elles s'arrêtent quelque temps aux mangeoires avant de continuer leur long périple vers des cieux plus cléments. À l'arrivée de la belle saison, elles feront à nouveau halte sur le chemin du retour.

Fréquents aux mangeoires

Bruant à gorge blanche	Cardinal à poitrine rose	Étourneau sansonnet
Bruant à couronne blanche	Carouge à épaulettes	Quiscale bronzé
Bruant chanteur	Chardonneret jaune	Vacher à tête brune
Bruant familier	Corneille d'Amérique	

Occasionnels aux mangeoires

Bruant fauve	Moqueur roux	Passerin indigo	Pic maculé

Aux abreuvoirs

Colibri à gorge rubis	Oriole de Baltimore

Aux nichoirs

Hirondelle à front blanc	Hirondelle noire	Merlebleu de l'Est
Hirondelle bicolore	Hirondelle rustique	Troglodyte familier

Attirés par les fruits

Grive solitaire	Moqueur chat	Pic flamboyant
Jaseur d'Amérique	Moqueur polyglotte	Tyran tritri
Merle d'Amérique	Les parulines	Viréo aux yeux rouges

LES VISITEURS NORDIQUES

Lorsque l'hiver arrive, certaines espèces d'oiseaux vivant dans les régions plus nordiques s'amènent chez nous de façon soudaine. Sans doute profitent-ils de la nourriture qui leur est offerte dans le Sud. C'est donc de façon sporadique mais toujours avec une grande joie que nous accueillons ces espèces. D'autres espèces qui disposent d'une abondante nourriture pendant l'été dans nos régions sont cependant absentes de nos mangeoires pendant cette même période. Par contre, elles reviennent au besoin pendant la saison froide.

Fréquents aux mangeoires

Bruant hudsonien	Junco ardoisé	Sizerin flammé

Occasionnels aux mangeoires

Alouette hausse-col	Bec-croisé des sapins	Bruant lapon
Bec-croisé bifascié	Bruant des neiges	Sizerin blanchâtre

Attirés par les fruits

Durbec des sapins	Jaseur boréal

LES VISITEURS EXCEPTIONNELS

Aux mangeoires

Chardonneret élégant	Pic à ventre roux	Troglodyte de Caroline
Grive à collier	Quiscale rouilleux	
Pic à tête rouge	Tohi à flancs roux	

Aux abreuvoirs

Colibri roux

DESCRIPTION DES FICHES

1. Nom de l'oiseau
2. Nom latin
3. Nom anglais
4. Longueur de l'oiseau (de l'extrémité du bec à l'extrémité de la queue)
5. Photo de la femelle (seulement si la femelle est différente du mâle)
6. Particularité de l'oiseau
7. Nourriture préférée, aux mangeoires ou aux abreuvoirs seulement

❽ PICTOGRAMMES EN HAUT DE LA PAGE

Observés en ville

Observés à la campagne

Observés aux mangeoires

Observés aux nichoirs

Observés aux abreuvoirs

Observés aux bains et aux abreuvoirs en hiver

Attirés par les fruits

Attirés par les fleurs

Matériaux

❾ PICTOGRAMMES DANS LE TEXTE

Description de l'oiseau

Description du chant

Description de l'habitat

Aire de répartition

Particularité du comportement et autres

Aux mangeoires

Aux nichoirs

Aux abreuvoirs

Alimentation générale

Notes ou suggestions

❿ CARTE DE RÉPARTITION

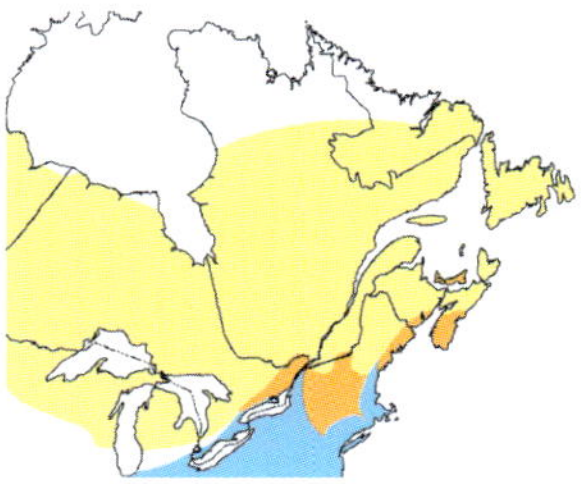

Aire de nidification

Présence toute l'année

Aire d'hivernage

⓫ SAISON

P É
A H

Présence aux mangeoires, aux nichoirs ou attirés par les fruits selon les saisons

⓬ CODE DES COULEURS ET PICTOGRAMME DE HAUT DE PAGE

Les résidants

Les migrateurs

Les visiteurs nordiques

Les visiteurs exceptionnels

Observés aux mangeoires

Observés aux abreuvoirs

Observés aux nichoirs

Attirés par les fruits

Cardinal rouge

Cardinalis Cardinalis • Northern Cardinal

Qui n'a pas rêvé d'accueillir le Cardinal rouge à son poste d'alimentation ? C'est l'un des oiseaux les plus populaires auprès des amateurs d'ornithologie.

AIRE DE RÉPARTITION

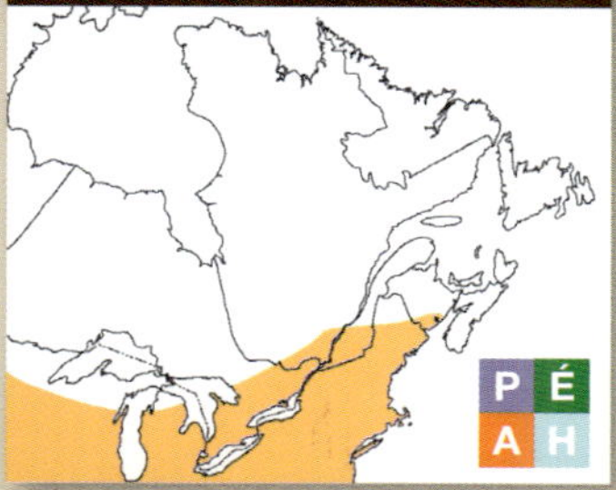

Longueur de l'oiseau
19 à 24 cm

Nourriture préférée
Il préfère le tournesol et le carthame.

De la tête à la queue, le plumage du mâle est d'un rouge flamboyant. Son gros bec conique est également rouge et son masque facial noir. S'il est inquiet, il relève sa huppe caractéristique.

Le plumage moins éclatant de la femelle lui sert de camouflage surtout en période de nidification. Son corps est teinté d'un brun chamois. Par contre, le bec, la huppe, les ailes et la queue sont rougeâtres.

Perché sur une haute branche, il fait entendre un long sifflement suivi d'autres, plus courts. Son chant est énergique et clair. Le mâle et la femelle émettent : *Touit, touit, touit, touit...* ou des *ouat-tiou-tioutiou*. Lorsqu'il arrive à la mangeoire, il nous avertit par son *tchip* métallique sans cesse répété.

On le voit surtout dans les jardins et les parcs des villes et des banlieues, à l'orée des bois où il aime se cacher dans les broussailles, les thuyas et les haies de conifères.

Jeune réclamant la becquée de son parent.

Cardinal rouge en hiver.

Cardinal rouge à une mangeoire à cardinal.

Il occupe l'extrême sud du Québec, de la région de Hull à celle de Québec. Il visite occasionnellement les régions plus nordiques.

Le Cardinal rouge aime bien le maïs concassé, le millet blanc et les petites baies. Il préfère la mangeoire conçue spécifiquement pour lui.

Il ne dédaigne pas non plus les petites mangeoires en plastique à remplissage continu munies d'un plateau et fréquente aussi les mangeoires sélectives. Chose surprenante, il se nourrit également au sol. Occasionnellement il ajoute des arachides à son menu.

Les fruits de l'amélanchier, de l'aubépine, du houx verticillé, du nerprun cathartique, de l'olivier de Bohême, du pommetier décoratif et du sumac vinaigrier font aussi partie de son menu.

On observe le Cardinal rouge tout au long de l'année. Il nous prévient de son arrivée par son cri « Tchip métallique » retentissant. Souvent le mâle accompagne la femelle. Quel plaisir de le voir perché sur une branche et attendant patiemment que la femelle ait fini de se nourrir. C'est au printemps qu'on peut l'apercevoir offrant une amande à la femelle.

Durant l'été, il prendra son bain ou s'abreuvera à votre fontaine. Puis, oh surprise! C'est au tour du jeune de venir recevoir sa becquée.

Dès le mois d'août surveillez la mue, il arrive que le mâle perde sa belle huppe et devienne totalement chauve. Ce n'est que temporaire!

C'est en hiver que l'oiseau affiche toute sa beauté. Son rouge sur fond de neige réjouit l'œil de tout observateur.

Si vous avez une haie de thuyas (cèdres) ou un coin rempli d'arbustes en broussailles dont l'aubépine, vous aurez peut-être la chance de le voir nicher dans votre jardin.

Cardinal rouge se nourrissant de graines de tournesol à une mangeoire pourvue d'un dôme.

Geai bleu *Cyanocitta cristata* • Blue Jay

Le Geai bleu est un oiseau méfiant, il faut savoir garder une distance respectable pour pouvoir l'observer.

AIRE DE RÉPARTITION

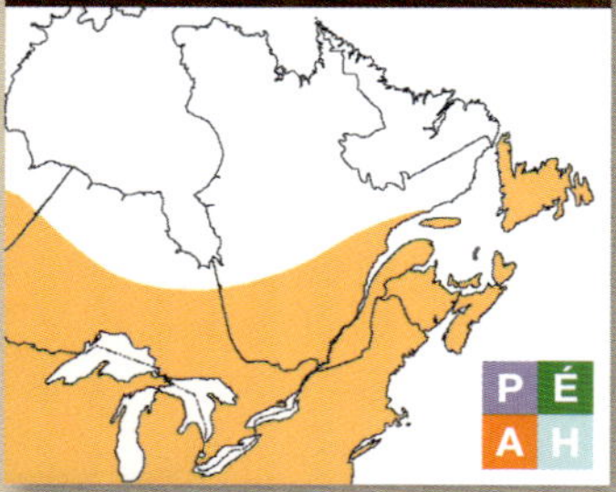

Longueur de l'oiseau
28 à 31 cm

Nourriture préférée
Le tournesol, le maïs et les arachides.

Le Geai bleu est plus costaud que le merle. Le mâle et la femelle sont identiques. Son dos, sa tête et sa queue sont d'un bleu azuré. Ses sourcils, ses joues, sa gorge et sa poitrine sont gris blanchâtre. Ses ailes et sa longue queue sont parsemées de traits noirs et de points blancs. Il porte un collier noir au cou. Son bec est noir et pointu.

Son chant se reconnaît facilement, c'est un *djé, djé* retentissant. Durant la période des amours, il exécute en même temps un mouvement d'élévation et d'abaissement de son corps tout en faisant entendre un *touloul, touloul.* À l'occasion, il émet un bruit de crécelle. Remarquez ses imitations, en particulier celle de la Buse à épaulettes.

On le retrouve en forêt de feuillus ou mixte, surtout dans les forêts matures de chênes et de hêtres. On le voit également dans les parcs des villes et des banlieues.

Il occupe tout le sud du Québec jusqu'à la taïga.

Il fréquente presque tous les types de mangeoires, mais il préfère les plateaux d'alimentation où il s'empiffre de maïs et de tournesol. Si vous lui offrez du beurre d'arachide ou des arachides avec ou sans écale, il s'empressera de tout s'approprier et d'avertir ses comparses du lieu privilégié qu'il vient de découvrir. En peu de temps, vous les verrez en grand nombre occuper votre coin.

Dès l'automne, il complète son régime alimentaire à l'aide de glands et de faînes. Il consomme aussi les fruits de l'aubépine, du pommetier, du sorbier, du sumac vinaigrier et de la viorne trilobée.

Agile, le Geai bleu réussit à s'approvisionner en pignons à une mangeoire collée à une fenêtre.

Le Geai bleu préfère les arachides en écale.

Le Geai bleu enterre son arachide à l'aide de feuilles.

On l'observe en toutes saisons, mais si vous conservez vos mangeoires et votre point d'eau durant l'été, vous pourrez l'admirer s'ébrouant dans le bain d'oiseaux ou s'y abreuvant.

Après un moment d'accalmie, durant la période de nidification, vous l'entendrez claironner à nouveau, puis accompagner ses petits à votre plateau pour profiter du tournesol. Il en casse habilement l'écale pour en extirper l'amande, qu'il apporte au petit qui réclame à grands cris stridents sa part de nourriture. À la fin de l'été, vous assisterez à la mue partielle des oiseaux, qui s'avère parfois surprenante.

À l'automne, vous le verrez se gaver de glands et de faînes si votre environnement offre cette nourriture. Regardez-le s'empiffrer d'arachides qu'il accumule dans son bec et sa poche gulaire (gorge) pour ensuite les cacher sous des feuilles jonchant le sol ou dans des anfractuosités de l'écorce d'un arbre. Si la neige ne dissimule pas ses trésors, il saura les retrouver au moment opportun.

En hiver, il profitera des fruits de l'aubépine et de la viorne trilobée pour varier son menu. Dès le début de février, vous remarquerez une augmentation du nombre de geais. C'est le début de la saison des amours, qu'ils soulignent par de nombreux cris variés. À ce moment-là, les couples se forment. Si vous prêtez attention, vous pourrez observer des mâles offrir une graine de tournesol à leur femelle. Par ce comportement, le Geai bleu veut lui signifier qu'il sera un bon pourvoyeur durant la saison de nidification.

Geai bleu prenant un bain rafraîchissant.

Durant l'hiver, utilisez votre bassin d'eau vidé pour permettre à cet oiseau grégaire de s'y nourrir. Aménagez un coin plus tranquille où vous pourrez accrocher des mangeoires à débit contrôlé pour vos autres hôtes, où ils ne seront pas inquiétés par les Geais bleus.

Mise en garde : Si vous découvrez un geai mort sur votre propriété, faites attention. Il pourrait être contaminé par le virus du Nil occidental *(voir p. 453)*.

Mésange à tête noire *Poecile atricapillus* • Black-capped Chickadee

C'est la première espèce à venir à nos mangeoires et la plus hardie. Prenez plaisir à la voir casser l'écale d'une graine de tournesol entre ses doigts pour en extirper habilement l'amande.

AIRE DE RÉPARTITION

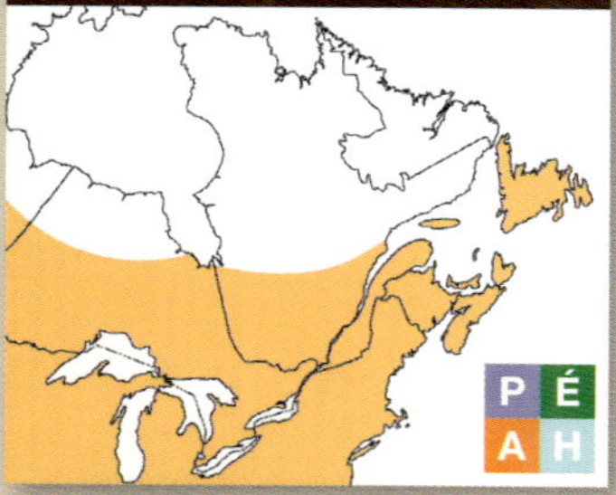

Longueur de l'oiseau
12 à 14 cm

Nourriture préférée
Le tournesol, les arachides et le gras.

♀♂ À peine plus petite que le moineau, la Mésange à tête noire a le dessus de la tête et la gorge noirs. Son bec court est foncé, son dos est gris, ses ailes et sa queue sont d'un gris plus foncé et rayé de blanc. Du blanc orne ses joues, ainsi que les côtés de la tête et du cou. Les flancs sont chamois.

♫ La mésange a un répertcire varié. Son chant le plus familier est un *tchickadi-di-di, tchickadi-di-di-di,* comme son nom anglais l'indique. En période de nidification, on entend le chant sifflé *ti-ou ti-ou.* Durant la même période, elle émet un *tchipi* tout en exécutant un frémissement d'ailes.

En cas de danger, elle fait entendre un *t-s-i!* aigu.

On la retrouve dans de nombreux habitats. Elle occupe les forêts de feuillus et mixtes, et les bosquets des villes ou des banlieues. Plus au nord, on peut la voir dans les bosquets de conifères.

Une petite mésange à peine sortie du nid à un abreuvoir suspendu.

Les Mésanges à tête noire aiment bien venir manger le tournesol qu'on leur offre dans la main.

Les mésanges dégustent à l'occasion des pommettes.

Elle occupe la totalité du Québec méridional.

Elle aime s'alimenter aux mangeoires à débit contrôlé, mais il lui arrive de fréquenter les plateaux d'alimentation. Elle va souvent se nourrir au silo de chardon. À l'occasion, on la voit s'agripper à un fruit pour y picorer.

Elle aime se baigner et s'abreuver aux bains d'oiseaux et même aux abreuvoirs à colibris. Dans la nature, son régime comprend des graines de conifères et de bouleaux, des fruits de l'aronie noire, du chèvrefeuille du Canada, du sorbier d'Amérique, du sumac vinaigrier et de la vigne vierge.

Au printemps, cette petite futée est presque toujours la première à découvrir les nouveautés aux mangeoires. Elle a même découvert qu'à l'abreuvoir, l'eau est plus fraîche là où elle sort du tuyau d'arrosage. Elle a donc pris l'habitude de boire directement au tuyau. Peu à peu les autres espèces ont suivi son exemple.

En été, ce n'est qu'en période de nidification que la Mésange à tête noire se fait plus rare. En revanche, si vous lui offrez un nichoir approprié, elle peut nicher tout près de chez vous, et cela, même en pleine ville. Aussitôt que les petits auront quitté le nid, vous verrez toute la petite famille présente à vos mangeoires et profitant de la nourriture et du bain que vous leur offrez.

L'automne est la période où elles occupent un domaine vital et se rassemblent en petits groupes de 6 à 12 individus qui passeront l'hiver ensemble. Remarquez, à vos mangeoires, le couple dominant qui aura préséance sur les autres pour se nourrir. Chaque individu attend son tour selon sa position dans la hiérarchie du groupe.

Pour attirer une mésange dans votre main, profitez d'un moment où vos mangeoires sont vides et offrez-lui des arachides. Tenez votre main le plus loin possible de votre corps en restant immobile. Vous ne devriez pas attendre très longtemps avant de la voir venir se poser, attraper une arachide, puis s'envoler pour se poser sur une branche à proximité pour la manger.

Mésange se nourrissant de suif.

Moineau domestique

Passer domesticus • House Sparrow

Venu d'Europe, le Moineau domestique occupe une grande place dans les endroits dégagés. Comme il s'est très bien adapté, on peut l'apercevoir dans toute l'Amérique du Nord.

On l'aperçoit très souvent près des habitations, tant en ville qu'à la campagne.

Il occupe tout le Québec méridional.

Tous les types de mangeoires lui conviennent. On peut aussi le voir au sol. Il apprécie plusieurs sortes de graines : le blé, l'avoine, le maïs et même le chardon. À l'occasion, il se nourrit de fruits comme le bleuet et de graines de conifères comme celles du thuya occidental. Il ira boire et se baigner dans votre bassin d'eau.

AIRE DE RÉPARTITION

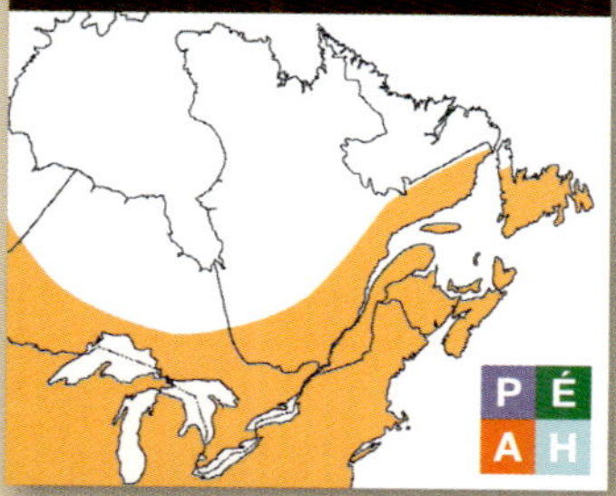

Longueur de l'oiseau
15 à 17 cm

Nourriture préférée
Il aime le millet blanc et le tournesol.

Le Moineau domestique a la gorge noire, la calotte et les joues grises. Sa nuque est marron et son dos brunâtre est rayé. La femelle ressemble à un bruant, mais son bec est plus épais. Elle a la poitrine grise unie sans noir sur la gorge. Sa tête est d'un gris beige avec un sourcil beige.

Son chant est souvent entendu dans les villes. C'est un retentissant *tchilup, tchilup, tchilup.*

Moineau ♂ en plumage hivernal.

Moineau ♂ dans un bain d'oiseaux.

Bain de sable d'un moineau.

Le Moineau domestique est présent aux mangeoires tout au long de l'année. En hiver, l'espèce devient grégaire et peut envahir votre poste d'alimentation, si celui-ci se trouve dans un endroit dégagé.

Le moineau est un opportuniste. Je l'ai même vu se baigner et se nourrir aux mangeoires pendant la crise du verglas de 1998 pour repartir aussitôt le beau temps revenu.

En été, on peut le voir prendre un bain de sable. Ce comportement a pour but de chasser les parasites de son plumage. Le sable apaise également les démangeaisons qui l'affectent pendant la mue.

En été, si vous installez un nichoir, il s'empressera de l'occuper. À la campagne, il ira même jusqu'à en chasser les hirondelles ou les Merlebleus de l'Est. Pour éviter ce problème, installez deux nichoirs dos à dos ou à une distance de 30 à 40 m (100 à 150 pi) l'un de l'autre. Vous éviterez la compétition entre les espèces. Si vous ne désirez pas sa présence, choisissez un nichoir sans perchoir. Ajoutez un anneau d'une épaisseur de 2 cm (¾ po) autour du trou, il aura plus de difficulté à avoir accès à l'intérieur et cèdera la place à vos amis les hirondelles ou les merlebleus *(voir p. 211)*.

Rassemblement de moineaux mangeant des graminées à l'automne.

♀ apportant des matériaux au nid.

Pic chevelu

Picoides villosus • Hairy Woodpecker

Plus gros que le Pic mineur, cet oiseau manifeste aussi sa présence en ville si votre environnement lui offre un bosquet d'arbres matures ou si vous vivez à proximité d'un parc.

AIRE DE RÉPARTITION

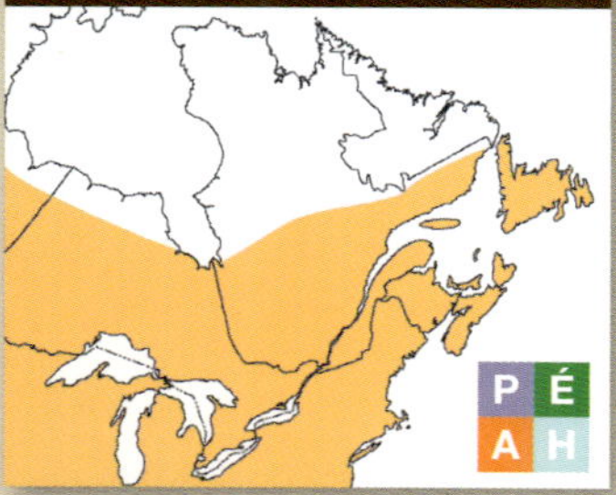

Longueur de l'oiseau
22 à 27 cm

Nourriture préférée
Il apprécie le suif, les arachides et le tournesol.

De la taille du merle, le Pic chevelu a le dos blanc. Son bec fait la moitié de la taille de sa tête. Une tache rouge orne l'arrière de sa tête et est traversée par un trait noir. Les ailes noires sont tachetées de blanc. Sa queue est bordée de blanc sans taches noires, ce qui le différencie de son cousin le Pic mineur. La femelle n'a pas de tache rouge derrière la tête.

C'est une sorte de crépitement. Il ressemble à celui du Martin-pêcheur d'Amérique. Il émet aussi un *piik* grinçant.

Il se tient dans les forêts de feuillus, de conifères ou mixtes. Il est aussi présent dans les parcs urbains.

Il occupe tout le Québec méridional.

Le Pic chevelu est aussi amateur de beurre d'arachide, de noix, de maïs.

Il se nourrit aux mangeoires sélectives et aux plateaux, et même parfois au sol, récupérant quelques graines tombées. À l'occasion, il ira s'abreuver à votre bain d'oiseaux. Il varie son menu en consommant les graines des cônes de conifères et ne dédaignera pas à l'occasion les fruits du nerprun cathartique, du pommetier décoratif, du sumac vinaigrier ou du sureau rouge.

Pic chevelu s'appropriant un pignon.

Pic chevelu ♀ dans un sureau rouge.

Pic chevelu ♀ à l'abreuvoir.

Pic chevelu ♀ s'abreuvant de la sève d'un érable.

Il faut le voir à l'occasion projeter au sol, à grands coups de bec, des graines de tournesol avant d'en choisir une.

Au printemps, dans les compétitions amoureuses, observez le mâle tourner en rond en compagnie de deux femelles, puis monter et descendre le long d'un arbre. Durant la période de nidification, il se fait plus discret.

Au début de l'hiver, le mâle et la femelle se présentent séparément aux mangeoires.

Au fur et à mesure que la saison des amours approche, on les voit se rapprocher graduellement l'un de l'autre. Vous ne verrez qu'un couple à vos mangeoires.

Cet oiseau très territorial fera la chasse aux autres individus de son espèce si votre cour est restreinte.

Si vous avez conservé un chicot dans un coin de votre cour, vous le verrez peut-être s'y installer pour y élever sa couvée.

Pic chevelu ♀ picorant dans la neige.

Pic chevelu ♂ se nourrissant de suif dans un filet.

Pic chevelu ♂ immature.

Pic mineur *Picoides pubescens* • Downy Woodpecker

De la taille du moineau, c'est le plus petit des pics. Il ressemble à son cousin le Pic chevelu, qui lui aussi se présente aux mangeoires.

On entend un *tiic, tiic, tiic, tiic* ou une série de notes rapides et saccadées, ce qui signifie que le couple veut demeurer en contact.

Pendant les manifestations amoureuses d'un couple, on entend des *couic-couic* sonores.

Pour attirer une partenaire ou pour revendiquer un territoire, il utilise des arbres morts ou tout autre objet pouvant faire office de tambour.

Le Pic mineur occupe les forêts de feuillus et mixtes, les bosquets ou les parcs urbains.

Il est présent dans tout le Québec méridional.

Le Pic mineur a le milieu du dos blanc. Ses ailes noires sont tachetées de blanc. Une tache rouge derrière la tête du mâle le différencie de la femelle. Le bec est court. Alors que la queue est noire, les rectrices externes blanches sont seulement tachetées de noir.

La femelle n'a pas de tache rouge à l'arrière de la tête.

AIRE DE RÉPARTITION

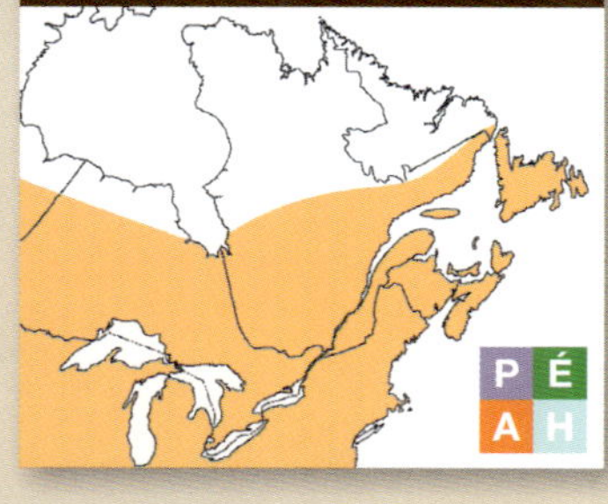

Longueur de l'oiseau
16 à 18,5 cm

Nourriture préférée
Il affectionne particulièrement le tournesol, le suif et les arachides.

Pic mineur ♂ mangeant du suif en compagnie d'une Mésange à tête noire.

♀ visitant un trou dans un arbre, au début de la saison de nidification.

Pic mineur ♀ nourrissant son petit.

♂ commençant à perforer un trou dans un arbre.

On le voit aux plateaux d'alimentation tout comme aux mangeoires sélectives. Il se nourrit aussi de beurre d'arachide, de noix et de maïs. Il agrémente son menu de graines de différentes espèces de conifères et à l'occasion des fruits du nerprun cathartique, du pommetier décoratif ou du sumac vinaigrier.

Présent à longueur d'année, il se fait cependant discret en période de nidification. Sitôt le nid quitté, les petits peuvent être observés attendant la becquée.

En de rares occasions, il occupera un nichoir. En dehors des périodes de nidification, observez bien la femelle qui cède sa place au mâle lorsqu'il arrive aux mangeoires. Elle y reviendra lorsque le mâle sera parti.

Si vous avez un arbre mort qui occupe un coin de votre cour, de grâce ne l'abattez pas ! Faites couper la partie supérieure, qui pourrait être dangereuse, et conservez le tronc à une hauteur de 3 à 4 m (10 à 13 pi). C'est le site idéal pour la nidification de cette espèce.

Par la suite, votre arbre pourra accueillir la sittelle ou la mésange, qui utiliseront pour s'y installer le trou creusé par le pic. Vous pourrez assister aux envols de toute cette progéniture !

Essayez de mettre des morceaux d'ananas ou de pêche dans des anfractuosités de l'écorce d'un arbre. Vous serez surpris de le voir s'en nourrir. C'est une de mes élèves qui m'a fait découvrir ce truc il y a quelques années.

♀ picorant dans la neige.

Pigeon biset *Columbia livia* • Rock Dove

Certains l'affectionnent, d'autres le trouvent envahissant. Sachez qu'il n'est pas facile de s'en défaire lorsqu'il a pris l'habitude de venir aux mangeoires. On observe une variété de couleurs chez cette espèce à cause de sa domestication.

AIRE DE RÉPARTITION

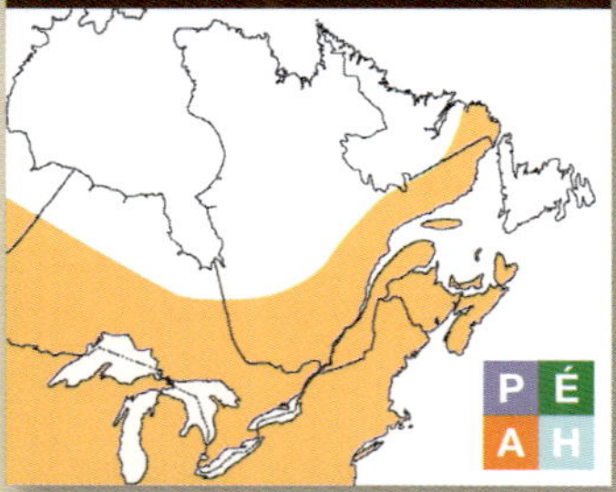

Longueur de l'oiseau
28 à 34 cm

Nourriture préférée
Le maïs concassé et le tournesol.

Le plumage typique du Pigeon biset est le suivant : sa queue est large et a l'extrémité foncée. Le croupion est blanc. Des barres alaires noires ornent ses ailes grises. L'oiseau est entièrement gris, mais son cou est irisé de reflets verts ou mauves.

On l'entend roucouler doucement : *cou-cou-cou.*

Présent dans les villes, sous les ponts et à la campagne, sur les fermes.

Il occupe tout le Québec méridional.

Le Pigeon biset se nourrit aux grands plateaux, mais surtout au sol, de tout ce que vous pouvez lui offrir : millet blanc, carthame, chardon, alpiste, blé, avoine, orge, sarrasin et colza.

Les Pigeons bisets sont des oiseaux grégaires, ils se rassemblent sur le dôme d'un silo à la campagne en attendant d'aller se nourrir de céréales dans les champs.

Plumages variés des oiseaux d'élevage qui sont maintenant en liberté.

Vous pouvez le voir à vos mangeoires tout au long de l'année. Lorsqu'il aura découvert l'endroit, il reviendra accompagné de plusieurs de ses congénères.

Vous verrez leur nombre s'élever peu à peu. Si vous vivez dans un milieu forestier cependant, vous ne pourrez profiter de sa présence.

Attention, dans certaines municipalités, il est interdit de nourrir les pigeons. Les fientes de ces oiseaux se répandant un peu partout, le voisinage n'apprécie pas toujours.

Si vous utilisez des mangeoires munies de très petits goujons, cet oiseau ne pourra s'y percher. Il en sera quitte pour se nourrir au sol des graines tombées. Si vous voulez à tout prix éviter sa compagnie, il suffit d'installer un grillage au sol ou un ramasse-graines sous vos plateaux d'alimentation.

Les petits oiseaux pourront continuer à se nourrir en passant au travers du grillage tout en se sentant protégés des prédateurs comme les chats *(voir p. 78 et 444)*.

Pigeons se nourrissant à une mangeoire et au sol.

Roselin familier *Carpodacus mexicanus* • House Finch

Le Roselin familier ressemble beaucoup à son cousin le Roselin pourpré. Il faut l'observer attentivement pour le différencier.

AIRE DE RÉPARTITION

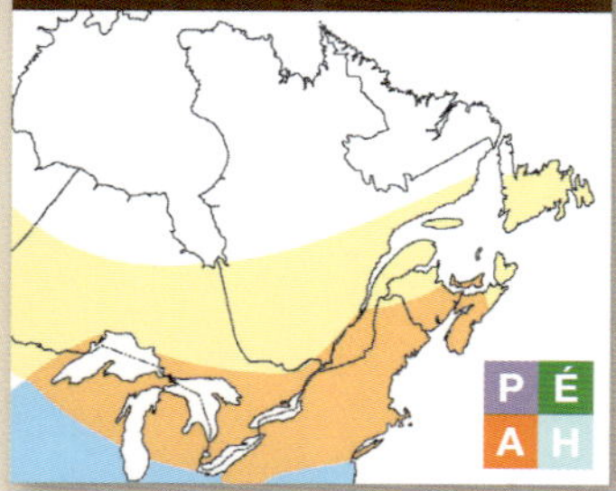

Longueur de l'oiseau
13 à 14 cm

Nourriture préférée
Il affectionne particulièrement le chardon, le tournesol et le millet blanc.

De la taille du moineau, le mâle a le sourcil, la gorge, la poitrine et le croupion rouge orangé. Son dos est brunâtre et le ventre et les flancs sont rayés.

Plus difficile encore est l'identification de la femelle. On remarque son corps entièrement rayé de brun. Elle n'a aucune marque distinctive sur la tête, contrairement à la femelle Roselin pourpré, qui possède un sourcil blanchâtre et des raies brunes au menton.

On entend un gazouillis enjoué se terminant par un *houir* ou un *tchi-eurr.*

Il habite les villes et les banlieues.

Arrivé au Québec depuis une vingtaine d'années, cet oiseau s'est répandu dans le sud à partir du Témiscamingue jusque dans le Bas-Saint-Laurent.

Vous le verrez perché à des mangeoires sélectives, aux silos ou sur les plateaux d'alimentation où il se nourrit de colza, de chardon et de maïs concassé.

Il aime les fruits servis sur un plateau : raisins secs, abricots, cerises, oranges, poires, pommes ou bananes coupées en petits morceaux.

Certains mâles arborent un plumage plus orangé *(variante orangée)*, comme sur cette photo.

Roselin familier ♀ transportant des matériaux pour son nid.

♂ adulte nourrissant son petit sur un câble de transmission.

On l'aperçoit également aux abreuvoirs à colibris. Vous le verrez aussi profiter des bains d'oiseaux après avoir passé beaucoup de temps aux mangeoires.

Il ne dédaignera pas les baies et fruits de l'amélanchier, du cornouiller, du genévrier, du sorbier ou de la viorne trilobée durant les saisons automnale et hivernale.

Il se nourrira aussi des samares ou des bourgeons des feuillus ou des graines des conifères.

Roselin familier ♂ qui se désaltère à un abreuvoir.

Roselin familier ♀ à une mangeoire avec dôme.

Roselin familier ♂ se nourrissant des cônes d'un thuya.

Roselin pourpré *Carpodacus purpureus* • Purple Finch

Cet oiseau de teinte rouge framboise est un habitué de nos mangeoires et il égaie notre environnement par son chant enjoué.

AIRE DE RÉPARTITION

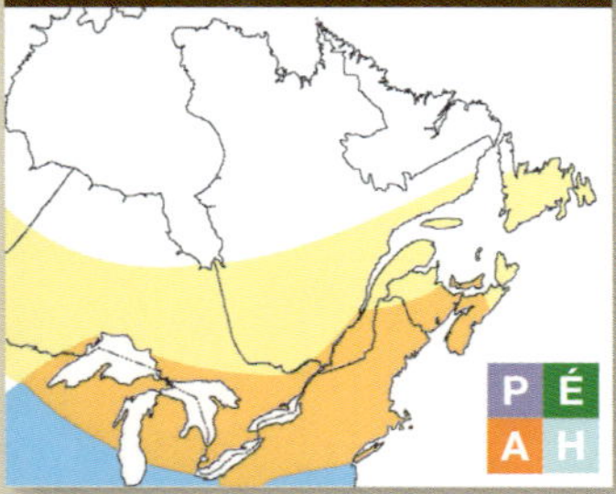

Longueur de l'oiseau
14 à 16 cm

Nourriture préférée
Il affectionne particulièrement le tournesol, le chardon et le millet blanc.

De la taille du moineau, le Roselin pourpré a un plumage rouge rosé. Cette teinte est plus vive sur la tête et sur le croupion. Son dos rayé, sa queue encochée, ses ailes et son gros bec conique sont brunâtres.

La femelle a un plumage rayé de brun. Un épais sourcil blanc et un large bandeau brun la différencient de la femelle Roselin familier. La joue est brune avec une bande malaire blanche. Les plumes de la queue sont à peine rayées.

Il émet un gazouillis rapide et mélodieux ressemblant à un *wiidi-ooli* long et animé qui se termine par un *dri-ur* enroué.

Quand il est en vol, on entend un *pik* court.

Il fréquente les forêts mixtes et de conifères, ainsi que les bordures des forêts, les clairières et les boisés.

En hiver, on l'aperçoit dans les parcs et les jardins bien garnis en arbres et arbustes.

Il occupe tout le sud du Québec.

Roselin pourpré ♂ posé dans un mélèze.

Il se nourrit de préférence aux mangeoires à débit contrôlé, aux silos à chardon ainsi qu'aux plateaux.

Vous le verrez consommer du maïs, du carthame, de l'alpiste, du colza, du sarrasin, du blé, des noix et des graines de citrouille.

Dans la nature, il se nourrira des fruits des arbres feuillus ou des graines des conifères. À l'occasion, il se nourrit de bourgeons. À la saison des fraises et des framboises, il n'hésitera pas à se mettre un de ces fruits « sous la dent ».

Dès l'été, et durant l'automne, il s'alimentera des fruits de l'amélanchier, du nerprun, du sorbier, de différentes espèces de cornouillers, de genévriers et de viornes.

À la saison froide, on le voit en très grand nombre aux mangeoires, même s'il arrive qu'il se fasse plus rare certains hivers.

Dès le printemps, il occupe nos mangeoires, et cela, jusque tard à l'automne.

En été, il viendra donner la becquée à ses petits. Vous apprécierez le spectacle du petit qui attend sur une branche, tout près, en pépiant et en frétillant des ailes. Vous assisterez aussi à sa mue à la fin de l'été.

Le mâle se teinte alors d'un vieux rose avant de retrouver ses couleurs habituelles.

Si vous voulez que le roselin niche chez vous, offrez-lui un conifère dans lequel il pourra camoufler son nid.

Roselin pourpré ♂ à un silo carré.

Roselin pourpré ♂ s'abreuvant dans un bassin d'eau.

Jeune roselin se nourrissant de fruits du nerprun.

Jeune roselin dans un amélanchier.

Roselin pourpré ♂ en mue, au mois d'août.

Sittelle à poitrine blanche

Sitta carolinensis • White-breasted Nuthatch

À peine plus grosse que sa cousine la Sittelle à poitrine rousse, la Sittelle à poitrine blanche est davantage présente à nos mangeoires. On l'aperçoit souvent agrippée à l'écorce d'un arbre, tête en bas et bec retroussé.

AIRE DE RÉPARTITION

Longueur de l'oiseau
13 à 15 cm

Nourriture préférée
Elle préfère le tournesol, les arachides, les pignons et le suif.

La Sittelle à poitrine blanche a la face et le ventre blancs. Son bec est pointu, mince et légèrement retroussé. La calotte et la nuque sont noires. Son dos est gris-bleu. Les sous-caudales et les flancs peuvent être teintés de brun-roux. Sa courte queue est carrée.

La femelle a le dessus de la tête teinté de gris.

Son chant nasillard composé de plusieurs *han, han, han* fait penser à un ricanement. À ce chant s'ajoute un *ouin ouin* répété maintes fois par le mâle lorsque la femelle est à proximité.

On peut aussi entendre un *hip-ip* léger lorsque le couple veut demeurer à portée de voix.

Elle occupe les forêts matures de feuillus et mixtes, ainsi que les boisés près des fermes.

Sittelle ♂ dans une mangeoire hexagonale.

Sittelle à poitrine blanche ♂ se nourrissant de pignons dans une mangeoire installée à une fenêtre.

Sittelle à poitrine blanche ♂ déposant une graine dans une anfractuosité de l'écorce d'un arbre.

Elle envahit tout le sud du Québec à partir du Témiscamingue jusqu'à Rivière-du-Loup.

On l'aperçoit aux mangeoires sélectives et sur les plateaux. Elle se nourrit aussi de carthame, de noix, de graines de citrouille, de maïs concassé, de glands, de faînes et de graines de cônes.

À l'occasion il lui arrive de consommer des baies et des fruits, particulièrement ceux du sorbier et de la vigne vierge.

Elle annonce sa venue par de petits cris.

Vous la verrez monter et descendre le long du tronc d'un arbre situé à proximité des mangeoires avant de s'élancer vers une mangeoire pour cueillir une graine de tournesol, qu'elle cachera dans une anfractuosité de l'écorce. À coups de bec répétés, elle fend l'écale pour atteindre l'amande. Ce manège recommence maintes fois. J'ai pu observer la sittelle à plusieurs reprises, au printemps, venir chercher une graine de tournesol qu'elle avait cachée.

En hiver, vous remarquerez que les mésanges sont souvent accompagnées par les sittelles et les pics.

Sittelle à poitrine blanche ♂ ayant un grain de maïs au bec.

Sittelle à poitrine rousse *Sitta canadensis* • Red-breasted Nuthatch

Plus petite que sa cousine la Sittelle à poitrine blanche, elle fréquente les mangeoires de façon plus ou moins assidue.

Son cri est plus aigu et plus nasillard que celui de la Sittelle à poitrine blanche. On entend un *hank, hank*.

On l'aperçoit surtout dans les forêts de conifères ou mixtes.

En ville, elle occupe les parcs et les bosquets des quartiers résidentiels où l'on peut trouver des conifères.

Elle occupe tout le Québec méridional.

Friande de noix, de graines de citrouille, de carthame

AIRE DE RÉPARTITION

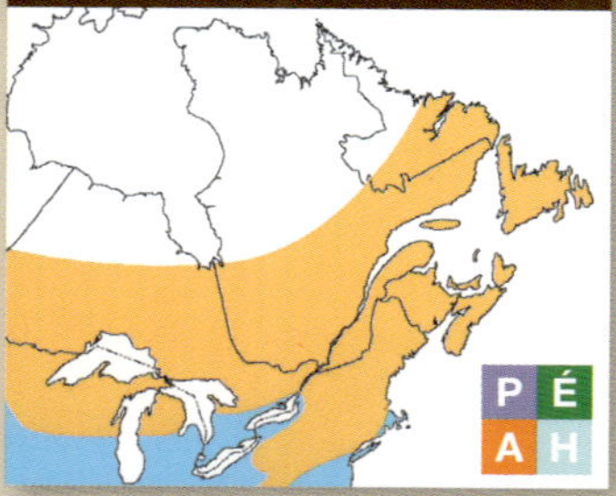

Longueur de l'oiseau
10 à 12 cm

Nourriture préférée
Elle affectionne particulièrement le tournesol, les arachides et le suif.

La Sittelle à poitrine rousse a une calotte noire, et un trait noir traverse son œil. Sa courte queue carrée et son bec retroussé lui sont caractéristiques. Sa poitrine est rousse.

La femelle a le dessus de la tête gris foncé. Quant à sa poitrine, elle est d'un roux plus pâle.

Sittelle ♂ avalant de la neige à défaut d'avoir de l'eau.

Sittelle ♀ à une mangeoire à pignons.

Sittelle à poitrine rousse ♂ tenant un pignon dans son bec.

et à l'occasion de maïs ou de chardon, la Sittelle à poitrine rousse se nourrit aussi des semences des conifères ou des bouleaux, et parfois des fruits du sumac vinaigrier et de la vigne vierge.

Les sittelles ne dédaignent pas non plus de s'abreuver ou de faire une petite trempette dans un bassin surélevé d'où elles peuvent surveiller les alentours.

Si vous laissez un chicot d'un minimum de 10 à 15 cm (4 à 6 po) de diamètre dans votre cour arrière, il est possible que vous ayez la surprise de la voir s'y installer pour nicher.

Vous la verrez se promener tête en bas, sur le tronc d'un arbre, en observant le poste d'alimentation avant de risquer une visite rapide à un plateau ou une mangeoire à débit contrôlé.

C'est après la saison de nidification que vous aurez peut-être la chance de voir toute sa petite progéniture se présenter aux postes d'alimentation. C'est le seul moment où vous pourrez compter plus de deux sittelles à la fois, car étant territoriale, elle chasse toute intruse. Moins peureux que les adultes, vous pourrez admirer les petits de plus près.

Sittelle à poitrine rousse se nourrissant d'un insecte attrapé dans une anfractuosité de l'écorce d'un arbre.

Tourterelle triste *Zenaida macroura* • Mourning Dove

C'est depuis le milieu des années soixante que la tourterelle a connu une lente augmentation démographique au Québec. On peut maintenant dire qu'elle fait partie du paysage. On l'observe souvent perchée bien en évidence sur des fils électriques ou se nourrissant de graines tombées au sol.

AIRE DE RÉPARTITION

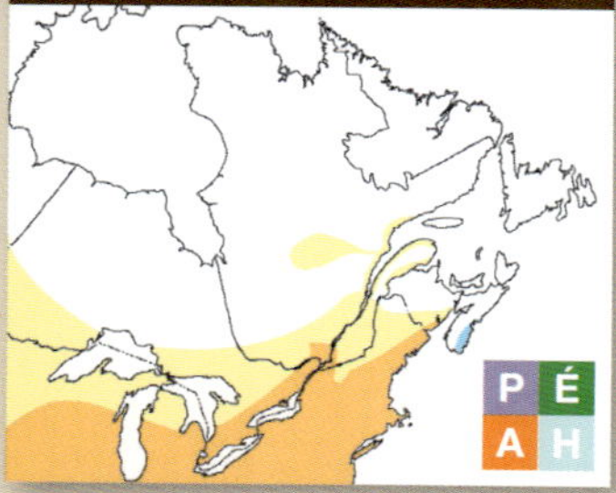

Longueur de l'oiseau
28 à 33 cm

Nourriture préférée
Elle affectionne particulièrement le tournesol, le millet blanc et le maïs concassé.

♀♂ Presque de la taille du pigeon, cet oiseau élancé aux couleurs de brun et de beige a les ailes et le dos plutôt brunâtres. La poitrine est rosâtre. Des taches brunes ornent la joue et les ailes. La tête est petite. Sa longue queue pointue bordée de blanc est remarquable lorsqu'elle l'étale, au moment de se poser. Elle a une couronne grise et ses côtés irisés présentent des teintes de rose ou de vert lime. Le cercle oculaire est turquoise. La femelle a la poitrine beige. On note également l'absence chez elle de côtés irisés et de couronne grise.

Elle émet un chant doux et sourd qui ressemble à un *rou cou cou* rappelant celui du hibou. Il est entendu surtout à la saison des amours. Près du nid, le couple fait entendre un *ou hou* court.

Elle occupe tous les habitats ouverts, dont les champs, les bordures des forêts, les parcs et les jardins des villes et villages.

Tourterelles tristes qui se bécotent pendant la saison des amours.

Tourterelles tristes à une mangeoire. Remarquez la longue queue pointue.

Tourterelle triste prenant un bain dans un plan d'eau.

La Tourterelle triste est présente dans tout l'extrême sud du Québec, en Outaouais et dans la vallée du Saint-Laurent, ainsi qu'au Saguenay–Lac-Saint-Jean.

Elle se nourrit de graines tombées au sol et de celles qui se trouvent sur le bord des mangeoires ou sur un plateau.

Elle se nourrit également de chardon, de carthame, d'alpiste, de colza, de sarrasin, de blé, d'avoine et d'orge. On la voit aussi fréquemment venir s'abreuver.

Elle demeure longtemps aux postes d'alimentation pour se nourrir, ou sur une branche ou au sol pour se reposer dans un coin discret.

À l'automne, on peut l'observer en très grand nombre ; j'ai pu observer jusqu'à 35 individus et plus.

En hiver, il n'est pas rare de la voir se réchauffer les pattes dans un abreuvoir.

Remarquez bien ses pattes et ses doigts. Il lui arrive, dans de très grands froids, de perdre un ou deux doigts. Mais cela ne l'empêche pas de revenir fréquemment aux mangeoires.

Si les tourterelles viennent se chauffer les pattes dans votre abreuvoir en hiver, voyez à le nettoyer souvent, car les tourterelles ont tendance à y échapper leurs fientes.

Tourterelle à laquelle il manque des griffes et une partie des doigts.

Tourterelle triste se réchauffant les pattes dans un abreuvoir.

Gélinotte huppée

Bonasa umbellus • Ruffed Grouse

Malgré sa grande discrétion, la Gélinotte huppée peut s'approcher des humains et venir se nourrir à nos mangeoires.

AIRE DE RÉPARTITION

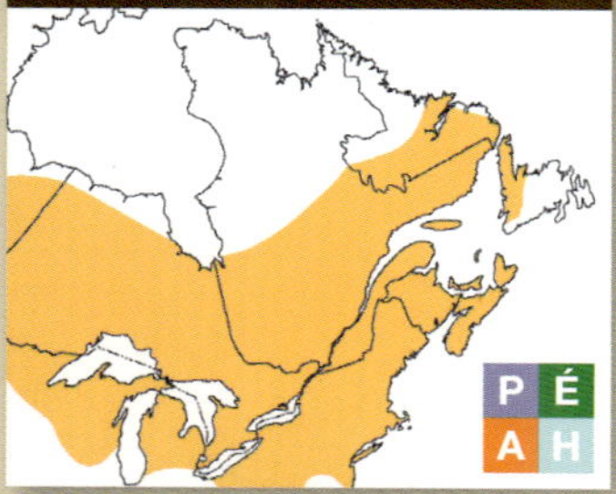

Longueur de l'oiseau
40 à 48 cm

Nourriture préférée
Elle aime le maïs concassé surtout, mais aussi les fruits du sureau doré et de la viorne trilobée.

♀♂ Elle a une petite tête huppée. Sa queue est brune ou rousse et rayée d'une large bande noire près de son extrémité. Une collerette orne son cou, et sa poitrine est rayée de brun sur fond beige. Son bec ressemble à celui de la poule.

♫ Elle émet des *couit couit* aigus ou de légers glousements lorsqu'elle est avec ses petits.

Le tambourinage du mâle en parade nuptiale est produit par le frappement de ses ailes sur son corps : *bop bop bop bop op rrrr*. Il ressemble étrangement au bruit d'un moteur qui démarre.

On l'aperçoit dans les forêts de feuillus ou mixtes.

Elle occupe tout le sud du Québec jusqu'à la taïga.

Gélinotte huppée en hiver.

La Gélinotte huppée aime bien se reposer, camouflée sous les branches d'une pruche.

Une Gélinotte huppée cueillant un fruit de viorne trilobée.

Elle peut se nourrir à l'occasion de blé, d'avoine ou d'orge. Pour elle, pas besoin de mangeoire, elle se nourrit à même le sol. Une table basse fait aussi l'affaire lorsqu'elle a pris l'habitude de venir se nourrir à votre poste d'alimentation. Elle raffole des graines, des bourgeons et des fruits des feuillus et des conifères, ainsi que de ceux de nombreux arbres fruitiers : l'aronie, l'aubépine, les cerisiers, les cornouillers, l'épine-vinette, le houx verticillé, le nerprun, le pommetier, le sorbier, le sumac vinaigrier, le sureau et la viorne trilobée.

Quel plaisir d'observer la parade nuptiale de la Gélinotte huppée à l'automne.

D'abord attirée par les fruits du sureau doré ou de la viorne trilobée, elle passera tout l'hiver chez vous si vous déposez du maïs au sol, près de l'endroit où elle se nourrissait.

Durant la journée, un bon observateur pourra l'apercevoir bien enfouie dans la neige ou sous les branches de conifères.

Grand Pic *Dryocopus pileatus* • Pileated Woodpecker

Même s'il demeure avec nous tout au long de l'année, c'est surtout en hiver et au début du printemps qu'il visite les mangeoires présentes dans son habitat.

AIRE DE RÉPARTITION

Longueur de l'oiseau
41 à 50 cm

Nourriture préférée
Le beurre d'arachide et le suif.

De la taille de la Corneille d'Amérique, le Grand Pic est presque entièrement noir. Il n'a que le front et la huppe rouge vif. Le mâle a une moustache rouge. Une rayure blanche part de son bec et s'étire jusqu'à l'épaule. Son bec est long et fort.

La femelle a le front noir et elle est dépourvue de moustache.

Son cri est retentissant et facile à reconnaître : *kik-kik-kik-kik-kik-kik*.

On le voit uniquement dans les forêts matures de feuillus, mixtes ou de conifères.

En ville, il fréquente les gros arbres ornementaux. Il semble s'adapter graduellement aux arbres de moins grand diamètre, les arbres matures se faisant de plus en plus rares.

Il occupe le sud du Québec. Absent de la forêt boréale.

Un Grand Pic ♀ picorant dans un arbre mort pour y trouver des insectes.

Avec sa longue langue, le Grand Pic attrape des insectes ou des larves enfouis dans les petits trous.

Un Grand Pic ♂ perçant un grand trou ovale dans un arbre.

Le Grand Pic se nourrit de beurre d'arachide et de suif que vous aurez placés sur un présentoir. Il peut aussi s'alimenter à un grand plateau d'arachides, de noix, de maïs concassé et de tournesol rayé. À l'occasion, il ne dédaigne pas les graines de pin et d'épinettes, ainsi que les baies comme les mûres et les framboises.

Les fruits sauvages de l'amélanchier, du cornouiller stolonifère, du houx verticillé, du nerprun, du pommetier, du sumac vinaigrier, du sureau rouge ou doré, de la viorne cassinoïde, de la viorne trilobée et enfin de la vigne vierge s'ajoutent à son menu.

Cet oiseau imposant ne se présente pas souvent aux postes d'alimentation. Il faut demeurer à l'orée d'un grand parc urbain, dans la forêt ou à l'orée du bois à la campagne, là où les arbres matures poussent en grand nombre, pour avoir la chance de l'observer.

On remarque que le Grand Pic semble s'adapter à des forêts de moindre importance à cause de la diminution des forêts matures.

Si vous pouvez déposer au sol des souches en décomposition, il ira se nourrir des insectes ou des larves qui s'y cachent. Il se nourrit à l'occasion de fruits sauvages si vous lui en offrez.

Trace du passage d'un Grand Pic.

Gros-bec errant *Coccothraustes vespertinus* • Evening Grosbeak

Cet oiseau grégaire ne laisse personne indifférent! Ses cris perçants procurent beaucoup d'animation aux mangeoires.

AIRE DE RÉPARTITION

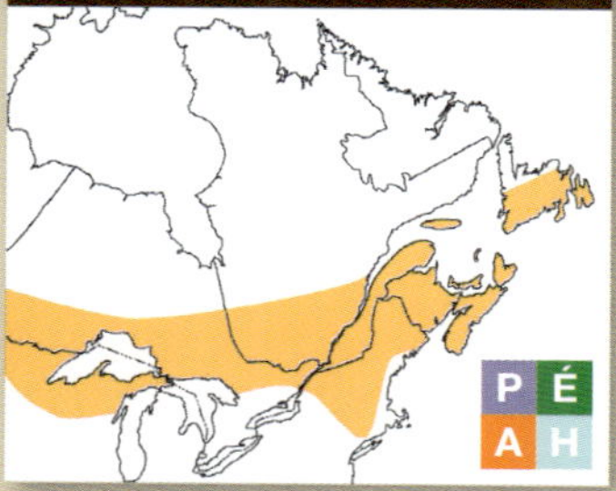

Longueur de l'oiseau
17 à 21 cm

Nourriture préférée
Le tournesol et le maïs.

De la taille du merle, le Gros-bec errant a un corps teinté de jaune or. La tête, la nuque et une partie du dos sont brunâtres. Un épais sourcil jaune souligne son œil noir. De grosses taches blanches ornent ses ailes noires. Sa queue légèrement fourchue est noire. Son bec fort et conique est jaune en hiver et vert pâle durant la belle saison.

La femelle est gris brunâtre. On trouve une tache blanche sur ses ailes noires.

Son chant ressemble à un gazouillis court et inégal. Il émet à répétition un *tchirp* sonore ou un *clîr* ou *clî-ip*. Il fait aussi entendre un appel clair et aigu – *klirr* – qui rappelle celui du Moineau domestique. Il émet un sifflement clair: *tiouw*. Son chant et ses cris incessants, à défaut d'être mélodieux, peuvent être entendus à une très grande distance et signalent la présence de mangeoires à d'autres espèces.

Le mâle offre une graine de tournesol à la femelle durant la période des parades nuptiales.

Femelle se régalant de tournesol à un silo carré.

Ces oiseaux grégaires sont présents toute l'année dans leur habitat.

On l'aperçoit dans les forêts mixtes et de conifères.

En hiver, on le voit plus fréquemment dans les parcs ou les bosquets d'arbres fruitiers des villes, ainsi qu'aux mangeoires.

On l'observe tout au long de l'année, à l'exception de la période de nidification.

Au printemps, vous verrez les mâles exécuter leurs parades nuptiales : les plumes de la tête relevées, les ailes pendantes, ils glissent sur des branches pour impressionner la femelle convoitée. Peut-être assisterez-vous aux courts ébats de l'accouplement.

Puis au début de l'été, ils se feront plus discrets, le temps de bâtir leur nid et de s'occuper des petits.

Dès le début du mois d'août, l'arrivée de la famille et le rituel de la becquée retiendront toute votre attention.

Il occupe tout le Québec méridional.

Il se nourrit aussi des samares de l'érable negundo (à Giguère) et de l'érable de l'Amour, des fruits du pommetier, du sureau et de la viorne trilobée. Il affectionne particulièrement les petits et grands plateaux d'alimentation. On le voit aussi posé par terre et se nourrissant des graines tombées. Il va s'abreuver et se baigner aux points d'eau.

En hiver, utilisez votre abreuvoir d'été qui ne sert plus pour permettre à cet oiseau grégaire de s'y nourrir.

Lorsque les petits ont acquis leur indépendance, le gros-bec s'absente des mangeoires et ne revient qu'avec les premiers froids de l'automne, afin de profiter des fruits et du tournesol. Vous verrez leur nombre augmenter au fur et à mesure que le froid se fait plus mordant.

Ils vous accompagneront tout l'hiver si vous leur fournissez une nourriture convoitée.

Mais pour avoir la chance d'observer les Gros-becs errants à l'année, il faut demeurer près de leur habitat : une érablière. Sinon, vous devrez attendre l'hiver.

En ville et en banlieue, cette espèce se fait de plus en plus rare aux mangeoires.

Offrez-leur une mangeoire avec plateau qu'ils pourront occuper pendant une bonne partie de la journée.

Pour éviter qu'ils ne vident littéralement vos réserves de graines, je vous recommande de les rationner en y mettant une portion modérée chaque jour.

Il est suggéré de toujours remplir votre mangeoire à la même heure.

Grimpereau brun *Certhia americana* • Brown Creeper

Plus petit que le moineau, il est difficile à apercevoir, car il se confond avec les écorces des arbres de la même teinte que son plumage. De plus, il se déplace en montant en spirale sur les troncs d'arbres.

Si on n'y porte pas attention, c'est à peine si l'on entend ses *sii-ti-oui- tou-oui* ou *si-si-sisi-si* faibles et aigus.

AIRE DE RÉPARTITION

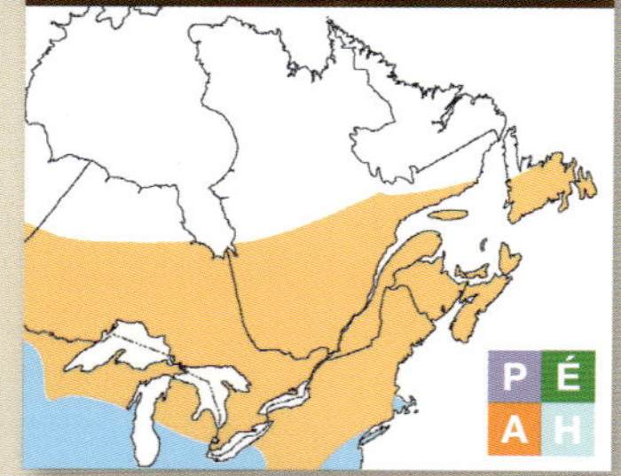

Longueur de l'oiseau
13 à 15 cm

Nourriture préférée
Les rares fois où il se présente aux mangeoires, il consomme surtout du suif ou du beurre d'arachide.

Son bec est mince et recourbé ; sa tête et son dos sont brun tacheté. Il porte un sourcil blanc. Son ventre est blanc.

Il se sert de sa queue raide en guise de support pour se déplacer sur l'écorce des arbres.

Il vit dans les forêts de feuillus ou de conifères et à la campagne ou dans les parcs offrant de grands arbres.

Il occupe tout le Québec méridional.

Accouplement de Grimpereaux bruns au printemps.

Il s'agrippe aux mangeoires à suif et aux présentoirs à beurre d'arachide. Parfois, il s'intéresse au maïs concassé, aux noix hachées et au tournesol. Il consomme également des graines de pin blanc, de pin rouge et de pin rigide.

Il n'est pas facile d'observer cet oiseau, car il se confond avec son environnement. De plus, sa façon de nicher est particulière. Il choisit un arbre mort dont l'écorce se détache de l'arbre pour y installer son nid. Admirez sa manie de tourner en spirale autour des arbres morts. Servez-vous d'un chicot et perforez des trous pour y insérer du beurre d'arachide ou du suif. Ainsi, vous augmenterez vos chances de l'attirer *(voir bûche pour grimpereau, p. 115)*.

Ce Grimpereau brun a trouvé une chenille cachée dans la mousse poussant sur un arbre.

Grimpereau se nourrissant de suif.

Grimpereau brun fouillant sous l'écorce pour y trouver un insecte.

Mésange à tête brune *Poecile hudsonicus* • Boreal Chickadee

AIRE DE RÉPARTITION

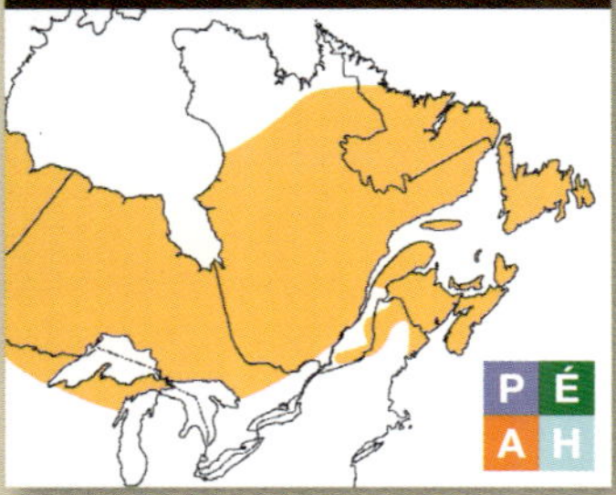

Longueur de l'oiseau
13 à 14 cm

Nourriture préférée
Lorsqu'elle viendra aux mangeoires, elle sélectionnera surtout le tournesol, le beurre d'arachide et le suif.

Cette mésange plus petite que le moineau a la tête brune, les joues blanches et la gorge noire. Son dos est brun olive et ses flancs, brun-roux. Sa poitrine et son ventre sont blanchâtres.

Son chant est plus nasillard que celui de la Mésange à tête noire, et on entend un *tchic-tchi-dédé*.

Beaucoup plus rare que la Mésange à tête noire, il faut la chercher en forêt coniférienne.

À l'instar du Mésangeai du Canada, cette mésange habite la forêt boréale de grande superficie où l'on retrouve les deux principales essences : le sapin et l'épinette.

Elle occupe presque tout le Québec, à l'exception du centre-sud et de l'Ungava.

Elle se nourrit aisément aux plateaux, aux mangeoires sélectives, au filet et au présentoir à suif. Elle ne dédaigne pas se nourrir de noix hachées ou de graines de citrouille.

Dans la nature, on peut parfois l'observer suspendue à un cône d'épinette ou de sapin pour en extraire les graines.

Mésange à tête brune qui se délecte de beurre d'arachide.

Une Mésange à tête brune occupe un nichoir pour y élever ses petits.

Mésange à tête brune le bec rempli d'insectes.

La Mésange à tête brune capture de nombreux insectes pour nourrir sa nichée.

Mésange bicolore *Baeolophus bicolor* • Tufted Titmouse

Très prisée par les observateurs d'oiseaux, elle ne nous visite que de façon sporadique. Par contre, dans certaines localités comme Lennoxville, Sherbrooke et Philipsburg, en Estrie, on peut l'observer tout au long de l'année.

AIRE DE RÉPARTITION

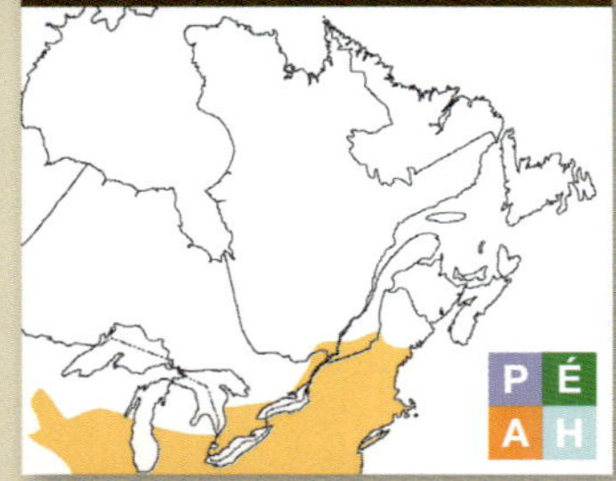

Longueur de l'oiseau
15 à 17 cm

Nourriture préférée
Elle affectionne particulièrement le tournesol, les pignons et le suif.

De la même taille que le moineau, la Mésange bicolore a la particularité d'avoir une huppe grise. Elle a aussi une tache noire sur le front. Son œil noir tranche avec sa face blanche et l'arrière de sa tête gris pâle. Son dos est également gris pâle et ses flancs sont chamois.

Son chant retentissant, clair et sifflé se fait entendre ce loin : *tiou, tiou, tiou*. Lorsqu'elle s'approche des mangeoires, elle annonce sa venue par un *piteur, piteur, piteur*.

Elle est l'hôte des grands arbres dans les forêts de feuillus, les parcs urbains ou près des habitations.

À la campagne, on l'aperçoit près des vergers ou en forêt.

Elle occupe particulièrement l'Estrie, mais étend maintenant son aire graduellement jusque dans la région de Québec.

Mésange bicolore immature sur le perchoir d'un silo carré.

Elle s'est envolée jusque dans une pruche pour manger son arachide.

On peut remarquer la huppe relevée de cette Mésange bicolore.

Une Mésange bicolore mangeant dans la main de Suzanne, qui en profite pour prendre un cliché.

À l'aise aux petites mangeoires sélectives, elle ne dédaigne pourtant pas les plateaux d'alimentation. Elle consomme des arachides hachées, des pignons et du beurre d'arachide. À l'occasion, elle se nourrit de chardon, de millet blanc, d'alpiste, de carthame, de graines de citrouille et de noix hachées.

Dans la nature, les glands du chêne, les faînes (akènes) du hêtre à grandes feuilles et les graines de pin s'ajoutent à son menu. Si vous lui offrez un abreuvoir d'oiseaux, elle ira s'y désaltérer. Elle se nourrit parfois de baies et de petits fruits comme ceux de l'amélanchier et du cerisier.

Son comportement ressemble à celui de la Mésange à tête noire. Elle s'annonce par son cri retentissant, puis on la voit s'envoler de son poste d'observation situé en haut d'un grand arbre pour se poser directement sur une mangeoire. Elle s'approprie une graine qu'elle cassera bruyamment sur le rebord du plateau ou s'envolera avec sa prise pour la manger plus loin à l'abri des regards.

Si vous tendez une main remplie de tournesol et d'arachides, avec beaucoup de patience, peut-être aurez-vous la chance inouïe de la voir se poser dans votre main, comme en fait foi cette photo.

Elle pourrait occuper des nichoirs si vous lui en offriez l'occasion.

Mésange bicolore immature à un abreuvoir sur pied.

Dans la nature, les Mésanges bicolores s'abreuvent à des glaçons.

Mésangeai du Canada

Perisoreus canandensis • Gray Jay

Cet oiseau est rare, dans le sud du Québec. Son habitat est plutôt nordique. Comme il est peu farouche, les gens demeurant près des grandes forêts conifériennes ont sûrement le privilège de l'observer régulièrement à leurs mangeoires.

AIRE DE RÉPARTITION

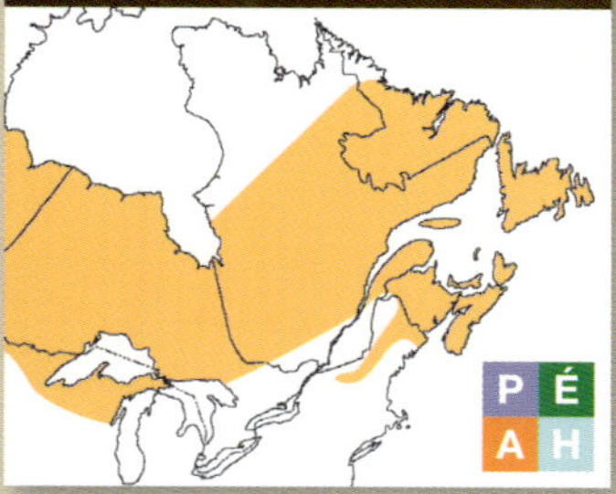

Longueur de l'oiseau
28 à 33 cm

Nourriture préférée
Il raffole du suif, des arachides et du beurre d'arachide.

Légèrement plus gros que le merle, le Mésangeai du Canada a l'arrière de la tête et la nuque gris foncé. Le dos et la longue queue sont gris moyen. Le front, la gorge, la poitrine et le ventre sont gris pâle. L'œil et le cercle oculaire sont noirs.

Il a un chant doux qui s'apparente à un *oui-ah*. Il émet aussi une grande variété de cris, dont un qui ressemble à celui du Geai bleu.

On le voit surtout en forêt boréale et dans les forêts de conifères composées particulièrement de sapins et d'épinettes.

Il occupe presque tout le Québec, à l'exception du Nord-Ouest et du Sud-Est, là où la forêt coniférienne est absente.

Il s'adapte à tous les types de mangeoires, mais avec une préférence pour les plateaux d'alimentation.

Son menu très varié comprend du tournesol, du maïs, du pain,

Mésangeai du Canada perché sur un filet à suif.

Un Mésangeai du Canada est venu chercher du suif dans les mains de Diane.

Un Mésangeai du Canada se nourrissant de framboises dans une main tendue.

des noix, des restes de table et des petites baies telles les fraises, les framboises…

Il niche très tôt au printemps, généralement dès le mois de mars. Il est présent tout au long de l'année.

Après la période de nidification, vous découvrirez les petits accompagnant leurs parents.

Peu farouche, il viendra manger dans votre main si vous lui offrez des arachides ou tout autre aliment pouvant l'attirer.

Mise en garde : Si vous découvrez un individu mort, faites attention, il pourrait être porteur du virus du Nil occidental *(voir p. 453)*

Trois mésangeais perchés à la cime de conifères, au sommet du mont Mégantic.

Perdrix grise *Perdix perdix* • Gray Partridge

Beaucoup moins répandue que la Gélinotte huppée, il s'agit là de la vraie perdrix. À l'automne, elles se rassemblent en nombre plus ou moins imposant de 10 à 30 individus pour passer l'hiver.

Elle émet un *kar-ouit-kar-ouit* et caquette lorsqu'elle s'envole.

On l'aperçoit souvent dans les champs cultivés. En hiver, elle se rapproche des habitations pour recueillir les grains échappés du foin d'élevage.

Cette espèce a été introduite. On la voit maintenant dans le sud du Québec, dans l'Outaouais, et en Estrie, en passant par la Beauce.

AIRE DE RÉPARTITION

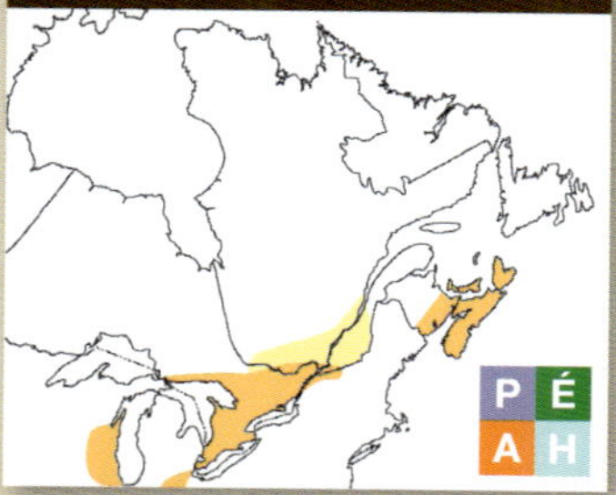

Longueur de l'oiseau
30 à 35 cm

Nourriture préférée
Elle préfère le maïs et les graines céréalières.

♀♂ De la taille du pigeon, la Perdrix grise a la face rouille et les flancs rayés de roux. Son ventre gris porte une grosse tache rousse en forme de U inversé. Elle a le dos brun et la poitrine grise. Sa queue est courte.

La femelle ne porte pas la tache rousse en U sur son ventre. La face a une teinte rousse plus pâle.

Des Perdrix grises ♂ et ♀ se reposant.

Perdrix grises en vol, à la recherche de nourriture dans les champs.

Perdrix grises se reposant dans la neige.

Comme la gélinotte, elle se nourrit au sol et recherche le blé, l'avoine, l'orge, le millet blanc et le sarrasin.

Dans la nature, elle se nourrit de graines de plantes, de pousses d'herbe et de trèfle.

Si vous habitez à la campagne et que par bonheur vous l'apercevez dans votre jardin ou près des bâtiments de ferme, empressez-vous de jeter des graines au sol pour l'inviter à revenir. Une fois l'habitude prise, elle restera jusqu'au printemps, se nourrissant à la pointe et à la fin du jour. Il lui arrive, tout comme à la Gélinotte huppée, de s'enfoncer dans la neige pour y passer la nuit.

Perdrix grises à la recherche de nourriture.

Tarin des pins *Carduelis pinus* • Pine Siskin

Connu autrefois sous le nom de Chardonneret des pins, il visite nos mangeoires de façon irrégulière.

AIRE DE RÉPARTITION

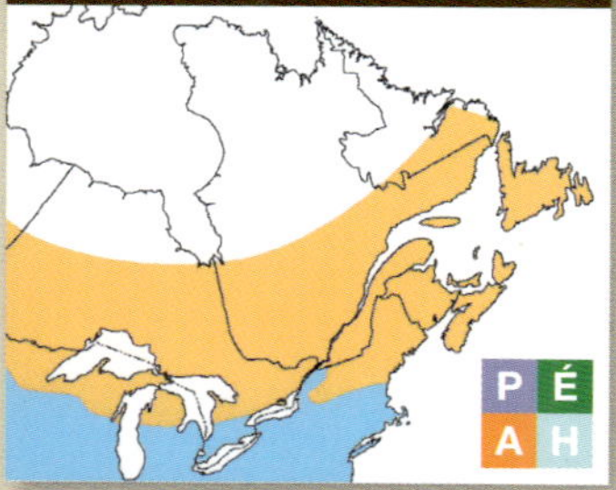

Longueur de l'oiseau
11 à 13 cm

Nourriture préférée
Il préfère le chardon et le tournesol.

Le Tarin des pins est plus petit que le moineau. Il est entièrement rayé. Une tache jaune sur ses ailes, sa queue fourchue et son bec très pointu aident à l'identifier. Il a le dos brun et le ventre clair. C'est en vol qu'on remarque plus facilement la bande jaune située sur l'aile.

Son chant est bourdonnant, on entend un *zriii* ou un léger *tit-i-tit*.

Il habite les forêts conifériennes ou mixtes.

Lors d'invasions, il se rapproche des habitations et de nos postes d'alimentation. On le voit alors posé dans les bouleaux ou sur les arbres ornementaux.

Il occupe tout le Québec méridional.

C'est un habitué des mangeoires sélectives, des silos et des plateaux.

Tarins des pins à une mangeoire à tournesol *(exemple d'une mangeoire mal entretenue : les graines sont compactées dans le fond et il manque des trous d'égouttement).*

On le voit souvent au sol se nourrir des graines de chardon tombées par terre. Il apprécie également le millet blanc, l'alpiste, le maïs concassé, les noix hachées, le colza, le blé, l'avoine et parfois le beurre d'arachide et le suif.

C'est un grand consommateur de graines de conifères. Il ajoute à son menu des samares d'arbres feuillus, des graines de fleurs sauvages ou cultivées comme la bardane, la centaurée, le chardon, la verge d'or, l'aster, la chicorée, l'onagre et le zinnia.

Au printemps, il se nourrira des pétales de la fleur de la viorne à feuilles d'aulne.

Ses visites sont imprévisibles, mais on peut l'observer en toutes saisons.

En hiver, ils s'installent à vos mangeoires en très grand nombre, parfois jusqu'à une centaine d'individus. Ils quitteront graduellement à partir du mois de juin pour la période de nidification.

En été, vous verrez peut-être un individu se nourrir discrètement de chardon pendant quelques jours.

Peu farouche, il peut venir manger dans votre main et y demeurer longtemps. Offrez-lui du chardon.

Chez certains tarins, la bande jaune sur l'aile est plus voyante.

D'autres individus ont un plumage plus jaunâtre.

Tarin des pins utilisant une mangeoire inversée.

En hiver, le Tarin des pins se nourrit à l'occasion de pommettes.

Tarin des pins s'abreuvant à un abreuvoir d'hiver.

Bruant à gorge blanche *Zonotrichia albicollis* • White-throated Sparrow

Qui n'a pas déjà entendu, au cours de promenades en forêt, le chant de notre Frédéric ? Il est classé au second rang des espèces les plus répandues.

AIRE DE RÉPARTITION

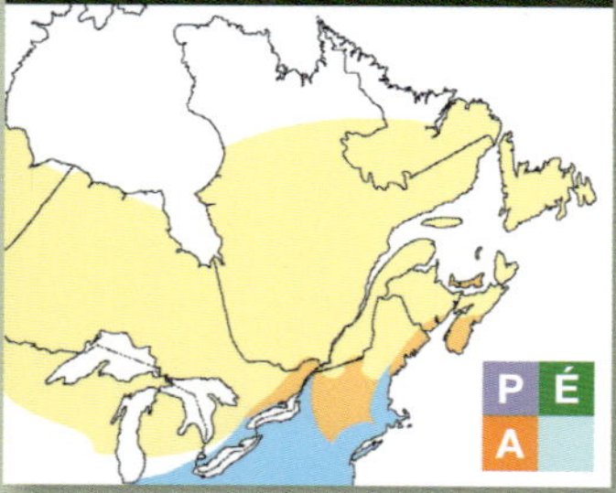

Longueur de l'oiseau
16 à 18 cm

Nourriture préférée
Il préfère le millet blanc, le tournesol et le maïs.

♀♂ De la taille du moineau, le Bruant à gorge blanche a le dos brun rayé et la poitrine grise. Sa tête est traversée par des rayures noires et blanches. Une tache jaune est visible devant son œil bordé d'un sourcil blanc. Il se présente aussi sous une autre teinte, avec le sourcil chamois et la tête traversée de rayures brunes et chamois. Son bec conique est sombre. Comme son nom l'indique, sa gorge est blanche.

Dès la mi-avril, il arrive dans le Sud du Québec où son chant retentit. Souvent perché au sommet d'un conifère, il fait entendre un sifflement clair ressemblant à deux notes simples suivies de trois notes triples plus aiguës que l'on évoque souvent sous forme d'onomatopée : « *Où es-tu Frédéric, Frédéric, Frédéric ?* » À l'automne, son chant se fait plus rare.

On le retrouve dans les forêts de conifères, les forêts mixtes et de feuillus. Il se tient aussi dans les sous-bois, les fourrés, les clairières, les milieux humides, les forêts en régénération ou à l'orée du bois. En cours de migration, il est commun aux mangeoires.

Bruant à gorge blanche de teinte chamois avec une chenille au bec pour nourrir ses petits au nid.

C'est le Bruant à gorge blanche qui entonne « Où es-tu Frédéric ? ».

Bruant à gorge blanche perché au-dessus d'un refuge de branches mortes.

Il occupe tout le sud du Québec jusqu'au-delà du 55e parallèle.

Il se nourrit de préférence au sol, mais on peut également l'apercevoir aux plateaux d'alimentation.

Il consomme de l'alpiste, du chardon, du colza, des noix hachées, de la graine de citrouille, de l'avoine et du blé et à l'occasion du beurre d'arachide. Il aime aussi se nourrir de graines d'arbres et d'arbustes de conifères ou de feuillus. À ce menu, il ajoute les fruits de l'aubépine, de l'amélanchier, du houx verticillé, de l'olivier de Bohême, du pommetier et du pommier, du rosier rugueux, du sorbier d'Amérique, du sumac vinaigrier, de la viorne à feuilles d'aulne et du sureau blanc (sureau du Canada), ainsi que les petites baies du gadelier, du bleuetier, du framboisier et du fraisier.

Au printemps, il se nourrit aux mangeoires jusqu'au moment de nicher. Si vous demeurez en forêt, vous le verrez apparaître tôt, à la fin de l'été, accompagné de ses petits. Il y restera jusqu'à l'automne, au moment de sa migration.

En ville, vous le verrez seulement au moment de son passage vers son aire d'hivernage. Il aime aussi s'abreuver et prendre des bains si vous mettez un bassin d'eau à sa disposition.

Quelques individus peuvent passer l'hiver avec nous dans le sud de la province. Vous le verrez alors fréquenter assidûment vos mangeoires, où il se nourrira des fruits et graines que vous lui offrirez.

Bruant à gorge blanche se nourrissant de graines de millet sur un plateau au sol.

Bruant à gorge blanche immature dans un sureau blanc à l'automne.

Bruant à couronne blanche

Zonotrichia leucophrys • White-crowned Sparrow

De la taille du moineau, il ne faut pas le confondre avec le Bruant à gorge blanche.

Il émet des sifflements clairs et plaintifs, suivis d'un trille sifflé et enroué. Le début de son chant ressemble à celui du Bruant à gorge blanche.

Il habite la toundra, les buissons, les broussailles en bordure des forêts conifériennes et mixtes.

En été, il niche sur la Basse-Côte-Nord jusqu'au Nouveau-Québec. C'est au cours de sa migration qu'il s'arrête à nos postes d'alimentation, avant de regagner son site de nidification ou son site hivernal, plus au sud.

Le Bruant à couronne blanche a le dos brun rayé et la tête rayée noir et blanc. Son bec est rosé. Le bas de la nuque, la gorge et la poitrine sont gris. Comme il est facile à confondre avec le Bruant à gorge blanche, il faut l'observer attentivement pour le reconnaître.

AIRE DE RÉPARTITION

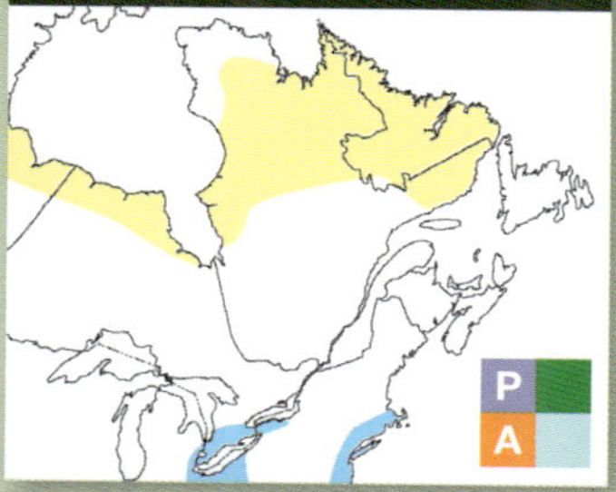

Longueur de l'oiseau
16 à 19 cm

Nourriture préférée
Il affectionne particulièrement le millet blanc et le maïs concassé.

Bruants à couronne blanche adultes se nourrissant au sol de graines mélangées, dont du millet, de l'alpiste et du tournesol.

On le voit aux plateaux d'alimentation, mais surtout au sol. Il se nourrira aussi du chardon, du carthame, du tournesol et de l'alpiste. À l'occasion, vous le verrez se nourrir de suif ou de beurre d'arachide.

C'est à l'automne qu'il faut avoir l'œil aguerri pour reconnaître les immatures qui se présentent en compagnie d'autres bruants. Le Bruant à couronne blanche immature peut facilement être confondu avec le Bruant familier.

Pour l'attirer, au début du printemps ou de l'automne, épandez du millet blanc au sol, sous le grillage anti-pigeons ou à votre mangeoire de sol *(voir p. 78)*. Peu à peu, vous le verrez occuper vos plateaux d'alimentation.

Bruant à couronne blanche immature dans la verge d'or.

Bruants à couronne blanche immatures se nourrissant de millet, d'alpiste et de tournesol.

Bruant à couronne blanche se nourrissant de graminées.

Bruant chanteur *Melospiza melodia* • Song Sparrow

Il est l'un des premiers oiseaux chanteurs à arriver chez nous, au printemps. Il nous enchante et nous annonce les beaux jours à venir.

AIRE DE RÉPARTITION

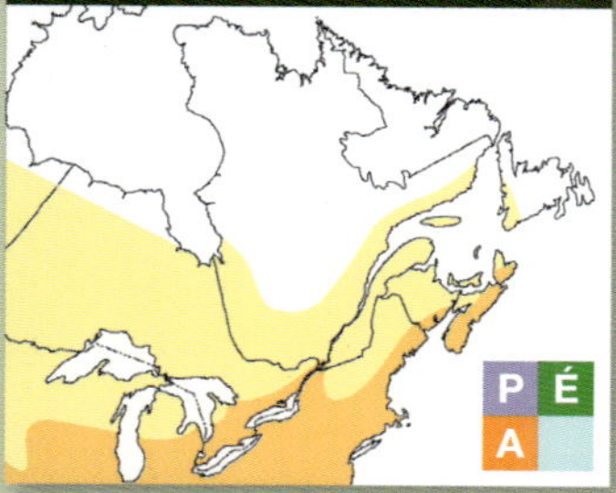

Longueur de l'oiseau
15 à 17 cm

Nourriture préférée
Il affectionne particulièrement le millet blanc, l'alpiste et le tournesol.

♀♂ Le Bruant chanteur a le dos brun rayé. Une tache foncée orne sa poitrine blanchâtre fortement rayée. Une bande grise traverse sa calotte roussâtre. Il porte un sourcil grisâtre et sa gorge blanche est bordée d'une moustache brun foncé. Sa queue est longue et arrondie.

Son chant entonné au printemps et émis durant toute la saison de nidification est constitué d'une suite de notes débutant par un *toui, toui* suivi d'une série de notes musicales fortes, rythmées et se terminant souvent par une finale étirée.

À l'automne, il se fait plus discret, mais au cours de ses déplacements, on entend un *tsip*. À l'approche d'un danger, il émet un *tchec*.

Il occupe plusieurs habitats. On l'observe souvent près des habitations, partout où l'on

Bruant chanteur immature profitant d'un bassin d'eau pour prendre un bain.

retrouve des arbustes, des buissons et des haies.

À la campagne, il se tient dans les champs, à l'orée des bois et près des cours d'eau ou des marais.

Il est répandu dans tout le sud du Québec.

Il se nourrit en fouillant parmi les graines tombées au sol. Il utilise aussi les plateaux d'alimentation. Il consomme du chardon, du colza, du maïs concassé, du blé, des arachides et des noix hachées.

Il aime aussi se nourrir de graines d'arbres et d'arbustes feuillus et de conifères. Il mange à l'occasion les fruits du bleuetier, du fraisier, du framboisier, de l'amélanchier, de l'aubépine, du cornouiller stolonifère *(hart rouge)*, du houx verticillé, de l'olivier de Bohême, du rosier rugueux et du sorbier.

Dès le printemps et pendant tout l'été, s'il niche près de chez vous, vous le verrez profiter de votre bassin pour prendre des bains à répétition.

À l'été, il viendra avec ses petits profiter de vos mangeoires. Puis il se fera plus discret pour revenir en période de migration automnale.

En de rares occasions, il passera l'hiver avec nous dans le sud du Québec. Offrez-lui les fruits et les graines dont il raffole.

Bruant chanteur profitant d'un abreuvoir.

Bruant chanteur dans des graminées.

Bruant chanteur prenant du pain d'oiseaux pour nourrir ses petits.

Bruant familier *Spizella passerina* • Chipping Sparrow

Légèrement plus petit que le moineau et les autres bruants de sa famille, il nous charme par sa présence à nos mangeoires ou à nos bains d'oiseaux.

AIRE DE RÉPARTITION

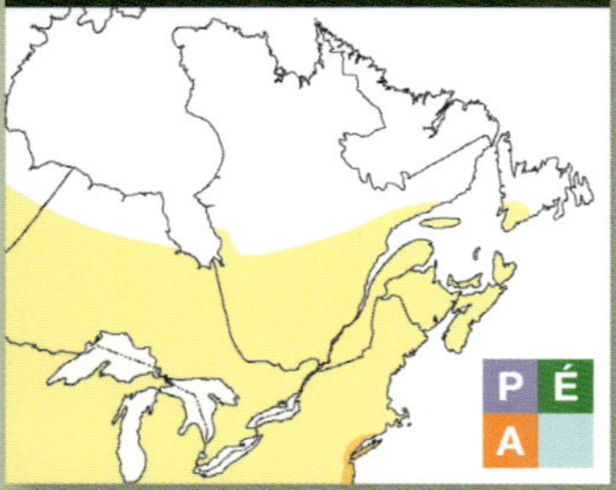

Longueur de l'oiseau
13 à 15 cm

Nourriture préférée
Il préfère le millet et le chardon.

Le Bruant familier a une calotte rousse. Un trait noir traverse l'œil. Son sourcil est blanc, alors que sa gorge et sa nuque sont grises. La poitrine et le ventre sont gris, tandis que le dos est brun rayé. Notez le croupion gris caractéristique de son espèce.

On entend un trille sec et sonore, mais moins musical que celui du Junco ardoisé. Il émet aussi un *tchip* sonore.

Il habite les boisés de feuillus ou de conifères, les vergers, les parcs et les jardins.

Il occupe tout le sud du Québec.

On le voit souvent posé au sol ou sur les plateaux. Il se perche aux silos à chardon. Il se nourrit aussi de l'alpiste, du maïs concassé et du tournesol, et à l'occasion des baies du bleuetier, du mûrier et du cerisier.

C'est surtout en cours de migration, au printemps et à l'automne, que vous le verrez de

Bruant familier immature à une mangeoire à tournesol.

passage à vos postes d'alimentation. Cependant, s'il niche près de chez vous en été, vous le verrez se nourrir au sol avec ses petits et leur donner la becquée.

On le voit également s'abreuver et risquer une petite baignade, parfois en compagnie de ses petits.

Il est très rare qu'il demeure avec nous en hiver.

Observez-le bien en cours de migration, afin de le différencier du Bruant hudsonien. Ce dernier a une tache brune, parfois un V très net, sur la poitrine.

Bruant familier prenant un bain de fraîcheur.

Bruant familier se nourrissant de graines d'alpiste et de millet blanc dans une mangeoire de sol.

Bruant familier dans un pommetier décoratif à la recherche d'insectes et de chenilles.

On remarque bien le sourcil blanc du Bruant familier.

Adulte qui s'apprête à nourrir son petit.

Cardinal à poitrine rose

Pheucticus ludovicianus • Rose-breasted Grosbeak

Quel plaisir que d'écouter le chant mélodieux du Cardinal à poitrine rose. Et sa présence aux mangeoires nous permet de l'admirer dans toute sa splendeur.

La femelle a plutôt l'apparence d'un gros bruant ou d'un roselin femelle. Ses sourcils sont blancs. Elle est entièrement rayée et le dessous de ses ailes est de teinte ocre.

AIRE DE RÉPARTITION

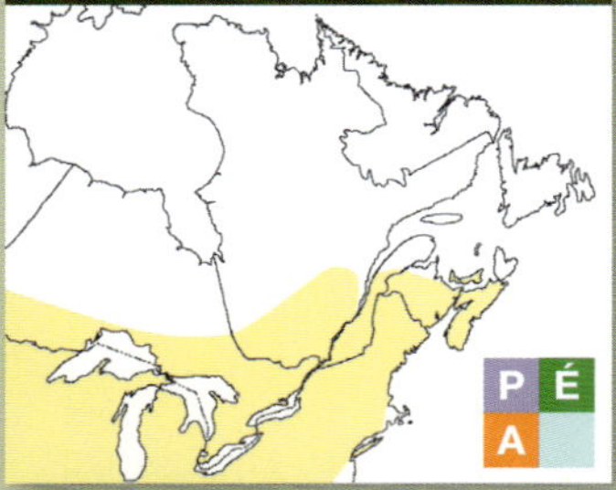

Longueur de l'oiseau
17 à 21 cm

Nourriture préférée
Il préfère le tournesol et le maïs.

♀♂ Légèrement plus petit que le merle, le Cardinal à poitrine rose a la tête, la queue et le dos noirs. Sa poitrine vermillon est en forme de V. Son ventre et son croupion sont blancs. Ses ailes noires ont de larges barres alaires blanches.

En vol, ces taches sont très visibles, ainsi que ses aisselles rosées. Il possède un gros bec pâle et conique.

Son chant ressemble à celui du Merle d'Amérique, mais en plus mélodieux. Il consiste en une suite de sifflements rapides et musicaux. On entend aussi souvent un *tchik* métallique.

À l'approche d'un danger, le couple émet un *tchik* sonore.

Le Cardinal à poitrine rose occupe les forêts de feuillus et mixtes, ainsi que les forêts en régénération.

Mâle se baignant dans un petit ruisseau.

Il niche dans tout le sud du Québec à partir de l'Abitibi jusqu'à la Côte-Nord, ainsi qu'en Gaspésie.

On le voit surtout aux plateaux d'alimentation, mais aussi aux mangeoires sélectives. Il consomme des noix, des arachides, divers fruits et, à l'occasion, un peu de suif.

C'est au printemps que vous aurez le plus de chances de le voir à vos mangeoires. Si votre habitat offre un boisé de feuillus, il pourra y nicher dans l'érable de Pennsylvanie et vous pourrez le voir assez fréquemment à votre poste d'alimentation.

À peine sortis du nid, les petits viendront recevoir la becquée à votre mangeoire. Ayant acquis leur indépendance, ils continueront à l'occuper pendant que les adultes se seront envolés vers d'autres cieux. Observez-le bien lorsqu'il se nourrit de maïs ; son bec puissant fait éclater la graine ! Il se nourrira aussi des fruits du sureau rouge et de l'amélanchier.

À la fin de l'été, ce sera le nerprun, le sorbier et le sureau doré qui auront sa préférence. Il vole aux abreuvoirs et prend un bain à l'occasion.

À l'automne, il est rarement observé aux mangeoires.

À l'automne, le jeune mâle se différencie de l'adulte. Il ressemble à la femelle, mais sa poitrine est légèrement rosée et le dessous de ses épaulettes est rose.

Jeune ♂ Cardinal à poitrine rose se nourrissant à un plateau.

♂ immature en mue, au printemps.

Carouge à épaulettes *Agelaius phoeniceus* • Red-winged Blackbird

Il se présentera à vos mangeoires tôt au printemps, en avril, et au cours des migrations d'automne. En été, il s'occupe de sa nichée située près des marais, là où l'on retrouve des quenouilles.

AIRE DE RÉPARTITION

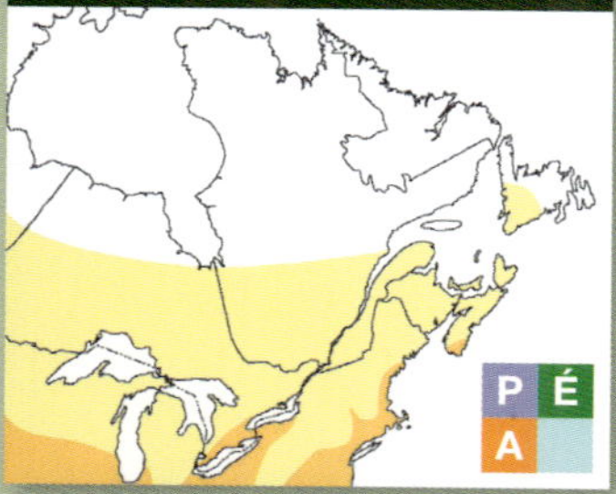

Longueur de l'oiseau
19 à 26 cm

Nourriture préférée
Il affectionne particulièrement le maïs, le tournesol et le millet blanc.

♀♂ Le mâle est entièrement noir du bec jusqu'à la queue. Il a pour seul apparat une épaulette rouge bordée de jaune. La femelle est très différente du mâle. Elle ressemble à un gros bruant, mais a le bec effilé. Elle est entièrement rayée de brun foncé. Son ventre beige est fortement rayé de brun. Sa calotte est brun foncé et ses sourcils sont chamois.

On l'entend chanter sans cesse durant la période de nidification. Il gonfle ses ailes en laissant voir le rouge flamboyant de ses épaulettes, tout en émettant un *konk-la riii* sonore ou un *o-ka-lîîî*. Son cri d'alarme est un *tiou*. Lorsqu'un danger se présente, on entend un *tchak* répété à intervalles réguliers qu'il émet tout en battant de la queue. La femelle émet une succession de notes brèves suivies de notes musicales qui ressemble à un *tch tch tchiitchiitchii*.

Carouges ♂ immatures à une mangeoire, en automne.

Petit à peine sorti du nid.

Carouge ♂ partiellement chauve durant la période de mue, en août.

On le voit souvent dans les fossés qui longent le bord des routes. Il fréquente les prairies qui servent de pâturage. En période de nidification, il est un habitué des marais.

En période de nidification, il occupe tout le Québec méridional.

On le voit souvent se nourrir au sol ou dans les plateaux d'alimentation. Il aime le carthame, le blé, l'avoine et l'orge, ainsi que l'alpiste, le sarrasin et le suif, surtout à la fin de l'hiver.

Dès le début d'avril, même s'il y a encore de la neige, les mâles sont les premiers arrivés à vos mangeoires. Puis, quelques semaines plus tard, les femelles suivent, le temps de refaire leurs forces après une longue migration. Ils repartent ensuite vers leur site de nidification pour ne revenir qu'à l'automne, avant de repartir vers des cieux plus cléments. En de rares occasions, ils passent l'hiver avec nous s'ils sont assurés d'avoir suffisamment de nourriture pour subsister.

Dans les périodes de redoux, n'hésitez pas à déposer de la nourriture au sol pour l'aider à subsister.

Parade nuptiale du ♂.

♀ au nid avec ses petits.

Chardonneret jaune *Carduelis tristis* • American Goldfinch

Cet oiseau très populaire a été choisi comme emblème aviaire de la Ville de Montréal. Son chant enjoué et son gazouillis incessant égaient notre cour pendant la période estivale.

AIRE DE RÉPARTITION

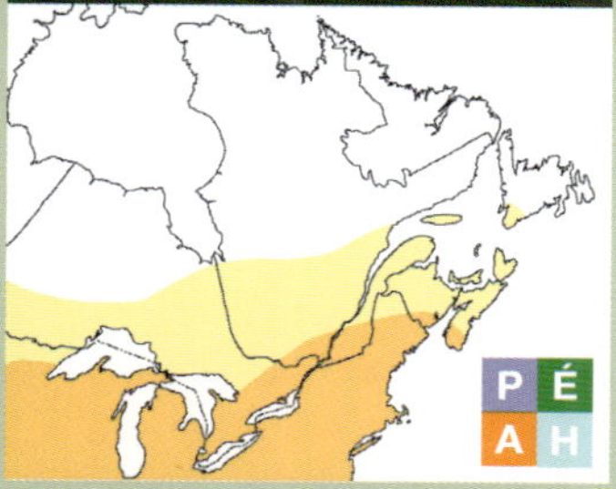

Longueur de l'oiseau
11,5 à 14 cm

Nourriture préférée
Le chardon est sans contredit sa nourriture préférée. Il aime aussi le tournesol.

Le plumage du mâle est d'un jaune éclatant. Ses ailes, sa queue et son front sont noirs. Il a le croupion blanchâtre et des barres alaires. Ce plumage nuptial si attirant change à la mue automnale. Il arbore alors un plumage plus sombre semblable à celui de la femelle. La femelle possède un plumage jaune olive terne, et ses ailes ont une couleur noirâtre avec des barres alaires. Le dessous est jaunâtre. On note l'absence de calotte noire et d'épaulettes jaunes. Les sous-caudales sont blanches.

Le mâle et la femelle émettent une sorte de gazouillis ressemblant à celui du serin. Quand il est en vol, on entend un *ti-di-di-di* ou un *pe-ti-te-tiou*. En cas de danger, il émet un *bîîbîî*. Lorsque les petits poursuivent les parents en réclamant la becquée, on entend des *tchipii, tchipii, tchipii*.

Il fréquente les endroits à découvert, les champs en friche, l'orée des bois et les forêts de feuillus, ainsi que les fermes et les jardins de banlieue.

On l'aperçoit dans tout le sud du Québec.

Il se nourrit aux silos à chardon, aux mangeoires sélectives et aux plateaux d'ali-

Chardonneret adulte au nid avec ses petits.

Début de la mue du ♂, en mars.

Mue en avril.

Plumage nuptial en juillet.

Début de la mue automnale en septembre.

Mue presque terminée en octobre.

Plumage hivernal en novembre.

mentation. Il consomme aussi de l'alpiste, du millet blanc, des noix hachées, du colza et du maïs concassé. En de rares occasions, on le verra se nourrir de suif ou de beurre d'arachide. Il mange aussi des graines de différentes fleurs comme le cosmos, la rudbeckie, le chardon, la bardane, la chicorée, les asters, la verge d'or et même le pissenlit. Il ne dédaignera pas certains fruits comme ceux de l'olivier de Bohême, du rosier rugueux et du sorbier d'Amérique. On le verra aussi se nourrir de graines de conifères.

Son arrivée aux mangeoires à chardon a lieu au début du printemps, et il y passe une bonne partie de l'été. Ce n'est qu'au début du mois d'août que vous le verrez amasser des poils de chien ou de chat que vous lui aurez offert dans votre présentoir de matériaux pour la construction de son nid. Il s'approprie aussi des brindilles dans d'autres nids comme celui de l'Oriole de Baltimore, dont la nidification est terminée.

Vers la fin du mois d'août, vous le verrez revenir avec sa petite couvée réclamant la becquée à grands cris. Ils seront très nombreux à vos mangeoires. Pendant tout l'été, ils viendront se baigner et s'abreuver à votre point d'eau.

Peu à peu, vous assisterez à la mue graduelle. Vous verrez disparaître le jaune ensoleillé de l'été. Lorsque le froid se fera plus mordant, il nous quittera pour des cieux plus cléments. Dans le sud du Québec, il n'est pas rare de les voir demeurer avec nous tout l'hiver.

Au printemps, vous assisterez alors à la mue inverse et retrouverez les mâles dans leur plumage nuptial.

Si vous voulez réserver le chardon uniquement aux chardonnerets, procurez-vous une mangeoire dont les trous sont situés sous les goujons. Vous les verrez exécuter des contorsions pour se nourrir la tête en bas.

Les autres espèces en seront quittes pour occuper les autres mangeoires sélectives.

Corneille d'Amérique *Corvus brachyrhynchos* • American Crow

La corneille est un oiseau intelligent, mais elle peut être envahissante, et surtout très bruyante.

Elle occupe tout le sud du Québec.

Elle se nourrit surtout au sol. Il peut arriver qu'elle occupe les grands plateaux à découvert. Elle peut consommer également du suif et des arachides.

Comme elle se nourrit souvent de céréales dans la nature, elle acceptera le blé et l'avoine. Le tournesol, le millet blanc et l'alpiste font aussi partie de son menu.

À l'occasion, elle se nourrit des fruits du cerisier à grappes, du pommetier, du sorbier et du sumac vinaigrier.

Elle est présente dès le début du printemps, alors que la neige recouvre encore nos campagnes.

AIRE DE RÉPARTITION

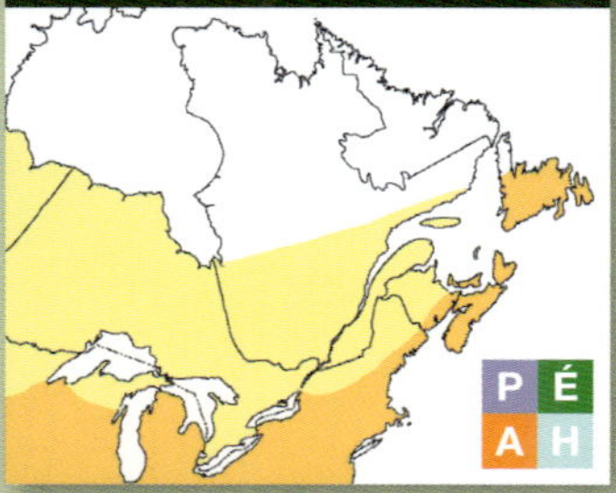

Longueur de l'oiseau
43 à 53 cm

Nourriture préférée
Elle affectionne particulièrement le maïs.

La Corneille d'Amérique est entièrement noire. Elle a un bec fort et sa queue est légèrement arrondie.

Qui n'a pas déjà entendu son chant, un *cââ-cââ* très fort, entonné très tôt le matin.

Elle habite les milieux à découvert, les forêts, les fermes, les plages, les champs cultivés, les parcs urbains et les alentours des habitations.

Corneille d'Amérique dans un parc urbain, tout près d'un dépotoir.

Corneilles se nourrissant dans un champ de maïs.

Si elle passe l'hiver avec nous, elle peut à l'occasion fréquenter nos mangeoires. Il arrive aussi qu'elle occupe des dortoirs, où elle se nourrit de graines tombées dans les grands champs de maïs après la récolte. C'est à cette occasion, à la fin du jour, qu'on peut voir des concentrations de plusieurs centaines, voire de milliers, de ces oiseaux dans les immenses champs de culture.

Ce gros oiseau particulièrement farouche ne reste jamais longtemps aux mangeoires. Il peut venir à votre poste d'alimentation accompagné de quatre ou cinq congénères.

Le moindre mouvement aux fenêtres le fera fuir, ainsi que, par effet d'entraînement, tous les petits oiseaux.

Patience ! Ils reviendront bientôt.

Si vous ne désirez pas sa présence, assurez-vous qu'il n'y a pas de graines au sol et ajoutez un grillage autour de vos plateaux d'alimentation avant qu'elles prennent l'habitude de venir à vos mangeoires.

Corneille se nourrissant de maïs.

Étourneau sansonnet

Sturnus vulgarus • European Starling

Originaire d'Europe, cet oiseau noir a été introduit à New York en 1890. Depuis ce temps, il a envahi l'Amérique du Nord. Il anime notre coin de pays par ses imitations et ses gazouillis.

AIRE DE RÉPARTITION

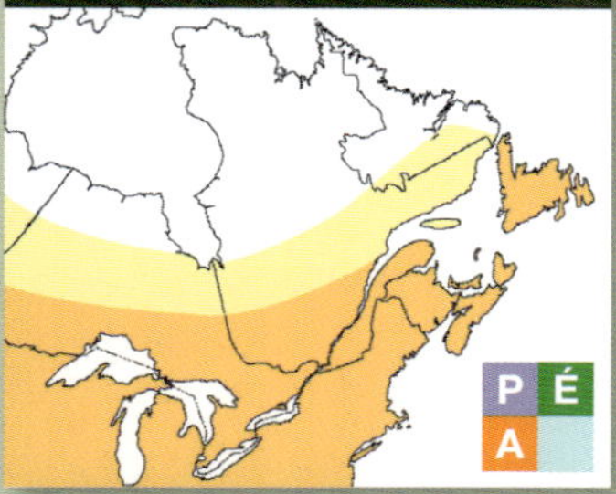

Longueur de l'oiseau
19 à 22 cm

Nourriture préférée
Il raffole du maïs concassé, du suif et du beurre d'arachide.

De la taille du merle, l'Étourneau sansonnet a un plumage noir irisé et légèrement tacheté. Son long bec pointu jaune en été devient foncé en hiver. Sa queue est courte.

Son chant se compose de sifflements clairs, de gloussements, de gazouillis, de claquements de bec et parfois d'imitations d'autres espèces d'oiseaux.

À l'automne, pendant les grands rassemblements tenus à la fin du jour dans les dortoirs, on entend un ensemble de chants variés dans un concert plutôt cacophonique et troublant.

Que ce soit en ville ou à la campagne, il occupe tous les habitats à découvert.

On le voit dans tout le Québec méridional.

En hiver, seul un petit nombre reste dans les villes et les banlieues.

Il se nourrit au sol, dans les plateaux, aux mangeoires

Étourneau sansonnet avec un fruit de sorbier dans le bec.

sélectives ou suspendu au filet à gras. Rien ne l'arrête, il sait s'adapter à toutes les situations.

Il consomme des arachides, du tournesol, du millet blanc, de l'alpiste et du blé.

Frugivore, il se délecte aussi, entre autres, de framboises et de bleuets, ainsi que des fruits du cerisier à grappes, du cornouiller, du nerprun, du sorbier, du sumac vinaigrier, du sureau doré, de la vigne et de la viorne.

Il prend plaisir à s'abreuver et à se baigner à votre point d'eau.

Pour nicher, il utilise toutes les structures humaines qui lui sont offertes : boîtes aux lettres, ouvertures d'aération de sécheuse, ouvertures dans la tubulure d'un lampadaire ou de feux de circulation, nichoirs, trous de pics...

C'est surtout en hiver que vous aurez la chance d'avoir sa visite, mais il ne reste jamais longtemps.

Il est difficile de réserver un coin spécifique pour cet oiseau. Son intérêt consiste surtout à vider vos mangeoires à arachides et à s'empiffrer de votre suif.

Vous devrez donc remplir vos mangeoires plus souvent, à moins que vous installiez la bûche avec fermoir *(voir p. 109)*. Heureusement qu'ils sont moins nombreux en hiver.

Installés dans une sortie de sécheuse, les petits reçoivent la becquée d'un adulte.

Étourneau sansonnet qui se régale d'arachides.

Étourneaux sansonnets dans un vinaigrier.

Nichée dans un nichoir à canards.

Nichée dans un lampadaire.

Quiscale bronzé *Quiscalus quiscula* • Common Grackle

Envahissant, il lui arrive de prendre toute la place aux postes d'alimentation.

Plus gros que le merle, le Quiscale bronzé est un oiseau élancé. Son plumage noir est irisé de reflets bruns, verdâtres, bleu métallique ou violets. Il a l'œil jaune, un long bec pointu et une longue queue. La femelle a un plumage moins irisé.

Son chant n'est pas particulièrement mélodieux. Il ressemble plutôt au grincement d'une poulie de corde à linge: *goulouîîk*. En groupe, il utilise souvent un *tchak* pour garder le contact.

On le voit en grand nombre dans les champs cultivés, sur les rives de nos cours d'eau, dans les parcs et les villes.

Il occupe tout le Québec méridional.

Grâce à sa grande capacité d'adaptation, on le voit occuper tous les endroits disponibles aux mangeoires; seuls les mangeoires sélectives et les plateaux grillagés réussissent à le tenir à distance! Et s'il manque de place, on le verra au sol.

Il se nourrit aussi de millet blanc, d'alpiste, de carthame, de blé,

AIRE DE RÉPARTITION

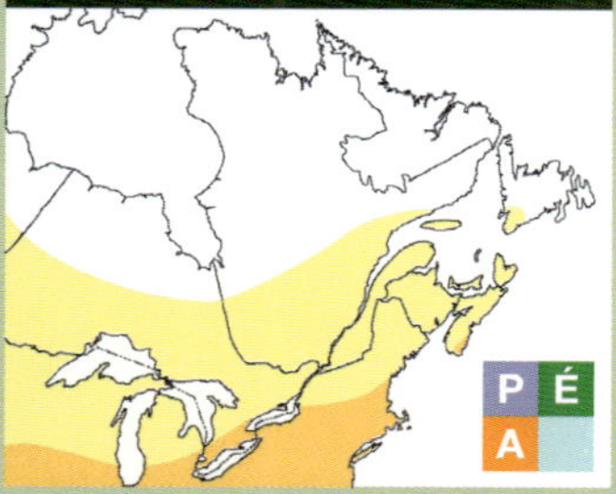

Longueur de l'oiseau
28 à 34 cm

Nourriture préférée
Il affectionne particulièrement le maïs concassé et le tournesol.

Jeune attendant de recevoir de l'adulte un fruit de l'amélanchier.

Adulte apportant un poisson à ses petits.

Quiscale en mue, à la fin de l'été, qui profite d'une mangeoire pour se nourrir de graines.

d'avoine, d'orge, de sarrasin et d'arachides. Il aime bien le beurre d'arachide et le suif.

À l'occasion, il ne dédaignera pas les graines de pin, les fruits de l'olivier de Bohême, du pommier et du sorbier, ainsi que diverses baies.

Il est l'un des premiers arrivés, au printemps, même quand la neige est encore présente. Petit à petit, vous verrez le nombre de quiscales augmenter pour découvrir qu'ils occupent toute la place à vos mangeoires et au sol. Ils auront chassé les petits oiseaux. Il faut alors s'empresser d'enlever le maïs, le suif et les arachides.

Ne conservez que le tournesol et les graines de chardon, son bec étant trop gros pour ces dernières. Enlevez les plateaux d'alimentation. Ne gardez, pour le tournesol, que des mangeoires sélectives avec des petits goujons où il aura de la difficulté à se percher.

Si vous avez une mangeoire sélective, vous pouvez ajouter un grillage tout autour.

Si les quiscales se font encore envahissants, vous devrez cesser de mettre du tournesol pendant quelque temps. Ne gardez que les silos à chardon, où vous aurez encore le plaisir d'observer chardonnerets et roselins. Puis, lorsque les choses se seront calmées, réinstallez vos mangeoires sélectives à tournesol. Les petits oiseaux y reviendront.

Quelques individus passent l'hiver avec nous.

Ils seront présents en grand nombre au printemps et à l'automne.

En été, s'il niche près de chez vous, il fera partie de vos habitués aux mangeoires.

Puis, lorsque la nichée aura quitté le nid, les petits viendront à leur tour se nourrir de graines et attendre la becquée.

Vous pouvez mettre une mangeoire à coupole, que vous pouvez abaisser pour ne laisser passer que les petits oiseaux.

Mais si vous voulez éviter tous ces problèmes, il suffit d'installer des mangeoires à perchoirs restreints ou à fermoirs, ou encore une mangeoire avec grillage *(voir les suggestions, p. 47 à 67)*.

Installez des ramasse-graines pour éviter qu'ils se nourrissent au sol *(voir p. 444)*.

Petit à peine sorti du nid.

Vacher à tête brune *Molothrus ater* • Brown-headed Cowbird

Légèrement plus gros que le moineau, le Vacher à tête brune ne construit pas de nid. La femelle pond ses œufs dans des nids d'autres espèces.

On le voit dans les pâturages, à la lisière des forêts, dans les clairières et sur les pelouses, dans les parcs ou les cours arrière des villes et des banlieues.

Il occupe toutes les zones habitées du sud du Québec.

Il se nourrit de préférence au sol, mais aussi aux plateaux d'alimentation et aux mangeoires à débit contrôlé. Il varie son menu avec du blé, de l'avoine et de l'orge. L'alpiste, le sarrasin, le colza et du gras font aussi partie de son alimentation.

AIRE DE RÉPARTITION

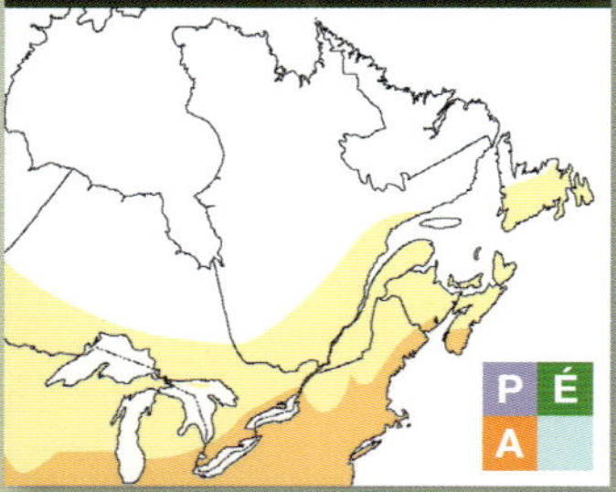

Longueur de l'oiseau
17 à 21 cm

Nourriture préférée
Il préfère le maïs concassé, le millet blanc et le tournesol.

Le Vacher à tête brune a le corps entièrement noir, la tête brune, le bec court et conique. La femelle est entièrement brun grisâtre.

Le mâle émet un *gloug-gloug-gliii* coulant et liquide.

La femelle, par contre, produit un crépitement. Lorsqu'il est en danger, on entend un *tchok*.

Jeune vacher sorti du nid et attendant la becquée de son parent adoptif.

Si cet oiseau élit domicile chez vous, il y restera tout l'été, mais ne s'occupera pas de sa nichée, laissant cela à des parents adoptifs.

Au printemps, il exécute des courbettes en émettant un *gloug-gloug-gliii* devant la femelle convoitée. Puis il s'absente le temps de permettre à la femelle de pondre ses œufs dans des nids d'autres espèces comme le Moucherolle phébi, le Gros-bec errant, le Bruant chanteur, le Viréo aux yeux rouges, la Paruline bleue et bien d'autres espèces.

N'ayant pas à s'occuper de sa nichée, il profite de ses temps libres pour se nourrir aux mangeoires.

À l'automne, il fera escale à vos mangeoires.

Prêtez bien attention aux rejetons de vos oiseaux familiers, ils peuvent vous réserver des surprises de taille.

Observez ce Bruant chanteur nourrissant un vacher juvénile presque deux fois plus gros que lui et qui ne cessera de quémander sa nourriture jusqu'à ce que l'oiseau nourricier, épuisé, quitte les parages. Le jeune vacher viendra alors se nourrir à vos mangeoires, qu'il occupera toute la journée. Un beau jour, il les délaissera pour retrouver d'autres juvéniles qui accapareront à leur tour certaines mangeoires avant de partir pour d'autres cieux.

Vacher à un plateau d'alimentation.

Oisillon vacher dans un nid de Viréo aux yeux rouges.

Œufs de vacher dans un nid de Paruline jaune.

Jeune vacher réclamant la becquée d'un Bruant chanteur, son parent d'adoption.

Bruant fauve *Passerella iliaca* • Fox Sparrow

Plus gros que les autres bruants, il nous émerveille par sa couleur et par sa façon de gratter le sol pour y trouver des graines.

AIRE DE RÉPARTITION

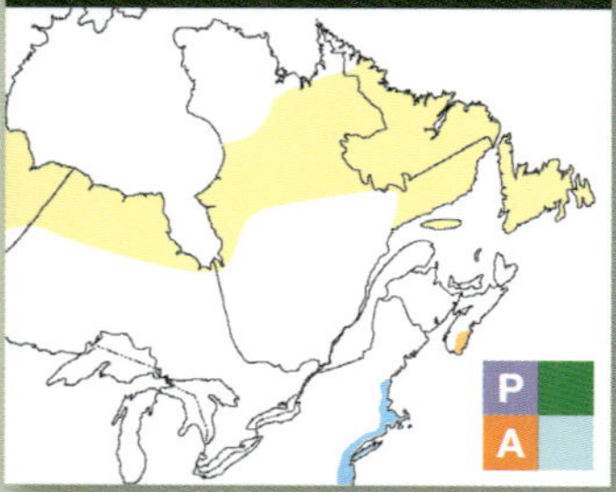

Longueur de l'oiseau
17 à 19 cm

Nourriture préférée
Il affectionne particulièrement le millet blanc, le tournesol et le maïs concassé.

Le Bruant fauve est à peine plus gros que le Moineau domestique. Il a les ailes et la queue rousses. Le dos roux est rayé de gris. La poitrine et les flancs blanchâtres sont rayés de roux. Il a une moustache rousse.

Son chant comporte des sifflements clairs et mélodieux. On entend souvent dans son chant un *pi-toui-ta*.

Il habite les forêts de feuillus ou de conifères et les lisières des forêts.

Il niche surtout dans les Laurentides, en Gaspésie, au Saguenay–Lac-Saint-Jean, sur la Côte-Nord, à l'île d'Anticosti et aux Îles-de-la-Madeleine.

Il occupe ses quartiers d'été dans la moitié est du Québec méridional jusqu'au 73e méridien, depuis le 51e parallèle jusqu'à la limite du territoire accueillant des arbres.

Tout comme les autres bruants, il ira d'abord se nourrir au sol, et à l'occasion il se posera sur des plateaux d'alimentation. Il se nourrit aussi d'alpiste,

Bruant fauve se nourrissant de tournesol.

de chardon et parfois d'un peu de suif.

Il est agréable de le voir fouiller à la manière des poules à travers les graines tombées au sol.

Comme il préfère se nourrir au sol, ajoutez du millet blanc aux graines déjà tombées pour le garder le plus longtemps possible près de votre poste d'observation.

Il est aussi important de nettoyer souvent, sous vos mangeoires, pour éviter que les oiseaux ne mangent des graines qui pourraient les rendre malades.

Vous pouvez aussi installer une mangeoire de sol pour éviter ce problème *(voir p. 78)*.

Bruant fauve sur une branche.

Bruant fauve perché dans un bouleau.

Moqueur roux *Toxostoma rufum* • Brown Thrasher

Le Moqueur roux est un oiseau furtif. Il affectionne les endroits broussailleux où il peut se réfugier. Avoir cet oiseau chez soi est une chance particulière.

De la taille du merle, le Moqueur roux a un beau plumage brun-roux sur la tête, le dos et sur sa longue queue. Sa poitrine et son ventre sont beiges fortement rayés. Son œil est jaune. Il a un bec long et courbé. Il possède des barres alaires.

Ses phrases sont musicales et il les chante deux fois de suite.

Il fréquente les fourrés, les arbustes, les buissons et la lisière des forêts de feuillus, dans les milieux ouverts.

On le rencontre dans le sud du Québec.

Il est surtout insectivore, mais si vous lui offrez des graines de maïs rond au bord d'un amas de branches ou d'un tas de broussailles, il s'en délectera. À l'occasion, il se nourrira des fruits du chèvrefeuille, du cerisier à grappes et du gadelier.

Il n'est pas donné à tous d'accueillir le Moqueur roux, oiseau très furtif qui privilégie les fourrés, les endroits broussailleux, les champs en friche ou encore l'orée d'un boisé. C'est un privilège que d'admirer cet oiseau discret.

AIRE DE RÉPARTITION

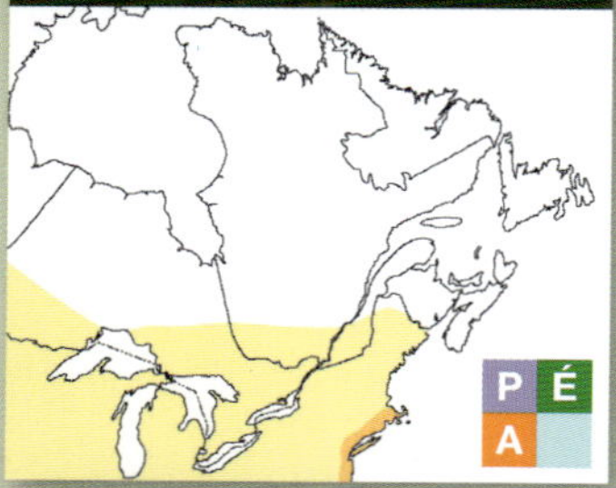

Longueur de l'oiseau
27 à 31 cm

Nourriture préférée
Il est surtout insectivore mais il se nourrit de maïs et de tournesol à l'occasion.

Moqueur roux juvénile.

Moqueur roux dans des vignes.

Sphyrapicus varius • Yellow-bellied Sapsucker

Pic maculé

Le Pic maculé est souvent observé sur le tronc des arbres, où il perce plusieurs petits trous alignés dans lesquels il puise la sève. Les fourmis et les guêpes qui s'y abreuvent lui servent aussi de nourriture.

Le mâle a une tache rouge sur le front et la gorge tandis que la femelle a la gorge toute blanche. Sa face est rayée de noir et de blanc. Il possède une tache allongée sur ses ailes noires. Son ventre couleur crème est teinté de jaune. Il a un collier noir près de la gorge. Son dos est rayé.

On l'aperçoit dans les forêts de feuillus ou mixtes ; il fréquente aussi les parcs urbains.

On l'observe dans tout le sud du Québec.

On l'observe à l'occasion sur les bûches où il se nourrit de pain d'oiseaux et de gelée de pomme ou dans celle expressément aménagée pour lui où il s'abreuve d'eau sucrée. On l'observe aussi dans les arbres fruitiers tel le sureau rouge ou le sureau doré.

Le Pic maculé se nourrit de la sève des arbres, qui jaunit son plumage à la longue.

AIRE DE RÉPARTITION

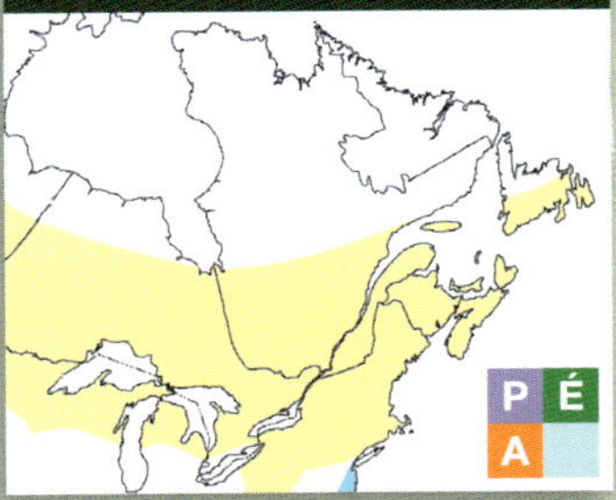

Longueur de l'oiseau
20 à 23 cm

Nourriture préférée
Sirop et pain d'oiseaux

Jeune se nourrissant à la bûche de pain d'oiseaux et de gelée de pomme.

Mâle cueillant des insectes dans les trous qu'il a creusés.

Passerin indigo *Passerina cyanea* • Indigo Bunting

♂

Qui n'a pas rêvé d'attirer à ses mangeoires ce petit oiseau d'un bleu magnifique ?

AIRE DE RÉPARTITION

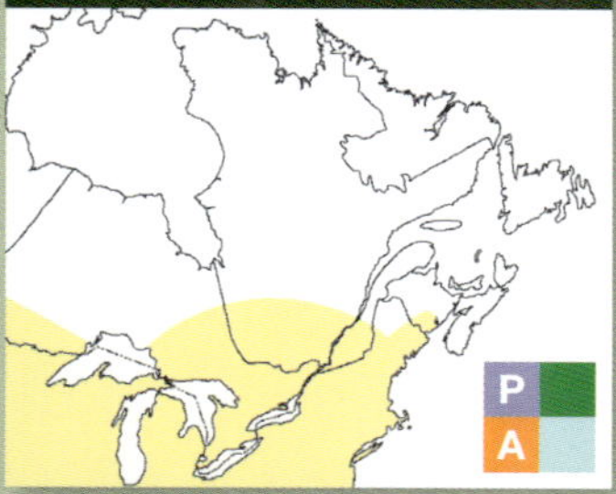

Longueur de l'oiseau
13 à 15 cm

Nourriture préférée
Il se nourrit surtout de chardon et de tournesol.

♀

De la taille du moineau, le mâle est entièrement bleu indigo. Son bec conique est gris. Après la saison de nidification, le mâle subit une première mue. Il devient alors entièrement brun tacheté de bleu.

La femelle est entièrement brune avec le dessous plus pâle. Elle a des barres alaires à peine perceptibles. Elle porte un peu de bleu à l'épaulette. Quelques individus ont du bleu dans leur plumage.

C'est une suite courte et rapide de sifflements ressemblant à *suit-suit ; zii, zii ; siir, siir, siir ; sip, sip*. Il émet un cri aigu et ténu : *spit*.

Il habite les prés broussailleux, la lisière des bois, les îlots de forêts ou les sentiers de ski. Son domaine est la forêt de feuillus.

Son territoire s'étend de l'Abitibi au Bas-Saint-Laurent, au Lac-Saint-Jean et à la Haute-Côte-Nord. Il est plus

♂ en mue se nourrissant de graines de pissenlit.

présent en Outaouais, dans le territoire allant de Montréal au lac Saint-Pierre, en Montérégie et dans les Laurentides.

Au printemps, avant d'arriver au site de nidification, il s'arrêtera à vos mangeoires à débit contrôlé ou à vos plateaux.

Il peut aussi se nourrir au sol de graines de millet, de graines pour canari, d'arachides et de noix hachées.

Il m'est arrivé de pouvoir l'observer juste le temps de prendre un ou deux clichés et de ne plus le revoir de tout l'été, mais d'autres observateurs ont eu la chance de le voir revenir fréquemment à leurs postes d'alimentation durant quelques semaines.

À l'automne, il profitera des graines de plantes et de fleurs sauvages comme les asters et la verge d'or et il se nourrira également des petites baies.

Vous les attirerez si vous avez dans votre cour des arbustes, des buissons broussailleux, des vignes et de la nourriture appropriée aux mangeoires.

Comme ils aiment se baigner, offrez-leur un petit bassin d'eau. Peut-être réussirez-vous à le garder un certain temps.

Passerin indigo ♂ à un silo à chardon.

Passerin indigo ♂ sur une branche.

Colibri à gorge rubis

Archilochus colubris • Ruby-throated Hummingbird

C'est le plus petit de nos oiseaux familiers, et il est le seul de sa famille au Québec. De la taille d'un gros bourdon, il file à toute allure.

Son vol bourdonnant ressemble au bruit d'un taon. On entend un *t t t t*. Dans les poursuites, il émet un petit cri aigu qui ressemble à un *zeek idididid* répété souvent.

Le mâle a la gorge rubis orangé ou rubis sombre selon l'angle d'où nous l'observons. Son corps est vert irisé, sa poitrine et son ventre sont blancs. Il a un long bec en forme d'aiguille. Sa queue est courte et fourchue. La femelle a la gorge blanche.

On le voit fréquemment en bordure des boisés, dans les parcs et dans les jardins, au bord des marais, là où prolifèrent les fleurs à longue tubulure comme l'impatiente du Cap.

Il niche dans tout le sud du Québec.

AIRE DE RÉPARTITION

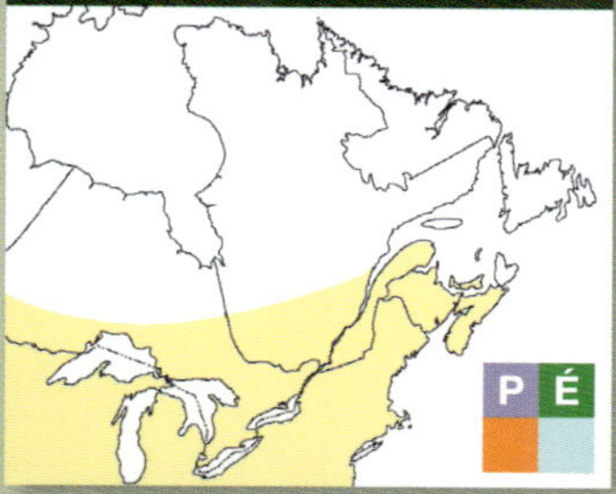

Longueur de l'oiseau
7,5 à 9,4 cm

Nourriture préférée
Il raffole du sirop des fleurs et de celui qu'on peut lui offrir dans un abreuvoir.

Colibri ♀ butinant dans la monarde.

Deux oisillons Colibri à gorge rubis dans leur nid.

♀ immature dans les fleurs d'un haricot d'Espagne.

C'est dans un abreuvoir à colibris que vous pouvez lui offrir le sirop approprié.

Utilisez de petites quantités d'eau sucrée. Faites bouillir 4 tasses d'eau auxquelles vous devez ajouter 1 tasse de sucre. Faire fondre le sucre, puis gardez au réfrigérateur.

Changez le sirop tous les deux ou trois jours pour éviter que l'eau s'alcoolise et devienne ainsi néfaste pour les oiseaux.

N'ajoutez jamais de colorant. Le rouge de l'abreuvoir est suffisant pour attirer l'oiseau *(voir p. 121)*.

Dès le retour du printemps, il se présente aux abreuvoirs pour y passer tout l'été, surtout si vous demeurez à proximité d'un boisé.

Vous assisterez à sa parade nuptiale en U, qu'il effectue d'avant et de reculons, ainsi qu'aux poursuites incessantes entre mâles ou entre mâles et femelles.

Depuis tôt le matin jusqu'à la brunante, il butine dans les fleurs à longues tubulures et teintées de rouge comme la monarde, le fuchsia, la lobélie cardinale, l'impatiente royale, les pétunias *(voir la Liste des fleurs attirant les colibris p. 475)*.

Observez bien les colibris qui ont la gorge rayée et verdâtre, avec parfois une petite perle rubis, il s'agit d'un petit mâle de l'année. Après plusieurs années d'observation, j'ai déjà vu plus de 15 colibris à mes abreuvoirs et dans la monarde qui occupait une bonne partie de mon aménagement paysager.

Généralement, le mâle migre bien avant la femelle et les petits. C'est vers la mi-septembre que vous constaterez son absence à votre abreuvoir.

Colibri immature à un abreuvoir.

Colibri immature posé sur un abreuvoir et laissant voir sa longue langue.

Oriole de Baltimore *Icterus galbula* • Baltimore Oriole

Voilà un oiseau flamboyant aux couleurs contrastantes, au chant retentissant et qui ne passe pas inaperçu ! L'oriole arrive généralement la deuxième semaine de mai, au moment où les feuilles apparaissent dans les arbres et à la floraison des pommiers.

AIRE DE RÉPARTITION

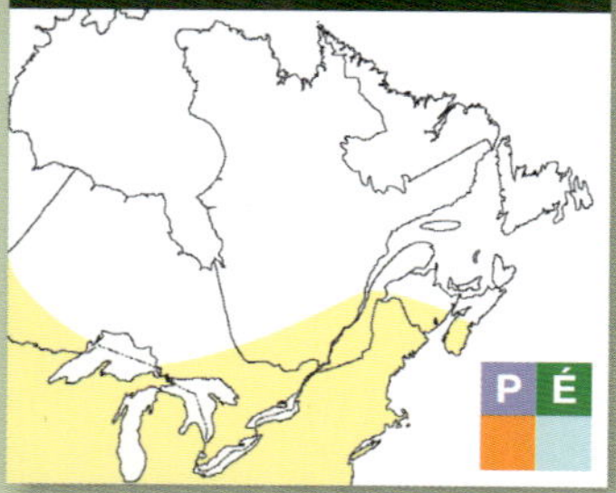

Longueur de l'oiseau
18 à 22,8 cm

Nourriture préférée
Il se nourrit d'insectes et de fruits.

Le mâle arbore un plumage noir et orangé. La tête et la gorge sont entièrement noires. Les ailes, noires aussi, sont pourvues de barres alaires blanches et d'une épaulette orangée. La longue queue est noire et bordée de grandes taches orangées. Le bec noir est effilé.

La femelle a le dos brun olivâtre tacheté de brun et le ventre jaune orangé.

Perché tout en haut d'un peuplier faux-tremble, le mâle fait entendre une série de sifflements flûtés et enjoués qu'on entend facilement au loin.

Lorsqu'il est inquiet, on entend *tchtcht-chtcht*.

Pour rester en contact, le couple utilise un sifflement isolé : *ouît*.

En présence d'un danger, il lance son cri d'alarme, un *tiitou tiitou*.

Lorsque les adultes nourrissent les petits, on entend des *sîîsîîsîîsîî*.

Les petits émettent quant à eux un *piip*. La femelle émet des chants et des cris ressemblant à ceux du mâle.

Oriole ♂ qui vient de saisir une chenille dans un peuplier.

Oriole ♂ se régalant d'une demi-orange.

Oriole ♂ immature se nourrissant du fruit du nerprun, en août.

Il préfère les boisés de feuillus ou les bois en régénération, les clairières, les parcs et les vergers.

Il niche dans le sud du Québec à partir du Témiscamingue jusque dans le Bas-Saint-Laurent.

Vous le verrez s'abreuver du sirop que vous lui offrirez à un abreuvoir à orioles ou à colibris.

Il affectionne particulièrement les oranges et la gelée de pomme.

Il raffole du fruit du sureau rouge au début de l'été et fréquente les abreuvoirs spécialisés offrant un sirop d'eau sucrée *(voir la recette, p. 123)*.

Si vous lui offrez un abreuvoir à colibris ou à orioles, il viendra s'y abreuver fréquemment du printemps jusqu'à la fin de la nidification.

S'il trouve aisément sa nourriture et les matériaux *(brindilles, cordes)* dont il a besoin pour construire son nid, il élira domicile dans un grand érable ou un peuplier faux-tremble tout près de chez vous.

Une fois établi, il reviendra chaque année en retapant son ancien nid ou en construisant un nouveau nid tout près de l'ancien. Vous verrez chaque printemps le nombre d'individus augmenter, et vous serez aux anges lorsque vous assisterez au départ des petits pour leur premier envol.

Installez des moitiés d'oranges fixées à un poteau ou à un présentoir de votre choix.

Armez-vous de patience, car ils ne viendront peut-être pas tout de suite. J'ai dû attendre six ans pour les voir venir se nourrir des oranges offertes. Mais lorsque l'habitude sera prise, vous devrez peut-être leur fournir deux oranges par jour, comme ce fut le cas pour moi !

Petit venant à peine de quitter son nid et attendant la becquée.

Oriole ♀ se servant de brindilles pour construire son nid.

Hirondelle à front blanc *Petrochelidon pyrrhonota* • Cliff Swallow

L'Hirondelle à front blanc ressemble à l'Hirondelle rustique. On la différencie grâce à sa tache sur le front et à son croupion chamois. Elle est grégaire et niche sous les toits des maisons, sous les tabliers des ponts ou dans des structures appropriées.

AIRE DE RÉPARTITION

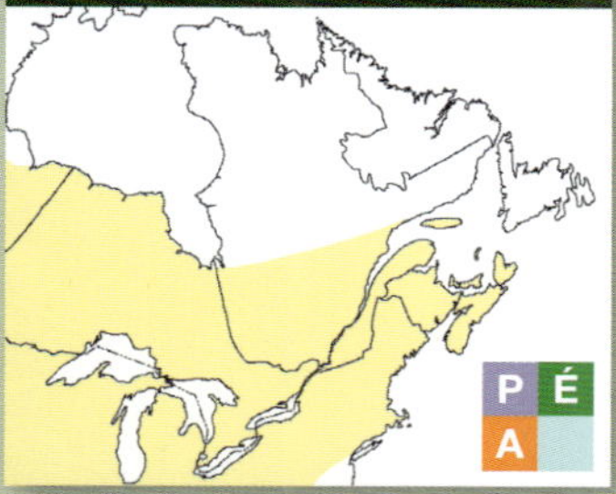

Longueur de l'oiseau
13 à 15 cm

Nourriture préférée
Cette espèce se nourrit essentiellement d'insectes.

Cette hirondelle est dotée d'une tache blanche sur le front. Sous sa queue carrée, son croupion est chamois. Ses ailes et son dos sont bleu-noir. Le dessus de sa tête est bleu et son ventre est blanc, tandis que sa gorge est marron.

Ce sont des notes grinçantes *dzeurp* ou *tcheûr*.

On les aperçoit dans les lieux découverts, les fermes, les falaises, le bord de l'eau. Cet oiseau niche en colonies sous les ponts et sous les toits.

Cette espèce occupe tout le Québec méridional, et particulièrement l'Estrie, la Beauce, l'Outaouais et le Bas-Saint-Laurent. On l'aperçoit plus rarement en Abitibi, au Saguenay, sur le pourtour de la Gaspésie et sur la Haute-Côte-Nord.

Cette espèce se nourrit essentiellement d'insectes qu'elle capture en vol. On l'aperçoit souvent à la chasse au-dessus d'un marais ou d'un champ, ou encore près d'un lac.

Accouplement dans la boue.

Son nid en forme de gourde est fait de boue et est percé d'un trou sur le côté. Vous pouvez aussi leur fabriquer un nichoir approprié *(voir p. 219)*.

Si vous avez la chance d'accueillir des Hirondelles à front blanc, elles seront vos hôtes année après année.

C'est le mâle qui arrive le premier sur le site de nidification. La femelle arrive quelques jours plus tard.

Lorsque commence la construction du nid, les hirondelles vont chercher des boulettes de boue et les ajoutent à la structure.

Préparez un petit étang de boue non loin de l'endroit où ces oiseaux nichent pour leur faciliter le travail *(voir p. 219 et p. 252)*.

Hirondelle à front blanc le bec rempli de boue.

D'incessantes allées et venues sont nécessaires pour apporter chaque fois une pincée de boue pour la fabrication du nid.

Hirondelle à front blanc commençant son nid sous la corniche d'une maison.

Petit étang de boue dans lequel les Hirondelles à front blanc vont chercher le matériau pour construire leur nid.

Hirondelle bicolore *Tachycineta bicolor* • Tree Swallow

Elles nous reviennent vers la mi-avril, mais il arrive qu'elles se fassent surprendre par un retour du temps froid, ce qui peut en faire mourir plusieurs, d'où l'adage « une hirondelle ne fait pas le printemps ».

AIRE DE RÉPARTITION

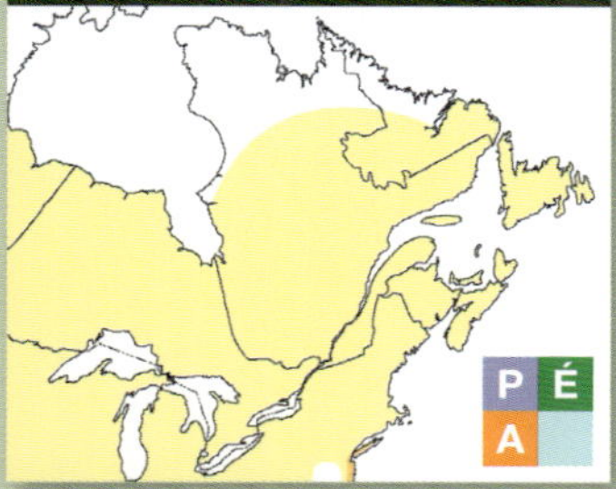

Longueur de l'oiseau
12,5 à 15,7 cm

Nourriture préférée
Elle se nourrit essentiellement d'insectes qu'elle capture en vol.

Les adultes des deux sexes sont semblables. Un bleu métallique recouvre entièrement la tête, le dos et les ailes. La gorge, la poitrine et le ventre sont entièrement blancs. La queue est longue et légèrement fourchue.

Les femelles de première année sont plutôt brunâtres.

Le mâle et la femelle émettent des *tchi-vit, tchi-vit* lorsqu'ils volent en groupes. Le cri d'alarme *tchîî-dîîp* est utilisé pour appeler les autres hirondelles à défendre le nid contre un prédateur.

Au printemps, on l'aperçoit le long des cours d'eau, se nourrissant de larves flottant à la surface.

Plus tard, elle gagnera son site de nidification, situé aux abords dégagés d'un boisé ou près d'un marais.

Elle occupe tout le Québec, à l'exception de la Basse-Côte-Nord et de l'Ungava.

Accouplement d'Hirondelles bicolores dans un marais.

Une hirondelle apporte une libellule pour nourrir un de ses petits ayant quitté le nid.

Petits attendant la becquée.

Pour favoriser sa venue chez vous, il faut lui installer un nichoir approprié *(voir p. 214 et p. 232)* dans un endroit dégagé et bien en vue, l'ouverture orientée de préférence au sud-est, afin de lui permettre de profiter de la chaleur matinale du soleil et d'éviter les vents dominants.

Elle se nourrit à l'occasion de baies, lorsque les insectes sont rares. Si votre cour arrière lui offre des fruits qui mûrissent durant la saison de nidification, peut-être aurez-vous la chance de la voir parmi les fruits de l'amélanchier, du fraisier, du sureau rouge, de la viorne à feuilles d'aulne ou d'autres arbustes.

Année après année, le mâle revient au même endroit.

Vers la fin du mois d'avril ou au début de mai, il magasine les nichoirs en compagnie de sa nouvelle compagne. Tour à tour, ils visitent tous les sites potentiels et décident de l'emplacement le plus approprié.

C'est surtout la femelle qui se charge de construire le nid. Elle pond de quatre à six œufs qu'elle incube durant environ deux semaines. Dès la naissance des oisillons, vous verrez les adultes s'affairer à nourrir les petits.

Vers la fin de la deuxième semaine, les petits sortent la tête en attendant la becquée. Leur départ est alors imminent. Restez vigilants, si vous désirez les voir partir ! Leur présence vous manquera sûrement !

À la fin du mois d'août, prêtez attention aux rassemblements d'hirondelles posées sur les fils électriques, avant la grande migration vers le Sud.

Vous pouvez aider l'hirondelle à construire son nid. Mettez à sa disposition, bien en évidence, un présentoir bien garni de brindilles et de plumes *(dans un rayon de 30 m autour du nid) (voir p. 258)*.

Admirez leur grande habileté, au cours de ce rituel consistant à lancer les plumes dans les airs pour ensuite les rattraper et les déposer dans le nichoir.

Petits recevant la becquée d'un adulte.

Couple d'Hirondelles bicolores installées pour nicher.

Hirondelle noire *Progne subis* • Purple Martin

L'Hirondelle noire est la plus grosse des hirondelles présentes au Québec. Elle a l'habitude d'occuper des nichoirs juxtaposés.

Le mâle est entièrement bleu foncé, presque noir. Aucune autre hirondelle n'a le ventre noir.

La femelle a la gorge et la poitrine grises et le ventre blanchâtre.

Elle émet un gazouillis guttural et grave qui s'apparente à un *tchiou-ouiou*.

On rencontre cette espèce dans les parcs urbains, les villes et les fermes, mais le plus souvent à proximité d'un marais ou d'un point d'eau.

Elle se limite presque exclusivement aux basses terres du Saint-Laurent et en Outaouais.

Il faut lui offrir une maisonnette avec des nichoirs juxtaposés pour permettre à cette espèce de nicher en compagnie de ses congénères.

Avant d'investir temps et argent dans une maison-

AIRE DE RÉPARTITION

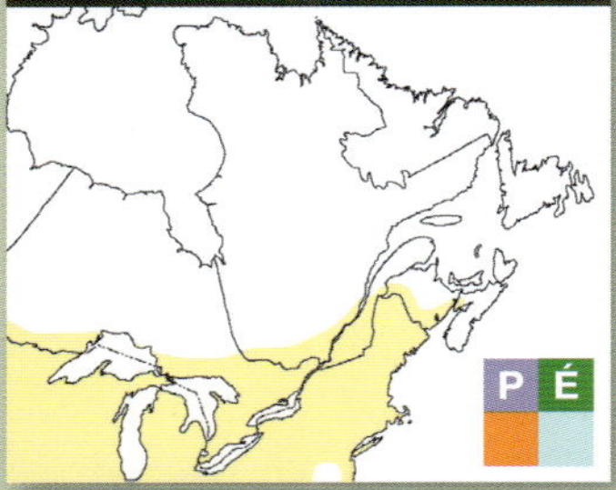

Longueur de l'oiseau
19 à 22 cm

Nourriture préférée
Elle se nourrit essentiellement d'insectes, particulièrement de maringouins et de libellules, qu'elle capture en vol ou à la surface de l'eau.

La construction terminée, le ♂ apporte une feuille dans le nid.

Couple sur un balcon.

Petits quémandant de la nourriture à un adulte.

nette à logements multiples, vérifiez auprès d'un club d'ornithologie de votre localité pour savoir si l'espèce y niche. Dans l'affirmative et si vous installez votre maisonnette, assurez-vous dès le départ des hirondelles que toutes les ouvertures seront fermées jusqu'au printemps suivant afin d'éviter que les moineaux et les étourneaux ne s'y installent.

Dès que vous aurez constaté la présence de l'espèce dans votre environnement, empressez-vous de libérer les ouvertures de vos nichoirs.

Généralement, les hirondelles manifestent leur présence au début du mois de mai.

Pour plus de renseignements: **http://aahq.qc.ca/02hirondelles2b.html et www.hironbec.com/noire_rep02.htm**

Petit au nid, avalant une libellule.

Hirondelle rustique *Hirundo rustica* • Barn Swallow

On l'appelait autrefois l'Hirondelle des granges. Elle est souvent observée, au printemps, au-dessus des cours d'eau en compagnie des Hirondelles bicolores. Il n'est pas rare de voir leurs nids situés près des habitations.

AIRE DE RÉPARTITION

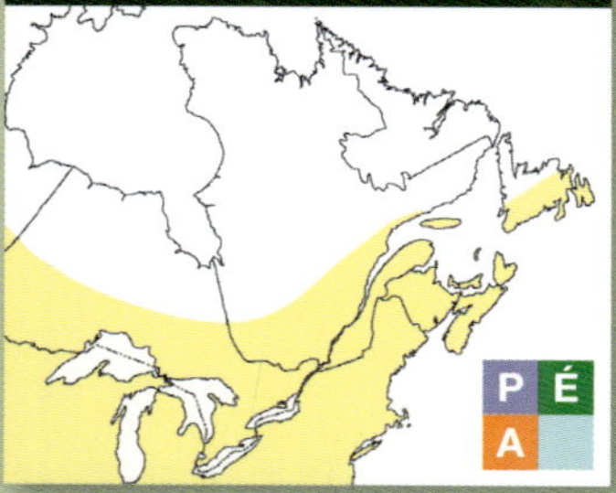

Longueur de l'oiseau
15 à 19 cm

Nourriture préférée
Elle se nourrit d'insectes qu'elle saisit en vol au-dessus des cours d'eau ou des champs.

Cette gracieuse hirondelle a les ailes et le dos bleu métallique. Sa gorge est marron. Elle est la seule de sa famille à avoir une queue longue et fourchue. Le dessous de son corps est de teinte chamois.

Elle laisse entendre un joyeux gazouillis qui ressemble à un *kvit-kvit*.

Elle fréquente les champs, les marais et les lacs. On l'aperçoit souvent près des habitations, à la campagne, où elle utilise diverses structures pour nicher.

Elle est abondante dans le sud du Québec.

Une simple plateforme sur le bord d'une remise ou de tout autre bâtiment lui convient. Le nichoir à Merle d'Amérique peut convenir à cette hirondelle.

Hirondelle rustique transportant des brindilles.

Couple d'Hirondelles rustiques faisant des allers et retours avec de la boue trouvée sur le bord de l'eau.

Hirondelle rustique attrapant un insecte à la surface de l'eau.

À la campagne, on observe souvent cette espèce nichant sur les charpentes des bâtiments de ferme. J'ai été à même d'observer un nid placé au-dessus d'un lampadaire situé près de la maison.

Même si on lui a offert une plateforme tout près, elle a refait son nid au même endroit.

Si vous l'accueillez chez vous, attendez-vous à la revoir année après année. Chose surprenante, il arrive que certains mâles fidèles à leur site de nidification gardent la même partenaire durant toute leur vie.

Si vous avez la chance d'avoir un ou plusieurs couples nichant près de chez vous, offrez-leur de la boue et un présentoir à matériaux garni d'herbes séchées.

Hirondelle plaçant la boue pour terminer son nid construit sous le toit d'un hangar.

Couple d'Hirondelles rustiques perchées sur un barreau de fenêtre et nichant à l'intérieur d'une maison abandonnée.

Hirondelle rustique plaçant une brindille pour solidifier son nid.

Merlebleu de l'Est

Sialia sialis • Eastern Bluebird

Autrefois abondant, le Merlebleu de l'Est a vu sa population se réduire sérieusement à la suite de la perte de ses sites de nidification et de la compétition qu'il a dû livrer au Moineau domestique et à l'Étourneau sansonnet. Heureusement, la situation s'est renversée et aujourd'hui, grâce à l'installation de nichoirs, il fait à nouveau la joie de tous les amateurs d'oiseaux.

AIRE DE RÉPARTITION

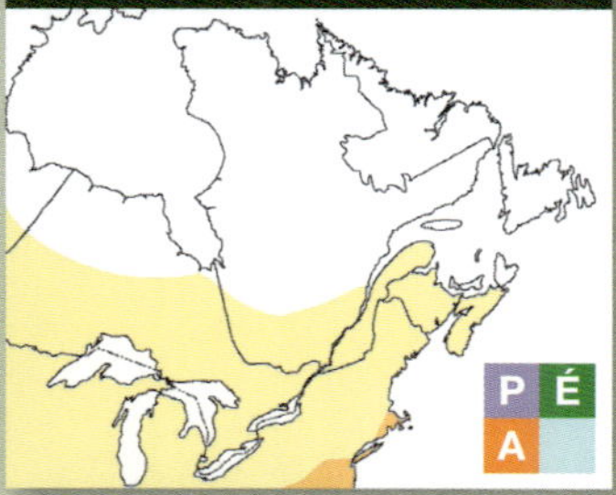

Longueur de l'oiseau
16,5 à 19 cm

Nourriture préférée
Il se nourrit surtout d'insectes variés.

♀♂ De la taille du moineau, le Merlebleu de l'Est a la tête, le dos, les ailes et la queue d'un bleu azur. La gorge et la poitrine sont rouge brique. Le ventre et les sous-caudales sont blancs. Le bec est noir, court et pointu.

La femelle est d'un bleu plus terne et sa poitrine orangée est plus pâle. Elle possède un cercle oculaire blanc.

♫ Le mâle et la femelle émettent une série de six à huit sifflements mélodieux très doux sur un ton plutôt bas. On entend un *tchi-ou-oui* en sifflement doux et grave lorsqu'il approche du nid avec de la nourriture. Puis un *tchip* sec et bref lorsqu'un danger se présente.

Merlebleu de l'Est posé sur un nichoir avec le fruit d'un cerisier.

♂ donnant un ver à la ♀ convoitée.

Parade nuptiale du Merlebleu de l'Est.

Il occupe les terres agricoles, les prairies, les bois clairs et les vergers.

Il niche dans toutes les régions agricoles au sud du Québec.

Un nichoir bien aménagé en bordure d'une prairie ou d'un pâturage saura attirer cet oiseau.

En y ajoutant des fruits et des baies, vous aurez le loisir de l'observer dans les haies ou les arbustes fruitiers comme l'amélanchier, le chèvrefeuille, le cotonéaster ou encore le cornouiller à feuilles alternes.

Dans nos régions, le Merlebleu de l'Est arrive dès la mi-mars ou au début d'avril. Il se choisit un site de nidification où il reviendra année après année.

Même installé à demeure dans son nichoir, il arrive que l'Hirondelle bicolore lui dispute quand même le territoire. Il se livre alors une lutte de territoire dont le merlebleu ne sort pas souvent gagnant. Pour tenter de solutionner ce problème, j'ai placé un autre nichoir de mêmes dimensions à une dizaine de mètres. À peine l'installation terminée, les hirondelles ont occupé le nichoir et les deux nichées se sont rendues à terme.

Afin d'éviter les affrontements entre hirondelles et merlebleus, installez deux nichoirs dans le même environnement.

Vous pouvez les mettre dos à dos sur un même piquet. Ces deux espèces ne se font pas concurrence pour la nourriture et peuvent donc cohabiter.

Ils ne chassent pas les mêmes insectes et ne se nourrissent pas de la même façon : l'hirondelle chasse en vol, le merlebleu au sol.

Le nichoir est choisi par le couple.

♂ à un nichoir pour nourrir les petits.

Troglodyte familier

Troglodytes aedon • House Wren

Si vous aimez entendre des chants d'oiseaux toute la journée, le Troglodyte familier comblera vos attentes. Ce petit oiseau trapu et vif fait entendre son chant enjoué tout au long du jour.

AIRE DE RÉPARTITION

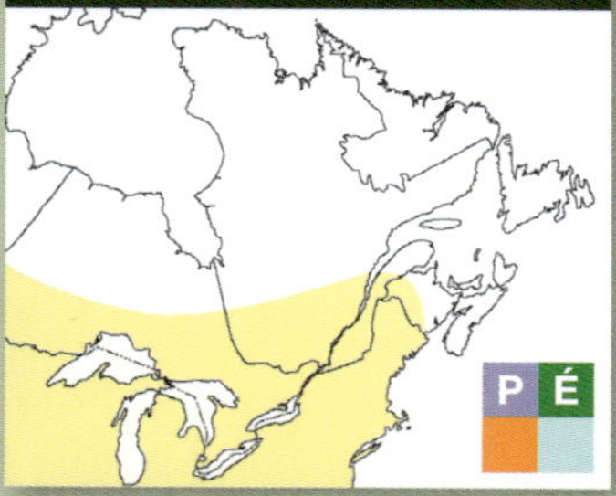

Longueur de l'oiseau
11,5 à 13,5 cm

Nourriture préférée
Il se nourrit surtout d'insectes qu'il attrape au sol ou dans les arbres. En de rares occasions, il ira aux mangeoires se nourrir de suif ou de pain d'oiseaux.

Plus petit que le moineau, le Troglodyte familier a les ailes et la queue brunes et rayées. Cette queue est souvent relevée à la verticale. Il a l'anneau oculaire et le ventre pâle. Sa face est brune et sans les rayures. Il vole sur de courtes distances près du sol.

Il fait entendre sans cesse une cascade de notes ascendantes et descendantes vers la fin et qui ressemble à un gloussement sonore chanté. En présence d'un danger, le mâle ou la femelle émettent un bruit de crécelle : *tcheurr ou bzzz, bzzz, bzzz*.

Il occupe les boisés clairsemés, les fourrés et les jardins près des habitations, en ville et en banlieue.

Troglodyte avec une araignée dans son bec.

Troglodyte apportant un perce-oreille à ses oisillons au nid.

Un petit venant tout juste de sauter du nichoir.

On l'observe dans le sud du Québec.

Si vous lui offrez un nichoir installé à la lisière d'un boisé, dans un endroit bien dégagé, et si vous avez à proximité un jardin de fleurs attirant les insectes, il risque de venir s'y établir pour au moins deux nichées.

Agressif, il ne tolèrera pas d'autres espèces dans son territoire et leur livrera une chasse impitoyable.

Il est important que l'ouverture de son nichoir soit plus petite que celle du nichoir à hirondelles ou à merlebleus *(voir p. 214 et p. 242)*. Dans votre présentoir, un petit tas de brindilles, des plumes ainsi qu'un amas de quenouilles peuvent servir de matériaux.

À défaut de présentoir, vous pouvez les déposer dans un arbre mort ou tout simplement les laisser dans un coin de votre cour.

Troglodyte familier transportant des brindilles pour en faire son nid dans un arbre creux.

Troglodyte familier transportant de petits bouts de branches pour en faire son nid dans un arbre creux.

Grive solitaire *Catharus guttatus* • Hermit Trush

Cet oiseau au chant flûté nous charme avec ses concerts enchanteurs de début ou de fin de journée.

AIRE DE RÉPARTITION

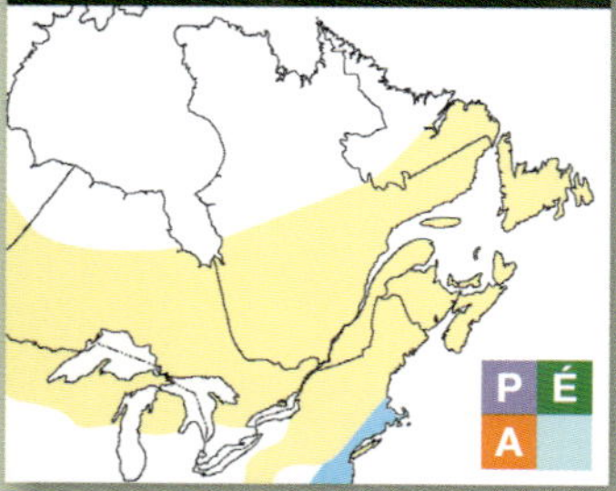

Longueur de l'oiseau
16 à 19 cm

Nourriture préférée
Elle raffole des baies et des fruits.

À peine plus grosse que le moineau, la Grive solitaire a la tête, les ailes et le dos bruns. Sa queue est rousse et sa poitrine tachetée. Elle a un cercle oculaire blanchâtre. On la reconnaît au mouvement de sa queue, qu'elle agite de haut en bas lorsqu'elle est posée quelque part.

Son chant clair et flûté se compose d'une onomatopée répétée qui se termine tantôt par une note ascendante, tantôt par une note descendante. Elle émet un *tchok* grave en cas de danger.

Elle habite les forêts mixtes et de conifères ou les boisés en régénération.

En hiver, on l'aperçoit parfois dans des fourrés ou des parcs.

Elle occupe tout le sud du Québec.

Tout comme le merle, qui fait d'ailleurs partie de la même

Grive solitaire dans un cerisier.

Grive solitaire avec un fruit du fusain ailé, à l'automne.

Grive à dos olive dans un sureau rouge à Matane.

famille, elle raffole des baies et des fruits. À l'automne, pendant sa migration, vous la verrez se nourrir discrètement dans le célastre grimpant *(bourreau des arbres)*, le cornouiller stolonifère, le sorbier d'Amérique, le sumac vinaigrier, le sureau doré, la viorne trilobée et la vigne des rivages.

C'est surtout à la campagne, en bordure d'un parc ou d'un grand boisé, que vous pourrez, avec un peu de chance, l'apercevoir dans des arbres fruitiers.

La Grive solitaire est friande de fruits, qui comptent pour 60 % de son alimentation. Surveillez vos arbres fruitiers pendant les périodes de migration. Toutes les autres grives nichant au Québec sont d'ailleurs également frugivores.

Occasionnellement, vous verrez la Grive solitaire demeurer avec nous en hiver. Plus rarement encore, vous pourrez l'observer à vos plateaux d'alimentation.

Elle se nourrit particulièrement de millet, d'avoine décortiquée, de maïs concassé, de tournesol et de suif.

La Grive solitaire a fréquenté assidûment mon poste d'alimentation, auquel j'ai ajouté les fruits du sorbier que j'avais pris soin de congeler. J'en ai fixé aux branches de mon arbre-perchoir. Ce fut un succès immédiat, elle venait tous les jours se régaler de ces petits fruits.

Grive solitaire dans un sorbier aux oiseaux.

Grive solitaire s'alimentant de millet blanc.

Jaseur d'Amérique

Bombycilla cedrorum • Cedar Waxwing

Quel plaisir pour l'œil que de voir le Jaseur d'Amérique, au printemps, offrir à sa femelle un pétale de fleur de pommier. La beauté de son plumage ne cesse de ravir l'observateur.

AIRE DE RÉPARTITION

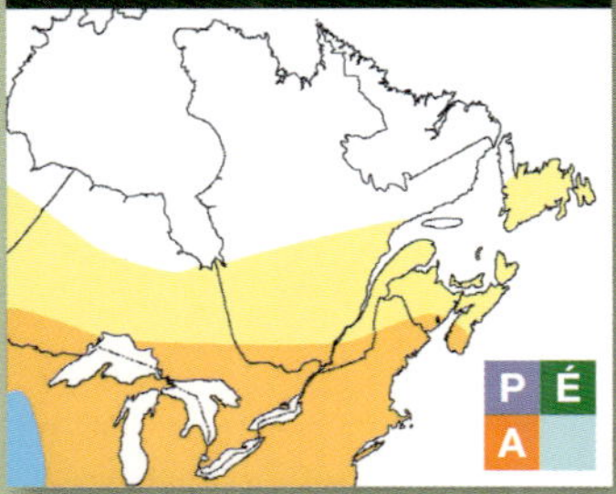

Longueur de l'oiseau
16,5 à 20 cm

Nourriture préférée
Les fruits et les baies.

Son plumage soyeux brun caramel, sa huppe élancée et son masque noir sont les principales caractéristiques du Jaseur d'Amérique. Les rémiges secondaires se terminent par des pointes rouge vif et son ventre est jaune crème. L'extrémité de sa queue est jaune vif. Les sous-caudales sont blanches.

Il fait entendre une note aiguë et ténue : *ziii ziii ziii* ou *zriii zriii*. Lorsqu'il vole en bande, il émet des cris sifflés.

Cet oiseau fréquente les bois clairsemés, le bord de l'eau, les vergers et les habitats ouverts, là où se trouvent des fruits à profusion.

Il niche dans tout le sud du Québec.

Il fréquente rarement les mangeoires, mais il arrive qu'il se nourrisse de raisins secs, de groseilles et de pommes déposés sur un plateau.

Très tôt au printemps, en cas de redoux ou de verglas, il se régale des fruits du pimbina demeurés sur les branches tout l'hiver.

Plus tard, il échange des pétales de fleurs de pommier avec sa compagne.

Jaseur d'Amérique prenant un bain dans un plan d'eau aménagé.

Jaseur d'Amérique offrant un pétale de pommier à la femelle convoitée.

Jaseur cueillant des brindilles pour son nid.

Les premiers fruits de l'été comme ceux de l'amélanchier, du chèvrefeuille, du sureau rouge et de la viorne à feuilles d'aulne s'ajoutent à son alimentation. Plus tard en été, le cerisier de Pennsylvanie *(ou petit merisier)*, les fraises, les framboises et les bleuets auront sa préférence. À l'automne, ce sont le célastre grimpant *(ou bourreau des arbres)*, le cornouiller, le nerprun cathartique, le sorbier d'Amérique, le sureau doré et bien d'autres espèces d'arbres fruitiers qui le nourriront. En hiver, il se nourrira des fruits restés dans les arbres comme le fusain d'Europe et la viorne trilobée.

Farouche, cet oiseau ne se laisse pas admirer facilement. Il faut être discret pour réussir à l'observer. Au printemps, c'est parmi des pommiers ou des pommetiers que vous pourrez admirer l'échange de pétales entre le mâle et la femelle. Plus tard en été, c'est souvent dans un conifère, à l'abri des regards indiscrets, qu'il fondera sa petite famille. Il viendra s'abreuver et même se baigner à votre point d'eau s'il s'y sent en confiance et en sécurité. Après la naissance des petits, il les nourrira avec des fruits cueillis dans le voisinage. À l'automne, les adultes et les jeunes envahiront vos arbres fruitiers avant le grand départ.

Vous avez le choix des arbres fruitiers, mais assurez-vous d'avoir au fil de chaque saison au moins un arbre garni de ses fruits.

Jaseur d'Amérique dans un amélanchier.

Jeune jaseur dans un nerprun.

Merle d'Amérique *Turdus migratorius* • American Robin

Le Merle d'Amérique est un oiseau familier de nos pelouses et de nos jardins. Son arrivée hâtive et son chant enjoué sont annonciateurs du printemps.

On reconnaît facilement son chant joyeux : *turlutte, turlutte, turlutte*. Lorsqu'il y a danger, on entend un *tiiic ! tiiic !* Dérangé, il fait entendre un *toc, toc, toc* tout en battant vigoureusement de la queue. En vol, il émet un *tsîîp*.

AIRE DE RÉPARTITION

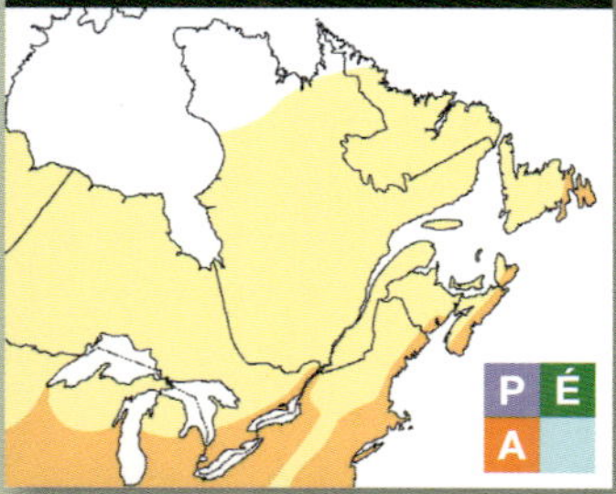

Longueur de l'oiseau
23 à 28 cm

Nourriture préférée
Il raffole des vers de terre et de fruits variés.

Le mâle se reconnaît à sa tête noire, son bec jaune et ses yeux brun foncé cerclés de blanc. La gorge est rayée de noir et de blanc. Le dos et la queue sont gris foncé. La poitrine et le ventre s'ornent d'un brun orangé éclatant. Les sous-caudales sont blanches.

La femelle se distingue du mâle par les teintes légèrement plus pâles pour les gris et les orangés, et plus terne pour le noir.

Il a envahi presque toutes les régions habitées et sauvages. Il s'est répandu dans les parcs publics, les petits bosquets de nos villes et villages, dans nos jardins, nos prairies bordées par les arbres à la campagne et à l'orée de nos forêts.

Il occupe aussi les forêts denses et même les régions montagneuses avec des éclaircies lui permettant de s'alimenter.

Une chicane de territoire entre merles, à leur arrivée, en avril.

Merle ♀ dans un pommetier.

Merle ♀ transportant de la boue près d'un plan d'eau pour y faire son nid.

Il occupe tout le Québec jusqu'à la limite de la forêt boréale.

Offrez-lui une petite plateforme *(voir p. 222 et p. 250)* où il pourra s'installer à l'aise pour nicher.

Au début de l'été, il se nourrit des fruits de l'amélanchier, du chèvrefeuille et du sureau rouge.

Plus avant dans la saison, il ajoute des fraises, des framboises, des bleuets, des mûres et des cerises à son alimentation.

Il complète son menu à l'automne avec les fruits du célastre grimpant *(ou bourreau des arbres)*, du cornouiller, du fusain d'Europe, du houx verticillé, de l'if du Canada, du nerprun, du pommetier, du sorbier, du sumac vinaigrier, du sureau doré, de la symphorine blanche, de la vigne et des viornes.

Il niche tôt au printemps. Se tenant près des habitations, il lui arrive d'utiliser le rebord du toit de votre maison ou d'une dépendance pour y nicher.

Vous pouvez lui fournir des brindilles et de la boue pour l'aider à fabriquer un nid douillet. En suivant ses allées et venues, vous pourrez découvrir l'endroit où il a décidé d'élire domicile. Par la suite, vous le verrez arpentant le terrain à la recherche de vers de terre. Lorsqu'il accumule plusieurs vers dans son bec, cela signifie que les petits sont nés. Comme il a généralement deux nichées par année, la deuxième aura lieu durant la période où il y a beaucoup de fruits. Vous le verrez alors voyager le bec plein de fruits pour nourrir sa nichée.

Durant toute cette période, vous ne pourrez rater les nombreux bains de ces oiseaux, qui ont lieu au début ou à la fin de la journée. Vous serez ravis par le spectacle des petits et des adultes s'adonnant à des bains à répétition. L'adulte viendra aussi accompagné de ses petits à la poitrine tachetée pour profiter des nombreux fruits que vous pouvez leur offrir.

Pour favoriser la nidification, un bain d'oiseaux, de la boue, des brindilles, des fruits variés, une plateforme, une haie de thuyas *(ou cèdres)* sont tous des éléments qui faciliteront sa venue.

Quelques individus passent l'hiver avec nous et se nourrissent uniquement de fruits.

Merle d'Amérique ♂ dans un sureau doré.

Moqueur chat *Dumetella carolinensis* • Gray Catbird

Cet oiseau fuyant est surtout connu pour son chant imitant le miaulement du chat.

AIRE DE RÉPARTITION

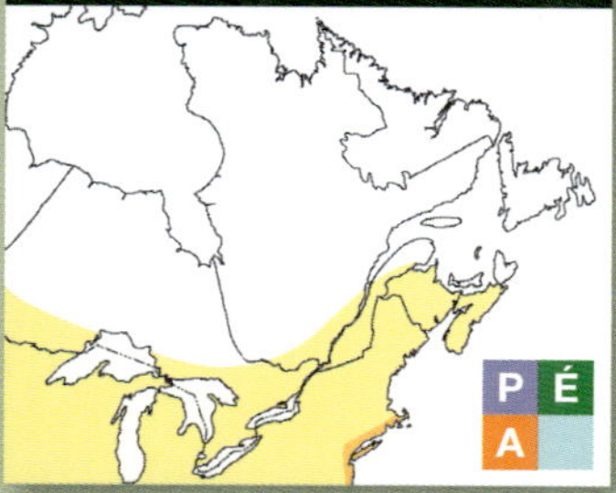

Longueur de l'oiseau
21 à 24 cm

Nourriture préférée
il se nourrit d'araignées, d'insectes et de fruits.

Le Moqueur chat est de la taille du merle. Il est élancé et son plumage est gris-bleu foncé. Il est pourvu d'une calotte noire et d'un long bec pointu et noir. Lorsqu'elle est relevée, sa longue queue noire laisse entrevoir les couvertures sous-caudales rousses.

Cet oiseau possède un véritable talent d'imitateur. Il peut reproduire certains bruits ainsi que les chants d'autres oiseaux. Il a aussi un chant caractéristique : une succession de phrases musicales dont aucune n'est chantée plus d'une fois. À l'oreille, cela ressemble à des *tchi, toui, tsitchi, tchouk, wouw, miaou...* Lorsqu'il y a danger ou affrontement, on entend un *miiiin* étiré ressemblant au miaulement d'un chat. Si les oisillons sont menacés, le moqueur lance un cri d'alarme : *tchèctchè-chèc* ou *quiout, quiout, quiout*.

On peut le voir principalement dans les broussailles à l'orée des bois, dans les fourrés, les parcs et les jardins. Il aime aussi les taillis touffus où il peut bien se camoufler.

Il niche dans l'extrême sud du Québec. Plus au nord, il est considéré comme occasionnel.

Moqueur chat prenant son bain.

Son alimentation comprend 50 % d'insectes et 50 % de fruits. Au début de la saison de nidification, il se nourrit d'araignées ou d'insectes comme les chenilles et les sauterelles. Puis au fur et à mesure que les arbres et arbustes fruitiers produisent leurs fruits, il devient frugivore. Il profitera aussi de votre bain pour s'y rafraîchir.

Il aime se cacher dans des buissons épais. Si votre aménagement peut lui offrir la discrétion voulue, il viendra se nourrir de nombreux fruits comme les bleuets, les mûres, les framboises ainsi que les fruits du nerprun, du sumac vinaigrier et de la vigne.

Il niche généralement dans un arbuste, sur une branche à une hauteur de 60 cm à 3 m (2 à 10 pi). Son nid est fait de brindilles, de feuilles, d'herbe, de radicelles, d'aiguilles de pin et de crin de cheval.

Déposez quelques-uns de ces éléments au sol, près de la végétation dense où vous soupçonnez qu'il se cache. Il viendra peut-être les prendre pour construire son nid.

Installez, dans un coin discret de votre cour, une haie épaisse de chèvrefeuille, de framboisiers, de mûriers ou de rosiers. Le Moqueur chat aime se cacher parmi les ronces ou les branches entremêlées d'une végétation dense.

Offrez-lui du pain d'oiseaux dans le petit bouchon d'un litre de lait ou de jus.

Moqueur chat couvant sur son nid.

Moqueur chat immature dans une vigne vierge.

Moqueur chat transportant une brindille pour son nid.

Moqueur chat se nourrissant de pain d'oiseaux.

Moqueur polyglotte *Mimus polyglottos* • Northern Mockingbird

Beaucoup plus commun chez nos voisins du Sud, il se fait rare chez nous. Mais sa présence est toujours très appréciée des observateurs qui peuvent entendre son chant musical et varié.

AIRE DE RÉPARTITION

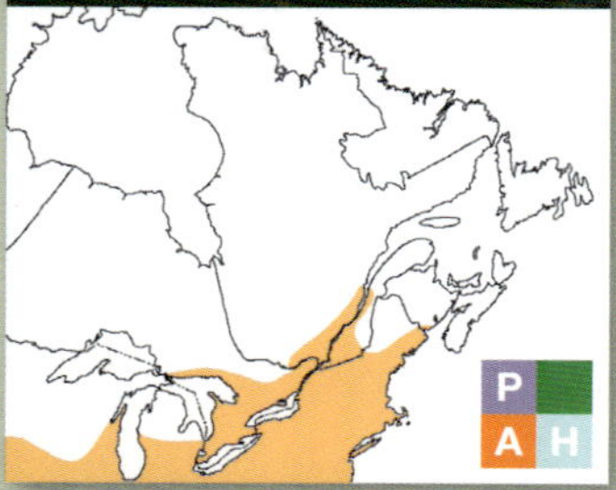

Longueur de l'oiseau
23 à 28 cm

Nourriture préférée
Il préfère le beurre d'arachide et le suif.

De la taille du merle, le Moqueur polyglotte est un oiseau gris pâle. Il a de larges barres alaires blanches qu'on remarque en vol sur ses ailes noires. Il a une longue queue noire bordée de blanc. Son œil est jaune pâle.

Il est constitué d'une suite de phrases musicales variées et chantées au moins trois fois de suite. Il émet aussi des *djjjjt* grinçants ou des *tchec* sonores.

Il aime se percher bien en évidence sur un arbuste situé dans un endroit dégagé, dans les jardins, les parcs ou à la campagne, sur le bord des routes, dans un bosquet face à une prairie ou près des habitations.

Moqueur polyglotte immature dans une vigne vierge.

On peut l'observer dans le centre-sud et le sud-est du Québec.

Quelques individus hivernent difficilement au Québec. Ils se nourrissent alors des fruits du célastre grimpant *(ou bourreau des arbres)*, du houx verticillé, du nerprun, du pommier et du pommetier, du rosier, du sorbier, du sumac vinaigrier ou de la viorne trilobée. Sa présence aux mangeoires est irrégulière. Offrez-lui du beurre d'arachide, du suif, des fruits congelés, des raisins ou des morceaux de pomme sur des plateaux. Ce menu l'aidera à passer l'hiver, surtout s'il est particulièrement rigoureux.

Moqueur polyglotte transportant des matériaux pour son nid.

Moqueur polyglotte dans une vigne vierge.

Le Moqueur polyglotte passe parfois l'hiver avec nous.

Les parulines Warblers

Paruline à croupion jaune dans un arbuste fruitier dans le sud des États-Unis, en hiver.

AIRE DE RÉPARTITION

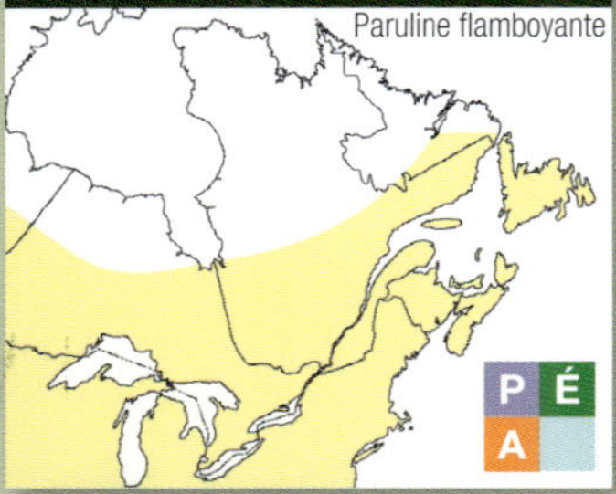

Longueur de l'oiseau
11 à 15 cm

Nourriture préférée
Elles sont surtout insectivores.
Paruline à croupion jaune : suif.
Paruline verdâtre : suif, beurre d'arachides.

Les parulines sont des oiseaux de petite taille. Leur bec est mince et pointu. Elles sont généralement parées de couleurs vives. Elles arrivent à partir de la mi-avril jusqu'à la mi-mai et entament leur migration automnale dès la mi-août. Elles sont surtout insectivores, mais à l'occasion, elles ne dédaignent pas les fruits, surtout dans leurs déplacements, au mois d'août.

Leur chant est ravissant et varié.

- **Paruline à croupion jaune,**
- **Paruline masquée,**
- **Paruline bleue,**
- **Paruline flamboyante,**
- **Paruline jaune,**
- **Paruline à flancs marron,**
- **Paruline verdâtre.**

Selon l'espèce, on les observe dans les bosquets, les feuillus ou les conifères.

Elles se tiennent soit à la cime des arbres, soit à mi-hauteur ou encore au sol ou tout près.

Elles occupent le sud du Québec.

On signale quelques rares observations de quelques espèces aux mangeoires. Ce sont la Paruline à croupion jaune se nourrissant de suif, ainsi que la Paruline verdâtre et la Paruline à gorge jaune *(espèces rares)* mangeant du suif, du beurre d'arachide et des noix.

Paruline masquée ♀ retournant au bain.

Paruline bleue ♂ se nourrissant des fruits du cornouiller à feuilles alternes.

Les fruits du célastre grimpant, de la clématite de Virginie, du cornouiller à feuilles alternes, du rosier sauvage, du sumac vinaigrier, de la vigne vierge ou encore de la viorne cassinoïde aident la Paruline à croupion jaune à subsister les rares fois où elle reste chez nous en hiver.

Vous aurez plus de chances d'admirer certaines espèces de parulines si votre cour arrière leur offre une grande diversité de fruits ou si vous avez un bain d'oiseaux.

Comme elles sont presque toujours en mouvement, vous aurez à peine le temps de les voir qu'elles disparaîtront rapidement dans un feuillage pour reparaître plus loin.

La Paruline flamboyante, la Paruline masquée et la Paruline jaune sont celles que j'ai pu observer aux bains d'oiseaux. Vous pourrez peut-être à votre tour découvrir d'autres espèces, selon votre environnement et l'habitat que vous leur offrez.

Voici une liste des parulines pouvant se nourrir de fruits et de baies : Paruline à flancs marron, Paruline à gorge orangée, Paruline rayée, Paruline bleue, Paruline à croupion jaune, Paruline à poitrine baie, Paruline flamboyante, Paruline obscure, Paruline à couronne rousse, Paruline à calotte noire et Paruline à tête cendrée.

Laissez un petit coin de votre jardin en friche, où pourront pousser des mauvaises herbes et des plantes attirant les insectes comme des asters, des marguerites ou des rudbeckies. Vous y surprendrez peut-être la Paruline masquée et la Paruline flamboyante se nourrissant à l'occasion de graines de fleurs et de plantes sauvages.

Pour en savoir plus sur les parulines, voir : *Les Parulines du Québec*, Suzanne Brûlotte, Boucherville, Broquet, 2001, Coll. « Famille d'oiseaux ».

Paruline à gorge jaune se nourrissant de beurre d'arachide.

Paruline à gorge jaune, espèce rarement observée au Québec, se nourrissant de suif.

Paruline flamboyante ♂ dans un nerprun.

Paruline masquée dans l'amélanchier.

Pic flamboyant *Colaptes auratus* • Northern Flicker

Au printemps, son cri retentissant nous prévient de son arrivée. Il ne laisse personne indifférent. À l'automne durant la migration, on l'aperçoit se nourrissant de fourmis sur les pelouses.

AIRE DE RÉPARTITION

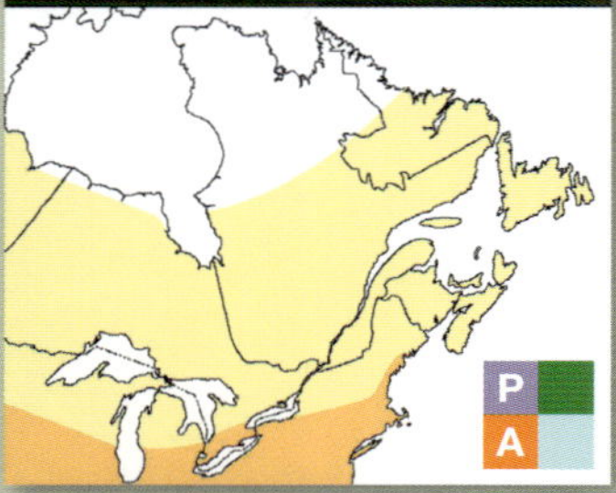

Longueur de l'oiseau
30,5 à 35 cm

Nourriture préférée
Il aime surtout le suif et le beurre d'arachide.

De la taille du merle, le Pic flamboyant mâle a le dos et les ailes gris brunâtre fortement barrés de noir. Une tache rouge en forme de croissant orne sa nuque grise. Sa face et sa gorge sont beiges et sa moustache est noire. Son bec noir est long et pointu. Sa poitrine chamois ornée d'un collier noir est fortement tachetée. On le reconnaît facilement en vol par son croupion blanc. Le dessous des ailes et de la queue est jaune doré. La femelle est semblable, mais n'a pas de moustache.

Dès son arrivée, au printemps, il fait entendre au loin un retentissant *ki ki ki ki ki ki ki*. En d'autres temps, pour signaler sa présence, il émet un *quiac quiac*. Dans une situation de rivalités, on entend des *fliqueufliqueuflic*. Près du nid, il souffle des *wik-wikwi*.

Cet oiseau s'adapte à une grande variété d'habitats. Il préfère les forêts de conifères ou de feuillus clairsemées, les

Un Pic flamboyant ♂ avalant un fruit du cornouiller à feuilles alternes.

fermes, les pâturages et les endroits à découvert en bordure des boisés ou des chemins forestiers.

On le voit aussi en ville ou en banlieue, dans les jardins et les parcs.

Il occupe tout le sud du Québec.

En plus du suif et du beurre d'arachide, il aime bien s'offrir quelques graines de tournesol, de maïs ou de chardon déposées au sol ou sur des plateaux.

Il consomme à l'occasion des arachides, des noix et des fruits. Il fréquente aussi les abreuvoirs.

Les fourmis constituent la moitié de son régime alimentaire durant l'été. C'est à l'automne qu'il change son alimentation. On le voit la plupart du temps posé au sol pour se nourrir de fourmis, mais aussi de graines et de fruits de l'aubépine, du cerisier, du cornouiller à feuilles alternes, du genévrier, du houx verticillé, de l'olivier de Bohême, du pommetier, du rosier, du sorbier, du sumac vinaigrier, du sureau doré, de la vigne et de la viorne trilobée.

Il passe rarement l'hiver au Québec. En revanche, son arrivée tôt au printemps et son départ tardif peuvent amener le Pic flamboyant à visiter des postes d'alimentation pour s'y nourrir de graines, de suif et de fruits pour subsister.

Aussitôt sa présence constatée, offrez-lui les fruits que vous avez cueillis durant la belle saison.

Pic flamboyant ♂ qui vient tout juste de prendre un bain.

Pic ♂ immature qui fouille dans un parterre pour trouver des insectes, et particulièrement des fourmis.

Tyran tritri *Tyrannus tyrannus* • Eastern Kingbird

On l'aperçoit souvent perché bien en vue sur un fil, une clôture ou à l'extrémité d'une branche. La bordure blanche de sa queue permet de le différencier de l'Hirondelle bicolore avec laquelle il est souvent confondu.

AIRE DE RÉPARTITION

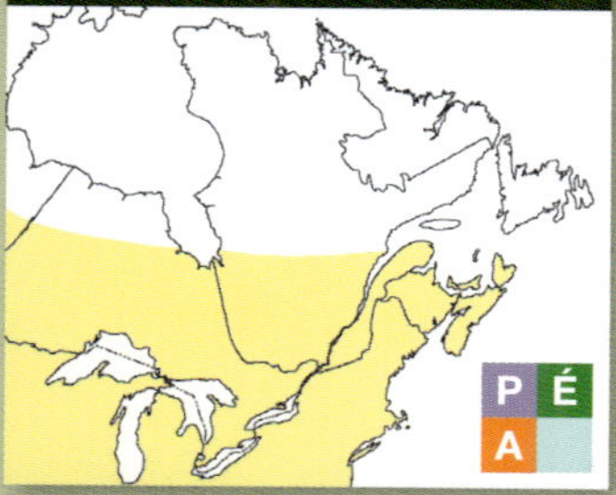

Longueur de l'oiseau
19,5 à 22 cm

Nourriture préférée
Il se nourrit d'insectes qu'il capture en vol. Une bonne variété de fruits fait aussi partie de son alimentation.

Plus petit que le merle, le Tyran tritri a la tête et le dos noirs. La gorge et le ventre sont blancs et un trait blanc termine l'extrémité de sa queue noire.

Il lance des cris aigus répétés sans interruption : *kitrîkitrîkitrî k-trîî k-trîî*. En cas de rencontres hostiles, il émet des *dzib, dzib*. Lorsqu'une attaque est imminente, il projette un *tzi* sonore. Tôt le matin, le mâle chante des *tititizi tititizi*.

Il habite les lieux à découvert à la campagne, dans les vergers ou près de l'eau.

Il est répandu dans le sud du Québec à partir de l'Abitibi jusqu'en Gaspésie.

Il affectionne particulièrement l'amélanchier, le chèvrefeuille, le cornouiller stolonifère *(ou hart rouge)* et le nerprun.

Un Tyran tritri nourrissant un de ses petits à peine sortis du nid.

Il peut faire son nid près des habitations, dans un conifère ou un feuillu, parfois un pommier. Je l'ai même déjà vu nicher dans les gouttières d'un duplex et sur les rebords d'un petit pont. Lorsque les juvéniles quittent le nid pour suivre les parents, vous assisterez à la becquée faite avec des fruits du nerprun, du chèvrefeuille et de bien d'autres espèces que vous découvrirez.

Durant l'été, préparez un assortiment de fruits comme ceux de l'amélanchier ou du chèvrefeuille. Le Tyran tritri vous fera peut-être la surprise d'une belle visite.

Tyran tritri nourrissant ses petits d'un fruit d'amélanchier.

Tyran tritri nourrissant ses petits d'un fruit d'amélanchier.

Trois œufs dans un nid du Tyran tritri construit sur la structure d'un pont.

Viréo aux yeux rouges *Vireo olivaceus* • Red-eyed Vireo

C'est le plus abondant des viréos. Son chant répétitif peut être entendu pendant toute la journée.

Il occupe les forêts de feuillus et mixtes. On l'aperçoit en moins grand nombre dans la forêt boréale.

Il niche aussi dans les parcs où prolifèrent les grands arbres.

Il occupe tout le Québec méridional.

De la taille du moineau, le Viréo aux yeux rouges a un sourcil blanc accentué d'un trait noir qui traverse l'œil rouge ; ce trait le distingue des autres viréos. Il a une calotte grise, son dos est olive et son ventre, blanc.

Il chante des *dix-huit* ascendants et descendants très rapides. On l'entend également émettre une sorte de *tchoin* nasal.

Du début de l'été jusqu'au début de l'automne, vous le verrez à l'occasion se nourrir des petits fruits de l'amélanchier, de la clématite de Virginie, du cornouiller à feuilles alternes, du sumac vinaigrier, du sureau rouge ou blanc et de la vigne de rivages.

Si votre aménagement est situé à l'orée d'un parc ou si

AIRE DE RÉPARTITION

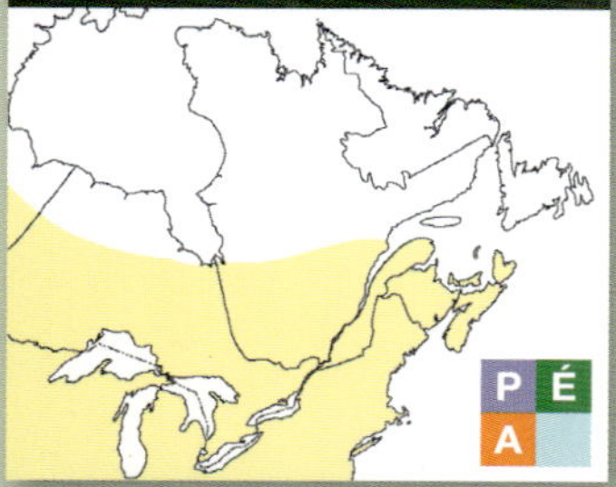

Longueur de l'oiseau
14 à 17 cm

Nourriture préférée
Il se nourrit particulièrement de larves et d'insectes.

Viréo dans un sureau rouge.

vous demeurez à la campagne près d'une forêt, il choisira de préférence un érable pour installer son nid.

Chose surprenante, il peut faire son nid à une hauteur de 2 à 3 m (6 à 10 pi). Seul un œil bien averti réussira à voir ce nid bien camouflé parmi les grosses feuilles de l'érable.

Ce n'est qu'à l'automne que vous découvrirez cette petite coupe faite de morceaux d'écorce, de papier et de fibres végétales suspendue à la fourche d'une branche horizontale. Vous pourrez alors apprécier le travail minutieux du viréo.

S'il a élu domicile près de votre maison et que vous surveillez ses allées et venues, peut-être découvrirez-vous son nid et ses petits. Mais soyez discret, munissez-vous de jumelles pour l'observer de loin et éviter de le déranger.

Une vigne sur une pergola l'attire immanquablement.

Viréo couvant dans son nid.

Viréo mangeant une baie dans la vigne vierge.

Viréo aux yeux rouges dans le nerprun.

Bruant hudsonien *Spizella arborea* • American Tree Sparrow

De compagnie agréable aux mangeoires, ce petit oiseau reste avec nous durant la saison froide.

AIRE DE RÉPARTITION

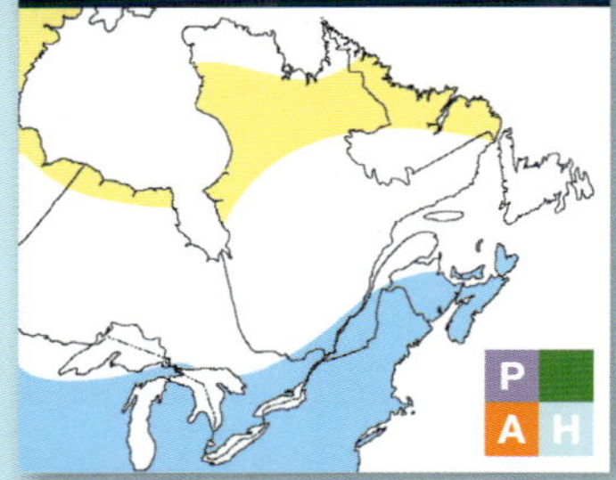

Longueur de l'oiseau
15 à 16 cm

Nourriture préférée
Il aime particulièrement le millet et le maïs concassé.

De la taille du moineau, le Bruant hudsonien se distingue de celui-ci par sa calotte rousse. Il a la poitrine et le ventre gris. Une tache brune en forme de V orne sa poitrine et permet de le différencier du bruant familier. Il a le dos brun rayé et ses ailes ont des barres alaires blanches.

Plutôt silencieux en hiver, il émet un *tilouit* musical au cours des autres saisons. Son cri en cas de danger est un *tsît*.

En été, il se tient dans des buissons de la taïga. En cours de migration et en hiver, on l'aperçoit dans les milieux ouverts.

Il niche sur la Basse-Côte-Nord et jusqu'au Nouveau-Québec. En hiver, on peut l'apercevoir dans le sud du Québec.

Bruant hudsonien se nourrissant de graines dans une talle de fleurs sauvages.

Bruant hudsonien à un plateau grillagé.

Bruant hudsonien dans un coin de jardin en friche, au début de l'hiver.

Comme tous les bruants, il se nourrit surtout au sol, mais il visite aussi les plateaux. Il consomme du tournesol, du chardon, de l'alpiste et occasionnellement du beurre d'arachide.

Le nombre d'individus a tendance à fluctuer selon les hivers. On le voit arriver à la fin de l'automne et fréquenter les mangeoires généralement après la première neige. Il passe tout l'hiver avec nous et son départ se fera graduellement au fur et à mesure que le temps doux reviendra.

Pour l'attirer à votre poste d'alimentation, disposez des graines de millet blanc au sol. Peu à peu, il s'habituera à votre coin et s'enhardira à visiter vos plateaux.

Un Bruant hudsonien se nourrissant de graines mélangées à un plateau d'alimentation.

Un Bruant hudsonien s'alimentant de beurre d'arachide.

Junco ardoisé *Junco hyemalis* • Dark-eyed Junco

Très apprécié de tous, le Junco ardoisé charme à la fois par sa couleur et son chant.

AIRE DE RÉPARTITION

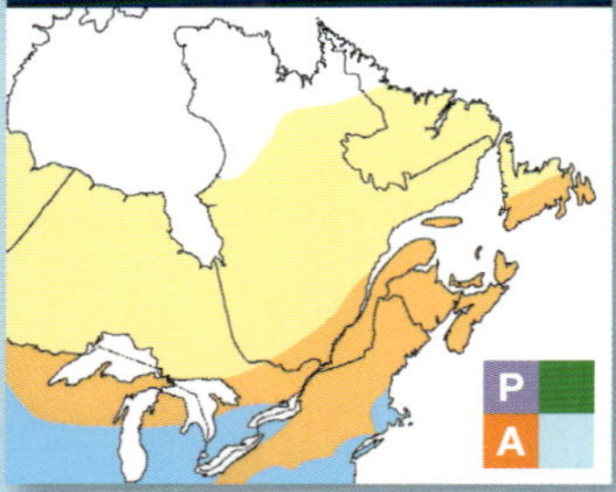

Longueur de l'oiseau
14,5 à 16,5 cm

Nourriture préférée
Il préfère le millet blanc et le maïs concassé.

De la taille du moineau, le junco est gris ardoise sur la tête, le dos et le dessus de la queue. Son ventre est blanchâtre. Il a un bec conique rosé. Les rectrices externes de la queue sont blanches, ce qui nous aide à l'identifier facilement en vol.

La femelle est d'un gris plus pâle ou d'un gris brun.

Son chant est un trille musical ressemblant au chant du Bruant familier. Il émet à répétition de légers *smac*. On entend aussi des *tsip*, des *zîît* et des *kiou kiou*.

Les forêts de conifères et mixtes constituent son habitat de prédilection. Au cours des migrations, on le retrouve dans les sous-bois, les champs broussailleux et sur nos pelouses.

Il occupe presque tout le Québec, à l'exception du Nord-Ouest.

Il se nourrit très souvent au sol, mais on le voit aussi se poser sur les plateaux.

Junco ardoisé prenant un bain.

Junco ardoisé ♀ brune.

Junco ardoisé ♂ sur un plateau d alimentation.

Il consomme du tournesol, du chardon, de l'alpiste, du colza, des noix et des graines de citrouille. À l'occasion, il ne dédaigne pas le suif et le beurre d'arachide.

Dans la nature, il apprécie les graines de l'aster, de la verge d'or, de la chicorée, des graminées et de plusieurs autres espèces de plantes. Il se nourrit aussi des fruits de l'aubépine, de l'épine-vinette, du houx verticillé, de l'olivier de Bohême, du rosier rugueux, du sorbier d'Amérique et du sumac vinaigrier.

C'est en grand nombre que vous verrez les juncos picorer au sol. Votre parterre sera parsemé de tous ces petits volatiles au plumage foncé.

Vous les verrez accompagnés de bruants comme le Bruant à gorge blanche, le Bruant à couronne blanche, le Bruant chanteur et le Bruant familier. Votre cour sera égayée par leurs chants diversifiés.

Il arrive de plus en plus souvent que, dans l'extrême sud du Québec, quelques individus passent l'hiver avec nous.

Pour attirer tous ces juncos, dès la fin de septembre, jetez généreusement du millet blanc au sol. Vous serez surpris du résultat.

Junco ♂ se nourrissant de beurre d'arachide.

Sizerin flammé

Carduelis flammea • Common Redpoll

Petit oiseau très populaire aux mangeoires, il ne vient jamais seul. C'est par dizaines, voire par centaines, que certains hivers ils envahissent nos mangeoires.

La femelle a la poitrine gris pâle et est rayée sur les côtés.

Plus petit que le Moineau domestique, le Sizerin flammé a un plumage gris-brun rayé, mais son front est d'un rouge flamboyant au soleil. Son petit bec conique jaune ressort bien sur son menton noir. La poitrine est rouge rosé.

Son chant est un mélange de trilles et de bourdonnements. Il peut chanter même en vol ; on entend alors un *tchit-tchit-tchit-tchit* saccadé ou un *souiit* ascendant.

Le Sizerin flammé niche dans la toundra. Lorsqu'il descend au sud du Québec, on l'aperçoit en grand nombre dans les régions habitées.

AIRE DE RÉPARTITION

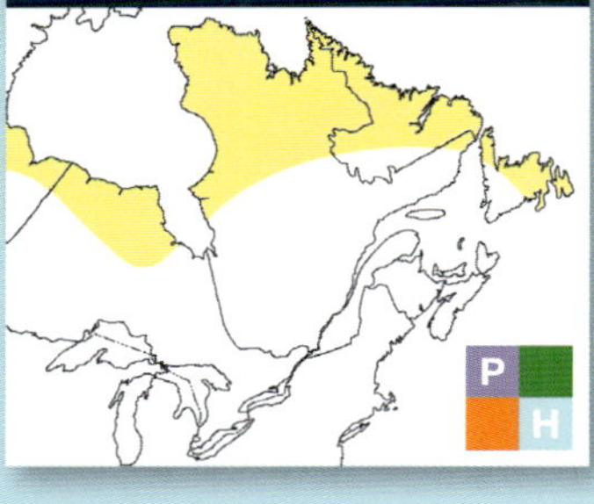

Longueur de l'oiseau
11 à 15 cm

Nourriture préférée
Il raffole du chardon et du tournesol.

Sizerin flammé ♂ se nourrissant des chatons du bouleau.

En été, on le retrouve au Nouveau-Québec. Certains hivers, il nous visite dans tout le sud du Québec *(environ tous les 2 ans)*.

Le Sizerin flammé se nourrit d'abord au sol, mais aussi aux plateaux d'alimentation et enfin aux mangeoires à débit contrôlé ainsi qu'aux silos à chardon. Il aime le millet blanc, le maïs concassé, le colza, l'alpiste, les noix hachées et à l'occasion le beurre d'arachide et le suif. Les graines des fleurs sauvages ou cultivées telles les rudbeckies demeurées dans votre jardin en friche ou les bourgeons de votre bouleau favoriseront peut-être la venue plus hâtive des sizerins.

Avant de venir aux mangeoires, il consomme d'abord les bourgeons d'aulnes, de saules ou de bouleaux. C'est la tête en bas que vous le verrez se nourrir. Remarquez les nombreuses petites écales tombées par terre à côté d'un bouleau, elles indiquent la présence de sizerins.

Sizerin ♂ à une mangeoire sélective.

Lorsque la neige aura recouvert les graines des plantes, il viendra enfin à vos mangeoires et s'y installera pour de bon. Offrez du chardon en grande quantité et vous verrez leur nombre augmenter pour votre plus grand plaisir tout au long de l'hiver, et même jusqu'à la fonte des neiges. Il utilisera aussi votre abreuvoir. Il nous quitte vers la fin d'avril. Surveillez bien vos mangeoires et regardez attentivement chaque sizerin. Vous pourriez avoir la surprise de découvrir un Sizerin blanchâtre *(voir p. 410)*.

Sizerins avalant du gravier fin pour faciliter leur digestion.

Sizerins se nourrissant à un silo à chardon.

Alouette hausse-col *Eremophila alpestris* • Horned Lark

Généralement vue sur le bord des chemins de terre en hiver, cette espèce est rarement observée aux mangeoires. Il faut vivre à la campagne et posséder un terrain dégagé pour espérer sa visite.

La femelle n'a pas d'aigrettes, puis son collier et son masque sont plus pâles.

AIRE DE RÉPARTITION

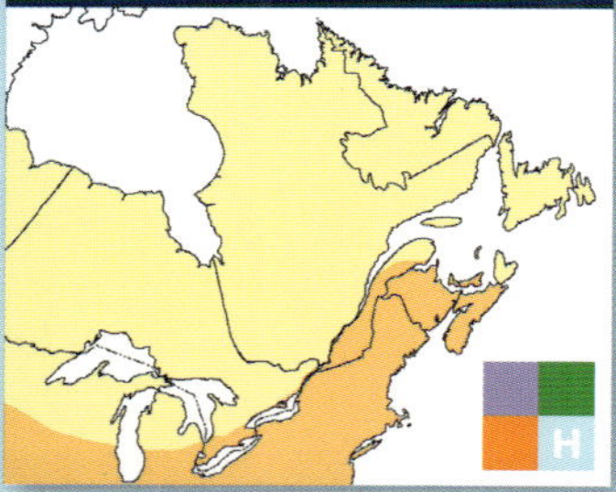

Longueur de l'oiseau
17 à 20 cm

Nourriture préférée
Aux mangeoires, elle préfère le maïs.

Plus grosse que le moineau, l'Alouette hausse-col a la nuque, le dos et la queue brun pâle. Sur les côtés de la tête, une raie noire se termine par une petite aigrette. Elle a des favoris noirs sur la joue et porte un collier noir sur sa gorge jaune. Le centre de sa poitrine et son ventre sont blancs.

Son chant est un très doux *tsî-titi*.

En été, on la retrouve au nord, dans la toundra.

En hiver, elle descend vers le sud dans les milieux ouverts, dans les labours, dans les champs dénudés et sur le bord des routes.

Les Alouettes hausse-col ont un comportement grégaire.

Elle occupe toutes les régions du Québec, du nord au sud.

Elle se nourrit au sol et son menu comprend du millet blanc, du maïs, des graines céréalières comme de l'orge, du blé, de l'avoine et du sarrasin.

Il faut demeurer à la campagne dans un endroit ouvert pour espérer attirer cet oiseau rare.

L'alouette ira visiter un poste d'alimentation surtout lorsque la température se fera moins clémente.

Alouette hausse-col se nourrissant de graines au sol.

Alouette hausse-col dans un champ de maïs.

On aperçoit l'Alouette hausse-col en très grand nombre sur la Côte-Nord à l'automne.

Bec-croisé bifascié *Loxia leucoptera* • White-winged Crossbill

Le bec du Bec croisé bifascié est particulier à cette espèce, d'où son nom. Il lui permet d'atteindre plus facilement les graines cachées dans les cônes des conifères.

AIRE DE RÉPARTITION

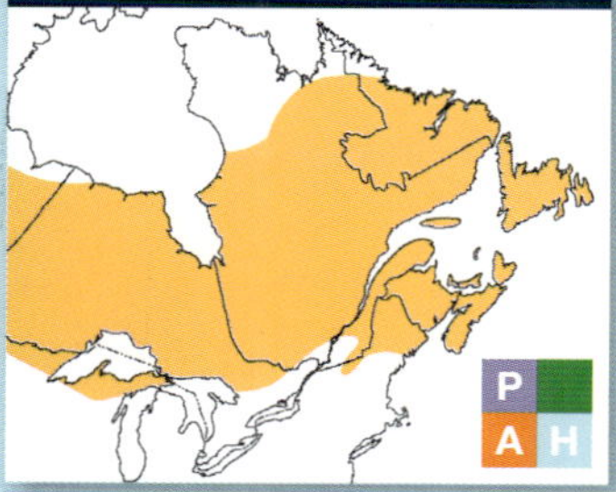

Longueur de l'oiseau
15 cm

Nourriture préférée
Il se nourrit de tournesol et de chardon.

De la taille du moineau, le Bec-croisé bifascié a un plumage rose terne orné de barres alaires blanches sur les ailes noires. Sa queue est noire. Il utilise ses mandibules croisées pour ouvrir les cônes des résineux et en prendre les graines.

La femelle a le plumage gris olive.

Il lance un *tchif-tchif* sec. Il émet aussi des trilles forts ressemblant au code morse. Son cri est un *pît* doux.

Il habite dans les forêts d'épinettes, de sapins ou de pruches, mais aussi dans les parcs urbains et les banlieues.

Bec-croisé bifascié ♂ se nourrissant de graines d'un cône d'une pruche.

Il occupe tout le territoire du Québec à l'exception de l'Ungava. Il est aussi plus rare dans le centre-sud du Québec.

Il se présentera aux plateaux d'alimentation, aux mangeoires sélectives et aussi au sol, surtout en cas de pénuries de nourriture ou lorsqu'il y aura du verglas. Il y consomme des graines de tournesol ou de chardon.

Dans la nature, il se nourrit de graines de conifères, particulièrement celles du genévrier, du mélèze, du pin et de l'épinette. Les graines de bouleaux, mais aussi les samares et les bourgeons de l'érable, les faînes du hêtre à grandes feuilles et des petits fruits combleront également son appétit.

C'est au cours d'invasions sporadiques que l'on peut recevoir la visite de ces oiseaux craintifs.

♂ immature.

Bec-croisé bifascié ♂ se nourrissant de graines de cône d'une l'épinette.

Bec-croisé bifascié ♂ picorant des petites roches pour faciliter sa digestion.

Bec-croisé bifascié ♂ s'approchant des mangeoires.

Bec-croisé des sapins *Loxia curvirostra* • Red Crossbill

Moins répandu que son cousin le Bec-croisé bifascié, il vient aussi nous visiter de façon sporadique en hiver.

AIRE DE RÉPARTITION

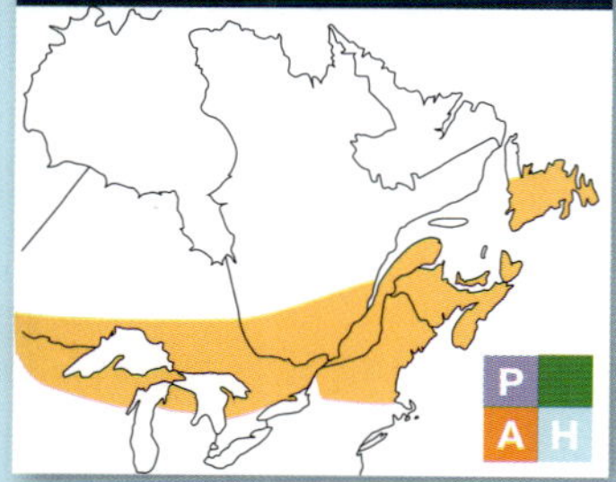

Longueur de l'oiseau
14 à 17 cm

Nourriture préférée
Aux mangeoires, il préfère le chardon et le tournesol.

Son plumage est rouge framboise, mais le croupion est d'un rouge plus vif. Ses ailes unies le différencient de son cousin le Bec-croisé bifascié. Ses mandibules sont croisées.

La femelle a un plumage gris et ocre. Ses ailes sont grises.

Il émet parfois un *djip-djip* dur. Autrement, son chant est un gazouillis fait de *djip-djip-djip-djip-djiiaa-djiiaa*.

Il occupe la forêt boréale.

On le voit dans le sud du Québec.

Il se nourrit aux plateaux d'alimentation, aux mangeoires sélectives et aux silos à chardon. Il y consomme surtout du chardon et du tournesol.

À l'occasion, il se nourrit de samares, de bourgeons et de petits fruits.

Sa façon de se nourrir, lorsqu'il se suspend aux branches des conifères pour y cueillir les graines enfouies dans les cônes, ressemble à celle d'un perroquet.

Il préfère les graines du genévrier, mais aussi celles de l'aulne rugueux, du bouleau et du saule.

Il est imprévisible. Un beau matin, il se présente à vos postes d'alimentation, et il peut y rester pendant quelques jours, et pfuiittt, il part et ne revient plus.

Gros plan du bec d'un Bec-croisé des sapins ♂.

Bec-croisé des sapins ♂ en compagnie d'un Sizerin flammé.

Bec-croisé des sapins ♂ se nourrissant de graines mélangées.

Bruant des neiges *Plectrophenax nivalis* • Snow Bunting

En hiver, en bordure des chemins de campagne, il n'est pas rare d'apercevoir en grand nombre ces beaux petits oiseaux blancs tachetés de noir. Les volées sont encore plus importantes au cours de leurs déplacements printaniers vers le nord. Nous le voyons dans son plumage hivernal. En été, il niche en Arctique.

AIRE DE RÉPARTITION

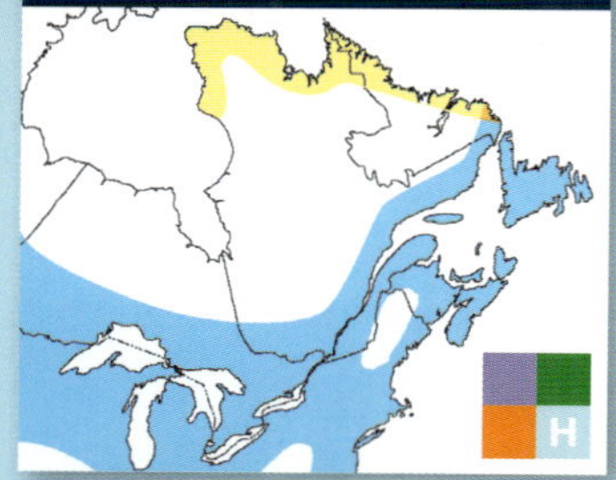

Longueur de l'oiseau
15 à 18,5 cm

Nourriture préférée
Il aime particulièrement se nourrir de maïs concassé et de blé.

♀♂ Cet oiseau est rayé de noir sur le dos, les ailes et la queue. On trouve des taches jaunâtres sur sa tête, sa nuque, son dos et ses flancs. Sa poitrine, sa gorge et son ventre sont entièrement blancs. En été, le mâle est blanc avec le dos noir. Jaune en hiver, le bec passe au noir pendant la saison estivale. En vol, on peut voir ses longues ailes tachetées de noir et de blanc.

En hiver, la femelle a la calotte plus foncée que le mâle. Son dos est rayé de chamois et de noir. Elle a une tache chamois sur la joue.

Bruants des neiges dans un champ de maïs.

Groupe de Bruants des neiges se nourrissant de graines au sol en compagnie de quelques Bruants lapons.

On l'entend chanter un *tiriou* doux et sifflé, ou émettre un *brrt* ronronné.

En hiver et en cours de migration, on le voit à la campagne sur le bord des routes de gravier et dans les champs. En été, il occupe la toundra.

Il niche sur la côte du détroit et de la baie d'Hudson. Durant l'hiver, on l'aperçoit dans tout le sud du Québec.

C'est généralement au sol qu'il se nourrit, mais à la longue, il s'habitue aux postes d'alimentation et se risque aux plateaux bien garnis d'avoine, d'orge, de millet blanc, d'alpiste, de colza et de sarrasin.

À la moindre alerte, vous les verrez s'élever à la verticale comme une rafale de neige pour se reposer au sol un peu plus loin.

Observez-le bien. Il lui arrive de s'enfouir dans la neige pour se tenir au chaud. Et quel plaisir de le voir prendre un bain de neige.

Volée de Bruants des neiges.

Bruant lapon

Calcarius lapponicus • Lapland Longspur

Souvent mêlé à une bande de Bruants des neiges, le Bruant lapon s'en distingue par son plumage brun foncé.

AIRE DE RÉPARTITION

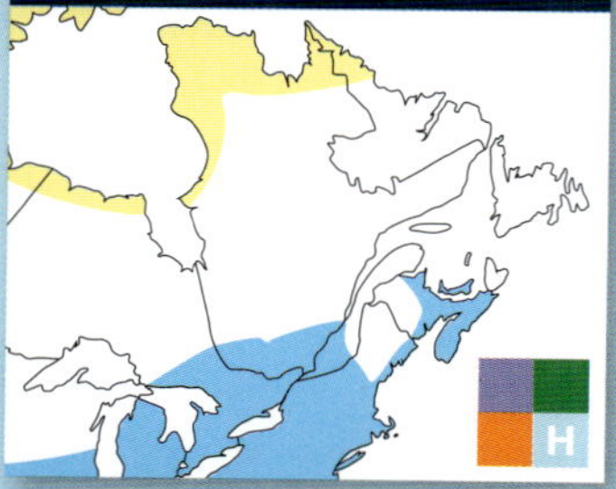

Longueur de l'oiseau
15 à 18 cm

Nourriture préférée
Il aime particulièrement se nourrir de maïs concassé et de blé.

Il est de la taille du moineau. En hiver, le mâle a la poitrine brun foncé, le dos fortement rayé, et une tache marron sur la nuque. Son ventre est blanc. En été, son plumage est différent. Sa face est noire entourée de blanc. Son col est marron.

En hiver, la femelle a la poitrine marron rayé. En été, elle ressemble au mâle en plumage hivernal.

Il émet un *tiou* musical. On entend également des sifflements qui ressemblent à des *tiki-tik-tiou*.

En été, la toundra est son habitat. Quelquefois, lorsqu'il nous visite en hiver, on l'aperçoit dans les champs en compagnie des Bruants des neiges.

Il occupe le détroit et la baie d'Hudson près de la côte. Il hiverne au sud du Québec.

C'est généralement au sol qu'il se nourrit d'avoine, d'orge, de millet blanc, d'alpiste, de colza et de sarrasin.

Bruant lapon se nourrissant de graines au sol.

Les Bruants lapons sont généralement observés en compagnie des Bruants des neiges.

Bruant lapon ♀ 1er hiver.

Bruant lapon se nourrissant de graines au sol.

Bruant lapon se nourrissant au sol en compagnie de l'Alouette hausse-col.

Sizerin blanchâtre

Carduelis hornemanni • Hoary Redpoll

C'est parmi les Sizerins flammés que l'œil averti découvre un oiseau blanchâtre correspondant à ce sizerin. C'est une chance inouïe !

Le dos blanc a des rayures foncées. Le rose du mâle est peu apparent. Notez le croupion blanchâtre dépourvu de rayures et parfois teinté de rose. Les sous-caudales ne sont pas rayées.

La femelle ressemble au mâle sans teinte rosée.

AIRE DE RÉPARTITION

Longueur de l'oiseau
11 à 15 cm

Nourriture préférée
Il se nourrit de chardon et de tournesol.

Il faut l'observer attentivement en prêtant plus particulièrement attention à certains points précis pour l'identifier avec certitude. Son plumage est entièrement blanchâtre. La poitrine, le ventre, la nuque et le croupion peuvent être légèrement rayés.

Son chant est un mélange de trilles et de bourdonnements. On entend aussi un *tchit, tchit* ou un *souyîît* ascendant.

Il vit dans la toundra. En hiver, en compagnie des

Sizerin blanchâtre perché sur une branche de sureau doré.

sizerins flammés, on le voit occasionnellement dans les endroits buissonneux et les grandes herbes.

En été, il niche à la pointe du Nouveau-Québec.

En hiver, il nous visite très rarement dans le sud.

Comme ses cousins, il se tient au sol ou aux silos à chardon, aux mangeoires sélectives ou sur les plateaux. Il complète son menu par de l'alpiste, du millet blanc, du colza et du maïs concassé.

Comme les autres sizerins, on le voit se nourrir des bourgeons du bouleau, du saule, de la pruche, du thuya occidental et de l'orme d'Amérique. Il mange aussi des graines de plantes sauvages comme la chicorée, l'aster…

C'est surtout en hiver que vous pourriez avoir la chance d'observer les oiseaux de cette espèce. Ils restent quelque temps au même endroit, puis ils disparaissent.

Sizerin blanchâtre.

Sizerin blanchâtre à un silo à chardon en compagnie de Sizerins flammés.

Durbec des sapins *Pinicola enucleator* • Pine Grosbeak

Ce bel oiseau rondelet et peu farouche se laisse facilement approcher, au grand plaisir des observateurs.

AIRE DE RÉPARTITION

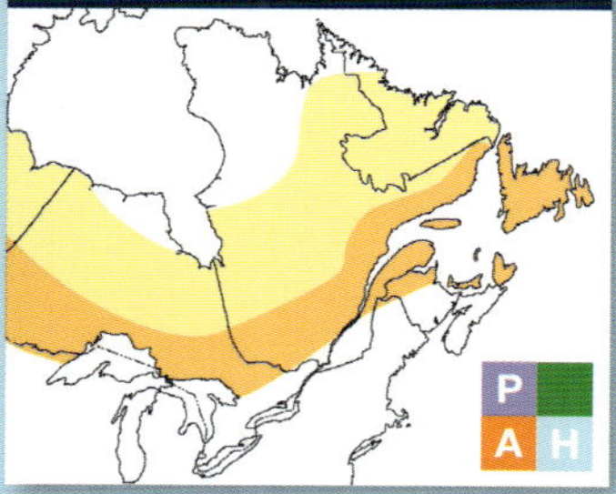

Longueur de l'oiseau
23 à 24,5 cm

Nourriture préférée
Il raffole des pommettes du pommetier décoratif et des fruits de la viorne trilobée.

Il est de la même taille que le Merle d'Amérique. Son plumage est d'un beau rouge framboise. Ses ailes sont noires et pourvues de barres alaires. Son ventre et ses flancs sont gris. Sa longue queue est foncée. Son bec épais est noir.

La femelle est grise avec la tête et le croupion teintés de jaune olive.

Généralement silencieux en hiver, il se fait plus volubile au printemps. On entend alors un *ti-tiou-tiou* ou encore un *tchi-vli* musical.

En période de nidification, il habite surtout les forêts de conifères.

En hiver, il nous rend visite sporadiquement et occupe alors les forêts mixtes, ainsi que les arbres fruitiers dans les villes ou à la campagne.

En été, on le voit plus au nord, mais il envahit le sud du Québec lorsque l'hiver est plus rigoureux et que la nourriture se fait plus rare.

Durbec des sapins ♂ à une mangeoire à tournesol.

Il lui arrive de venir aux mangeoires. Au sol ou sur les plateaux, il se nourrit de tournesol et de maïs concassé, mais également des groseilles, canneberges et pommes que vous pourriez lui offrir.

Il consomme aussi les graines et les bourgeons de l'érable, du bouleau, du pin, du sapin, de l'épinette et du mélèze, ainsi que des graines de diverses mauvaises herbes.

Il affectionne aussi les fruits de l'aubépine, du cornouiller, de l'épine-vinette, du nerprun, du sorbier, du sumac vinaigrier et de la symphorine blanche.

On le voit parfois s'acoquiner avec des bandes de Jaseurs boréaux. Comme il est peu farouche, il lui arrive de venir manger dans votre main.

Vous pouvez lui offrir des fruits sauvages que vous aurez pris la peine de conserver au congélateur.

♂ s'abreuvant à des glaçons.

Variante orangée ♀ dans un cerisier tardif.

♂ se nourrissant de bourgeons.

Durbec des sapins ♀ au bord d'un abreuvoir.

Jaseur boréal *Bombycilla garrulus* • Bohemian Waxwing

Quel oiseau fascinant à observer en hiver ! Ses plumes soyeuses valent que notre regard s'y attarde.

AIRE DE RÉPARTITION

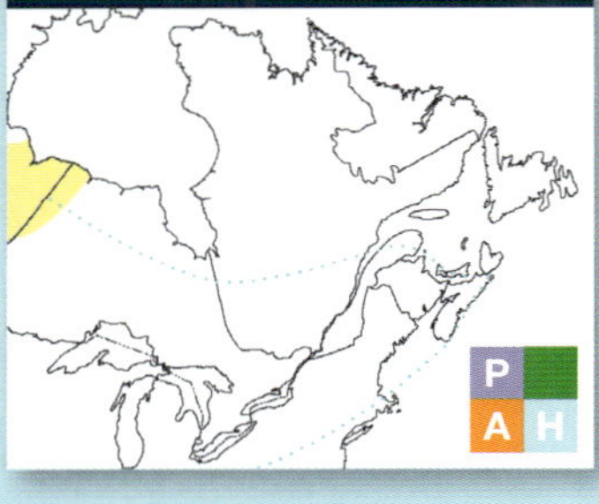

Longueur de l'oiseau
19 à 22 cm

Nourriture préférée
Il préfère nettement les fruits du pommetier décoratif et de la viorne trilobée.

Le Jaseur boréal est plus petit que le merle. Il a un plumage gris velouté. Sa tête est ornée d'une huppe pointue, sa gorge et son masque sont noirs. Une bande colorée de blanc, de rouge et de jaune orne les primaires des ailes. L'extrémité de sa queue est jaune.

Les sous-caudales sont brun roux, ce qui permet de le différencier nettement du Jaseur d'Amérique.

Son chant ressemble à un sifflement aigu et bourdonnant.

Il émet un *zrii* plus rauque que celui du Jaseur d'Amérique.

Il fréquente les forêts boréales en été et se déplace de façon sporadique vers le sud au cours de l'hiver. On l'aperçoit alors près des endroits habités où il trouve des arbres fruitiers.

Jaseur boréal dans un cerisier tardif.

Jaseur tenant un fruit de sorbier.

Jaseur s'abreuvant de neige.

Cet oiseau venant de l'Ouest canadien niche probablement en Abitibi. En hiver, on le rencontre dans tout le sud du Québec.

Son alimentation se compose de presque tous les fruits qui persistent en hiver, comme ceux de l'aronia, de l'aubépine, du cotonéaster, de l'épine-vinette, du genévrier, du houx verticillé, du nerprun, du rosier, du sorbier, du sumac vinaigrier et de la viorne trilobée.

S'il s'approche de vos mangeoires, offrez-lui sur un plateau des fruits que vous aurez congelés spécialement pour les surprises hivernales.

Très discret, le Jaseur boréal ne se laisse pas approcher facilement. Grégaire, il viendra en compagnie de cinq ou six de ses compagnons, mais il peut arriver qu'il en vienne plus d'une centaine.

Ils occuperont vos arbustes fruitiers le temps d'en dévorer tous les fruits. Puis ils partiront à la recherche d'autres arbres.

Si vous n'avez plus de fruits congelés, offrez-lui des morceaux de pomme ou des raisins secs.

Une dispute dans un pommetier.

Chardonneret élégant

Carduelis carduelis • European Goldfinch

Peu commun aux mangeoires, cette espèce originaire d'Eurasie a été introduite à New York. On signale à l'occasion quelques échappés qui étaient en captivité. Néanmoins, ce petit oiseau spectaculaire vaut la peine d'être signalé.

AIRE DE RÉPARTITION

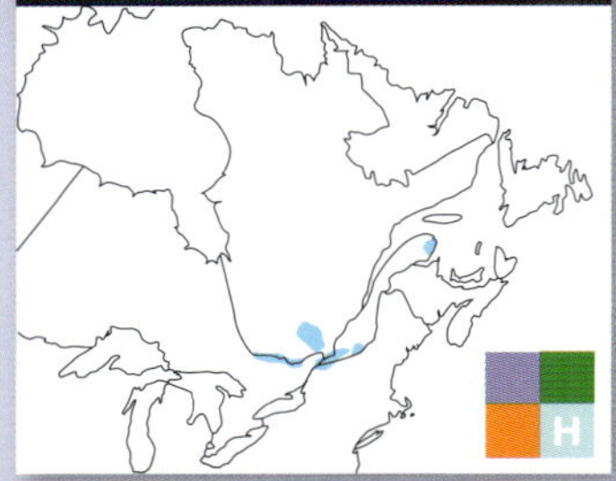

Longueur de l'oiseau
14 cm

Nourriture préférée
Il se nourrit de préférence aux silos à chardon.

Légèrement plus petit que le moineau, cet oiseau aux teintes du Chardonneret jaune en hiver a la face rouge, et une large bande jaune traverse ses ailes noires. La calotte et les côtés du cou sont noirs. Ses joues et le bas de son cou sont blancs. Les sous-caudales sont blanches et la queue noire est terminée par une bande blanche.

Son chant ressemble à celui du Chardonneret jaune, mais il est plus gazouillé : *souît-ouît-ouît*.

Il se nourrit de préférence aux silos à chardon.

Parfois, il consomme du millet et du tournesol sur des plateaux ou à des mangeoires sélectives.

Chardonneret élégant à un silo à chardon.

Grive à collier

Ixoreus naevius • Varied Thrush

Plus que rare, ce bel oiseau venu de l'Ouest canadien nous émerveille chaque fois qu'il nous gratifie de sa présence. Comment peut-il venir de si loin?

De la même taille que le merle, la Grive à collier lui ressemble un peu. Elle s'en distingue par le trait sombre traversant son œil et les barres alaires de teinte orangée. Un collier sombre orne sa poitrine de teinte rouille.

La femelle a un collier et la ligne traversant son œil est plus pâle.

En hiver, elle est plutôt silencieuse, mais son chant consiste en un long sifflement répété. Elle émet aussi un *chup* ressemblant à celui de la Grive solitaire.

Elle se rencontre dans les régions boisées.

En hiver, elle fréquente à l'occasion les mangeoires.

Elle niche en Alaska, dans le nord du Yukon, en Colombie-Britannique et au nord-ouest de la Californie, de l'Idaho et du Montana, aux États-Unis.

Elle mange aussi des graines de mauvaises herbes, des fruits et des glands en hiver.

AIRE DE RÉPARTITION

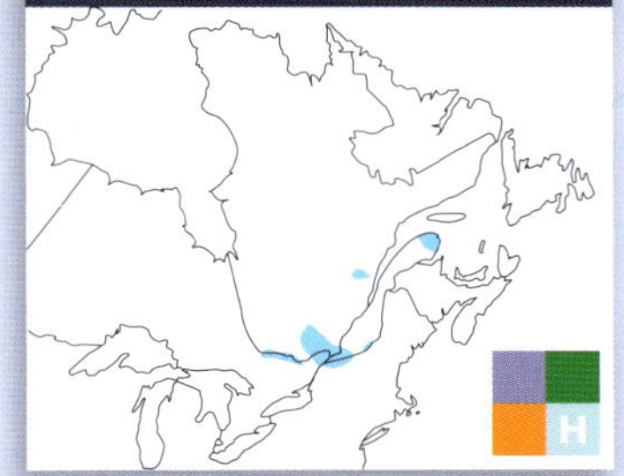

Longueur de l'oiseau
23 à 25 cm

Nourriture préférée
Elle se nourrit au sol de miettes de pain, de millet blanc et du suif.

Pic à tête rouge

Melanerpes erythrocephalus
• Red-headed Woodpecker

Cette espèce très rare au Québec est susceptible d'être bientôt désignée comme menacée ou vulnérable.

AIRE DE RÉPARTITION

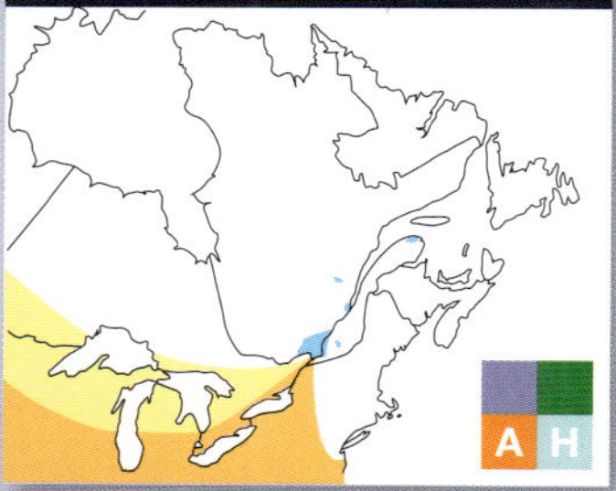

Longueur de l'oiseau
21 à 24 cm

Nourriture préférée
il aime le tournesol, le maïs concassé, les noix hachées et les fruits secs.

De la taille du merle, c'est le seul pic à avoir la tête entièrement rouge. Son dos noir est uni. Il a le croupion blanc, ainsi que des taches blanches sur ses ailes noires. Sa poitrine et son ventre sont blancs.

On entend ses cris très forts : *kouirr, kouirr* ou *kouîah*.

On le rencontre dans les bosquets, les vergers ou en bordure des rivières et des terres agricoles.

Dans les villes, on l'aperçoit dans les parcs où il y a de grands arbres.

Il est considéré comme un oiseau nicheur dans la région de Montréal et en Outaouais.

Dans la nature, il se nourrit de glands, de faînes, de noisettes et de petits fruits.

Vous pouvez lui en offrir dans vos plateaux si vous en avez fait des réserves. Présentez-lui des bûches bien garnies de suif, des plateaux ou des mangeoires suspendues remplies de tournesol, de maïs concassé, de noix hachées et de fruits secs.

Dès le début du temps froid, il occupera les mangeoires tant qu'il y trouvera de la nourriture.

Pic à tête rouge au silo à arachides.

Melanerpes carolinus • Red-bellied Woodpecker

Pic à ventre roux

Cet oiseau vivant au sud de nos frontières nous rend visite de plus en plus souvent.

♂

De la taille du merle, le Pic à ventre roux a le dos zébré, la calotte et la nuque rouges et la queue rayée de noir et de blanc.

La femelle se différencie du mâle par l'absence de rouge sur sa calotte.

On entend des *kouirr*, des *tcheurr* ou des *tchiv, tchiv*. Il émet une série de notes étouffées ressemblant aux notes du Pic flamboyant.

On l'aperçoit à la lisière des forêts, dans les parcs et dans les jardins de banlieue.

Il est surtout présent dans le sud de la Nouvelle-Angleterre. En de rares occasions, un individu peut être observé à des mangeoires dans le sud du Québec.

Comme les autres pics, il se nourrit sur les plateaux, aux présentoirs ou aux bûches garnies de beurre d'arachide ou de suif, qu'il affectionne particulièrement. Il ne dédaignera pas les fruits secs.

Dans la nature, il consomme des graines de pin, des glands et des faînes, ou encore des petits fruits de cornouiller ou de sureau doré.

S'il a découvert votre garde-manger, il y restera fidèle jusqu'au retour du temps doux.

Faites provision de glands et de faînes que vous pourrez lui offrir sur un plateau pendant les journées froides.

AIRE DE RÉPARTITION

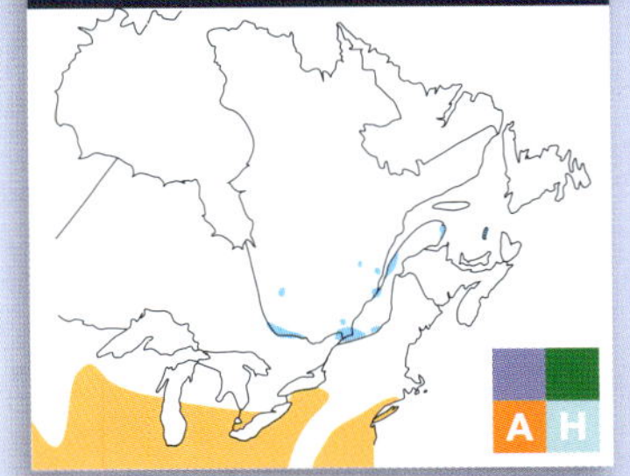

Longueur de l'oiseau
23 à 26 cm

Nourriture préférée
Il aime le tournesol, le carthame, le maïs et les noix hachées.

Pic à ventre roux ♂ s'alimentant de graines à un plateau.

♀

Quiscale rouilleux

Euphagus carolinus • Rusty Blackbird

Peu commun aux mangeoires, il accompagne à l'occasion les volées de Quiscales bronzés dans leurs migrations printanières et automnales.

De la taille du merle, le Quiscale rouilleux est d'un noir terne sans les reflets violacés du Quiscale bronzé, et sa queue est plus courte. Il a l'œil jaune pâle. Dans son plumage hivernal, notez les plumes de la tête, du dos et des ailes lisérées de brun rouille. Le croupion est noir.

En été, la femelle est grisâtre. En hiver, elle a la poitrine, le ventre et les sourcils chamois. Le croupion est gris.

Il fait entendre avec force des *tchak, tchak*. Son chant est une note grinçante de l'ordre du *tchouk-louîîî*.

En été, on l'observe dans les tourbières et les forêts humides.

En hiver, on le voit dans les champs et les bosquets du bord de l'eau.

Il niche dans tout le Québec, à l'exception de l'Ungava et du centre-sud du Québec.

Il se nourrit surtout au sol, mais aussi aux plateaux d'alimentation. À l'occasion, il ne dédaigne pas le millet blanc, l'alpiste et certaines graines céréalières comme le blé, l'avoine, l'orge et le sarrasin.

Dans la nature, il se nourrit de graines d'herbes sauvages et de petits fruits.

AIRE DE RÉPARTITION

Longueur de l'oiseau
22 à 25 cm

Nourriture préférée
Il consomme du maïs concassé et du tournesol.

Quiscale ♀ se nourrissant de millet au sol.

Pipilo erythrophthalmus • Eastern Towhee

Tohi à flancs roux

Pendant la saison estivale, on observe cette espèce en petit nombre dans l'extrême sud du Québec. Il arrive qu'au début de la saison froide quelques rares individus décident de passer l'hiver avec nous s'ils réussissent à trouver suffisamment de nourriture.

♂

Légèrement plus petit que le merle, le Tohi à flancs roux a le dos, la tête et la poitrine noirs. Il porte une tache blanche sur ses ailes noires. Ses flancs sont roux mais son ventre est blanc. Sa longue queue noire a les rectrices externes bordées de blanc. Son œil est rouge, à la différence de la race de la Floride, qui a les yeux blancs.

Son chant ressemble à un *drî-kou-tiiii*, dont la dernière syllabe est plus aiguë. Ses appels sont souvent répétés, ce sont des *tcheouînk* ou *tcheouî* projetés d'une voix sonore.

Il fréquente les lisières d'arbustes des sous-bois, des parcs et des bois clairs. Il aime se camoufler dans les broussailles.

En hiver, on le voit plus près des habitations.

Il niche dans l'extrême sud du Québec, de l'Outaouais jusque dans la région des Bois-Francs.

Près des habitations, il se nourrit de préférence au sol, mais parfois aussi sur les plateaux.

Il consomme surtout du millet, de l'alpiste, du tournesol, du maïs, du blé, de l'avoine et des graines de citrouille.

Il profitera aussi du beurre d'arachide et du suif que vous lui offrirez. Il fréquente aussi les abreuvoirs.

Dans la nature, il se nourrit en fouillant sous les feuilles mortes à la façon des bruants. Il se régale de glands, de graines d'herbes sauvages, mais aussi de baies telles que les mûres, les bleuets et les framboises.

S'il a pris l'habitude de se nourrir sur un plateau peu élevé, offrez-lui également des petits fruits congelés ou des raisins secs.

AIRE DE RÉPARTITION

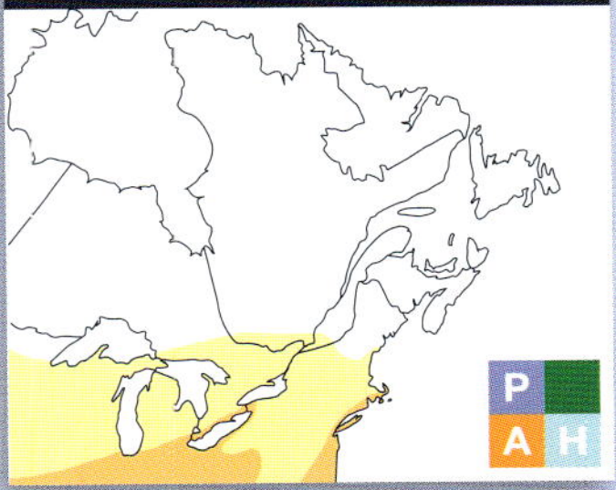

Longueur de l'oiseau
18 à 21 cm

Nourriture préférée
Il consomme surtout du millet, de l'alpiste, du tournesol et du maïs.

♀

Troglodyte de Caroline *Thryothorus ludovicianus* • Carolina Wren

On note de plus en plus d'observations de Troglodytes de Caroline aux mangeoires. Il y a peu de temps que l'espèce niche au Québec.

Son chant est variable, passant d'un *ti-kettèle, ti-kettèle, ti-kettèle, ti* à un *tcheûrp eti, tcheûrpeti, tcheûrpeti, tcheûrp* au son clair.

Il aime se tenir dans les ronces et les broussailles, ainsi que dans les parcs ou les jardins de banlieue.

Depuis quelques années, il vient nicher à certains endroits dans le sud du Québec.

Résidant dans l'est des États-Unis, il arrive qu'il nous rende visite en hiver.

AIRE DE RÉPARTITION

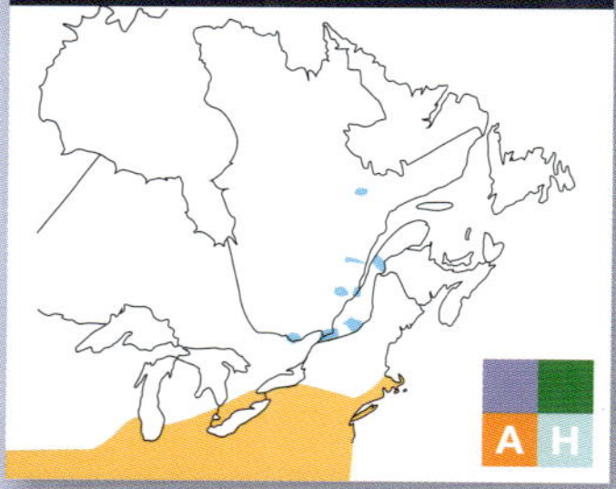

Presque de la même taille que le moineau, le Troglodyte de Caroline a le dos d'un brun roussâtre, la poitrine et le ventre chamois. Son sourcil blanc, son bec fin légèrement courbé et sa queue relevée sont des caractéristiques importantes qui permettent l'identification de l'espèce.

Longueur de l'oiseau
14 à 15 cm

Nourriture préférée
Il s'alimente surtout de pignons, de suif, d'arachides et de beurre d'arachide.

Le Troglodyte de Caroline aime bien se cacher dans les broussailles.

Depuis quelques années, on note en effet quelques mentions dans le sud du Québec durant l'hiver.

Il se nourrit de préférence au sol, mais aussi dans les plateaux et aux mangeoires suspendues. À l'occasion, il consomme du millet blanc, du carthame et du maïs concassé.

Dans la nature, il se nourrit de graines d'herbes et de baies sauvages.

Tout petit, il se promène souvent à travers le jardin, mais il vous faut de la patience et un bon sens de l'observation pour le découvrir. Il faut en effet être vigilant, car cet oiseau furtif se fond dans les feuilles d'automne.

Si vous avez dans votre jardin un coin garni d'herbes et de fleurs sauvages, en plus de vos arbustes fruitiers, soyez aux aguets dès la venue du temps froid, car peut-être qu'un jour…

Troglodyte de Caroline dans une couronne de suif.

Troglodyte de Caroline se nourrissant de pignons.

Troglodyte de Caroline au s lo à arachides.

Colibri roux *Selasphorus rufus* • Rufous Hummingbird

Observé en Estrie à l'automne de 1999, il demeura autour de l'abreuvoir chauffant jusqu'à ce qu'il meure, dans la nuit du 16 au 17 décembre, par un froid sibérien de -25 °C.

AIRE DE RÉPARTITION

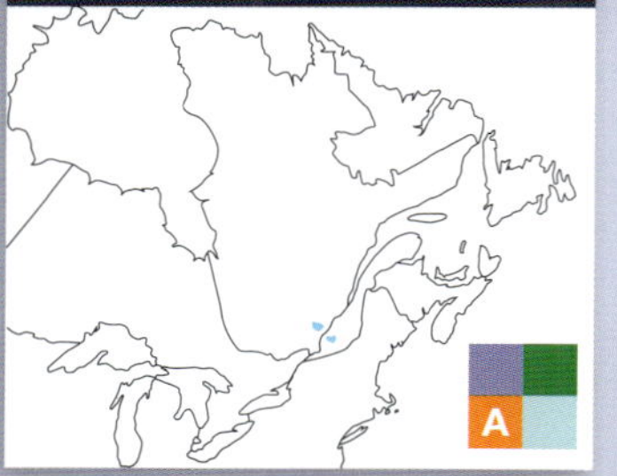

Longueur de l'oiseau
9 cm

Nourriture préférée
Il aime butiner dans les fleurs à longue tubulure, particulièrement l'hibiscus.

Le Colibri roux a la tête et le dos roux parfois tacheté de vert. La gorge est rouge orangé. La queue est largement rousse.

La femelle n'a pas la gorge rouge et sa queue est tachetée de blanc. L'extrémité de ses plumes est arrondie.

Lorsqu'ils se poursuivent, on entend des *zî-tchoup-pititchop*. Il émet aussi de petits cris aigus et un *tchip* sifflé.

Il se tient dans les fleurs aux couleurs vives comme les hibiscus et les sauges.

Il niche dans le nord-ouest de l'Amérique du Nord et hiverne au Mexique.

On peut l'apercevoir exceptionnellement dans l'est des États-Unis, et encore plus rarement au Québec.

Il s'abreuve aussi du sirop offert dans les abreuvoirs à colibris.

Découvert à Eastman, en Estrie, au début de septembre, il a survécu jusqu'au 17 décembre, par une période de grand froid, se nourrissant constamment du sirop sucré maintenu à une température adéquate grâce à un dispositif chauffant. On note également une autre observation d'un Colibri roux mâle présent à Saint-Charles-de-Mandeville, de la fin de septembre au 19 octobre 1996.

CONCLUSION

D'autres espèces qui n'ont pas été présentées ici peuvent fréquenter à l'occasion une mangeoire ou un abreuvoir, et elles peuvent se baigner et se nourrir de graines de fleurs et de plantes sauvages, ou encore de fruits sauvages ornant votre jardin. Pour n'en citer que quelques-unes : un Piranga écarlate se nourrissant de petits fruits et profitant d'un bain, un Tyran huppé apportant un fruit à son petit, un Roitelet à couronne dorée se nourrissant de beurre d'arachide, de suif ou de noix hachées, un Piranga vermillon se nourrissant de fruits et de vers de farine, un Solitaire de Townsend dans un pommetier, une Tourterelle à ailes blanches en compagnie de Tourterelles tristes. Et la liste continue...

Pic chevelu avalant un fruit de sureau rouge.

D'autres découvertes sont toujours possibles dans les différentes espèces de fruits, les abreuvoirs et les bains d'oiseaux. Les oiseaux ont une grande faculté d'adaptation. Notons un Pic chevelu découvert se nourrissant des fruits d'un sureau ou par exemple le Pic mineur, qui se désaltère parfois à l'abreuvoir à colibris, d'après le témoignage de certains observateurs.

Le temps et l'expérience, ainsi que votre habitat et la région dans laquelle vous vivez vous permettront sûrement de découvrir de nouvelles espèces à ajouter à cette liste. Il n'y a jamais de routine pour l'observateur d'oiseaux qui se donne tous les moyens pour attirer ces charmants volatiles. Place à de nouvelles découvertes !

Piranga écarlate ♀ mangeant un fruit de nerprun.

Visite inusitée de la Tourterelle à ailes blanches en Estrie. Cet oiseau vit dans le sud-ouest désertique des États-Unis.

Piranga vermillon ♀ se nourrissant de vers de farine.

Des invités non conviés

Vous avez composé une table attrayante à souhait pour attirer tous les oiseaux aux couleurs chatoyantes. Elle fait votre fierté. Vous espérez y découvrir de nombreuses espèces et observer une grande variété de leurs comportements. Mais vous ne souhaitez certainement pas recevoir des visiteurs que vous n'avez pas conviés au festin.

LES TRUCS DE SUZANNE

Au début, vous serez peut-être charmé par les beaux yeux noirs du raton laveur ou par les mimiques du gentil écureuil roux. Mais vous déchanterez vite quand vous découvrirez que les oiseaux noirs ont pris toute la place, que les petits oiseaux chanteurs sont partis, que les pigeons envahissent le sol de votre jardin et que les chats du voisinage viennent régulièrement faire leur tour en quête d'un bon repas ! Sans parler de l'Épervier brun, qui fait des visites surprises rendant votre environnement muet et sans vie.

Vous êtes désemparé et vous ne savez plus que faire ? Combien de fois ai-je entendu des gens me demander : « Comment faire pour me débarrasser des quiscales qui envahissent mes mangeoires ? » À ceux-là je dis qu'il y a une solution à tous les problèmes, mais qu'il n'y a pas de solution miracle. Il s'agit de faire travailler son imagination. Voici divers trucs pour vous aider à conjuguer avec la faune ailée et terrestre. Le secret de la réussite est de combiner plusieurs tactiques.

◀ Campagnol, ratons laveurs, écureuil gris et belette à longue queue.

Tamia rayé.

De nombreux Étourneaux sansonnets se nourrissant au sol pendant la migration automnale.

LES OISEAUX NOIRS

Voici quelques conseils pour ceux et celles qui ne veulent plus être envahis par ceux qu'on surnomme les « indésirables ». Parlons tout d'abord des oiseaux noirs, qui, lorsqu'ils se présentent aux mangeoires, n'arrivent jamais seuls ! Ils viennent par groupes de 20, 50 et même 100 individus ou plus. Ce sont souvent des Quiscales bronzés accompagnés de Carouges à épaulettes ou de Vachers à tête brune. Les Étourneaux sansonnets se font également envahissants et voraces. Ils vont choisir de préférence vos plateaux, alors que les autres se rabattront au sol pour se nourrir des graines tombées. Cette situation se présente surtout au printemps et à l'automne, durant les migrations.

Étourneau sansonnet dans un silo à arachides.

Avant que cela ne frôle la catastrophe, vous pouvez retirer les graines préférées de ces oiseaux : surtout le maïs, le millet, le blé, l'avoine et l'orge. Ne gardez que le tournesol et le chardon. Déposez le tournesol dans des plateaux spécialisés ne donnant accès qu'aux petits oiseaux. On trouve sur le marché deux types de ces mangeoires : celles qui, pourvues de barreaux, ne laissent passer que les petits oiseaux, et celles qui sont ajustées en fonction du poids et déclenchent un mécanisme de fermeture. N'offrez le tournesol que dans de petites mangeoires sélectives. Mais vous pouvez aussi modifier vos mangeoires pour éviter tous ces problèmes en vous servant des nombreux trucs énoncés aux pages 47 à 81.

Rien ne vous empêche d'équiper vous-même vos mangeoires d'un grillage que vous vous procurerez dans les marchés à grande surface. Veillez à ce que les mailles ne dépassent pas 5 cm x 5 cm (2 po x 2 po).

Les silos à chardon ne posent pas de problèmes, puisqu'ils sont adaptés aux petits oiseaux et que les trous d'accès aux graines sont trop petits pour les becs des oiseaux noirs, qui de toute façon n'apprécient pas cette graine. Sachez qu'il existe des silos conçus exprès pour les chardonnerets. Les perchoirs de ces silos sont situés au-dessus des ouvertures. En ayant les deux types de silos, vous serez certains d'attirer une plus grande variété de petits oiseaux : aux chardonnerets se joindront les roselins, sizerins et tarins, ainsi que bien d'autres espèces qui sauront vous surprendre.

Il y a aussi les petites mangeoires dotées de perchoirs plus courts pour les oiseaux de petite taille. À l'aide d'une scie à fer, vous pouvez couper vous-même les perchoirs trop longs. Il pourrait arriver qu'un quiscale plus futé réussisse à déjouer tous vos trucs malgré vos efforts. Mais en rendant l'accès à vos mangeoires plus difficile, leur nombre a tendance à diminuer.

Quiscales bronzés à la mangeoire à tournesol.

Chardonnerets jaunes ♂ et ♀ à la mangeoire inversée.

Migration de Quiscales bronzés qui s'arrêtent à nos mangeoires, en août.

Les Quiscales bronzés et les Étourneaux sansonnets raffolent du suif et du beurre d'arachide que vous placez dans les trous de vos bûches. Pour les déjouer, suspendez vos bûches à l'horizontale, les ouvertures tournées vers le sol. Elles restent ainsi facilement accessibles aux pics, aux sittelles et aux petites mésanges beaucoup plus agiles *(voir les suggestions, p. 104)*.

Si des quiscales ou d'autres espèces « indésirables » s'incrustent autour de vos mangeoires, vous pouvez couper les vivres temporairement. Le calme revenu, vous pourrez remettre des graines *(voir les suggestions, p. 139)*.

Moineau domestique ♂ avec des brindilles pour construire son nid.

LES MOINEAUX ET LES PIGEONS

Parmi les visiteurs non désirés, on trouve également les moineaux et les pigeons. Au début, les moineaux se font peu nombreux. Mais leur nombre grossit rapidement et ils deviennent plus agressifs. Je vous suggère d'augmenter le nombre de petites mangeoires et de les éparpiller sur votre terrain, afin de donner la chance aux autres petits oiseaux de se réserver un coin bien à eux. Si vous avez un endroit où poussent de grands arbres, installez-y plusieurs de vos mangeoires, les moineaux préfèrent les endroits à découvert. Vous remarquerez que leurs piaillements ajoutés aux nombreux cris des Geais bleus et des Gros-becs errants invitent les autres oiseaux à venir se ravitailler à votre poste d'alimentation. Comme quoi il peut y avoir certains avantages à garder quelques petits moineaux !

Pigeon biset perché sur le toit d'une maison et s'apprêtant à se poser à un plateau de graines.

Quant aux pigeons, il est possible de contrôler leur présence en utilisant des plateaux munis d'un grillage ou de barreaux, ou encore des mangeoires sélectives à perchoirs courts. Ils devront alors manger par terre, si vous n'avez pas installé de ramasse-graines *(voir p. 69 et 444)*. Dans certaines municipalités, il est interdit de nourrir les pigeons. Il vous faudra alors déposer un grillage par terre sous vos mangeoires. Après quelque temps, vous verrez peu à peu leur nombre diminuer jusqu'à zéro.

GRILLAGE ANTI-PIGEONS

Pour réaliser le grillage que vous poserez par terre sous vos mangeoires, vous aurez besoin d'un rouleau de grillage métallique de 4 cm x 4 cm (1½ po x 1½ po) et d'une paire de pinces.

Procédure

1. Déroulez le grillage à la grandeur désirée de façon à couvrir toute la superficie de vos mangeoires pour que les graines tombées se retrouvent sous le grillage.
2. Coupez aux quatre coins environ 30 cm x 30 cm (12 po x 12 po).
3. Pliez les quatre côtés de façon à confectionner une boîte.
4. Déposez sur le sol, là où se trouvent vos mangeoires.
5. Ajoutez le support à mangeoires au centre du grillage, puis accrochez vos mangeoires.

Cette installation a pour avantage de protéger les petits oiseaux qui se nourrissent au sol des prédateurs potentiels. Au printemps et à l'automne, ajoutez un peu de graines de millet au sol ou sur un contreplaqué. Vous verrez les juncos et les bruants s'y nourrir assidûment.

Jeune Cardinal rouge ♂ s'apprêtant à entrer sous un grillage anti-pigeons pour s'y nourrir.

DES VISITEURS À QUATRE PATTES

LES ÉCUREUILS ET LES TAMIAS

Parmi la liste des « indésirables », on trouve les écureuils gris, noirs et roux que vous trouviez très beaux la première fois qu'ils sont venus se nourrir de graines. Mais votre sourire s'est vite effacé lorsque vous avez constaté qu'ils chassaient vos petits oiseaux et brisaient vos mangeoires, en plus de s'empiffrer d'une bonne quantité de graines.

Tamia rayé se nourrissant de graines tombées au sol.

Écureuil roux occupant un nichoir.

Le cas du tamia est différent. C'est dès le début du printemps que vous le verrez sortir de sa tanière et se nourrir des graines tombées au sol, en attendant que la nature lui fournisse les fruits et les graines dont il a bien sûr lui aussi besoin. Vous le verrez à l'occasion durant l'été. Il ne fait généralement pas beaucoup de dommages, mais si c'était le cas, les suggestions énumérées ci-dessous sont pour vous.

Il suffit de fixer un entonnoir au piquet qui supporte votre mangeoire. Il s'en vend sur le marché, mais vous pouvez le fabriquer vous-même en utilisant une feuille de métal souple ayant un diamètre de 60 cm (24 po) *(voir les suggestions, p. 438)*.

UN PARE-ÉCUREUIL

Il arrive que des intrus se présentent et occupent beaucoup de place. Un pare-écureuil est alors absolument nécessaire pour éviter le bris de vos mangeoires ou de vos nichoirs par les écureuils ou les ratons laveurs.

Le plan d'un entonnoir

Voici le plan d'un cône anti-prédateurs à installer sur un arbre afin de protéger vos mangeoires et vos nichoirs. Les lignes de coupe doivent être ajustées au diamètre de l'arbre. Le cône peut être maintenu en place à l'aide d'un collet.

Procédure

1 Taillez un cercle, faites une entaille jusqu'au centre et repliez en forme de cône de façon à juxtaposer les chiffres identiques l'un sur l'autre.

2 Percez des trous de 0,3 mm (⅛ po). Faites les lignes de coupe appropirées.

3 Installez le cône sur l'arbre et le maintenir fermé à l'aide de petits boulons. Fixez le cône à l'aide d'un collet.

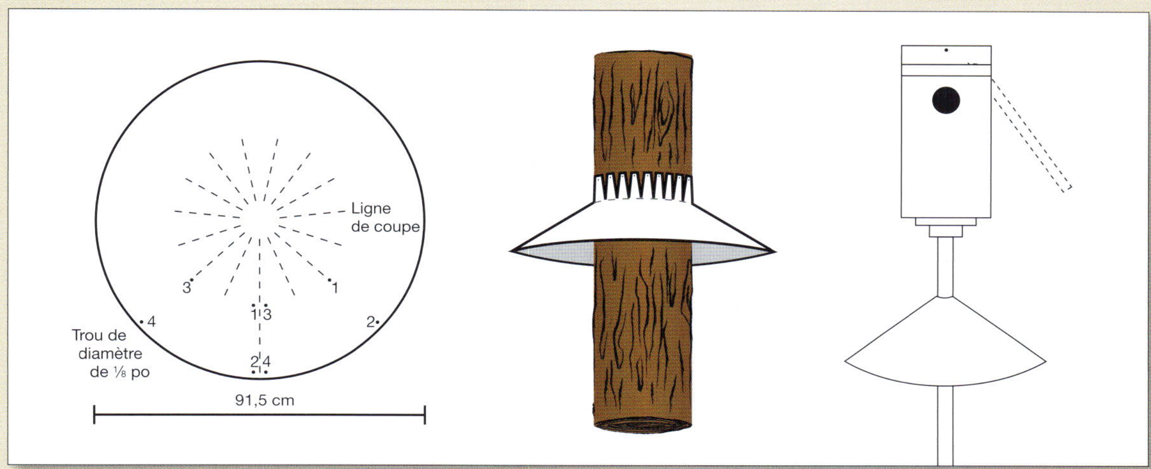

Modèle de cône anti-prédateurs pour fixer à un arbre ou à un poteau.

Pare-écureuil fabriqué avec des bouteilles de plastique

À ceux qui possèdent des mangeoires suspendues, je conseille de les accrocher à une corde bien tendue en enfilant, à chaque extrémité, quatre bouteilles en plastique de deux litres d'eau gazeuse, dont vous aurez perforé le fond. Si un petit futé comme l'écureuil gris réussit quand même à passer, ajoutez des disques (CD) entre les bouteilles. De plus, assurez-vous de placer vos piquets à une distance d'au moins 3 m (10 pi) de toute branche d'arbre ou de tout autre endroit d'où les écureuils pourraient s'élancer pour atteindre vos mangeoires.

MATÉRIEL

- 8 bouteilles de deux litres d'eau gazeuse
- Une corde de nylon résistante

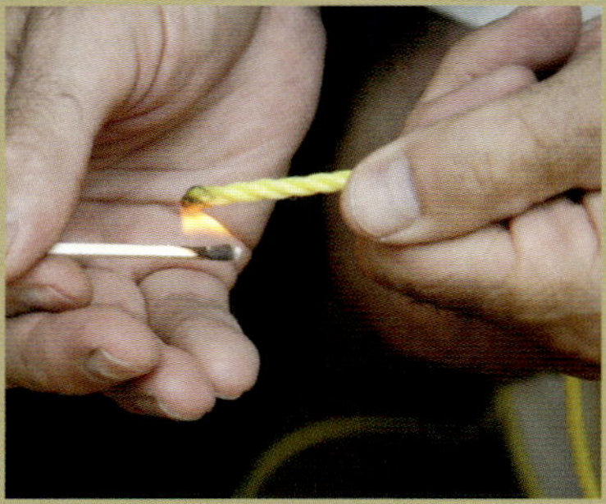

1 À l'aide d'un briquet ou d'une allumette, brûlez les extrémités de la corde pour faciliter le passage de celle-ci dans les trous des bouteilles.

2 Percez le fond de la bouteille.

3 Faites deux nœuds sur la corde pour éviter que les bouteilles glissent jusqu'aux mangeoires. Enfilez les bouteilles par les deux extrémités de la corde, quatre de chaque côté de la mangeoire.

4 Attachez la ou les mangeoires au centre de la corde.

5 Tendez la corde entre deux poteaux ou deux arbres.

6 Déposez les graines.

Les bouteilles tournent sur elles-mêmes et déséquilibrent l'animal qui ose s'aventurer sur la corde. Pour éviter que les écureuils ne puissent s'élancer de l'arbre pour atteindre la mangeoire, il faut la placer à une bonne distance des arbres. Il faut tendre la corde à une hauteur de 2 mètres et plus.

Si vous avez suspendu vos mangeoires à un arbre isolé, ajoutez une feuille de métal entourant complètement le tronc de l'arbre, ou encore, si le diamètre n'est pas trop grand, achetez deux bouts de tuyaux de poêle *(ou du tuyau en PVC)* d'un diamètre de 15 cm (6 po) placés bout à bout et encerclez le tronc de l'arbre à partir de la base. Veillez à bien boucher toute entrée possible entre l'arbre et le tuyau, à la base, à l'aide de poches vides de tournesol. Le petit futé de tamia ne réussira pas à passer.

Il existe également des dômes anti-écureuils pour protéger les mangeoires suspendues, mais vous pouvez aussi les fabriquer vous-même *(voir p. 44)*.

Pour éloigner les écureuils qui s'obstinent à manger au sol, il se vend des répulsifs à base de poivre rouge ou d'agrumes *(citrus)*, mais les produits que nous avons essayés se sont révélés peu efficaces. Un récupérateur de graines pourrait être une meilleure solution. Si la chose est impossible, vous devrez les tolérer, car il est strictement interdit de les tuer. Ils sont protégés par la Loi de la conservation de la faune du Québec.

LES RATONS LAVEURS

Peut-être vous est-il déjà arrivé d'attirer malgré vous ces beaux petits bandits masqués appelés ratons laveurs. Au début, on les admire, surtout s'ils sont accompagnés de leurs petits. Puis l'horreur s'installe. Ces charmants petits vandales ne respectent rien. Tout y passe, car leurs puissantes griffes viennent à bout de tout. De plus, vos nuits risquent d'être dérangées par les cris de ces petits bagarreurs. Vous aurez parfois l'impression qu'un drame horrible se déroule dans votre cour. Cela m'est arrivé, et ce fut tout un défi à relever : celui de l'intelligence humaine devant triompher des brillantes astuces de ce mammifère aux allures si charmantes.

J'avais fait fabriquer un immense entonnoir en métal en pure perte, car rien ne semble leur résister ! Je me suis ensuite dit qu'il devait bien y avoir moyen de vaincre l'adversaire ! J'avais déjà installé deux tuyaux de poêle autour du piquet sur lequel je mettais du beurre d'arachide.
Je croyais qu'aucun animal ne réussirait à y grimper pour atteindre la nourriture, car j'avais

Tuyau de poêle muni d'un entonnoir.

Plateau sur pied muni d'un entonnoir et d'un tuyau.

vu l'habile écureuil échouer dans ses multiples essais pour vaincre l'obstacle. J'ai donc eu l'idée de généraliser l'utilisation du tuyau de poêle *(ou tuyau en PVC)* aux autres mangeoires. Déception ! Ils ont quand même réussi à grimper aux mangeoires sans difficulté ! Mais je n'avais pas dit mon dernier mot !

Après plusieurs heures de cogitation, j'ai vu surgir comme dans un rêve, « la » solution ! J'ai donc gardé mon tuyau de poêle, mais j'y ai ajouté le gros entonnoir en métal que j'avais fait fabriquer. Depuis, malgré sa grande agilité, le raton laveur n'a jamais pu parvenir à mes mangeoires. J'avais atteint mon but sans avoir à éliminer ces petites bêtes.

Si vous ne pouvez tolérer les ratons laveurs qui continuent à fouiller le sol à la recherche de nourriture, vous n'aurez d'autre choix que de mettre un ramasse-graines *(voir p. 444)*, si cela vous est possible, ou de récupérer les graines de la façon habituelle à l'aide d'un aspirateur à feuilles. Le truc vaut également pour les écureuils, les petits rongeurs ainsi que les mouffettes. Heureusement, les ratons laveurs hibernent du mois de novembre au mois de février.

LES TRUCS DE GILLES POUR DÉJOUER L'ÉCUREUIL

Lorsqu'on nourrit les oiseaux, on peut être assuré de subir un jour ou l'autre des désagréments causés par divers quadrupèdes. L'écureuil est certainement un des plus futés et des plus tenaces. Heureusement, plusieurs moyens employés pour l'empêcher d'atteindre les mangeoires sont également efficaces contre les autres mammifères. J'utilise depuis plusieurs années des pare-écureuils simples qui, combinés à quelques principes de base, se sont révélés presque sans faille. Les voici.

LES TROIS PRIORITÉS

Ne laissez jamais de graines au sol. Si vous mettez ce conseil en pratique, vous éliminerez la majorité des problèmes causés par les intrus. Il vous faudra alors munir vos mangeoires de ramasse-graines. Un deuxième avantage du ramasse-graines est de conserver la qualité des graines récupérées, car une graine au sol prend vite l'humidité et devient une source potentielle de maladies pour les oiseaux *(voir p. 451)*.

Rendez vos mangeoires sélectives. Nous vous proposons plusieurs modèles de ces types de mangeoires *(voir p. 26 et 47)*.

Placez vos mangeoires hors de portée des écureuils. Il vaut mieux prévenir et prendre dès le départ tous les moyens pour leur rendre la nourriture inaccessible. Nous vous donnons plusieurs façons efficaces de protéger vos mangeoires *(voir p. 432 et 436)*.

Plusieurs des mangeoires offertes sur le marché vous donneront un jour ou l'autre certains problèmes. Vous verrez certaines espèces venir en grand nombre occuper vos mangeoires, jeter les graines par terre et faire fuir les oiseaux que vous aimeriez pouvoir admirer. Il faut alors agir vite, car ces oiseaux non désirés pourraient occuper votre jardin tout l'été. Les graines tombées au sol attireront également les écureuils, les ratons laveurs, les moufettes et même les chevreuils. C'est à ce moment que votre voisin n'appréciera peut-être pas votre loisir et que vous chercherez par des moyens peut-être plus draconiens à régler un problème que vous avez vous-même créé. En ajoutant des ramasse-graines sous vos mangeoires, vous éliminerez une grande partie de ces problèmes.

LES PRINCIPES FONDAMENTAUX

- **Dès qu'un problème apparaît, ne tardez pas à le régler.** Il faut à tout prix éviter que des habitudes se créent. Mieux vaut prévenir que guérir, dit-on.

Silo carré à fermoirs muni d un ramasse-graines.

- **À l'exception du millet blanc et de l'alpiste,** que vous offrez dans des mangeoires de sol munies d'un grillage, **évitez d'offrir toutes les autres graines au sol** *(voir p. 139)*. C'est une règle qu'on néglige trop souvent et qui permet pourtant d'éliminer la plupart des problèmes. C'est justement ces graines au sol qui attirent tous les intrus. Les ramasse-graines deviennent une nécessité.
- **Placez toutes vos mangeoires loin de tout objet** *(branche, bâtiment, patio, etc.)* qui pourrait servir de tremplin pour les atteindre.
- **Le bas de chaque mangeoire devrait être à environ 2 m (6 pi) du sol.** Cette hauteur permet l'installation de pare-écureuils efficaces et facilite la circulation. Évitez les poteaux trop courts offerts sur le marché.
- **Toute installation de mangeoire** *(sur pied ou suspendue)* **doit être équipée d'un pare-écureuil.**

LES PARE-ÉCUREUILS SUR PIED

LE SUPPORT

On peut rapidement et à faible coût réaliser de jolis supports sur pied avec des tubes métalliques, ou des tuyaux de plomberie que vous trouverez dans les magasins à grande surface, ou à prix très réduit chez un recycleur. Usez de votre imagination. En utilisant ce type de support, il est facile d'installer les pare-écureuils que nous vous proposons.

LA BOUTEILLE

Procédure

1. Retirez le fond de la bouteille.
2. Perforez dans le bouchon un trou du même diamètre que votre support à mangeoires.
3. Après avoir percé un trou dans votre tuyau, à la hauteur où vous désirez que l'anti-écureuils soit placé, mettez-y une vis en guise de butoir ou encore fixez un collet.
4. Finalement, introduisez la bouteille de jus munie du bouchon perforé sur le tuyau.

MATÉRIEL

- 1 bouteille de jus de 4 litres
- 1 tuyau de plomberie de 1,3 cm ou 2 cm (½ po ou ¾ po)
- Vis ou clou

Conseils

- Servez-vous du fond de la bouteille comme plateau si vous donnez des vers de farine à vos oiseaux ou encore pour mettre des graines en petites quantités sous le grillage anti-pigeons *(voir p. 431)*.
- Installez le bas de la bouteille à un minimum de 1 m (3 pi) du sol.
- Vous pouvez en superposer deux, si vous le désirez, au cas où un écureuil réussirait à passer par la première bouteille. Mais lorsqu'il grimpe, l'écureuil se retrouve forcément dans la bouteille et doit alors rebrousser chemin. Difficile de traverser un tel obstacle.

Écureuil roux se nourrissant à une jolie mangeoire peu pratique.

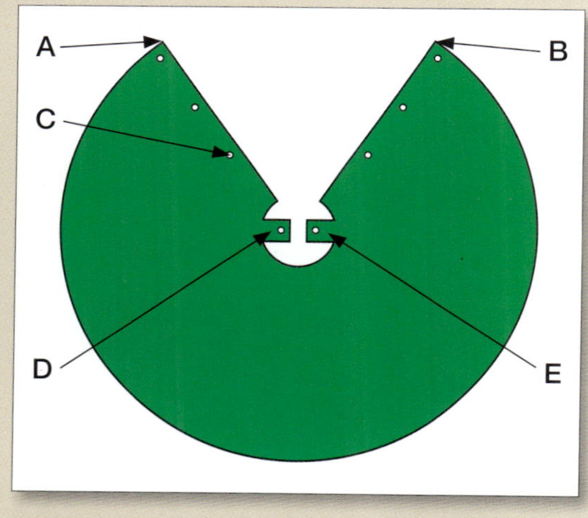

LE CÔNE RENVERSÉ

Vous pouvez également utiliser un cône renversé que vous réaliserez vous-même.

MATÉRIAUX

- 1 feuille d'aluminium de 60 cm x 60 cm (24 po x 24 po)
- Rivets ou vis
- Boulon

Procédure

1 Prenez une feuille d'aluminium de 60 cm x 60 cm (24 po x 24 po) et tracez un cercle ayant un rayon de 30 cm (12 po). Utilisez la même démarche que celle que je vous ai suggérée pour le ramasse-graines *(voir p. 444)*.

2 Enlevez une pointe de tarte équivalant à ⅕ de la circonférence.

3 Au centre, tracez un cercle de 0,7 cm (¼ po) supérieur au diamètre extérieur de votre tuyau.

4 Découpez deux petites bretelles (D et E). Percez un trou dans chacune d'elles.

5 Enlevez l'excédent de tôle de chaque côté des deux bretelles.

6 Assemblez les pointes (A et B) à l'aide de rivets ou de vis en perçant des trous (C).

7 Pour installer ce pare-écureuil sur le tuyau, il suffit de percer ce dernier à 1,5 m (4½ pi) du sol et de passer un boulon dans le trou des bretelles et du tuyau *(voir la photo ci-dessus)*.

LE TUYAU DE POÊLE

Le tuyau de poêle ou de ventilation est un autre moyen efficace pour prévenir les désagréments causés par les visiteurs indésirables.

Procédure

1 Insérez les deux pots d'empotage (E), le fond dirigé vers le centre, à chaque bout du tuyau de poêle (B).

2 Fixez-les à l'aide de vis (D). Si vous utilisez un pot de terre cuite pour le haut, les vis seront placées sous la bordure du pot et ce dernier ne sera que déposé sur les vis. Un pot de plastique est recommandé pour le bas de façon à le visser solidement au tuyau.

3 Passez le tuyau (A) par les trous qu'on trouve normalement au centre de ces pots.

4 Placez le haut de ce pare-écureuil à 1,5 m (4½ pi) du sol.

5 Pour le maintenir à la hauteur désirée, percez un trou dans le tuyau et insérez-y une vis ou un clou (C). Le fond du pot d'empotage du bas s'appuiera dessus.

MATÉRIEL

- 1 tuyau de poêle, de ventilation ou d'égout en PVC d'un diamètre de 15 cm (6 po) au moins, et d'une longueur de 75 cm (30 po)
- 2 pots d'empotage de plastique ou de terre cuite dont le trou a un diamètre semblable à celui du tuyau
- Vis et clou

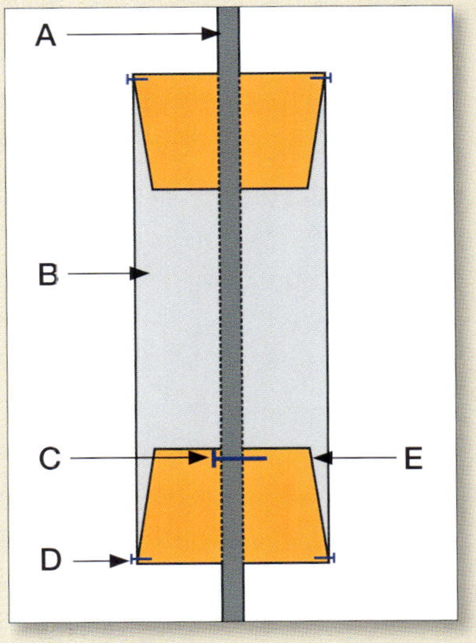

6 L'efficacité est accrue si le bas du tuyau est placé à quelques dizaines de centimètres (1,5 pied) du sol et non sur le sol. Vous obtiendrez ainsi un pare-écureuil bien centré, fermé et qui a belle apparence. Vous pouvez même l'enjoliver de fleurs.

Si vous utilisez un poteau de bois, enfilez un tuyau d'une longueur minimale de 1,5 m (4½ pi) par-dessus, car les ratons laveurs peuvent faire la courte échelle s'ils viennent en bande. Partez-le depuis le sol pour éviter que les écureuils grimpent entre le poteau et le tuyau. Vous pourriez également utiliser un tuyau d'égout de 10 cm (4 po).

LES PARE-ÉCUREUILS SUR FIL

LES ROULEAUX

Si on dispose de deux points d'ancrage *(arbres, bâtiments, poteaux)*, installer ses mangeoires sur un fil offre de grands avantages. Elles sont moins accessibles par les bêtes à quatre pattes, sont moins encombrantes au sol et plus rapidement installées. On peut en accrocher un grand nombre pour réduire ainsi le coût d'installation de pare-écureuils.

MATÉRIAUX

- 2 crochets
- 2 tendeurs
- Corde à linge d'une longueur suffisante pour réunir les 2 tendeurs
- 4 rondelles pour boulon de 1 cm (⅜ po)
- Marettes électriques à vis de blocage *(le double du nombre de mangeoires que vous voulez accrocher, plus 2 autres)*
- 8 tuyaux en CPVC 2 cm x 20 cm (¾ po x 8 po) de long

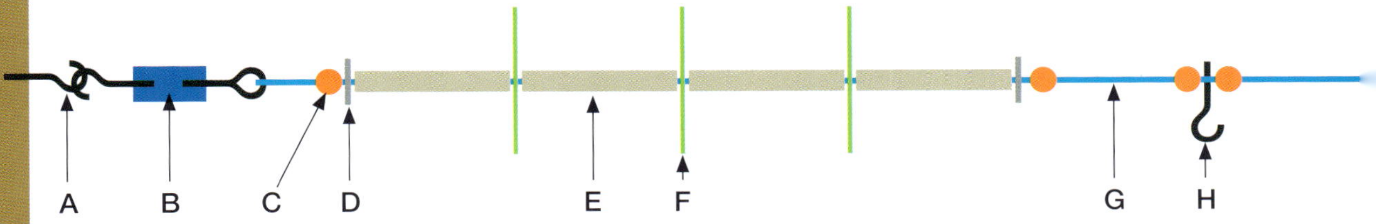

Procédure

1 Vissez un bon crochet (A) à chaque point d'ancrage. Accrochez un tendeur (B) à chacun d'eux.

2 Insérez dans la corde à linge (G) des marettes électriques à vis de blocage (C) *(par exemple, si vous voulez suspendre 5 mangeoires, il faudra insérer 12 marettes, et je vous suggère d'en placer un peu plus, au cas où vous aimeriez en suspendre davantage dans le futur)*. Puis enfilez une rondelle pour boulon de 1 cm (3/8 po) (D).

3 Insérez maintenant quatre bouts de tuyau (E) séparés par des disques compacts (F), une nouvelle rondelle (D) et finalement une marette électrique (C). Faites le même assemblage aux deux bouts de la corde à linge.

4 Attachez solidement la corde à linge à chaque tendeur et vissez-les de manière à obtenir une corde bien tendue.

5 Placez l'ensemble des tuyaux de CPVC au tout début de chacun des bouts de la corde à linge.

6 Vissez les marettes de chaque côté des tuyaux pour les empêcher de se déplacer vers le centre de la corde.

7 Aux endroits où vous désirez accrocher vos mangeoires, vissez deux marettes à environ 1,3 cm (½ po) de distance et installez un crochet en S (H) entre elles.

Vous pourrez alors suspendre vos mangeoires sans craindre qu'elles se déplacent sur la corde et se retrouvent ensemble au milieu. Vous pourrez en accrocher à différentes hauteurs en leur ajoutant une petite chaîne pour vous permettre de les atteindre plus facilement à bout de bras.

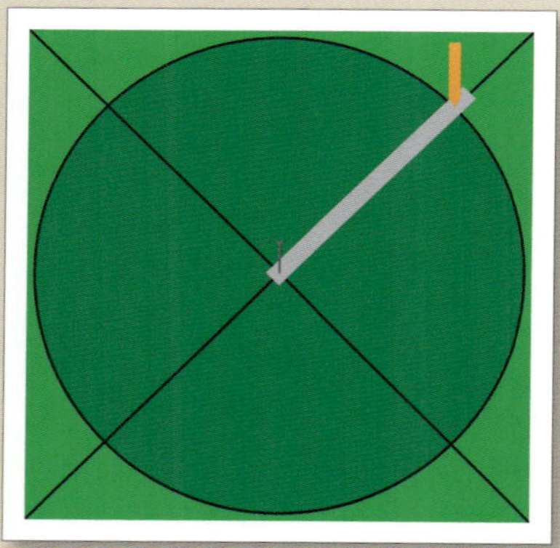

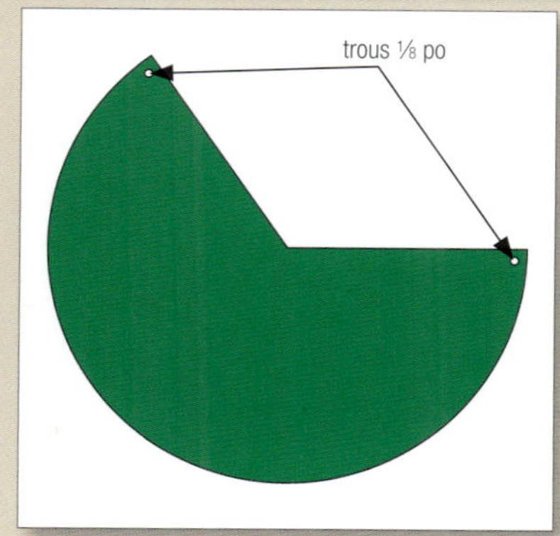

LE RAMASSE-GRAINES

Cet article essentiel est certainement celui qui est le plus efficace pour prévenir la majorité des problèmes liés aux mangeoires. Ses avantages sont nombreux :

- **aucun attroupement sous la mangeoire**
- **pas d'amas de résidus**
- **rien à déplacer lorsqu'on tond la pelouse**
- **seconde vie pour les graines récupérées**
- **se réalise facilement et à peu de frais**

Procédure

1 Prenez un carré d'aluminium de 60 cm x 60 cm (24 po x 24 po). *(Les quincailleries à grande surface et les coopératives agricoles offrent ce matériau en diverses couleurs et vendu au pied linéaire ou en rouleau.)*

2 Tracez les deux diagonales pour en trouver le centre.

3 Plantez un petit clou de finition à la rencontre des diagonales, en ayant soin de placer une pièce de bois sous le centre de votre carré.

4 Prenez une petite languette de bois de 32,5 cm (13 po) de long sur laquelle vous percez à 1,3 cm (½ po) de chaque bout un trou de 0,3 cm (⅛ po) de diamètre.

5 Insérez dans un des trous de la languette le clou de finition que vous avez fixé au centre de votre carré d'aluminium.

6 Dans l'autre trou, insérez la pointe d'un crayon et faites tourner la languette en vous assurant que le crayon trace une ligne sur l'aluminium. Vous devriez ainsi obtenir un cercle parfait tracé sur votre carré.

7 Enlevez le pourtour du cercle avec des ciseaux à tôle.

8 Tracez deux rayons ayant un angle de 125 degrés. Enlevez cette pointe.

9 Percez ensuite à 1 cm (3⁄8 po) du bord du cercle et à 1 cm (3⁄8 po) du rayon un trou de 0,3 cm (1⁄8 po) dans chacune des pointes obtenues. À l'aide de rivets ou de vis métalliques, réunissez les deux pointes. *(Si vous utilisez des vis, prenez des vis autoperçantes, car les pointes seront moins acérées, et vous risquez moins de vous blesser lors du nettoyage.)*

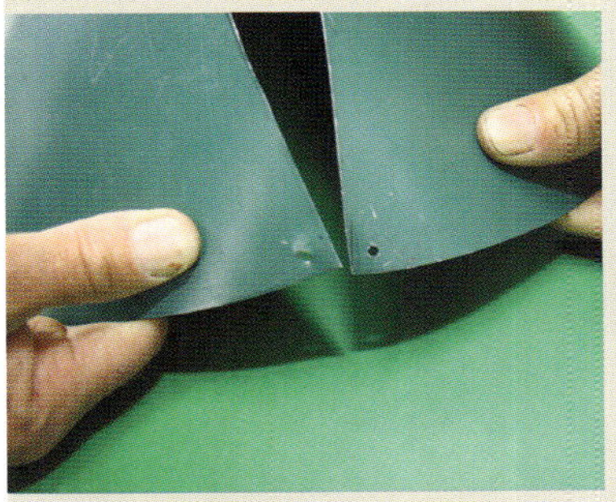

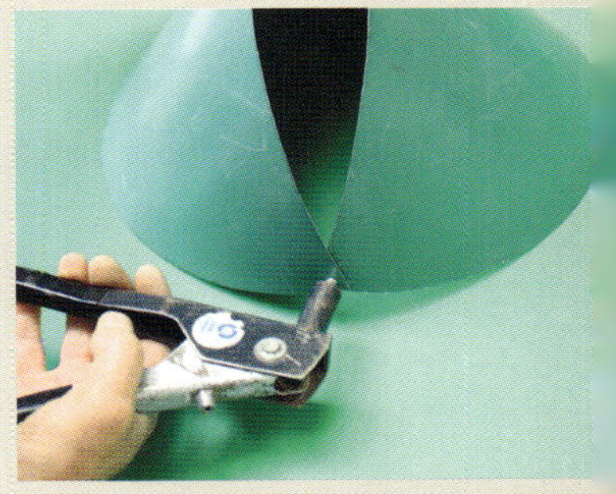

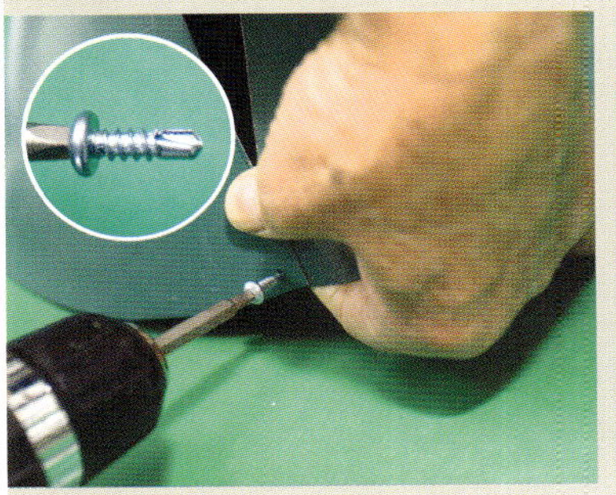

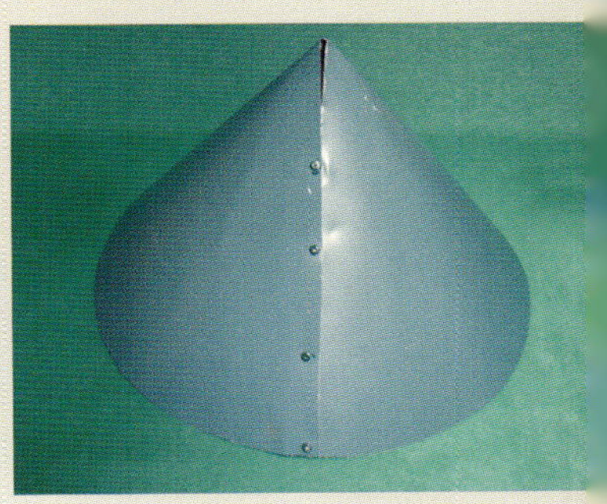

10 Complétez la fermeture du cône avec d'autres vis ou rivets.

11 Prenez ensuite une pièce de bois de 2 cm x 2 cm (3⁄4 po x 3⁄4 po) suffisamment longue pour réunir les deux côtés opposés du cône à son sommet. Pour bien ajuster cette pièce au cône, il faut en couper les bouts à un angle identique à celui du cône.

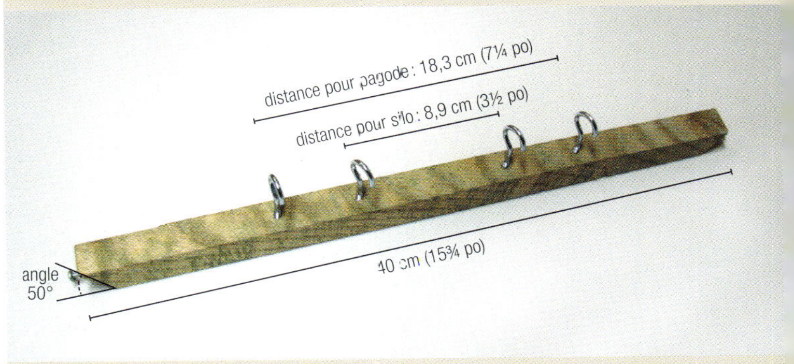

12 Fixez la pièce de bois avec deux vis métalliques.

13 Il ne reste plus qu'à fixer deux crochets à la pièce de bois à la distance appropriée pour la mangeoire à laquelle le ramasse-graines est destiné.

Conseils

- Il est préférable de percer un trou de 0,7 cm (1⁄4 po) dans le fond du ramasse-graines pour permettre l'écoulement de l'eau.
- Si le ramasse-graines vient à se balancer au vent, vous pouvez accrocher un poids en dessous ou encore déposer une roche dans le fond.

LES TRUCS DE SUZANNE POUR LES CHATS

Saviez-vous que le plus grand prédateur des oiseaux aux mangeoires est le chat ? Une tape sur le museau ou une nourriture suffisante ne lui enlèvera pas son instinct de chasseur. Pour empêcher que ce félin ne fasse qu'une bouchée de vos petits invités, évitez tout d'abord de placer vos mangeoires près des bosquets de feuillus ou de conifères où ils peuvent se camoufler. Si vous épandez du millet au sol pour attirer les bruants à l'automne et au printemps, choisissez des aires ouvertes. Les oiseaux courront moins de risques d'être pris par surprise. Il est préférable que vous ayez un grillage anti-pigeons ou encore une mangeoire de sol. Les petits oiseaux s'y sentiront protégés *(voir p. 78 et 431)*.

On suggère de faire porter à votre chat un petit collier muni d'une clochette. Ainsi, ses déplacements ne passeront pas inaperçus et il aura moins de succès à la chasse. Une solution qui semble de plus en plus populaire consiste à garder son chat en laisse lorsqu'il doit sortir. Ainsi ses déplacements seront plus restreints et il ne pourra plus chasser à sa guise. Une autre façon originale de limiter les mouvements de votre chat est de lui installer une bavette en cuir qui l'incommode lorsqu'il tente d'attraper un oiseau.

Parmi mes amis qui sont incapables de se priver de leurs chats et de leurs chiens, certains ont installé un grand espace grillagé où garder leurs chats lorsqu'ils sont dehors. Quant aux chiens, on leur fait porter un collier émettant un choc électrique très désagréable dès qu'ils dépassent les limites permises.

Pour éloigner les chats, particulièrement ceux des voisins, munissez-vous *(pour une centaine de dollars)* d'un détecteur de mouvements qui déclenche une mitraille de jets d'eau dès qu'un animal se présente. Le bruit et le jet combinés suffisent à faire décamper les intrus. Cette solution év te de blesser les animaux.

Un chat à la chasse.

Avec un peu d'imagination et d'expérience, vous trouverez sûrement une solution à vos problèmes particuliers. Il faut voir le problème comme un défi et être convaincu qu'il existe toujours une solution autre que celle d'éliminer bêtement les indésirables. Vaut-il toujours la peine d'installer un poste d'alimentation ? Oui, si on accepte les inconvénients avec philosophie. Vivre en harmonie avec la nature demeure toujours la meilleure des solutions.

Belette à longue queue se nourrissant de suif.

LES CAS PARTICULIERS

Le fait d'habiter en bordure d'une forêt peut occasionner des surprises de taille, comme en fait foi cette photo. Nous avons pu admirer cette belette à longue queue durant un hiver particulièrement enneigé. Elle chassait surtout les écureuils et les petits rongeurs présents aux mangeoires.

LES OISEAUX DE PROIE

Les oiseaux de proie se situent en haut de la pyramide alimentaire, tout comme l'humain. Ces oiseaux sont fascinants et impressionnants. Il ne faut pas traiter ces prédateurs de la même façon que les chats ou les écureuils, car ils sont utiles et leur importance est capitale pour l'équilibre

Épervier de Cooper adulte mangeant un pigeon.

Faucon émerillon attentif au moindre mouvement.

Épervier brun se nourrissant d'un Geai bleu qu'il a réussi à attraper.

Une Pie-grièche grise a réussi à attraper un petit rongeur aux mangeoires.

de la nature. Ils sont des indicateurs de la santé de notre environnement. Il faut donc accepter leur présence et profiter de leurs rares visites pour les admirer et chercher à les identifier. De plus, comme pour toutes les espèces indigènes de notre pays, il est strictement défendu de les chasser, sous peine de fortes amendes.

Bien sûr, la présence d'un grand nombre d'oiseaux à votre poste d'alimentation attire les oiseaux de proie, car cela peut être pour eux l'occasion d'un festin facile. Consolez-vous, ces oiseaux ne font pas mouche chaque fois qu'ils attaquent. Plus souvent qu'autrement, ils repartent bredouilles et restent sur leur faim.

Quelques espèces d'oiseaux de proie seulement peuvent fréquenter les postes d'alimentation. C'est surtout au printemps et à l'automne que vous risquez de recevoir leur visite. Il arrive qu'on les aperçoive aussi au cours de certains hivers particulièrement doux. Celui qui se présente le plus souvent aux mangeoires est certes l'Épervier brun. Il y a aussi l'Épervier de Cooper, la Crécerelle d'Amérique, le Faucon émerillon et, à la campagne près des boisés, l'Autour des palombes *(voir Les Oiseaux de proie du Québec, Suzanne Brûlotte, Saint-Constant, Broquet, 2002)*. En hiver, la Pie-grièche grise, un passereau, peut s'attaquer à vos mésanges, mais aussi aux petits rongeurs profitant des graines tombées au sol.

Lorsqu'un de ces oiseaux de proie se présente à vos mangeoires, un message d'alerte sera donné par les mésanges ou les geais. Les oiseaux s'enfuiront ou se tiendront immobiles jusqu'à ce que le danger soit écarté. Ces oiseaux sont des ennemis naturels et ils maintiennent l'équilibre dans la nature, c'est pourquoi vous ne devez pas intervenir. Prenez le temps d'observer les comportements des oiseaux en situation d'alerte.

Installez votre mangeoire près d'une haie ou d'un conifère, s'il n'y a pas de chats dans le voisinage, afin que les oiseaux puissent s'y réfugier en cas d'attaque d'un rapace. Votre grillage anti-pigeons ou votre mangeoire de sol protégera vos invités qui se nourrissent au sol. Durant la nuit, il est possible que des petits chasseurs nocturnes comme la Petite Nyctale s'invitent à la table. Ce ne sera pas pour s'attaquer à vos hôtes mais plutôt pour vous débarrasser des souris, campagnols et petits mulots qui se nourrissent des graines tombées au sol.

L'éducation relative à la protection de ces espèces et la prise de conscience de leur importance pour l'environnement nous permettent de mieux comprendre le lien étroit entre l'humanité et sa qualité de vie. Devant de si beaux et si fascinants oiseaux, il faut savoir apprécier les rares occasions qui nous sont données de les admirer.

Pie-grièche grise.

Petit campagnol.

Ce jeune Faucon émerillon à peine sorti du nid se tient près d'un poste d'alimentation et attend qu'un de ses parents lui apporte une proie qui pourrait bien s'avérer être un oiseau de mangeoire.

Les maladies et les accidents

Il est très agréable d'attirer chez soi de nombreuses espèces d'oiseaux, mais il ne suffit pas de leur mettre la table pour assurer leur bien-être. Il faut également voir à l'entretien de vos mangeoires si vous voulez que vos oiseaux demeurent vifs, actifs et en santé.

LES MALADIES

Certaines maladies peuvent résulter d'un mauvais entretien de vos mangeoires. Si vous installez un ramasse-graines sous chacune de vos mangeoires, le problème ne se posera pas, en autant que vous vidiez votre ramasse-graines régulièrement. On suggère de **ne jamais mettre de maïs concassé dans de petites mangeoires à débit contrôlé,** car les graines qui ne sont pas mangées ont tendance à se compacter dans le fond de la mangeoire avec l'humidité et la pluie. Les oiseaux qui s'en nourrissent peuvent attraper certaines maladies.

Un bon nettoyage des mangeoires au printemps et à l'automne est indispensable alors que les pluies se font plus fréquentes. Durant l'hiver, il ne faut pas négliger nos oiseaux lorsqu'on s'aperçoit qu'un nettoyage des mangeoires est nécessaire. Il est recommandé de le faire une fois par semaine. De plus, dès que le sol est dégelé, au printemps, enlevez aussitôt que possible toutes les graines qui sont restées au sol. C'est à ce moment que l'on rapporte le plus d'observations d'oiseaux malades. L'oiseau peut alors paraître maigre ou gonflé, il peut avoir des matières fécales agglutinées sur son orifice, et ses paupières peuvent être enflées.

◆ Geai bleu, Sizerin flammé, Chardonneret jaune ♀ Quiscale bronzé et Merle d'Amérique.

Chardonneret jaune ♀ ayant une conjonctivite.

Sizerin flammé ♂ endormi à la mangeoire à cardinal. J'ai pu l'approcher de très près pour le photographier, ce qui n'est pas normal !

LA SALMONELLOSE

Les oiseaux infectés sont souvent léthargiques et faciles d'approche. Ce sont les symptômes de la salmonellose. Plusieurs oiseaux infectés peuvent n'afficher aucun symptôme extérieur, mais sont néanmoins porteurs de la maladie et peuvent contaminer les autres oiseaux, particulièrement chez les tarins, les chardonnerets et les sizerins. Cette maladie est mortelle. Nous vous recommandons donc de mettre des gants jetables lorsque vous recueillez un oiseau mort. Ne donnez jamais l'oiseau à votre chat en guise de nourriture. Il risquerait d'attraper la maladie.

Il n'est pas rare de rencontrer des cas de salmonellose qui peuvent se transformer en épidémie lorsqu'un oiseau infecté se retrouve sur les plateaux des mangeoires ou au sol. On pense que les oiseaux porteurs peuvent excréter la bactérie et de ce fait contaminer l'aire d'alimentation utilisée par d'autres oiseaux. Dès que vous remarquez la présence d'un oiseau présentant les symptômes de la maladie, nous vous recommandons fortement de faire un grand ménage.

La transmission de la maladie peut être circonscrite :

par le nettoyage de toute la zone contaminée par la bactérie en enlevant toutes les graines tombées par terre et en les jetant aux ordures ;

en décourageant le rassemblement d'oiseaux à l'endroit infecté, en évitant de mettre des graines dans les mangeoires ;

en nettoyant toutes les mangeoires ;

en jetant toutes les graines qui se trouvaient dans les mangeoires.

Lorsqu'on constate que la maladie est éradiquée, on peut remettre de nouvelles graines.

Tarin des pins souffrant probablement de salmonellose, car il est inactif, somnolent et peu méfiant.

LA CONJONCTIVITE

Si vous apercevez un oiseau ayant un œil fermé, il est probable qu'il souffre d'une conjonctivite. Cette maladie causée par une bactérie se transmet par contact direct entre les oiseaux. Les chercheurs ont constaté que les mangeoires ne sont pas la cause de la prolifération de cette maladie de l'œil, car le facteur de propagation varierait en fonction du nombre d'oiseaux et du degré de combativité de certaines espèces grégaires tels les chardonnerets et les roselins.

Il m'est aussi arrivé de constater qu'un Bruant familier ait une grosse verrue ou une tumeur située entre le bec et l'œil. Le bruant semblait vigoureux, mais il était incommodé par cette excroissance qui l'empêchait de bien voir. Je me rappelle l'avoir aperçu pendant plusieurs jours. Le vétérinaire que j'ai consulté m'a expliqué après avoir examiné la photo ci-contre qu'on ne peut émettre que des hypothèses. Il peut s'agir d'une sinusite, d'un virus ou encore d'un parasite sous-cutané.

Détail d'une maladie de l'œil.

Bruant familier avec une verrue.

LE VIRUS DU NIL OCCIDENTAL

Depuis 1999, la progression du virus du Nil occidental en territoire américain est sous haute surveillance. C'est durant l'été 2002 que l'on a découvert au Québec que certains oiseaux morts avaient été infectés par ce virus qui s'attaque aux animaux, mais aussi aux humains. Une centaine d'espèces d'oiseaux ont été atteintes au Canada. Le virus touche en particulier les corvidés comme le Geai bleu, le Mésangeai du Canada, la Corneille d'Amérique et le Grand Corbeau. Si vous trouvez un oiseau mort, il est très important de ne pas le toucher à mains nues. Vous pouvez demander des renseignements sur ce qu'il faut faire auprès du ministère des Ressources naturelles et de la Faune ou encore appeler les gens de SOS Braconnage au 1 800 463-2191. Vous trouverez également sur leur site Internet, des renseignements sur ces maladies. Il est recommandé de signaler tout corvidé malade ou mort. Pour plus de renseignements sur le virus au Canada, visitez le site suivant : **www.virusdunil.info/index.php?resultats_de_surveillance**

LA GRIPPE AVIAIRE

Les oiseaux attrapent des virus de la même famille que les virus de la grippe chez les humains. Il s'agit de l'influenza aviaire. Cette infection peut toucher pratiquement toutes les espèces d'oiseaux. Les individus qui en sont infectés ne manifestent habituellement aucun symptôme. Certaines souches sont hautement pathogènes et provoquent une forte contagion qui peut entraîner la mort. On l'observe chez les poules et les dindons. Exceptionnellement, elle peut contaminer des humains.

En 2003 on a découvert le virus H5N1, qui est hautement pathogène. C'est celui qui avait causé une épidémie en Asie, en Europe et en Afrique. Très contagieux chez les oiseaux sauvages et domestiques, il n'est pas dangereux pour les humains sauf s'ils entrent en contact étroit avec les oiseaux infectés. Il est donc rare qu'il soit transmis aux humains.

LES OISEAUX CHAUVES

Chaque année, plusieurs ornithologues rapportent les mêmes observations durant le mois d'août : certains oiseaux qui fréquentent les abreuvoirs ou les bains d'oiseaux sont devenus totalement chauves. Plusieurs se

Quiscale bronzé partiellement chauve.

Geai bleu ayant perdu les plumes de sa tête.

demandent quelles sont les causes d'une telle manifestation qui toucherait davantage certaines espèces comme le Geai bleu, le Cardinal rouge, le Quiscale bronzé, le Carouge à épaulettes et le Merle d'Amérique.

Tous les oiseaux perdent toutes leurs plumes au moins une fois l'an, au cours de la mue. Il arrive alors que certains oiseaux perdent toutes les plumes de leur tête en même temps. Selon les experts, cela serait attribuable à une mue simultanée. Mais il est aussi possible que des parasites soient en cause. La presque impossibilité pour les oiseaux de se nettoyer la tête pourrait favoriser l'accélération de la chute des plumes. Par contre, dès le début de septembre, les plumes repoussent et les oiseaux retrouvent leur beau plumage dès le mois d'octobre.

L'ALBINISME ET LE LEUCISME

Il arrive à l'occasion d'observer aux mangeoires ou dans les arbres de notre environnement des oiseaux familiers, mais qui ont un plumage tout blanc, ou encore qui ont un plumage pâle différent du plumage qui les caractérise habituellement. Ces oiseaux souffrent d'albinisme ou de leucisme.

Les oiseaux qui sont atteints **d'albinisme** (ou albinos) ont un plumage entièrement blanc. Il arrive toutefois que certaines plumes de la tête ou du dos soient blanches et que le reste du corps conserve ses couleurs caractéristiques. Il s'agit alors d'albinisme partiel. Ce phénomène s'explique par l'absence de pigmentation sur les plumes. C'est le résultat d'une anomalie génétique. Ces oiseaux sont la plupart du temps moins résistants que leurs congénères. Leur plumage étant plus visible, ils attirent davantage les prédateurs.

Les oiseaux atteints de **leucisme** ont un plumage plus clair. La pigmentation de leurs plumes n'est pas complètement absente, ce qui fait que les oiseaux atteints de leucisme sont de couleur crème ou beige légèrement roussâtre. L'albinisme et le leucisme sont des défauts de coloration des plumes chez les oiseaux. Pour en savoir plus, consultez le site Web : **www.ornithomedia.com**

Merle d'Amérique presque entièrement albinos.

LES ACCIDENTS

On rapporte que cent millions d'oiseaux se tuent chaque année en entrant en collision avec les fenêtres des maisons. Les victimes sont surtout les oiseaux de mangeoires, qui bien souvent sont pris de panique à la vue soudaine d'un prédateur. Qui n'a pas constaté avec horreur qu'un de ses petits protégés s'était cassé le cou après s'être envolé trop rapidement lors d'une alerte. Le reflet des arbres dans les vitres peut en être la cause. Pour éviter que cela ne se produise, vous pouvez utiliser un filet protecteur, suspendre une silhouette d'oiseau, tracer des traits jaunes dans la fenêtre ou encore installer des rubans.

LE FILET PROTECTEUR

Lorsqu'on nourrit les oiseaux, il est inévitable d'être confronté un jour ou l'autre avec le problème des oiseaux qui se frappent dans les vitres. Mais on peut y apporter plusieurs solutions. Voici la meilleure suggestion pour protéger la vie des petits volatiles.

MATÉRIAUX

- 1 filet de nylon comme ceux qu'on emploie pour protéger les récoltes de petits fruits contre les oiseaux
- 4 longueurs de planches de bois de 10 cm x 2 cm (4 po x ¾ po) pour faire un cadre aux dimensions de votre fenêtre
- Vis

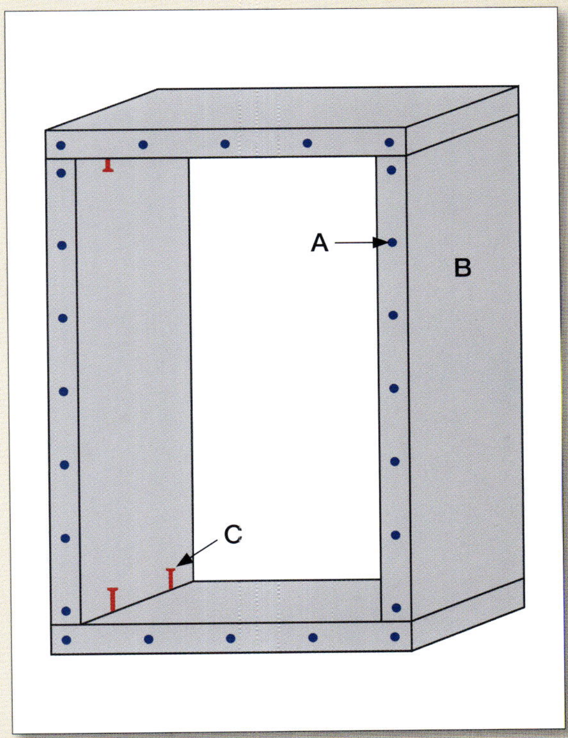

Procédure

1 Avec des morceaux de bois de 10 cm x 2 cm (4 po x ¾ po), faites un cadre (B) à l'intérieur du cadre extérieur de la fenêtre *(pour ne pas abîmer la fenêtre)*. Ce cadre est maintenu uniquement par pression. Les deux côtés verticaux sont glissés sur les côtés horizontaux s'ils sont coupés tout juste de la bonne longueur.

2 Appuyez fermement le cadre confectionné contre celui de la fenêtre.

3 Placez deux vis (C) dans chaque coin intérieur de ce cadre pour empêcher les montants verticaux de se déplacer vers le centre de la fenêtre.

4 Placez quelques vis (A) sur votre cadre de bois *(vis en bleu)* et accrochez-y votre filet.

Filet tendu sur le cadrage placé sur la fenêtre.

Cadre fixé par les coins intérieurs.

Si le reflet du paysage sur la fenêtre attirait les oiseaux, ceux-ci rebondiraient dans le filet et ne se blesseraient pas.

Si un oiseau vient à frapper votre filet, le choc sera absorbé par l'élasticité du filet, qui se trouve à plus de 10 cm (4 po) de la fenêtre. Il n'obstrue aucunement la vue de l'intérieur et permet l'ouverture de la fenêtre. L'entretien extérieur des vitres se fait tout aussi rapidement, car le filet se décroche en quelques secondes.

LA SILHOUETTE D'OISEAU SUSPENDUE

Il se vend des silhouettes d'oiseaux dans certaines boutiques spécialisées mais vous pouvez en fabriquer une vous-même.

1. Taillez une silhouette d'oiseau dans un carton noir d'une dimension respectable – environ 30 cm (1 pi). On peut par exemple utiliser la silhouette d'un faucon, mais l'importance est surtout dans le fait qu'il sera en mouvement.
2. Percez un petit trou pour y insérer une corde.
3. Avant de suspendre votre oiseau de carton, assurez-vous qu'il soit placé près d'une bouche de chaleur ou d'un ventilateur qui assurera un mouvement à votre mobile. C'est son mouvement qui attirera l'attention des oiseaux.
4. Placez votre mobile près d'une fenêtre de façon à empêcher la réflexion des arbres et de la nature qui vous entoure dans la fenêtre.

DES TRAITS JAUNES DANS LA FENÊTRE

Tracez des traits verticaux et horizontaux comme sur un échiquier avec un marqueur jaune, du côté intérieur de votre fenêtre, à l'abri de la pluie et de la neige. Le jaune est la couleur désignée, puisqu'elle ne dérange pas notre visibilité. Ces lignes jaunes sont donc pratiquement invisibles à nos yeux, mais les oiseaux, qui peuvent capter l'ultraviolet de ces lignes, pourront éviter de se frapper.

Note : Il faut redessiner cet échiquier après avoir lavé vos vitres *(voir le site Web :* **http://sibleyguides.blogspot.com).**

LES RUBANS ROUGES

Placez quelques rubans rouges ou bleus, *(comme ceux qu'on utilise pour marquer les arbres ou pour indiquer un chemin à suivre)*, sur le bord de la fenêtre extérieure dans le sens de la largeur. Comme ils sont légers, ils bougent à la moindre brise, créant ainsi un mouvement qui attire l'attention de l'oiseau, qui dévie alors de sa course avant la catastrophe.

Conseils

- **Posez des rideaux, un store ou une moustiquaire** dans les fenêtres qui causent souvent des accidents.
- **Installez des mangeoires presque collées aux fenêtres.** Les oiseaux s'habituent alors à voir le mouvement dans la vitre et à l'intérieur de la maison et évitent ainsi de fuir en direction de la vitre.
- **Utilisez des mangeoires qui collent aux vitres.**

LES OISEAUX ET LEUR REFLET DANS LES VITRES

Il arrive aussi que certains oiseaux plus territoriaux, voyant leur reflet dans une vitre, s'en prennent à cet intrus qu'ils aperçoivent. Cette situation se présente surtout chez les oiseaux résidants. Cette lutte incessante contre un ennemi appréhendé risque d'épuiser l'oiseau.

Suggestions

- Installez dans votre fenêtre la silhouette d'oiseau de proie noire qui l'empêchera de voir son reflet.
- Fermez les rideaux ou les stores pour empêcher tout reflet. L'oiseau cessera alors son manège et vaquera à sa nidification.

Les miroirs et les enjoliveurs des voitures peuvent avoir le même effet. Le manège d'un couple de Cardinals rouges qui, tour à tour, essaient de chasser leur reflet ou encore s'attaquent à un enjoliveur de roue particulièrement miroitant a pour effet d'épuiser les oiseaux, ce qui, en période de nidification, peut leur être nuisible. Si cela vous arrive, il suffit de placer un chiffon sur vos miroirs ou vos enjoliveurs et le tour est joué.

Bruant chanteur qui s'attaque au miroir d'une voiture, croyant faire face à un adversaire.

Cardinal rouge ♂ attaquant un enjoliveur de roue, croyant voir un intrus sur son territoire.

QUE FAIRE EN CAS D'ACCIDENT ?

Si vous trouvez un oiseau inanimé au pied d'une fenêtre, il est recommandé :

- **de le soulever très délicatement ;**
- **de l'envelopper dans un essuie-tout** plié en deux et de le déposer à l'intérieur d'une boîte perforée de trous ;
- **de poser l'oiseau sur son abdomen** et de le laisser se reposer une heure environ dans un endroit calme et à une bonne température.

Si l'oiseau semble avoir retrouvé sa vigueur, vous pouvez le relâcher. Sinon, appelez :

- **la Société de la faune et des parcs du Québec** (1 800 561-1616) ;
- **la Société protectrice des animaux (SPA) ;**
- **un vétérinaire ;**
- **un membre de votre club régional d'ornithologie** qui pourra vous recommander un endroit où on pourra recueillir l'oiseau.

Si vous trouvez un oiseau muni d'une bague, il est important de réunir le plus de renseignements possibles sur cet oiseau, et de retourner la bague accompagnée de ces renseignements au Bureau de baguage des oiseaux migrateurs, à l'adresse suivante :
Bureau de baguage des oiseaux migrateurs
Service canadien de la faune
Hull, Québec, K1A 0H3.

Pour plus de renseignements, rendez-vous à l'adresse suivante : **www.cws-scf.ec.gc.ca/nwrc-cnrf/default.asp?lang=Fr&n=B197CA34-1** ou téléphonez au **1 800 327-2263**.

SI L'OISEAU BLESSÉ EST UN OISEAU DE PROIE (RAPACE)

Assurez-vous que l'oiseau a vraiment besoin d'aide.

S'il s'agit d'un oisillon, laissez-le sur place et communiquez avec un des endroits suggérés à la section *Qui appeler ?* à la page opposée.

Si vous devez déplacer l'oiseau, munissez-vous de gants de cuir ou utilisez une couverture pour couvrir et prendre l'oiseau.

Mettez rapidement l'oiseau dans une boîte en carton perforée. Évitez les cages grillagées car elles pourraient blesser l'animal.

Gardez l'oiseau dans un endroit calme, sombre et tempéré *(entre 22 et 25 °C)*.

Évitez tout bruit qui pourrait stresser l'oiseau et évitez de le déranger.

Déposez un bol d'eau à sa portée *(un oiseau de proie peut survivre 48 heures environ sans nourriture)*.

Petite Nyctale.

Qui appeler ?

Services Québec
1 877 644-4545
Faites le 3, où on vous met en contact avec les intervenants requis. Le service fonctionne sept jours par semaine en été et cinq jours par semaine en hiver.

La Clinique des oiseaux de proie
à Saint-Hyacinthe
Faculté de médecine vétérinaire – Université de Montréal
450 773-8521 poste **8427** ou,
sans frais, **1 877 644-4545**
514 345-8521 poste **8427** pour les appels de la région de Montréal

Le Centre vétérinaire Daubigny,
3349, boul. Hamel, Québec
418 872-5355

Le Centre d'interprétation des battures et de réhabilitation des oiseaux de proie (CIBRO)
au Saguenay–Lac-Saint-Jean
418 674-2425

Centre de réhabilitation des oiseaux blessés de la Montérégie (CROB), Otterburn Park
(spécialisé dans la réhabilitation des rapaces)
450 467-2375
Ouvert à l'année.

Centre de réhabilitation Le Nichoir
dans la région d'Hudson
450 458-2809

Appelez la ressource la plus proche et acheminez l'oiseau dans les plus brefs délais afin d'augmenter ses chances de survie. Que l'oiseau soit blessé ou mort, vous êtes dans l'obligation de le signaler aux agents de conservation de la faune de votre région.

Si vous demeurez près d'un de ces centres, vous pouvez aller porter l'animal vous-même.

Jeune Merle d'Amérique qui vient à peine de quitter le nid.

LES OISILLONS TOMBÉS DU NID

C'est au printemps, en période de nidification, qu'il nous arrive de trouver un oisillon tombé du nid. Notre réflexe naturel est de le recueillir, mais nous vous conseillons de ne rien faire. Tout d'abord, éloignez-vous de l'oiseau et surveillez-le. Probablement que l'adulte est tout près, en quête de nourriture à apporter à son petit. Si, après avoir attendu un certain laps de temps, vous ne voyez pas d'adulte venir le nourrir, il sera toujours temps d'intervenir si :

- **l'oisillon a toutes ses plumes ;**
- **l'oisillon est un oiseau de proie.**

En tout, 80 % des oisillons que l'on trouve dans les centres de réhabilitation sont en fait victimes de **kidnapping**. Ce sont des oiseaux qui ne devraient pas être là. Il est normal que les petits quittent le nid alors qu'ils savent à peine voler. Soit que le nid est devenu trop petit pour eux, soit qu'un vent brusque les a poussés hors du nid. Sachez que les parents n'abandonnent pas facilement leurs jeunes, et que les petits demeurent à proximité du nid, au sol ou sur les branches près du nid. Les parents continuent de les nourrir pendant environ deux semaines pour les petits passereaux. Il arrive aussi qu'après une tempête, on retrouve des oiseaux tombés du nid. Il suffit de replacer le nid ou encore de construire un nid de remplacement et de les y déposer. Généralement, les adultes reprendront leur tâche de les nourrir.

Si un oisillon tombé sur votre gazon sautille, ou encore qu'il est posé sur une branche, les parents ne sont sûrement pas loin. Ils s'en occuperont dès que vous vous serez éloignés.

Si vous entendez l'oiseau crier, c'est qu'il signale à ses parents l'endroit où il se trouve.

Si l'oisillon est tombé du nid et que vous voyez les autres oisillons dans le nid, évitez à tout prix de le remettre dans le nid. Vous provoquerez une catastrophe en terrorisant toute la nichée, qui risque de sauter hors du nid.

Si l'oisillon est nu, sans plumes, vous pouvez le remettre dans le nid avec précaution. Il est complètement faux de croire que l'odeur humaine fait fuir les parents.

Si l'oiseau se déplace en voletant et qu'un prédateur pourrait en faire sa proie, prenez l'oiseau et déposez-le dans un bosquet ou une haie où il sera hors de la portée des chats ou des chiens.

Si l'envie vous prend de vouloir l'élever vous-même, évitez à tout prix de le faire. Tout d'abord, **c'est illégal**, et il y a peu de chances que vous trouviez toute la nourriture appropriée et tout le temps à consacrer pour le nourrir adéquatement. Cela nécessite trop de soins pour qu'un néophyte puisse le prendre en charge.

Dans le cas où vous réussiriez à le sauver, **il y a peu de chances que l'oisillon se rende à l'âge adulte.** Il ne pourra jamais se débrouiller tout seul en liberté. Il n'aura pas appris à se nourrir seul, à reconnaître les dangers et les façons d'échapper aux prédateurs.

Une exception à la règle

Si par malheur vous avez assisté à la mort des parents, les oisillons devront être recueillis.

- **Appelez la SPA de votre municipalité.**
- **Le club d'ornithologie de votre région** peut aussi sûrement vous donner de bonnes adresses.
- **Un centre de réhabilitation pourra vous conseiller.** Voici une liste des centres qui peuvent accueillir les oiseaux blessés ou abandonnés.

Qui appeler ?

Centre de réhabilitation Le Nichoir
Hudson (spécialisé dans la réhabilitation des petits oiseaux)
450 458-2809
Ouvert en été. En dehors de la saison estivale, laissez un message sur le répondeur. Un responsable vous rappellera dès que possible.

Union québécoise de réhabilitation des oiseaux de proie (UQROP)
Saint-Hyacinthe (spécialisé dans les oiseaux de proie et les oiseaux aquatiques)
450 773-8521 poste **8427** ou
514 345-8521 poste **8427**
Ouvert à l'année.

Centre de réhabilitation des oiseaux blessés de la Montérégie (CROB)
Otterburn Park
(spécialisé dans la réhabilitation des rapaces)
450 467-2375
Ouvert à l'année.

Action pour les oiseaux (Centre de sauvetage et de réhabilitation de la faune)
Montréal (réhabilite les oiseaux et d'autres animaux, dont des mammifères)
514 366-9965
Ouvert à l'année.

LES PESTICIDES ET LES INSECTICIDES

Il va sans dire que si vous attirez les oiseaux dans votre cour, la logique veut que vous cessiez toute utilisation de pesticides ou d'insecticides. Les insectes morts ou intoxiqués servent de proies faciles aux oiseaux. Imaginez le tort que vous leur causeriez. Un de mes voisins qui avait trouvé un merle mort s'interrogeait sur la cause de ce décès. J'ai profité de l'occasion pour lui expliquer que l'utilisation des produits chimiques pour l'arrosage de son gazon était nocif à toute la faune aviaire.

L'emploi de pesticides et d'insecticides s'avère d'ailleurs tout aussi néfaste pour les humains, c'est pourquoi leur utilisation est bannie dans les villes depuis quelques années. Plusieurs produits écologiques de remplacement sont offerts sur le marché. De plus en plus de pépiniéristes suggèrent également des moyens simples pour éliminer certains insectes destructeurs sans pour autant nuire aux oiseaux. D'ailleurs, les oiseaux contribuent à l'élimination de ces insectes en les chassant pour s'en nourrir ; ils ne sont pas seulement granivores, mais aussi et surtout insectivores. Ce sont donc nos alliés et il faut favoriser leur venue et les protéger des arrosages qui pourraient leur être néfastes.

Merle d'Amérique nourrissant ses petits de vers cueillis sur le gazon.

Annexes

Photos des oiseaux susceptibles de venir aux mangeoires

LES RÉSIDANTS – fréquents aux mangeoires

Cardinal rouge ♂

Cardinal rouge ♀

Geai bleu

Mésange à tête noire

Moineau domestique ♂

Moineau domestique ♀

Pigeon biset

Tourterelle triste

Pic mineur ♂

Pic mineur ♀

Pic chevelu ♂

Pic chevelu ♀

Roselin familier ♂

Roselin familier ♀

Roselin pourpré ♂

Roselin pourpré ♀

Sittelle à poitrine rousse ♂

Sittelle à poitrine rousse ♀

Sittelle à poitrine blanche ♂

Sittelle à poitrine blanche ♀

LES RÉSIDANTS – Selon l'habitat (à la campagne, forêt de feuillus ou forêt de conifères)

Grand Pic ♂

Grand Pic ♀

Gros-bec errant ♂

Gros-bec errant ♀

Grimpereau brun

Mésange à tête brune

Mésange bicolore

Mésangeai du Canada

Perdrix grise

Tarin des pins

Gélinotte huppée

LES MIGRATEURS – Fréquents aux mangeoires

Bruant à gorge blanche

Bruant à gorge blanche

Bruant chanteur

Bruant familier

Cardinal à poitrine rose ♂

Cardinal à poitrine rose ♀

Carouge à épaulettes ♂

Carouge à épaulettes ♀

Chardonneret jaune ♂

Chardonneret jaune ♀

Chardonneret jaune

Corneille d'Amérique

Étourneau sansonnet

Étourneau sansonnet

Quiscale bronzé ♂

Quiscale bronzé ♀

Vacher à tête brune ♂

Vacher à tête brune ♀

Bruant hudsonien

Junco ardoisé

LES MIGRATEURS – Occasionnels aux mangeoires

Bruant fauve

Passerin indigo ♂

Passerin indigo ♀

Bruant à couronne blanche

Durbec des sapins ♂

Durbec des sapins ♀

Sizerin flammé ♂

Sizerin flammé ♀

Sizerin blanchâtre

Bec-croisé bifascié ♂

Bec-croisé des sapins ♂

Bruant des neiges ♂

Photos des oiseaux qui utilisent un nichoir

À LA VILLE

Mésange à tête noire

Troglodyte familier

Pic mineur ♂

Pic mineur ♀

Sittelle à poitrine rousse ♂

Sittelle à poitrine rousse ♀

Sittelle à poitrine blanche ♂

Sittelle à poitrine blanche ♀

Tyran huppé

Merle d'Amérique ♂

Merle d'Amérique ♀

À LA CAMPAGNE

Hirondelle bicolore

Hirondelle rustique

Mésange à tête noire

Moucherolle phébi

Merlebleu de l'Est ♂

Merlebleu de l'Est ♀

Crécerelle d'Amérique ♂

Crécerelle d'Amérique ♀

PRÈS DE L'EAU

Hirondelle bicolore

Mésange à tête noire

Merle d'Amérique ♂

Merle d'Amérique ♀

Pic flamboyant ♂

Pic flamboyant ♀

Canard branchu (en forêt) ♂

Canard branchu (en forêt) ♀

Harle couronné ♂

Harle couronné ♀

(photo prise au Biodôme de Montréal)

Garrot à oeil d'or ♂

(photo prise au Biodôme de Montréal)

Garrot à oeil d'or ♀

EN FORÊT

Mésange à tête noire

Tyran huppé

Petite Nyctale

Moucherolle phébi

Merle d'Amérique ♂

Petit-duc maculé

Pic chevelu ♂

Pic chevelu ♀

Sittelle à poitrine rousse ♂

Sittelle à poitrine rousse ♀

Sittelle à poitrine blanche ♂

Sittelle à poitrine blanche ♀

Photos des oiseaux pouvant se nourrir dans les fleurs

Chardonneret jaune ♂

Chardonneret jaune ♀

Mésange à tête noire

Sizerin flammé ♂

Sizerin flammé ♀

Colibri à gorge rubis ♂

Colibri à gorge rubis ♀

Bruant chanteur

Bruant familier

Bruant à couronne blanche

Photos des fleurs pouvant attirer les oiseaux

FLEURS CULTIVÉES

Ancolie

Chèvrefeuille grimpant

Cosmos

Fushia pleureur

Graminées

Haricots d'Espagne

Impatiente royale

Lobélie cardinale

Monarde

Échinacée jaune

Échinacée pourpre

Tournesol

FLEURS SAUVAGES

Aster

Aster

Centaurée

Chardon vulgaire

Chicorée

Clématite de Virginie

Impatiente du Cap

Laiteron

Onagre bisannuelle

Pissenlit

Rudbeckie hérissée

Verge d'or

Liste des fleurs pouvant attirer les Colibris à gorge rubis

Ancolie (*Aquilegia*)
Aubépine (*Crataegus*)
Azalée (*Azalea*)
Bégonia (*Begonia*)
Campanule (*Campanula*)
Caraganier de Sibérie (*Caragana arborescens*)
Chèvrefeuille grimpant (*Lonicera* 'Gold Flame' et 'Dropmore Scarlet')
Clématite (*Clematis*)
Cléome (*Cleome spinosa*)
Cognassier du Japon (*Chaenomeles japonica*)
Croix-de-Malte (*Lychnis chalcedonica*)
Dahlia (*Dahlia* x *hybrida*)
Digitale pourpre (*Digitalis purpurea*)
Épilobe (*Epilobium angustifolium*)
Fushia (*Fushia*)
Géranium des jardins (*Pelargonium* x *hortorum*)
Glaïeul (*Gladiolus*)
Gloire du matin rouge (*Ipomea coccinea*)
Hémérocalle (*Hemerocallis*)
Hibiscus (*Hibiscus*)
Impatiente (*Impatiens*)
Muflier (*Anthirrhinum majus*)
Rose trémière (*Alcea rosea*)
Rudbeckie pourpre (*Echinacea purpurea*)
Lupin hybride (*Lupinus hybridus*)
Lobélie cardinale (*Lobelia cardinalis*)
Monarde (*Monarda didyma*)
Nicotine (*Nicotiana alata*)
Penstémon (*Penstemon digitalis*)
Pétunia (*Petunia*)
Phlox (*Phlox paniculata et subulata*)
Pied-d'alouette (*Delphinium cardinale*)
Rhododendron (*Rhododendron*)
Sauge à petites feuilles (*Salvia coccinea* 'Lady In Red')
Verveine (*Verbena*)
Weigela (*Weigela*)

Liste des oiseaux pouvant se nourrir dans les arbres et arbustes fruitiers

Bruant à gorge blanche*
Bruant chanteur*
Cardinal rouge*
Cardinal à poitrine rose
Chardonneret jaune
Corneille d'Amérique
Durbec des sapins*
Étourneau sansonnet*
Geai bleu
Gélinotte huppée*
Grand Pic
Grive solitaire*
Gros-bec errant
Jaseur d'Amérique*
Jaseur boréal*
Junco ardoisé
Merle d'Amérique*
Merlebleu de l'Est
Mésange à tête noire
Mésange bicolore
Mésangeai du Canada
Moineau domestique
Moqueur-chat*
Moqueur polyglotte
Oriole de Baltimore
Parulines
Pic chevelu
Pic flamboyant*
Pic mineur
Quiscale bronzé
Roselin familier*
Roselin pourpré*
Sittelle à poitrine rousse
Sittelle à poitrine blanche
Sizerin flammé
Tarin des pins
Tyran tritri*
Viréo aux yeux rouges*

* Souvent observés dans les fruits

Photos de différents types de mangeoires

Support à mangeoires

Grand plateau d'alimentation

Plateau d'alimentation avec un toit

Petit plateau d'alimentation

Plateau sur le rebord de la fenêtre

Plateau ouvert (p.69)

Plateau sélectif sur pied (p.71)

Plateau sélectif suspendu (p.74)

Plateau de sol d'hiver (p.87)

Plateau couvert et fermé orientable (p.88)

Plateau à plancher chauffant (p.93)

Plateau à distribution automatique (p.96)

Plateau de sol (p.87)

Mangeoire à débit contrôlé

Mangeoire en plastique améliorée (p.39)

Silo carré

Mangeoire à perchoirs décentrés (p.64)

Mangeoire à perchoirs restreints (p.57)

Mangeoire à fermoirs (p.60)

Mangeoire avec balancier pour le Cardinal rouge

Mangeoire avec dôme coulissant

Mangeoire grillagée pour petits oiseaux

Mangeoire hexagonale grillagée (p.66)

Mangeoire avec balancier anti-écureuils

Mangeoire sélective anti-écureuils

Pare-écureuil

Tuyau de poêle pare-écureuil (p.441)

Bouteille de plastique pare-écureuil (p.438)

Cône renversé pare-écureuil (p.440)

Ramasse-graines (p.444)

Silo à chardon

Silo à chardon avec dôme

Silo à chardon à plateau basculant (p.49)

Silo à chardon grillagé (p.51)

Mangeoire à ventouses à la fenêtre

Support à suif

Support à suif

Mangeoire à arachide ou à pignons

Mangeoire à arachide

Cône de pin

Planche perforée à beurre d'arachide

Bûche à beurre d'arachide

Bûche à l'horizontale (p.105)

Bûche «sœur volante» (p.107)

Bûche encerclée (p.108)

Bûche à fermoir (p.109)

Bûche à Pic maculé (p.112)

Bûche à Grimpereau brun (p.115)

Bûche à insectes (p.117)

Mangeoires fabriquées par les enfants

Abreuvoir sur pied

Abreuvoir chauffant (chauffe-eau de bétail) (p.101)

Bain d'oiseaux

Ruisseau (p.270)

Abreuvoir à colibris

Abreuvoir à colibris

Anti-fourmis pour abreuvoir suspendu (p.131)

Anti-fourmis pour abreuvoir sur pied (p.133)

Anti-fourmis pour plateau à fruits (p.136)

Nichoir pour Hirondelle à front blanc (p.219)

Nichoir à ventilation contrôlée (p.232)

Nichoir grillagé pour Merlebleu de l'Est (p.235)

Double toit (p.239)

Nichoir pour troglodyte (p.242)

Nichoir pour sittelle (p.245)

Nichoir pour tourterelle (p.247)

Nichoir pour Merle d'Amérique (p.250)

Support à matériaux pour la construction des nids

Porte-matériaux (p.254)

Poteau pour nichoir (p.259)

Arbre-perchoir

Perchoir (p.240)

Rouleaux pare-écureuil (p.442)

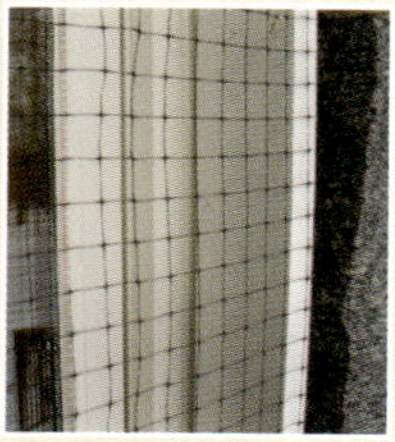
Filet protecteur (p.456)

Fil pour installation de mangeoires

Vue d'ensemble des mangeoires installées sur fil (grande cour)

Coup d'œil sur l'ensemble de l'aménagement d'été (petite cour)

Tableau d'alimentation de graines

Les résidants	Tournesol	Maïs	Millet blanc	Chardon	Arachides ou beurre d'arachide	Suif et pain d'oiseaux	Fruits	Alpiste	Blé, orge, avoine	Carthame	Colza	Noix hachées	Nichoir
Alouette hausse-col		✓	✓						✓				
Bec-croisé bifascié	✓						✓						
Bec-croisé des sapins	✓			✓			✓						
Cardinal rouge	✓	✓	✓		✓	✓	✓			✓		✓	
Geai bleu	✓	✓	✓		✓	✓	✓					✓	
Gélinotte huppée		✓	✓				✓	✓	✓				
Grimpereau brun	✓	✓			✓	✓						✓	
Grand Pic	✓	✓			✓	✓						✓	
Gros-bec errant	✓	✓	✓				✓	✓			✓	✓	
Mésange à tête noire	✓			✓	✓	✓	✓			✓		✓	✓
Mésange à tête brune	✓				✓	✓						✓	✓
Mésange bicolore	✓		✓	✓	✓	✓	✓	✓		✓		✓	✓
Mésangeai du Canada		✓			✓	✓	✓						
Moineau domestique	✓	✓	✓	✓	✓	✓	✓	✓	✓				✓
Perdrix grise		✓	✓						✓				
Pic mineur	✓	✓			✓	✓	✓			✓		✓	✓
Pic chevelu	✓	✓			✓	✓	✓			✓		✓	
Pigeon biset	✓	✓	✓						✓	✓	✓		
Roselin familier	✓	✓	✓	✓	✓			✓		✓	✓	✓	
Roselin pourpré	✓	✓	✓	✓	✓	✓	✓	✓		✓	✓	✓	
Sittelle à poitrine rousse	✓			✓	✓	✓	✓	✓		✓	✓	✓	✓
Sittelle à poitrine blanche	✓			✓	✓	✓				✓		✓	✓
Tarin des pins	✓	✓	✓	✓	✓	✓	✓	✓	✓	✓		✓	
Tourterelle triste	✓	✓	✓	✓				✓	✓	✓	✓		

Tableau d'alimentation de graines

Les migrateurs	Tournesol	Maïs	Millet blanc	Chardon	Arachides ou beurre d'arachide	Suif et pain d'oiseaux	Fruits	Alpiste	Blé, orge, avoine	Carthame	Colza	Noix hachées	Nichoir
Bruant à gorge blanche	✓	✓	✓	✓	✓	✓	✓	✓		✓	✓		
Bruant chanteur	✓	✓	✓	✓	✓	✓	✓	✓		✓	✓		
Bruant familier	✓	✓	✓	✓	✓	✓	✓	✓		✓	✓		
Cardinal à poitrine rose	✓	✓				✓	✓					✓	
Chardonneret jaune	✓	✓	✓	✓				✓			✓	✓	
Étourneau sansonnet	✓	✓	✓		✓	✓	✓		✓				✓
Quiscale bronzé	✓	✓	✓		✓	✓	✓	✓	✓	✓			
Vacher à tête brune	✓	✓	✓			✓		✓	✓		✓		
Pic flamboyant	✓	✓			✓	✓	✓			✓		✓	✓
En hiver													
Bruant hudsonien	✓	✓	✓		✓	✓		✓		✓	✓		
Bruant des neiges	✓	✓	✓					✓	✓	✓			
Chardonneret élégant				✓								✓	
Corneille d'Amérique	✓	✓	✓		✓	✓	✓	✓	✓				
Durbec des sapins	✓						✓						
Grive à collier			✓				✓						
Moqueur polyglotte	✓				✓	✓	✓						
Pic à tête rouge	✓	✓			✓	✓	✓			✓		✓	
Pic à ventre roux	✓	✓			✓	✓	✓			✓		✓	
De passage													
Bruant à couronne blanche	✓	✓	✓		✓	✓	✓	✓		✓	✓		
Bruant fauve	✓	✓	✓		✓	✓		✓		✓	✓		
Junco ardoisé	✓	✓	✓	✓	✓	✓		✓			✓	✓	
Carouge à épaulettes	✓	✓	✓			✓	✓		✓	✓		✓	
Quiscale rouilleux	✓	✓	✓					✓	✓				
Passerin indigo	✓		✓	✓				✓				✓	

Tableau d'arbres et d'arbustes fruitiers préférés des oiseaux

Liste des principaux arbres et arbustes fruitiers	Graines de feuillus (samares)	Graines et fruits de conifères	Amélanchier	Aubépine	Berbéris ou épine-vinette	Cerisier	Chèvrefeuille	Cornouiller	Fraises, framboises, gadelles, bleuets	Houx verticillé	Nerprun	Olivier de Bohême	Pommetier et pommier	Rosier	Sorbier	Sumac vinaigrier	Sureau	Vigne	Viorne
Bec-croisé bifascié	X	X																	
Bec-croisé des sapins	X	X																	
Bruant à gorge blanche	X	X		X	X			X	X	X	X	X	X	X	X	X	X		
Bruant chanteur	X	X	X	X	X		X	X	X	X	X	X		X	X		X		
Cardinal rouge			X	X	X		X			X	X	X	X	X		X	X		
Cardinal à poitrine rose			X								X				X		X		
Chardonneret jaune		X	X								X	X			X		X		
Corneille d'Amérique						X		X					X		X				
Durbec des sapins	X	X		X	X	X		X					X		X	X			X
Étourneau sansonnet						X		X	X		X	X	X		X	X	X	X	X
Geai bleu		X		X									X		X	X			X
Gélinotte huppée	X	X		X	X	X		X		X	X	X	X		X	X	X		X
Grand Pic		X	X					X			X					X		X	X
Grive solitaire			X			X		X	X					X	X	X	X	X	X
Gros-bec errant	X												X	X	X		X		X
Jaseur d'Amérique			X		X		X	X	X		X	X	X	X	X		X		X
Jaseur boréal		X		X	X	X		X		X	X	X	X	X	X	X			X
Junco ardoisé				X	X					X		X		X	X	X			
Merle d'Amérique			X		X	X	X	X	X	X	X	X	X	X	X	X	X	X	X
Merlebleu de l'Est							X	X	X								X		
Mésange à tête noire	X	X					X								X	X		X	
Mésange bicolore	X	X	X		X				X										

Tableau d'arbres et d'arbustes fruitiers préférés des oiseaux - SUITE

Liste des principaux arbres et arbustes fruitiers	Graines de feuillus (samares)	Graines et fruits de conifères	Amélanchier	Aubépine	Berbéris ou épine-vinette	Cerisier	Chèvrefeuille	Cornouiller	Fraises, framboises, gadelles, bleuets	Houx verticillé	Nerprun	Olivier de Bohême	Pommetier et pommier	Rosier	Sorbier	Sumac vinaigrier	Sureau	Vigne	Viorne
Mésangeai du Canada									●										
Moineau domestique		●							●										
Moqueur chat			●		●	●	●	●	●		●	●		●		●	●	●	●
Moqueur polyglotte		●			●				●	●	●	●	●	●	●	●			●
Oriole de Baltimore													●				●		
Paruline bleue, à croupion jaune, verdâtre							●	●			●		●	●		●	●	●	●
Pic chevelu		●									●		●			●	●		
Pic flamboyant				●		●		●		●		●	●	●	●	●	●	●	●
Pic mineur		●									●		●			●			
Quiscale bronzé		●	●						●			●	●		●				
Roselin familier	●	●	●					●	●		●		●		●				●
Roselin pourpré	●	●	●				●		●		●	●			●		●	●	●
Sittelle à poitrine rousse	●	●														●		●	
Sittelle à poitrine blanche	●	●							●						●			●	
Sizerin flammé	●	●																	
Tarin des pins	●											●							●
Tyran tritri			●				●	●			●								
Viréo aux yeux rouges		●						●								●	●	●	

Tableau de production saisonnière de fruits

Espèces	Printemps	Été	Automne	Hiver
Amélanchier	•	•		
Aubépine		•	•	
Bleuetier		•		
Cerisier de Pennsylvanie		•		
Cerisier de Virginie		•		
Cerisier tardif		•	•	
Chèvrefeuille du Canada		•		
Cornouiller à feuilles alternes		•		
Cotonéaster*		•	•	•
Framboisier cultivé		•		
Gadellier rouge		•		
Houx verticillé*			•	•
If du Canada			•	
Mélèze laricin			•	•
Mûrier		•		
Nerprun cathartique		•	•	
Pin rouge et pin blanc			•	•
Pommetier décoratif*			•	•
Sapin baumier			•	•
Sorbier d'Amérique		•	•	
Sumac vinaigrier*	•		•	•
Sureau doré		•	•	
Sureau rouge	•			
Thuya occidental			•	•
Vigne vierge*			•	
Viorne à feuilles d'aulne		•		
Viorne cassinoïde		•		
Viorne trilobée*	•		•	•

*Fruits persistants en hiver

Autres attraits pour les oiseaux absents aux mangeoires

	Nichoirs	Abreuvoirs	Fleurs	Fruits	Matériaux de construction	Bains
Colibri à gorge rubis		✓	✓	✓		✓
Grive solitaire				✓		✓
Hirondelle à front blanc	✓				✓	
Hirondelle bicolore	✓				✓	
Hirondelle noire	✓					
Jaseur d'Amérique			✓	✓	✓	✓
Jaseur boréal				✓		
Merle d'Amérique	✓			✓	✓	✓
Merlebleu de l'Est	✓		✓	✓	✓	✓
Moqueur chat				✓	✓	✓
Oriole de Baltimore		✓	✓	✓	✓	✓
Paruline masquée et autres parulines				✓		✓
Troglodyte familier	✓			✓	✓	
Tyran tritri				✓	✓	✓
Viréo aux yeux rouges				✓		✓

Hirondelle bicolore.

Code d'éthique des ornithologues du Québec

Le comportement des ornithologues doit être orienté de façon à ne pas perturber les oiseaux. En accord avec cet énoncé, il est recommandé :

- d'éviter d'effrayer inutilement les oiseaux ;
- d'éviter de s'approcher des nids ou des colonies de façon à ne pas les perturber, les stresser ou les exposer au danger inutilement ;
- de ne pas manipuler les œufs ni les jeunes *(éviter de briser le camouflage des nids et éviter d'entrer dans une colonie)* ;
- d'éviter d'utiliser de façon abusive les enregistrements sonores ou les imitations pour attirer les oiseaux plus discrets et de ne pas les utiliser dans des sites achalandés.

Johanne évite de s'approcher trop près d'un oiseau et utilise plutôt ses jumelles.

Le comportement des ornithologues doit être orienté de façon à protéger et à respecter les habitats des oiseaux. En accord avec cet énoncé, il est recommandé :

- lors des déplacements, de rester dans les sentiers, d'éviter de piétiner la végétation, de ne pas endommager le sol et de ne pas cueillir de plantes ;
- de ne laisser aucun déchet sur le site ; une attention particulière sera apportée aux papiers mouchoirs et aux déchets biodégradables : ils sont pour le moins une pollution visuelle ; on peut faire preuve d'un plus grand civisme encore en ramassant les déchets trouvés ;
- d'apporter une attention particulière aux habitats fragiles ;
- de stationner les autos dans les endroits prévus à cette fin.

Le comportement des ornithologues doit être orienté de façon à respecter la propriété d'autrui. En accord avec cet énoncé, il est recommandé :

- de demander la permission *(à des heures raisonnables)* avant d'entrer sur une propriété privée *(respecter les affiches « Défense de passer »)* et, dans la mesure du possible, de communiquer au propriétaire les observations faites chez lui ;
- de laisser libre les entrées privées ;
- de veiller à refermer les barrières et de ne pas endommager les clôtures ;
- de ne pas déranger les animaux en pâturage ;
- de respecter les règlements existants dans les endroits publics.

Le comportement des ornithologues doit être orienté de façon à respecter les autres observateurs et observatrices. En accord avec cet énoncé, il est recommandé :

En tant qu'individu :

- d'éviter de fermer bruyamment les portières d'auto ;
- de baisser le ton et de restreindre les conversations à l'essentiel ;
- de permettre aux autres d'observer l'oiseau qui retient votre attention ;
- de laisser votre animal favori à la maison.

En tant que responsable d'un groupe :

- d'informer votre groupe des règlements en vigueur dans les sites visités, en particulier dans les parcs et réserves publics ;
- d'enseigner aux autres ornithologues les règles du présent code d'éthique et de se conduire en tout temps conformément aux énoncés qui précèdent.

Clubs d'ornithologie du Québec

Association des amateurs d'hirondelles du Québec
1335, chemin du Bord-du-Lac, Dorval, Qc, H9S 2E5
514 633-4000
http://132.204.160.212/~dcampbel/aahq/

Club des ornithologues amateurs du Saguenay–Lac-Saint-Jean
C.P. 244, succ. Racine, Chicoutimi, Qc, G7H 5B7
http://coaslsj.uqac.ca/

Club des ornithologues du Bas-Saint-Laurent
C.P. 66, Rimouski, Qc, G5L 7B7
www.libertel.org/cobsl

Club des ornithologues de Brome-Missisquoi
C.P. 256, Cowansville, Qc, J2K 3S7

Club des ornithologues de Châteauguay
15, boul. Maple, Châteauguay, Qc, J6J 3P7
http://site.voila.fr/club_coc

Club des ornithologues de la Gaspésie
428, boul. Pabos, Pabos, Qc, G0C 2H0
www.cogaspesie.org/

Club des ornithologues de Québec Domaine Maizerets
2000, boul. Montmorency, Québec, Qc, G1J 5E7
www.coq.qc.ca/

Club des ornithologues de la région de l'Amiante
C.P. 533, Thetford Mines, Qc, G6G 5T6
www.corq.quebecoiseaux.org

Club des ornithologues de l'Outaouais
C.P. 1419, Succursale Hull, Gatineau, Qc, J8X 3Y1
www.coo.qc.ca/

Club d'ornithologie d'Ahuntsic
C.P. 35045, 10780, rue Laverdure, Montréal, Qc, H3L 2L9
http://pages.coamontreal.org

Club d'ornithologie du Haut-Richelieu
C.P. 6033, Saint-Jean-sur-Richelieu, Qc, J2W 1G9
www.notason.com/cohr/

Club d'ornithologie de Longueuil
C.P. 21099, Comptoir Jacques-Cartier, Longueuil, Qc, J4J 5J4
www.col.quebecoiseaux.org

Club d'ornithologie des Îles-de-la-Madeleine
C.P. 818, Cap-aux-Meules, Qc, G0B 1B0

Club d'ornithologie de la Manicouagan
C.P. 2513, Baie-Comeau, Qc, G5C 2T2

Club d'ornithologie de Mirabel
9009, route Arthur-Sauvé, C.P. 3418, Mirabel, Qc, J7N 2T8
http://comirabel.org/

Club d'ornithologie de la Région des Moulins
C.P. 82033, Chemin Gascon, Lachenaie, Qc, J6X 3A0
http://potee.com/cordem.html

Club d'ornithologie Sorel-Tracy
C.P. 1111, Sorel, Qc, J3P 7L4
www.clubornithosorel-tracy.org/

Club d'ornithologie de Trois-Rivières
C.P. 953, Trois-Rivières, Qc, G9A 5K2
http://cotr.freehostia.com

Club d'ornithologie de Vaudreuil-Soulanges
C.P. 74, Vaudreuil-Dorion, Qc, J7V 5V8
http://clubornithocovs.site.voila.fr/

Club ornithologique des Hautes-Laurentides
C.P. 4407, Mont Tremblant, Qc, J8E 1A1
www.lemoqueur.com

Club d'observateurs d'oiseaux de Laval
3235, boul. Saint-Martin Est, Bureau 219, Laval, Qc, H7E 5G8
www.lavalcool.qc.ca/

Club d'observation d'oiseaux de la Haute-Yamaska
C.P. 813, Granby, Qc, J2G 8W8
http://clubornithocovs.site.voila.fr/

Groupe des ornithologues de Beauce Etchemin
675, 82e rue, Saint-Georges, Qc, G5Y 6L4
http://ass.beauce.net/gobe/

Regoupement Québec Oiseaux (RQO)
C.P. 1000, Succ. M, Montréal, Qc, H1V 3R2
514 426-9144
www.quebecoiseaux.org/

Société de biologie de Montréal
4777, Pierre-de-Coubertin, Montréal, Qc, H1V 1B3
www.pqspb.org/ *(anglais)*
www.sbm.quebecoiseaux.org *(français)*

Société d'observation de la Faune Ailée du Sud-Ouest
C.P. 1231, Saint-Timothée, Qc, J6S 6S1
www.sofaso.com/

Société d'ornithologie de Lanaudière
C.P. 339, Joliette, Qc, J6E 3Z6
www.sollanaudiere.ca/

Société d'ornithologie du Témiscamingue
C.P. 137, Latulipe, Qc, J0Z 2N0

Société de loisir ornithologique de l'Estrie
C.P. 1263, Sherbrooke, Qc, J1H 5L7
www.sloe.net/

Société du loisir de l'Abitibi
C.P. 91, Rouyn-Noranda, Qc, J9X 5C1
www.sloa.ca/

Société québécoise de protection des oiseaux
C.P. 43, Succursale B, Montréal Qc, H3B 3J5
www.pqspb.org/

Société ornithologique du centre du Québec
C.P. 131, Drummondville, Qc, J2B 6V6

Bibliographie

Brûlotte, S. *Attirer les oiseaux chez soi.* Éditions Broquet, Saint-Constant, 2003.

Brûlotte, S. *Les oiseaux du Québec, Guide d'identification.* Éditions Broquet, Saint-Constant, 2006.

Brûlotte, S. *Les oiseaux du Québec, Guide d'initiation.* Éditions Broquet, Saint-Constant, 2000.

Brûlotte, S. Le Brun, S. *S'apprivoiser aux oiseaux,* Collection Plume. Éditions Broquet, Saint-Constant, 1989.

Brûlotte, S. *Observer les oiseaux avec les enfants.* Éditions Broquet, Saint-Constant, 2008.

Burton, R. *Audubon backyard birdwatcher.* Thunder Bay Press, Californie, 1995.

Cyr, A. et Larivée J. *Atlas saisonnier des oiseaux du Québec.* Les Presses de l'Université de Sherbrooke et la Société de Loisir Ornithologique de l'Estrie, Sherbrooke, 1995.

Deschamps, V. *Le projet FeederWatch : un regard sur les oiseaux en hiver.* QuébecOiseaux volume 9, numéro 1, Montréal, 1997.

Dion, A. et F. *Les jardins fleuris d'oiseaux.* Les Éditions de l'Homme, Montréal, 2001

Dion, A. *Construire des cabanes d'oiseaux.* Les Éditions de l'Homme, Montréal, 1986

Faucher, D. *Attirez les oiseaux au jardin.* Spécialités Terre à Terre, Québec, 1997.

Frère Marie-Victorin, *Flore laurentienne.* Les Presses de l'Université de Montréal, Montréal, 1964

Hydro Québec. *Répertoire des arbres et arbustes ornementaux.* Éditions Broquet, Saint-Constant, 2005.

Ehrlich, P. R. Dobkin, D. S. et Wheye, D. *The Birder's Handbook.* Simon et Schuster Inc. Fireside, New-York, 1988.

Gauthier, J. et Aubry Y. (sous la direction de) *Les Oiseaux nicheurs du Québec.* Association québécoise des Groupes d'Ornithologues, Montréal, 1995.

Hodgson, L. *Les arbustes.* Éditions Broquet, Saint-Constant, 2002.

Kress, Stephen W. *The Bird Garden.* Dorling Kingdersley Limited, Londres, 1995.

Lane, P. *L'alimentation des oiseaux.* Éditions Broquet, Saint-Constant, 1987.

Lacoursière, E. Therrien, J. *Fleurs sauvages du Québec.* Les Éditions de l'Homme, Montréal, 1998.

McKinley, M. *How to attract Birds.* Ortho books, CA, 1983.

Murphy, D. P. *Attracting Birds,* Sunset Books, CA, 1995.

National Audubon Society, Burton R. *North American Birdfeeder Handbook.* Dorling Kindersley Limited, Londres, 1992.

Paquin, J. *Les oiseaux aux mangeoires.* Éditions Michel Quintin, Waterloo, 2002.

Roth, S. *The backyard Bird Feeder's Bible.* Rodale Books, Pennsylvania, 2000.

Rouleau, R. et al. *Petite flore forestière du Québec.* Les Publications du Québec, Québec, 1990.

LISTE DES OUTILS POUR RÉALISER LES PROJETS DE CE LIVRE

Outils de base

- A Marteau
- B Ruban à mesurer
- C Ciseaux à bois 0,7 cm (¼ po) et 1,3 cm (½ po)
- D Pistolet agrafeur
- E Équerre combinée
- F Scie à métaux
- G Pince étau
- H Couteau utilitaire
- I Tournevis multitêtes
- J Tournevis plat
- K Perceuse
- L Ensemble de forets à bois
- M Cisailles à tôle
- N Pince d'électricien
- O Ensemble de forets à métal jusqu'à 0,7 cm (¼ po)
- P Scie passe-partout
- Q Égoïne

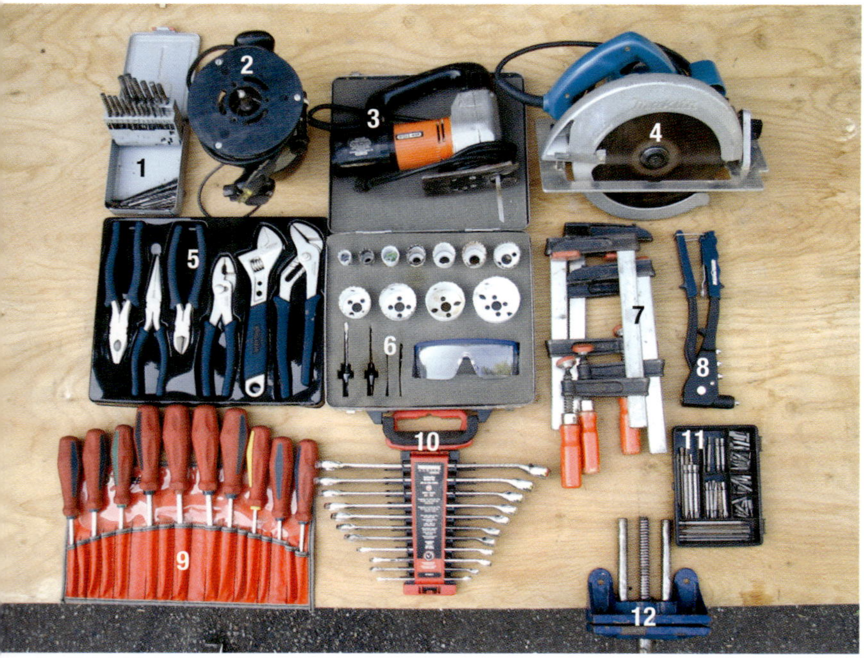

Outils qui vous faciliteront la tâche pour réaliser les projets les plus élaborés

- 1 Ensemble de forets à métal jusqu'à 1 cm (⅜ po)
- 2 Toupie
- 3 Scie sauteuse
- 4 Scie circulaire
- 5 Ensemble de pinces
- 6 Ensemble de scies emporte-pièce
- 7 Serre-joints à barre
- 8 Riveteuse
- 9 Ensemble de tournevis
- 10 Ensemble de clés
- 11 Jeu d'embouts de tournevis
- 12 Étau

Index des végétaux

LES FEUILLUS

LES CONIFÈRES

LES ARBRES ET ARBUSTES À FRUITS CHARNUS

LES VIGNES, LES PLANTES GRIMPANTES ET LES COUVRE-SOL

LES FLEURS SAUVAGES

LES FLEURS CULTIVÉES

Index des oiseaux

Résidents **(R)**, migrateurs **(M)**, visiteurs nordiques **(N)**, visiteurs exceptionnels **(VE)**